U0069697

倒退著
走進未來

文化研究五年集

郭春林　著

目錄

第四輯　歷史與未來

序：故國平居有所思

蔡翔

　　我和郭春林兄認識多年，剛認識的時候，春林兄正在同濟大學執教，承蒙不棄，贈送了我一冊他主編的馬原研究資料，至今，還是我教學的案頭書。又數年，春林兄在同濟召開孫甘露作品討論會，邀我參加，共話先鋒小說的過去和未來。多年過去，春林兄調到上海大學文化研究系，在王曉明教授的帶領下，轉向「文化研究」，這本書，收錄了他在上海大學五年的研究心得。

　　我有時會想，春林從「先鋒文學」的研究者，轉向文化研究，從「孤獨的自我」，走向「無窮的遠方」和「無數的人們」，是什麼原因所致，背後，又有哪些力量介入？這似乎是一種斷裂，但有時想想，好像又不盡然。

　　春林出身中文系，1980 年代的文學青年，少有不受到先鋒文學影響的，先鋒文學到底影響了他們什麼，這本身就是一個話題。「自我」大概是一個重要因素，但這個「自我」和 1980 年代早期的「自我」，是很不同的，或者說，同中有異。1980 年代早期的中國文學，可以稱之為一種廣義的「改革文學」，所謂「新時期」，一路的高歌猛進，到了先鋒文學這裡，卻略顯遲滯。「自我」開始游

移，感受到孤獨和痛苦，未來不再閃爍耀眼的光芒，理想也招致質疑，懷疑和自我懷疑，多少構成了先鋒文學（包括它的閱讀者）普遍的焦慮，偶然、虛構、真相，等等詞語的介入，也開始拆解 1980 年代逐漸穩定的意義結構。背後，包含了新一代人（1960）的失望和苦悶。先鋒文學的意義不應被高估，事實上，它對 1980 年代的叛逆和反思也相對有限，源於自我，囿於苦悶，作繭自縛，或許是先鋒文學的某種寫照，突破成規，化蝶重生，也成為先鋒文學爾後持續性的焦慮。但是，也不能因此完全抹去先鋒文學的意義。儘管先鋒文學後來成為主流，但在當時，卻是以非主流的形象出現，這也同時使得它的閱讀者開始在邊緣的位置上思考問題，多多少少，學會和主流拉開距離，冷靜或者不冷靜地思考自己所處的時代。當然，經過先鋒文學洗禮的這些人，最後又和先鋒文學分道揚鑣。其中的複雜邏輯，不是我在這裡能説得清的，我倒是希望春林以後有機會能把這些問題好好説一説，給後人留一份研究檔案。但我想，只有深入先鋒文學的內裡，才能理解春林，也包括和春林相類的一些人的轉型。似乎突然，但也未必。

但是，從「孤獨的自我」走向「痛苦的人群」，還需要其他更重要的因素，這其中，包括文化研究在中國大陸的興起。

在中國大陸，文化研究的興起，已經不僅僅局限在方法論的意義上──當然，這也很重要，比如跨學科的研究

視野。對於許多人來說，也包括春林，文化研究引領著
他們走出自我，重新關注社會，關注歷史和現實的中國
問題。文化研究不能一概而論，對於春林來說，影響頗深
的，可能還是英國的馬克思主義，並宛轉進入伯明罕學
派，這也是上海大學文化研究系的理論特色。春林對這一
脈絡的經典理論，用力頗深。其中，似乎尤喜雷蒙・威廉
斯。春林這本集子的最後一篇，簡要介紹了他的研究心
得。有興趣的讀者，不妨先讀這篇文章，多少可以窺見作
者近年來的理論背景。不過，我在此要說的，倒不是這些
具體的學派理論，而是，通過這些理論，春林究竟得到了
些什麼。

　　早在 1980 年代，西方馬克思主義的理論就開始陸續進
入中國，那時，中國學界的主要關注點大都在法蘭克福學
派。文化研究興起，帶來的，是英國的馬克思主義理論，
雷蒙・威廉斯、湯普森、霍爾、阿爾都塞、伊格爾頓，等
等。我在閱讀春林這些文章的時候，有時會覺得，重要
的，似乎還不是這些理論，而是這些理論勾起了他的某些記
憶。這些記憶，不僅通向現實，更通向歷史，明確地說，
通向中國革命的歷史。也就是說，經由文化研究，春林開
始重新走向馬克思主義，這似乎也是許多人的心路歷程。
當然，這一軌跡的理論局限在哪裡，我現在還說不清。

　　但是，它的意義是重要的，這一意義的重要性，首先
在於，人民的概念再次得以確立，並從這一人民的立場重
新審視現實（包括審視自己），並思考中國的未來。同

時，也開始尋找個人的歸屬。因此，我推薦讀者重點閱讀本書的後記，這一後記，讀來令人動容。恰如春林在後記中所言，究竟是什麼，導致了他的思想和情感的變化。按照時下的劃分標準，春林也應該算是這個社會的「成功人士」了，教授學者，有房有車，但是，卻有一種力量，在提醒他，在這個世界，還有窮人，還有「無窮的遠方」。因此，他試圖做的，就是重建自己和人民的血肉般的聯繫。這也是文化研究給他帶來的最為重要的啟示，這一啟示已經遠遠超出了所謂的學術，而是生命以及生命存在的意義。

這似乎又要回到 1980 年代，1980 年代的高考制度，包括後來廣受非議的高校擴招，使得一大批貧寒子弟得以進入社會的中上層。其中的一部分被成功規訓，接受並認同這個時代的「新意識形態」（王曉明語），有些，甚至成為「精緻的利己主義者」（錢理群語）。但是，也有相當一部分人，卻始終在邊緣處抵抗。他們的出身、經歷，包括家族成員的命運，或多或少影響著他們對事物的判斷，這似乎也能說明，為什麼春林那麼欣賞雷蒙・威廉斯，包括他的「感覺結構」的說法。更重要的或許是，對於他們來說，1980 年代開始確立的精英化的知識結構，已經難以容納他們的思想和情感，並最終突破這一結構的制約。這似乎也可以說明，他們為什麼最後選擇了和「先鋒文學」的分道揚鑣。

文化研究在中國的重要性恰恰就在這裡，一旦他們經

由文化研究走向社會，現實問題就會紛至沓來，並重新勾連起自己的底層記憶，這時候，很難再讓他們心安理得地蜷縮在「象牙之塔」（儘管象牙之塔的思想也是重要的）。因此，本書的第一輯是非常重要的。儘管這一輯裡的文章比較雜，有些是書評，有些是為某社會組織的眾籌活動而寫。也有些是春林參加社會組織的活動上的發言修改而成，但可以窺見到春林這幾年對中國問題的思考。這些思考目前來看，還不成系統，但一些思想的火花已經開始閃耀。根據春林的這些思想記錄，我大致把他思考的中國的現實問題分成幾類。

一、現代高速的流動性帶來的問題，這一流動性打破了因為隔絕而生產出來的幻象，並開始衝擊相應的美學範疇。「面對面」使得矛盾無法通過審美化解。同時，這一流動性也帶來了底層人民新的苦惱，所謂「無家可歸」。春林近年著力思考新的城鄉關係，大致集中在這一範疇。

二、私有化產生的問題，這一私有化不僅表現在法的領域，同時，也開始向其他領域蔓延，包括倫理、情感、觀念，等等。一種新的等級關係開始產生，並形成一種壓迫性甚至掠奪性的社會結構。而這一社會結構顯然很難為春林所接受。

三、階層分化帶來的問題，流動性和私有化，都急劇地加速著這個社會的階層分化，富者更富，窮者更窮。面

對這一階層分化，目前能做的，是反對階層固化，也即要求階層間的流動性。但這一所謂的流動性，實際是以承認階層（階級）分化的合理性為其前提的，是一種無奈的現實選擇。春林大概也很矛盾，一方面，這是目前唯一可行的選擇，所以，他會強調「文化與命運」；但另一方面，他又很難完全接受這些，尤其在理論的層面上。對於大多數人來說，這一上升的空間實際上極其有限。而如何安頓這一「大多數人」，一直困擾著春林近年的思考。

這些問題，不僅纏繞著春林兄，也纏繞著很多人，他們迫切地希望中國能走出一條新的道路。在這一意義上，我覺得春林兄非常理想主義，這一脈絡中的文化研究，也非常理想主義。

那麼，這條道路怎麼走？各人有各人的想法，各人有各人的回答。春林的回答是，深入社會底層。這幾年，春林積極投身社會實踐，不僅參加「鄉建」的活動，也開始深入「新工人」群體的文化活動。過去，我們有句老話，「同吃同住同勞動」，是形容幹部或者知識分子深入群眾的做法，現在，把這句話用在春林兄的身上，也非常貼切。在這一點上，我很羨慕春林兄，坦率說，我做不到，自愧不如。

本書的第一、二輯包括春林這方面的數篇文章，這些文章，可以說是隨筆，也可以說是散文，但讀來真的令人

感動，尤其〈薄奠〉等。在這些文章中，我是真正看到了春林和工友的那種血肉般的聯繫。這很不容易，說起來容易，真正做到不容易。講學理容易，寫出有溫度的文字不容易。感情的變化是最重要的。正是在深入底層的過程中，春林開始觸摸中國真正的問題。讓底層人民站起來，過一種幸福又有尊嚴的生活。這些想法很樸素，可是，我們現在缺的，不正是這些樸素的想法嗎？

但是，什麼是幸福？在本書的第三輯中，春林集中討論了這方面的問題。一方面，他回到歷史，研究了1950-1960年代幾次有關「幸福」問題的討論，另一方面，也在研究現實。這些文章對照起來讀，很有啟發。「幸福」的定義幾經修改，一方面，是國家、集體、精神，另一方面，是小家、個人、物質、日常生活，歷史和現實的交織，令人眼花撩亂。能從這裡突圍而出，尋找一種更合理的幸福生活嗎？這個問題，實際是很重要的。一百年來，中國社會變化的內在動因之一，就是有關幸福的爭論，乃至對幸福的追求。

我覺得特別有意思的，是春林兄，當然，還有其他學者，尤其是那些青年學者，他們一直在幫助底層人民學文化，包括進行文學創作。他們一方面是輔導，另一方面，也是在向人民學習。其中，春林兄和底層的音樂人來往尤為密切，我揣測，他們想的是如何讓人民自己發聲。這一方面，是對目前的精英文化的不信任，另一方面，也是對現在流行的文化工業的挑戰。所有這些，對我們來說，實

際上並不陌生，中國革命的先驅者，早就做過。這方面，有經驗，也有教訓。結果如何，也很難料。但是再難，也需要有人去做，理論的總結很重要，但實際去做，也很重要。在這一點上，我對春林兄，也對那些青年學者，比如李雲雷、張慧瑜等人，心裡是充滿敬意的。也許，有些人會認為他們傻，但我們現在缺的，恰恰就是這種傻。

書名《倒退著走進未來》，春林的文章中交代，這句話來自雷蒙·威廉斯，的確，誰能說倒退不是另一種前行？往往這樣，在某一個節點，我們進入歷史，進入歷史，不是為了回到過去，而是走向未來。近年，春林在思考現實的同時，也在研究中國的革命史，用功甚勤。本書的最後一輯，傳達了春林這方面的一些思考。我感覺，在這些文章中，他開始進入更加廣闊的思想空間，由「文化」延伸到整個社會的結構性思考。當然，我更希望的是，在我們討論中國革命史的時候，不要回避它的問題，尤其是它失敗的命運。我們既要以成功者，也要以失敗者的身分重新進入歷史，思考未來。往事可追，往事也可鑒。

現在，春林兄遠赴重慶，和他的妻子一起，開始新的生活。我在這裡祝賀他們。我不知道，迎接他們的會是什麼，但是可以肯定，是更加艱巨的工作。也許，春林兄會在文化研究的道路上繼續走下去，也可能會重新回到文學──這兩者並不矛盾，但我相信，這五年的思考，會使春林兄終身受益。一切都在變化，一切都已經改變。

　　這些話，不敢稱序，只是我閱讀本書的一些想法，謬
誤之處，敬請春林兄和本書讀者批評指正。

　　　　　　　　　　　　　2018 年 10 月 2 日，上海

第一輯

文化與命運

我們時代的文化危機 [1]
——以「新工人」的命名為例

　　承繼 90 年代中後期三農問題的研究熱潮，近年來，
對「新工人」群體的書寫和研究又出現了一個高潮。無
疑，這與目前中國近三億的農村進城人口有關，而且，隨
著城鎮化政策的全面展開，城鎮化率的進一步提高，這
一數字還將持續增加。毫無疑問，這是當代中國的一個特
殊現象，而且，即使我們撇開底層這一道德立場，從人口
數量來說，它也理應是當代中國社會極其重要的現象和問
題，我甚至想說，它就是最重要的現象和問題，沒有「之
一」。因此，需要整個社會緊密關注，這其中理所當然就
包括學術。因為這一進程必然深刻地改變整個中國社會的
結構，也必將對中國社會及其未來產生根本性的作用和影
響。任何相關的學術領域都不能自外於這個大環境。

　　如何討論這一現象，在什麼意義上對其進行理論化和
問題化的研究，又如何將研究成果轉化為有效的社會實
踐，無疑是一個挑戰。一般地說，理論化和問題化的前提
是歷史化和具體化，只有在歷史化和具體化的基礎上，才

1　本文原是應《人民日報》編輯所約，但未能刊發，後發表於
　　周志強兄主編的《中國圖書評論》，謹致謝意。

能真正把握現實社會各種關係和結構中的真問題；但兩者都不應作為最終的目的，必須在理論與實際相結合的意義上，對從實際和實踐中發現的問題進行深入的理論研究，最終回到現實中，落實在實踐上。如此不斷循環往復，以求得最佳方案。對「新工人」現象及這一群體的關注和研究也應如此。

對這一現象的研究，有不少是從這一群體的市民化角度進入並展開的；有從宏觀或微觀經濟、全球經濟或區域經濟的角度進行的；有從傳播學理論，如傳播政治經濟學出發的研究；有將其置於整個中國現代化史的宏闊背景中展開的研究；也有從政治學，特別是制度理論進行的研究，甚至還有從文學理論背景展開的研究……，在這些林林總總的研究中，也有相當一部分是政策研究，基本上可以說，這些研究多以社會學、經濟學為基本方法或理論框架。而且，研究者不僅僅是中國的學者和研究機構，也有不少洋人的身影，或西方學術、經濟機構。這樣的現象無疑充分地說明其重要性。然而，這些研究往往忽視了原本就蘊涵在這一命題和對象中的「文化」因素。在「文化研究」看來，「文化」與政治、經濟是緊密關聯在一起的，三者同樣都是產生這一現象，並對其構成深刻影響的、不可或缺的要素；而從另一面來講，即使我們不特別地強調「文化」的作用和意義，也只有在三者有機地扣連在一起的基礎上所提供的解決方案才真正指向未來，且根本有效。

什麼是「文化」？或者說，就「文化研究」而言的

「文化」究竟意指什麼？簡單地說，文化是一個社會的價值觀和意義系統，通過生活方式再現出來，也因此，我們可以說，文化是整體的生活方式。在這個意義上，我們的社會對這一群體的命名就體現了「文化」的內涵。

對「新工人」群體的命名，在近三十年來的社會發展過程中有一個變遷史。從「盲流」到「民工」，從「打工妹/打工仔」到「進城務工人員」，從「移民工」再到「農民工」，而在工廠和企業中，他們甚至只有工號或工種名或戶籍地名（這樣的形式也被包裝成現代企業文化，美其名曰「高效管理制度」，但我們必須問，這個「高效」最後和最大的獲益者是誰）。從名號的變遷中其實可以看到整個社會面對這一群體的尷尬，以及社會有意識地調整對待他們的姿態和立場。尷尬的是總也找不到最貼切的概念能夠將這一群體全部囊括在其中，而變化的姿態則是因為明顯感覺到了最初的稱呼所包含的侮辱意味，更為實際的是，畢竟大規模工業化的時代不能沒有他們，必須使他們合法化，至少是法律層面的合法化。但名不正則言不順，言不順則實不能至。於是，如此龐大的一個社會群體就這樣掙扎在「名」與「實」的悖謬中，學術無法自洽，政策不能圓通，整個社會和市場尊奉的是同一個立場和態度，他們是市場要素，只應該受「市場規律」的制約。而所謂的市場規律，不過是資本的選擇權。然而，市場從來就不是社會的全部。社會理應有自己的原則，就是絕大多數人的利益，而在我看來，這一原則就來自文化。

在這個意義上説，這樣的文化當然具有政治性。

　　不幸的是，我們時代的文化正處在危機中。這一危機具體地就體現在他們的合法化過程既不平坦也不徹底的艱難之路上。孫志剛無辜的死是此前類似事件的總爆發，最終促成了收容制度的廢除，但他們獲得的仍然只是出賣勞動的自由，並沒有得到整個社會普遍的尊重，勞動者應有的尊嚴仍然是他們的奢侈品。對勞動者的尊重也就是對勞動的尊重，然而，我們時代的價值標準尊重的恰恰是資本和權力，正如新工人創作的歌中寫道的那樣，「勞動的價值被風吹走」，「資本俘虜了一切」。在這樣的價值觀和意義系統中，作為勞動者的新工人又怎麼可能不被「邊緣化」和普遍的底層化（用馬克思主義政治經濟學的概念，就是貧困化，或無產階級化）？實際上用「邊緣化」描述他們的處境並不準確。他們創造了財富，他們生產了遍及全世界的商品，他們為整個社會提供了相當一部分服務，但最終他們所獲得的少得可憐的回報不過是維持勞動力的再生產，這與他們創造和生產的價值根本不成比例，而這其中最為根本的原因，就是因為他們在整個的系統中與他們所生產的產品一樣，也是商品。一方面，迄今為止，沒有人説過，人應該尊重商品，無論怎樣「高端大氣上檔次」的商品。但眾所周知，商品是勞動過程的成果，沒有勞動，沒有勞動者的付出，一般意義上説，自然物仍然只是自然物，而不是商品，然而，現代資本主義商業最成功的策略就是將勞動從商品中剝離出來，人們在使用商品的

時候可以完全忽視、無視甚至鄙視勞動的存在，商品具有
的只是其使用價值和符號價值，勞動者多半不會進入消費
者的視野。另一方面，勞動力作為生產力的三要素之一，
其地位在當代市場經濟的主流價值系統中基本上排在資本
和生產資料之後，這樣的順序本身就包含了對勞動力和勞
動的基本態度和價值取向，這樣的排列順序中沒有「人」
的位置。

　　歷史地看，1980 年代以來，這個名號的變遷史其實就
是勞動力市場化的歷史，正是在這一歷史進程中，勞動力
徹底完成了商品化的過程。而在我看來，新工人至今仍然
無法取得一致的名號，其尷尬的根本原因就是因為他們是
勞動力，是商品的一種，他們是否有一個合適的名號並不
重要。對掌握了命名權的人來說，重要的只是他們能否帶
來利潤。然而，即使他們有商品的屬性，他們也是特殊的
商品；更重要的是，他們還是人。他們無法接受被權力和
資本命名的命運，他們要爭奪屬於他們自己的權利，自我
命名。他們不再是馬克思當年所看到的法國農民，他們不
需要被代表。正如呂途在其《中國新工人：迷失與崛起》
中所說，「話語從來都是政治性的，沒有權力和無法發出
聲音的群體總是被代表和被稱呼的。」而「『新工人』是
我們的訴求，它不僅包含我們對工人和所有勞動者的社
會、經濟、政治地位的追求，也包含一種渴求創造新型工
人階級和新型社會文化的衝動。」於是，他們堅決地拒絕
了「農民工」這個簡單而不負責任的稱呼；他們響亮地向

世人宣告：「我有自己的名字，我的名字叫金鳳」；他們自豪地告白：「打工打工最光榮」；他們理直氣壯地唱著「勞動者讚歌」。

　　然而，社會，我們都身處其中的社會也是這麼認為的嗎？我們的政府文件中，「農民工」依然是他們擺不脫的名字；我們的學術論文和著作裡，他們仍然被喚作「農民工」；我們的媒體上，「農民工」照例還是一張有用的標籤。我們又怎麼可能奢望社會中的大多數人不再以他們不喜歡的「農民工」的稱呼去稱謂他們？在市場主宰一切的邏輯中，只因為他們是食物鏈（利益鏈）的末端？可是，我們是不是應該想一想，送快遞的人是誰？環衛工人是誰？建築工人是誰？餐館裡被我們呼來喝去的服務員又是誰？沒有他們，我們的衣食住行怎麼辦？然而，他們不在我們的視線內。他們的存在就像他們的勞動一樣，根本沒有得到應有的承認。如果說承認事關政治，這就是政治最真切的所在。這樣的政治正是文化危機的表徵。

　　他們當然應該去爭取屬於他們的未來，然而，一方面，社會是否為他們提供了到達理想未來的空間呢？另一方面，我們的文化是否真正意識到他們的重要呢？看看 7 月 17 日深圳哥士比鞋廠周建容自殺所引起的社會關注，與一位沉寂十年的歌手終於有了新歌面世引發的熱議，在目前中文網絡最強大的搜尋引擎百度搜索一下，前者不到一千條，而後者則是將近三萬！這難道就是我們這個時代的文化環境和文化精神嗎？如果是，我不知道有什麼理由

說它還很健康。正是在這一意義上，我們必須重提雷蒙・
威廉斯在三十來年前說過的話，「社會主義」的「社會」
就是一種理想的人與人之間的關係。而這也是社會主義文
化的核心精神所在。

2014 年 7 月 24 日凌晨於揚中

什麼文化？怎樣的命運？[1]

——讀呂途《中國新工人：文化與命運》

呂途繼《中國新工人：迷茫與崛起》（以下簡稱《迷茫與崛起》）之後，又寫出了其姊妹篇《中國新工人：文化與命運》（以下簡稱《文化與命運》），並由法律出版社於 2015 年初正式出版。

我覺得，這個書名特別好，它抓住了新工人群體所面臨的根本問題，也是當下的重大問題：我們時代的文化狀況與他們的命運之間的關係（雖然「我們」和「他們」其實是一體，但「語言的藩籬」將我們隔開了；更要緊的是，我們身處其中的「文化」不僅加劇了共同體內部的區隔，還不斷地再生產這種區隔，製造內部各種基於不同原因和劃分標準的分裂，和人們的疏離感，以及「我們」和「他們」不同而且無關的幻象）。《迷茫與崛起》主要是對當代中國新工人生存狀況的描述，《文化與命運》的重心則是呂途對這一生存狀況的深入分析；正如書名所傳達的，「文化」和「命運」是第二本書的核心概念，也是作者關注新工人群體新的切入點。如果《迷茫與崛起》的寫作目的是希望引起社會對新工人群體更多的關注，那麼，

1　本文刊發於王雁翎主編的《天涯》雜誌，謹致謝意。

　　《文化與命運》則是通過進一步地思考，期待讀者從新工人群體的命運和其中一部分人的實踐中獲得啟示，介入現實，發出如下的追問——什麼樣的社會是美好的？什麼樣的發展是真正的進步？什麼樣的文化是良性的，可以推動當代中國乃至人類走向美好的明天？

　　汪暉在《迷茫與崛起》的序言中寫道：「（新工人）這個群體是國家主導的改革開放過程的產物，是後社會主義時期勞動力商品化的新形勢的產物，也是中國在將自己打造為世界工廠過程中所創制的新的政策、法律、倫理規範、城鄉關係和社會模式的產物。」如果將中華人民共和國建國後的歷史以文革的結束和改革的開始為界簡單地劃分為前後兩個三十年，那麼，新工人群體的出現和壯大就是後三十年的現象。按照北京工友之家打工文化藝術博物館的統計資料，自 1978 年至 1988 年，是新工人「艱難的流動」階段，總人數約兩千萬；1992 年，鄧小平南巡講話前後，中國大陸形成前所未有的「打工熱潮」，新工人增長到六千萬；至 2003 年，在十年左右的時間裡，這一數字迅速膨脹到一億兩千萬；而到 2013 年年底，據國家統計局的資料，其總人口已經達到兩億六千多萬。毫無疑問，隨著城鎮化的進一步展開，這一數值還將繼續攀升。單純從統計結果來看，日益龐大的新工人群體似乎佐證了城市化率的提升；然而隱藏在抽象數字的背後，新工人們具體的命運和遭際卻對近二十年來主導中國社會變遷的城市化命題發出了深刻的詰問。

　　呂途的筆觸正是從這裡延伸開去。《文化與命運》一書較為具體地記述了十來位工人的故事。在每個人的名字之上，他們共享著「新工人」這一身分，他們謀生的工廠或坐落在發達的珠三角、長三角經濟圈或位於崛起的重慶，他們各有不同的出生地和戶籍所在地，卻擁有共同的打工經歷，那些經歷在相似和差異中折射出兩億多新工人的縮影。數億新工人的出現是當代中國這三十年歷史的一個重要組成部分，但他們的命運並不能簡單地與「崛起」的中國形象相提並論。他們是中國崛起的基礎，是中國強大的力量來源，卻並未平等地分享這一輝煌，起碼，他們的所得，無論是利益，還是地位都與他們的付出不成比例。雖然呂途說他們也在「崛起」，但他們的崛起只是數量上的激增，與群體意識的覺醒、利益和地位的提高並無多少關係。也正是在這個意義上，重新面對這三十年的歷史，我們不得不追問，如果改革已經獲得了一定程度的成功，那麼誰是成功的受益者和分享者？反之，改革所必須付出的代價，又是哪些人在承擔？在此基礎上，亟待追問的還有，什麼樣的改革是真正成功的改革？應該如何設計並如何實踐？如果改革的方式不是已經成為現實的唯一選擇，那麼，當中國經由世界工廠鋪就了通往全球的道路，作為這個巨型工廠的齒輪和螺絲釘，新工人的存在及超負荷的運轉與消耗所凸顯的就不僅僅是城市化的局限和世界工廠的弊端，更是環環相扣的、連接著歷史與未來的發展道路的大問題。如果我們拒絕承認新工人的生存現狀就是

他們無可擺脫的「宿命」，也並不接受當下的中國正走著一條別無選擇的道路，那麼，那些「創制的新的政策、法律、倫理規範、城鄉關係和社會模式」也應納入具體的反思當中，在我看來，這些新的創制既構成了國家發展道路的基本要素，又對社會文化的變遷起著至關重要的導向作用，而新工人的過去、現在和未來都與文化存在著密不可分的關係。

　　新工人群體的命運與文化之間究竟構成了怎樣的關聯？換言之，相較於政治、經濟等方面，文化對其命運的影響究竟體現在哪裡？這個「文化」是一個整體嗎？如果文化存在不同的類型，那麼，哪一些類型，又在什麼樣的條件下才能對其產生深刻的作用。當然，這樣的表述多少會被視為文化主義。且讓我們先來看看發生在 2014 年 7、8 月的兩起勞工事件。7 月 17 日深圳哥士比鞋廠女工周建容大姐於當日凌晨跳樓自殺。哥士比鞋廠是一個來料加工工廠，成立於 1989 年（該廠目前在深圳市市場監督管理局的登記名號為哥士比 [深圳] 鞋業有限公司，有意味的是其發證日期竟然就是 2014 年 7 月 17 日，法人欄是一外國名，未注明國籍。網上有帖子稱是一家港資企業，其投資者竟又是一家澳大利亞公司。[2] 這裡面的「學問」似乎很大，但恐怕只是被企業和高收入人群稱為「合理避稅」的門道，或者就是這個香港人已經移民澳洲，或擔心陸港

2　參看百度貼吧 http://tieba.baidu.com/p/3172299875。

關係而採取的策略。說穿了，仍然是資本最大限度獲利的邏輯）。2013 年底，企業股權變更，因此需要重新註冊、登記法人代表，對此，工人多不知情（實際上企業股權變更等相關信息，工人基本上是不得與聞，他們只是被企業雇傭／購買的勞動力，在資本的邏輯中，他們就是一個抽象的、為資本創造利潤的生產者，與機器或其他的物並無根本的差別），在已經遲發數月工資和部分工人被停繳社保的情況下，因擔心未來的工資、社保等待遇下滑，他們向企業發出邀約協商有關事宜。企業未予理睬，以一紙空文搪塞。工人只得罷工，但企業非但不進行有效的溝通和協商，更以開除為鎮壓手段。周建容就是 7 月 16 日公布的最新一輪被開除的老工人，50 歲的她已經在該廠工作了 12 年，按照政府制定的社保條例，再有三年，即繳滿 15 年社保，她就可以享有相應的退休待遇。然而，她被開除了。沒有人會為 50 歲的她退休後的生計考慮。

確實，這裡有政府的缺位，政府理應及時干預、介入，而不是等事態擴大後再來收拾殘局；有制度的滯後，在事件發展過程中，廣東省人大正在審議《廣東省企業集體合同條例》，草案中就明確規定：「職工向企業發出集體協商邀約，企業超過規定時間未答覆或者無正當理由拒絕協商因此引發集體停工、怠工的，不得以職工嚴重違反企業規章制度為由解除勞動合同；職工因此提出解除勞動合同的，企業應當依法支付經濟補償」；有法律的形式化和空洞化，《勞動合同法》和《工會法》對此事件中的相

應法律主體及行動均有具體的條文說明和規定，包括工商企業的管理等方面同樣有一系列的法律法規。所有這些都應該得到合理地改進和改善，使政府職能更清晰、權力更明確，使法律更完善，使制度更完備、更人性，使企業的許可權更具體，使職工的利益得到應有的保證。然而，即使這些都有了，類似的事情就不會發生了嗎？也許不會，也許仍然可能。這提示我們，在職、權、法之外，還有溶解在這些可操作環節中的無形的文化問題。打工詩人鄭小瓊說，「這麼多年，在這片土地上，諸如富士康這樣的中型企業已成長為巨無霸的企業，我看到一批批員工不斷用青春澆灌著它的成長，這些漸漸老去的員工依然無法在富士康所在的城市安居樂業，他們被無情拋棄，只能回到貧窮的鄉村。」[3] 被拋棄的原因在於，這個群體是整個社會生產鏈條的底端，是作為廉價商品的勞動力，他們沒有尊嚴，也沒有自己的位置。尊嚴，是一個政治問題，同時也是一個文化的問題。有什麼樣的文化就會相應地衍生出什麼樣的生存狀態。在資本主義文化中，一切被商品化，作為勞動力的人也是市場要素，是物的一種特殊形式。在一切被物化的文化環境中，何來真正的「尊嚴」？對於 50 歲的周建容大姐來講，在資本的邏輯和視野中，她的未來與企業無關，企業的唯一目的就是逐利，而周建容也是為生存而來；他們不會將無數個周建容與其利潤和企業的成

3　鄭小瓊《女工記》，第 97 頁，花城出版社 2012 年第一版。

長聯繫起來看，他們甚至覺得是資本養活了工人，工人的勞動機會是拜資本所賜。所以，與其說周建容大姐是死於失業，不如說死於失業給人的尊嚴帶來的毀滅性踐踏。

而發生在 8 月 2 日的崑山中榮金屬製品有限公司拋光車間的粉塵爆炸事件，無疑是近年發生的特大責任事故之一，事故造成 75 人罹難，185 人受傷。該公司為台灣獨資企業（查崑山工商行政管理局企業信用信息公示系統，在企業類型欄，是這樣寫的：「有限責任公司〔外國法人獨資〕」，台灣在我們的地方政府網站上竟被當作外國！），像很多港台及外資在華企業一樣，它也是代工廠，「生產汽車後視鏡及汽車零配件等五金件的金屬表面處理加工；從事汽車零配件的商業批發及進出口業務。」爆炸的拋光車間就是輪轂加工，對半成品輪轂進行打磨、拋光。專業人士都清楚，輪轂打磨必然產生可燃性粉塵；當空氣中的可燃性粉塵濃度達到一定高度，遇到熱源，必然產生破壞力極強的爆炸。據說，國家安全生產監督管理總局近日發布了《嚴防企業粉塵爆炸五條規定》，百度百科也在 8 月 27 日由網民創建「粉塵爆炸」條目。也就是說，一系列的法規和常識的廣泛普及都是在慘案發生後才有的。爆炸事故發生後，追究責任人的刑事責任和法律責任，包括找補制度的漏洞，都是理所應當。可這仍然只是就事故本身而言，安全生產絕不僅僅是不發生死傷事故，更重要的是生產者／勞動者的安全和健康。據相關報導，崑山中榮金屬製品有限公司幾乎沒有對工人做過安全教

育，也沒有對粉塵吸入導致塵肺病進行過宣傳。而「有關專家估計，目前（引按：指 2013 年初）僅塵肺病實際患病人數超過 100 萬例，而有民間組織估算，目前中國累計塵肺患者達 600 萬。……塵肺病已成中國最嚴重的職業病，發病率高居職業病之首。據衛生部資料，截止到 2010 年底，全國累計報告塵肺病 676541 例，死亡 149110 例，病死率為 22.04%。塵肺病正在以每年兩萬多人的數量劇增……」[4] 事實上，死亡率如此之高的塵肺病並沒有引起社會、特別是企業的足夠重視，儘管國家已對《職業病防治法》做出相關的修訂，儘管 2009 年張海超開胸驗肺在網絡上掀起軒然大波，但崑山爆炸案的媒體報導中依然鮮有涉及這一話題的文章。

實際上這樣的悲劇在近三十年的發展過程中又何止這些。我們不得不追問，為什麼如此慘痛的生產安全事故時有發生？制度建設真的就能做到防微杜漸，從根本上保證勞動者的生命安全？安全的基礎又是什麼呢？是安全意識，還是生命意識？實際上，只要稍加留心便可發現，很多企業的規章制度，甚至包括法律條文，講的只是企業生產的安全，並非生產者的安全。雖一字之差，但對兩者必須做一個辨析。從根本上說，兩者能否統一取決於生產者與生產的關係；而兩者的剝離必然帶來對生產和生產者的

4　參看網易財經頻道
　　http://money.163.com/13/0304/22/8P5IM24Q00254T7L.html。

不同立場和態度。而生產者與生產的關係，在另一個層面
上也就是生產者與企業主體的關係。我們可以很清楚地看
到，在當下的生產關係中，無論是國企，還是集體企業，
更不必說民營及私營企業，包括大量的外資企業，也無論
是企業的經濟主體，還是法律主體，其實都沒有給予作為
人的生產者應有的位置，他們不過是可以被替代也可以隨
時被解除合同的受雇者，是市場源源不斷供給的勞動力商
品。看起來勞資雙方是自由買賣，但實際議價權幾乎完全
被資本集團掌控，廣大的生產者 / 勞動者非但不能參與企
業的各種決策，甚至連自己的身體和時間都掌握不了，說
得更直接些，他們只是現代的奴隸。也正因此，新工人
才會說，上廁所是他 / 她們最快樂的時間，而每天十二小
時的工作基本就是他們一生的縮影。[5] 也正是在這個意義
上，生產者與生產的關係直接指向政治經濟學的根本問
題：所有制，也就是生產資料歸誰所有的問題。而在上述
那樣的關係和結構中，生產者的生命服從於現在幾乎所有
企業的最高原則，甚至是唯一原則——效率。這就是我
們在 90 年代就已經確立下來的原則，所謂「時間就是金
錢，效率就是生命」[6]，「效率就是生命」並不是說效率

5　參看微信「工廠少女 12 小時望見一生」http://mp.weixin.
　　qq.com/s?__biz=MjM5MjEwNzE2NA==&mid=201385400&id
　　x=4&sn=460c4adc14785a5c38ead606ce99e752&scene=1#rd。

6　或者顛倒過來，變成「時間就是生命，效率就是金錢」。

等於生命，而是說效率是企業生存的保證；它所表達的意思與活生生的生命實質並無關聯，即使有，也只是資本和生產資料所有者的企業法人，而不是勞動者／生產者。但是，當效率被擺放在凌駕一切的位置上的時候，效率也就成為建立在一個個活生生的生命之上的「目標」。所以，說到底，安全事故不只是安全意識的問題，更是生命意識的問題，亦即生命政治的問題。也許正是在這個意義上，馬克思才說：「人的身分比公民身分更加重要，人的生活比政治生活更加重要。」[7] 因為，異化的勞動和勞動者在這個社會關係的結構中已經失去了人的身分。

　　生命政治的問題當然是政治問題，但也是文化的問題。我們可以簡單地將生命政治的問題歸結為一條：對「誰的生命更有價值」這一偽命題的檢討，它究竟是被什麼樣的意識形態，又是怎樣生產出來的。即使在「天賦人權」的意義上說，「誰的生命更有價值」也是一個偽命題。所有的生命價值都應該相同，面對生命，不應該存在高低貴賤的差別。然而，令人非常奇怪的是，它竟又在現代社會被廣泛地接受。更糟糕的是這一偽命題經由文化的形式和作用已經被內化為一種頗具普遍性的政治無意識。被表述為機會均等的所謂「平等」早已成為自由主義和新自由主義的經典說辭。於是，各種等級化的、成文不成文

7　馬克思《前進報》，轉引自《現代悲劇》，第 68 頁，[英] 雷蒙·威廉斯著，丁爾蘇譯，譯林出版社 2007 年第一版。

的、似虛卻實、若隱若現的界限無處不在，對利益訴求、社會地位、空間權力、教育權力、愛的權力、表達的權力等進行著或明目張膽，或暗度陳倉的區隔。也就是説，生命政治就是將生命的問題從社會關係中提取出來，對其進行政治化的思考。歷史告訴我們，社會關係的邏輯架構及其建立既是政治行為，也同樣事關文化。即使退一步説，社會主義的社會關係在革命成功後得以順利建立，但其持續的存在卻無法依靠單純的政治手段，而必須憑藉文化的力量。這既是因為所有不平等的社會關係和畸形的生命價值觀原本也是依賴於一整套的文化系統而存在，更因為社會主義的理念，絕不僅僅體現在政治領域和政治手段上，更不可能僅僅依靠經濟基礎（譬如所有制）就可以維繫、持續。也就是説，無論是周建容大姐的自殺，還是崑山的爆炸事故，這些悲劇的根源都並不是作為整體的抽象的社會，它與人直接相關，是人釀成了人的悲劇，因為社會是由一個個人構成的，而文化正是將社會的人的觀念和意識世界組織起來，並成為支配性存在的重要力量。

正是在這樣的意義上，呂途將新工人的命運與文化接合在了一起。從深圳致麗玩具廠的火災，到富士康年輕生命的自殺，再到眼前發生的一個個悲劇，都既與其企業所秉持的資本主義工廠文化緊密關聯，也與我們這個社會和時代整體的文化環境和文化觀念有關。在這本《文化與命運》中，呂途正是通過一個個活生生的生命故事，包括她自己在工廠打工的親身經驗和體驗，鮮活地再現了新工人

們的文化狀況及其生態。這包括兩個方面，用呂途自己的話說：「本書通過工友真實的生命故事同時展示了新工人消極的文化狀態和積極的文化狀態。觀察、認識和分析新工人消極的文化狀態，對其進行反思和批評；觀察、認識和分析新工人積極的文化狀態，對其進行探討和分析，為新工人群體的未來探索方向和可能性。」[8] 呂途將這一思路上的啟示歸功於 E.P. 湯普森《英國工人階級的形成》和雷蒙·威廉斯《漫長的革命》，我想這是貼切的。

《文化與命運》的目錄中有一個小標題，「不要等到打工者第三代才認清前進的道路」，看著這樣的標題，真的是觸目驚心。很大程度上說，這也可以當作呂途整個研究的根本目的。如何實現這一目的，顯然不是書齋中的研究和大班椅上拍腦袋能夠設計出來的，必須深入到現實中去，真正地進入打工者的生活世界和情感世界；甚至這也不是如今很多社會學和人類學高高在上的田野或淺嘗輒止、走馬觀花的調查能夠達到。對呂途而言，她就是他們中的一員，她與他們生活在一起，她把他們當作自己的親人和朋友。

於是，我們看到，她既是敘述者，是訪談人，也是工友，是可以推心置腹、一起哭泣一起歡笑的朋友；同時，她既是討論的參與者，也是討論的組織者，她和他們一起

8　呂途《中國新工人：文化與命運》，「前言」，法律出版社即出。

分享感受和心得，一起分析經驗和體會；她還是啟發者，我們可以清楚地從寫法上看到《文化與命運》保持了《崛起與迷失》的一個非常重要的特點：討論。這既因為參與討論的人不是學者，更不是拍腦袋的決策者，而是剛剛從流水線上、從建築工地上、從簡陋的廉價出租房裡走出來的新工人，沒有任何理論，也沒有多少所謂的「知識」，討論是建立在他們疲憊傷痛的身體感和樸實的情感基礎之上的，也正因此，這樣的討論充分地體現了學術的民主精神。

我們可以想像，在寒冷的冬夜，或是酷熱的夏午，在皮村簡陋的工房裡，在深圳、東莞某個工廠的宿舍中，他們圍坐在一起，交流著他們既不相同，又存在著很多共同點的人生，傾訴著他們共同的被壓迫的經歷，探究著那「讓人非人化」的工廠文化，分析他們的命運與資本的邏輯之間被主流敘述遮蔽、忽略的關係，認真地討論著資本對人的剝削和改變，追問未來的可能，思考更多的人更廣大的社會如何才能擁有一種真正可以被稱為健康的生活的可能。在這個意義上，他們所分析的現實正是其未來想像的基礎；那個理想的未來並非烏托邦，而是完全可能的，因為它就是從現實中生長出來的，就在他們之中，更重要的是他們已經開始了實踐。所以，一方面是把人變成機器和工具的工廠文化，以及資本俘虜了一切，消費主義籠罩整個社會的現實環境，另一方面則是將文化當成戰場，「自己搭台自己唱戲」的新工人在努力探索並實踐著的新文化，這兩者間既存在根本的衝突和不可調和的矛盾，但

同時卻又構成辯證關係，未來的新的良性文化產生於現實之中，是對現實的批判和否定，是在批判、辯證否定的基礎上重新創造一種新的文化，因此，這一否定就並非簡單的全盤拋棄，而是從其反面開出新的花來。也就是説，這一新的良性文化絕非空穴來風、無中生有，而是以其所否定的對象為對立面的摹本創生而出。也正是在這個意義上，討論和分析才顯得與一般的方法不同。同時，歷史也在其中扮演著特別的角色。無論是新工人群體，還是作為學者的呂途，其實都有其歷史經驗和歷史記憶，更準確地説，就是我們曾經的社會主義歷史。在「我們這個失去記憶的時代」一節及其他相關的文字中，呂途通過具體的描述，再現了歷史與現實的有效勾連，從被現實掩埋的經驗中將社會主義的歷史經驗打撈、呈現了出來。雖然在整部著作中，這只是很少的一塊，但其意義卻非同尋常。

新工人藝術團的孫恒根據張海超事件創作了歌曲〈開胸驗肺〉：「打開我的胸膛 / 看到老闆的心更黑；// 打開我的胸膛 / 揭穿虛偽和權威；// 打開我的胸膛 / 打碎僵硬麻木的制度；// 打開我的胸膛 / 打醒良知和公理。」張海超打開他的胸膛，告訴我們一個黑暗的存在；孫恒和他的朋友寫出他們一支支激昂戰鬥的歌曲，為我們打開了一個新的空間，創造了一種積極健康的音樂形式，實踐著一種真正良性的文化。何謂真正良性的文化？《文化與命運》中的新工人告訴我們：「教育不能失去德」（沈金花），將教育視為投資，看作職業能力培訓諸如此類就是失去了

德的教育，乾脆地說，就不是教育；就像掙錢不是目的一樣，發展經濟也不是目的，「團結經濟」（王德志）是為了讓更多的受壓迫者過上好日子，將對自然和社會的獲取降低到最低限度，而不是如今的絕大多數企業那樣追求自身的利潤最大化，無限度掠奪自然，破壞自然，剝削弱勢群體；讓搖滾樂不再成為文化工業的產品，成為消費時代矯情而膚淺的憤怒青年的宣洩渠道，而是人民的自我表達（許多）；窮人與窮人的聯合是弱弱聯合，而不是強強聯合，繼而贏家通吃，「我們不認同幾萬個窮人養活幾個富人的生活狀態。公社這個理想和道路適合窮人，是窮人的出路。在公社的生活中大家都有尊嚴。」（姜國良）

重建正義、平等、公正的集體和集體主義意識……在我看來，這樣的文化才是有生命的，因為它將每一個生命都安放在其中；這樣的文化是屬於未來的，因為它本身就代表了未來。但這樣的文化要最終獲得未來，必須有更多的人參加進來，必須通過長期的戰鬥。為了這個，我們要說：逝者安息，生者戰鬥。因為「生活就是一場戰鬥」。

「雄關漫道真如鐵，而今邁步從頭越。」[9]

2014 年 9 月 5 日於滬上美蘭湖

9　〈生活就是一場戰鬥〉是新工人藝術團許多創作的一支歌曲名，許多在詞中引用了毛澤東詩詞中的句子「雄關漫道真如鐵，而今邁步從頭越」。

形式的文化政治意義 [1]

——試論新工人藝術團音樂實踐的形式

引言

　　無論是文化，還是政治，包括經濟，都自有其形式；而文化與政治、經濟三者之間又存在著相互表徵與被表徵的關係，同時，三者亦各有其自身的獨立性。不同的文化，其形式也必定存在差異；而一種新的文化也必須發明、創造為其賦形的形式，才能傳播。這仍然是過於寬泛的結論。在一定意義上說，藝術是文化重要的載體，也是其最具表現力和影響力的手段；另一方面，藝術又是社會的組織形式，藝術承擔了組織和再組織的使命，而社會關係和社會結構，乃至情感結構在形式化的藝術中得以重新組織。因此，透過藝術（作品），可以把握到一個時代和

1　本文初刊於《文藝理論研究》。實際上這是一篇題為「『為勞動者歌唱』的文化政治——新工人藝術團音樂實踐的意義」的最後一部分的擴充版，前面的部分以原題發表於薩支山、楊早主編的《話題2014》，社會科學文獻出版社。意大利的山谷（Diego·Gullotta）兄翻譯了全文，收錄在一本王曉明老師主編的論文集子裡。謹致謝意。

社會的文化。而這仍然是就藝術作為一個集合名詞而言，一方面，藝術有門類之別，諸如文學美術音樂等等，在這些大的門類中，同樣存在更具體的分類，譬如文學就有體裁或文類的劃分，也就是說，在分類的意義上存在形式的類屬關係；另一方面，在每一個具體的藝術樣式中，又有更為細緻的形式存在，譬如音樂中的民謠，也可以有旋律與節奏、敘事與抒情等方面的差異。每一個形式，無論種屬，乃至具體到每一個作品內部的形式化因素，都自有其獨立的價值，這一價值就是其不可替代性。但是，這一不可替代性往往被限定在審美的範疇中，而不是更為整體性的意義維度。換言之，創作者選擇這樣而不是那樣的形式，所隱含的意圖和目的、再現的情感與觀念、表徵的文化與精神等層面常常被忽略。而新工人藝術團[2]音樂實踐的形式正需要我們以這樣的方式進行討論。[3]

---

2 新工人藝術團的前身是打工青年藝術團，成立於 2002 年 5
   月 1 日國際勞動節，最初成員 10 人，核心成員有孫恒、許
   多、姜國良、孫元等，他們基本上都是打工青年。他們利用
   業餘時間去工地、工廠和社區、校區為打工者演出。

3 關於「新工人」的命名，呂途在《中國新工人：迷失與崛
   起》（法律出版社 2013 年第一版）中說，「新工人是一種
   訴求意義上的概念。在中國，工人這個詞是有著歷史的烙
   印的，說工人就讓人聯想到過去國企的工人，他 / 她們被賦
   予了工廠和國家的主人的地位，享受各種社會保障和福利待
   遇。」（第 5 頁）這裡包含兩層意味，其一是尊嚴政治意義
   上的政治地位，其二是與其相關聯的經濟地位。但可以肯定

在我的理解中，藝術的生產和再生產關涉到其生產方式、組織形式、文化存在／鬥爭的形式、美學形式等不同的層面，而這些不同的層面既彼此獨立，又相互關聯。這些又同時作為一個整體與更大的整體的世界建立聯繫。

創造新的組織形式

新工人藝術團的誕生並不是一個偶然現象，雖然一定程度上說，沒有孫恒等發起人，似乎也就不可能有打工青年藝術團，以及此後的新工人藝術團，但這並不意味著完全不可能出現類似的新工人自己組織的其他類型的團體／集體。就其組織的最初動力來說，雖然一般都會有外力的

的是，新工人群體的組成主要是進城打工的農民，也包括從小城鎮進入大中城市的人員。已故的費孝通先生在 1980 年代初期對小城鎮的調查研究中已經使用了「新工人」這一概念，他指的是蘇南地區鄉鎮企業的發達地區，有相當一批兼業者，他們或「以農為主兼營工業」，或「亦工亦農」，或「以工為主兼營農業」，「這批兼業勞動者中的絕大部分與城鎮工人之間已經不存在本質的差別，他們同樣與先進的生產力相聯繫，承擔著約占辦在鎮上的工業 1/3 的生產任務……因此，他們無疑是從農村中生長出來的一批新工人，是中國工人階級新一代的一部分。」（《小城鎮 再探索》，《費孝通全集》第十卷，內蒙古人民出版社 2009 年第一版，第 360-361 頁）費孝通的「新工人」指的就是「離土不離鄉」的農民。

作用，但根本上說，它們基本上屬於自組織形式。可以
說，2002 年左右的當代中國社會現狀，已經為此類新工人
的自組織的形成提供了現實基礎。換言之，是現實召喚出
了這些新工人的自組織。

　　究竟是什麼樣的現實使新工人藝術團的誕生成為一種
必然呢？汪暉在與佩里・安德森的訪談中是這樣描述的：
「……從 1985 年城市改革開始之後，『三農』問題重新
陷入新的困境，只是由於整個經濟的高速增長掩蓋了問題
的嚴重性。WTO 協定條款中的相當部分內容涉及中國農
業市場的開放，從而極大地暴露了農村的危機和農民在政
治公共領域中毫無發言權的狀況。」[4] 而溫鐵軍則是從制
度經濟學的角度，更清晰地分析了新中國 60 多年來不同
時期經濟發展過程中必然發生的經濟危機，及其所造成的
後果。80 年代初農村實行家庭聯產承包責任制，農村經濟
因農貿市場的復興和農產品價格的提高得以改善，自發的
小農經濟在獲得政策的合法性後極大地活躍了農村市場，
蘇南發達的鄉鎮企業啟發並帶動了很多農村地區的經濟發
展，農村的狀況一度繁榮興旺。費孝通先生在調查中發
現，農村的繁榮主要是鄉鎮工業的發達。費孝通認為，當

4　〈新批判精神──答《新左翼評論》雜誌問〉，《別求新
　　聲──汪暉訪談錄》，第 32 頁，北京大學出版社 2009 年第
　　一版。訪談時間是 1999 年秋，但對話中已經涉及到發生在
　　2001 年的「9・11 事件」，應是根據錄音整理後修改的痕跡。

代中國鄉鎮企業帶動農村現代化的方式不同於西方資本主義「以農村的崩潰為代價」的資本主義發展模式。[5]但汪暉也指出，對鄉鎮企業，「不能評價過高，以為這些企業代表了中國為世界市場體系提供的一個新的發展模式等等。鄉鎮企業的成功和改革初期實行的價格雙軌制分不開」[6]。價格雙軌制一定程度上給城市國有企業和集體企業造成了經營壓力，並因此累積為困境，從而引發 80 年代中期城市的企業和相關領域的改革。也正是在這個意義上，汪暉將 1989 年的政治事件不僅僅視為思想文化領域的「新啟蒙」所帶來的結果，而是經濟危機與思想文化在一個特定的歷史時期因兩者的高度吻合而爆發的社會事件。

5　參看費孝通關於小城鎮的幾篇文章，特別是〈小城鎮　大問題〉和〈小城鎮　再探索〉，在〈小城鎮　再探索〉中，他說：「農民富裕靠工業，已成了普遍的事實。……這個事實應當大書特書，因為它向人們展示出我們社會主義建設中的一個嶄新的特點：中國社會基層的工業化是在農業繁榮的基礎上發生、發展的，而且又促進了農業發展，走上現代化的道路。……資本主義國家現代工業的成長是以農村的崩潰為代價的。這是西方資本主義工業化的道路。……這種工業化的道路，從具體歷史發展來看，並不是從理論上推論出來的結果，而是農民群眾在實際生活中自己的創造，經過了多年實踐的檢驗，『實行幾億農民離土不離鄉，積極發展鄉鎮企業』，終於被肯定為從我國國情出發的一個具有戰略意義的方針。」《費孝通全集》第十卷第 352-353 頁。

6　《別求新聲——汪暉訪談錄》，第 17 頁。

「從 1989 年開始，農民人均現金收入增長速度連續 3 年下降，迫使農村勞動力大量進入城市尋找工作，並最終在九十年代初演化為『民工潮』現象。」[7]1992 年南巡講話後開啟並加快了全面市場化進程，城市的國企改革、住房制度改革、醫療制度改革的負資產不斷累積，加上未曾改善的農村狀況，終於在 1997 年爆發的東亞金融危機的誘發下，發生了又一次的經濟危機。90 年代逐漸形成規模的「世界工廠」所代表的外向型經濟遭遇衝擊，衝擊不僅僅對鄉鎮企業產生很大的影響，也深刻地改變了國有企業的發展方向。在震盪中，財富和權力依據自由市場邏輯重新組合；而從另一個角度看，危機的醞釀及爆發也是國際勞動分工逐漸在資本主導下完成的過程，雖然國際勞動分工絕不會從此不再變化，資本的邏輯一定會在勞動力成本升高後再次進行轉移。也正是在這一輪的重組中，城市下崗工人和進城農民及廣大的農村農業人口等構成了當代中國社會龐大的社會底層，而在這個之上的則是已經結成聯盟的各種資本精英、技術精英和政治精英的精英集團。新的社會分層基本完成，並形成為新的社會結構。穩定的結構化遂日益凝固化，底層的生活狀況普遍陷入難以改變的困境。

在底層普遍的困境中，即使我們不能說進城的農民處

7　溫鐵軍等著《八次危機：中國的真實經驗 1949-2009》，第 117 頁，東方出版社 2013 年第一版。

在整個社會結構的最底端，我們也應該清楚地認識到，他們的人數在底層中所占的比例一定最高，他們所受到的壓迫也最為多重，既有源於城鄉二元結構體制的各種限制，也有務工所在城市針對他們的各種不合理規章的束縛，更有來自於各種資本的盤剝和壓榨。可以說，90年代初「民工潮」之後直至今天仍然在逐年遞增的新工人，顯然已經不是費孝通先生在80年代初期於蘇南鄉鎮企業見到的那些新工人，後者是離土不離鄉，而前者則是「待不下的城市」「回不去的農村」[8]。這種處境顯然也不是一般的「尷尬」可以描述，更不是文學家們「生活在別處」這樣美學化表達所能涵蓋。孫恒的〈我們的世界，我們的夢想〉就很真實地再現了這一處境：「我們的世界是狹小的九平方／從早到晚不停地奔忙／從鄉村到城市從土地到工廠／打出一片天地來是我們的夢想／／我們的世界是長長的流水線／趕貨加班加點不知疲倦／付出了青春淚水和血汗／省吃儉用寄錢回家是我們的夢想／／我們的世界是鋼筋混凝土／高樓大街橋梁都是我們雙手來建／髒苦累活兒沒日沒夜地幹／順利拿到血汗錢是我們的夢想／／我們的世界是孤單和寂寞／背井離鄉四處漂泊／城市燈火輝煌我心空空蕩蕩／夢裡時常回到媽媽溫暖的身旁／／我們的世界是別人的冷眼／冷漠與偏見我習以為常／我一不偷二不搶心底坦蕩

8　參看呂途《中國新工人：迷失與崛起》第一編「待不下的城市」和第二編「回不去的農村」。

蕩 / 頂天立地做人要有做人的尊嚴……」。歌詞很樸實，如果以文學的標準來評判，簡直可以說直白得毫無韻味，然而，它所描述的「我們的世界」恰恰是一個無比真實的世界。

只有看清楚現實，才能正確地想像一個可能的未來，並將這個可能的未來始終納入現實，付諸實踐。如何將未來放進現實之中，作為實踐的動力？毫無疑問，它既受制於現實提供的可能，也取決於實踐者的主體性。

也正因此，在〈我們的世界，我們的夢想〉中，我們聽到的是現實的一個方面，但有意味的是，這個糟糕的現實卻生產出了它的批判者和否定者。批判和否定不一定都具有實踐性，實踐性需要現實的基礎。於是，我們看到，一個糟糕的現實其實具有雙重甚至多重可能，換言之，現實中始終存在著不同方向的能量，在其內部可能是搏鬥的關係，也可能是和諧共處的關係，抑或時而搏鬥，時而相安無事。在這個意義上，當我們回到新工人的問題，我們發現，正是新工人普遍的貧困使一部分人意識到了社會生產和社會分配等問題的嚴重，正是新工人在國家的退出和單位制的瓦解後所遭遇的生存困境，使越來越多的人們重新思考市場經濟，正是在新工人普遍被視為商品的勞動力，被當作市場要素而失去了勞動者的尊嚴的時候，越來越多的人們開始重新討論勞動的政治經濟學意義，討論尊嚴的政治，也正是在絕大多數新工人被時代和社會的主流裏挾向前的時候，越來越多的人們開始認真檢討我們的

主流文化觀念和我們寄身其中的文化環境。但是，更重要的是，在這些思考和討論中，不僅有純粹知識和思想生產的層面，也逐漸地有了一種將實踐的可能性帶入思想的趨勢，甚至徹底翻轉知識／思想與實踐的關係，從實踐的可能性入手，直接在現實中日益被資本和權力掌控的社會空間中，在那些縫隙中，探索新的、反抗性的、具有實踐性的空間。在一般意義上，這就是民辦非企業社會組織誕生的條件。[9]

　　根據《中國民政事業發展報告（2007-2008）》，2000 年全國共有民辦非企業社會組織 2.3 萬，2001 年則有 8.2 萬，2002 年更增加到 11.1 萬，截止 2007 年，2001 年的增長速度無疑是驚人的，2002 年延續了較為強勁的增速，此後的增長率基本上維持在 10% 左右。[10] 這與孫恒

9　社會組織的類型很多，類型劃分的依據同樣有很多。可參看百度百科「社會組織」條目 http://baike.baidu.com/link?url=M6cTg5-gSykwOO23_Z1i5sCgPaA3OKKWPnnc95RWH6n5gsK5gXYZXz8m2g5ZO6WroDS86cnYEagpe6m06L4S3q。根據民政部 1998 年 10 月頒布的《民辦非企業單位登記管理暫行條例》的定義，「民辦非企業」指的「是指企業事業單位、社會團體和其他社會力量以及公民個人利用非國有資產舉辦的，從事非營利性社會服務活動的社會組織。」參看民政部網站 http://www.mca.gov.cn/article/zwgk/fvfg/mjzzgl/200709/20070900001726.shtml。

10　參看民政部網站 http://www.china.com.cn/aboutchina/data/08mzsy/2008-09/17/content_16492760.htm。

的敘述非常吻合。據孫恒回憶，1998 年 10 月，離開開封後，他到處流浪，像一個行吟詩人，靠賣唱為生。2000年，終於確定留在北京。此後他參加了不少大學生社團和民辦非企業組織的活動，諸如「農民之子」、「打工妹之家」、「新希望社團」等等。正是在一次大學生社團的活動中，他萌生了自己創辦組織的念頭。[11] 這也就是新工人藝術團的前身——打工青年演出隊，之後又改為打工青年藝術團，再之後就是如今的新工人藝術團。新工人藝術團的主要人員除孫恒外，還有從開始到現在始終作為骨幹的‧曾經擔任打工春晚總導演的王德志和許多。而他們也是公益組織「北京工友之家文化發展中心」的主要創辦人和組織者。

在一定程度上說，孫恒們及其「工友之家」和「新工人藝術團」就是一種自組織，是目前社會組織常見的形態。如果將這樣一些自組織看成是新世紀以來逐漸興起的現象，那麼，這一現象顯然與新世紀以來的中國社會現實存在著很大的正相關性；如果將它們視為一種基於現實的實踐，那麼，這種實踐也是在現實展開的過程中進行的。同時，此類自組織的形式在其構成上頗似傳統的「同仁」組織，以志同道合為凝聚力形成的基礎，但不同的是，以新工人藝術團為例，它並非通常意義上的知識者組織，而

11　參看呂途《中國新工人：文化與命運》「孫恒的故事」。法律出版社 2015 年第一版。

是幾乎清一色的來自新工人群體。而這個不同也在很大程度上決定了他們與普通知識群體的組織不一樣的實踐方向和實踐形式。正如汪暉所說，「主體性不是通過結構關係來加以界定的，而是通過創造性的過程得以生成的，因此，必定存在著比抽象地討論『底層能否說話？』更具創造性和實踐性的問題，問題本身會對說話者的身分和角色進行重新界定。」[12]

就孫恒和他的新工人藝術團的同道們而言，雖然主體性的成長是一個艱難的過程，他們都曾經經歷過迷茫、痛苦的階段，更重要的是，他們始終處在社會的底層，他們就是在流浪中，在飯館、工地等所有能夠打工的地方，作為一個普通的打工者而切身感受著新工人的困苦和艱辛。但他們從個人的困境中看到了普遍性的問題，他們了解到他們的隊伍其實很龐大，大到數以億計，孫恒的〈彪哥〉[13]一歌中的主人公彪哥就是這個舉世無雙的龐大群體

12 汪暉《別求新聲——汪暉訪談錄》，第 43 頁。

13 彪哥是孫恒 1999 年在北京師大附近的一個建築工地上認識的建築工人，〈彪哥〉就是以他的生活經歷為素材創作的一支歌，歌詞值得抄錄於下：「認識你的時候，已是在你幹完每天十三個小時的活兒以後。大夥兒都管你叫彪哥，你說這是兄弟們對你習慣親切的叫法。喝醉了酒以後，你說你很想家，可是只能拚命地幹，才能維持老小一家安穩的生活。每天起早貪黑，你說你感到特別的累，可是只能拚命地幹，才能維持老小一家安穩的生活。你說你最痛恨那些不勞而獲

中的一員，於是，他們自己的經歷和彪哥的遭遇促使他們
意識到，應該為他們做一點他們能做的事。這個能做的事
就是要用音樂的形式說出他們的故事，唱出他們的酸甜苦
辣，喊出他們的聲音。在我看來，這也正是他們的音樂作
品的網站取名為「大聲唱」的根本原因 [14]。當他們選擇了
大聲唱的時候，他們的主體性也就赫然站立在那裡了。也
就是說，當知識界還在閉門討論「底層能否說話」的時
候，孫恒們其實早已大聲地發出了他們的聲音。在這個意
義上，「大聲」和「唱」就是他們選擇的形式。在很大程
度上說，無論是他們的「大聲」還是「唱」已經不是主流
所稱的音樂，我甚至想說，他們的「大聲唱」與音樂無關。

與文化工業決裂

　　根據新工人藝術團音樂作品的傳播方式，可以分為兩
種基本的類別：CD 版（包括大聲唱網站上的網絡版）和
現場版。實際上，所謂媒介即信息，其傳播方式也是他們

　　的傢伙，他們身上穿著漂亮的衣服，卻總是看不起你。你說
　　究竟是誰養活誰？他們總是弄不清，他們總是弄不清這個道
　　理。一天天一年年，就這樣過去……你擁有的只是一雙空空
　　的手……你總說也許明天日子就會改變，可清晨醒來後，仍
　　得繼續拚命地幹！」

14 參看大聲唱網站 http://www.dashengchang.org.cn/。
　　本文中涉及到的他們的音樂作品均可在該網站欣賞並下載。

的實踐形式之一。而在我看來，就新工人藝術團獨特的音樂實踐形式而言，曲風，或通俗歌曲的類型等形式層面的因素，是內在於這兩種基本類別之中的，這些具體的形式因素同樣是其實踐的組成部分，而且，它們不僅構成了一個具有整體性的實踐，也有效地參與了意義的生產。在這個意義上說，傳播方式就是形式的一個層面，而且，媒介即信息也理應有更進一步的表達，媒介即意義。

雖然新工人藝術團已經正式出版了 8 張 CD，可實際上銷量並不大（除了第一張專輯[15]），但重要的是，銷量並不是他們的目的，正如孫恒的歌中唱到的那樣：「唱那幾首破歌，也不是我的夢想／我的夢想是所有人都能開口歌唱。」（孫恒〈家在哪裡？〉）我們都知道，在當今文化工業的體制和邏輯中，在其被廣泛認同的現實環境中，這樣的想法簡直荒唐，起碼是過於浪漫化、理想主義（但其實他們要說的是「不切實際」，甚至是傻。而且，在這樣的表述中，「理想主義」已經完全不是它原先的意涵，只意味著「好高騖遠」、「空洞」、「不實在」等，另一種表述看起來是對理想主義的承認，但當一個人將老

---

15 據孫恒介紹，因為第一張是「市場化運作，銷售最好，賣了十萬張」，此後七張，「基本靠義賣，收入微薄」。首張專輯《天下打工是一家》，第二張《為勞動者歌唱》，第三張《我們的世界　我們的夢想》，第四張《放進我們的手掌》，第五張《就這麼辦》，第六張《反拐》，第七張《家在哪裡》，第八張是十年精選《勞動與尊嚴》。

闆、CEO 當作自己為之奮鬥的「理想」的時候，其實那也早就不是什麼理想，不過是一個完全個人主義的生活目標。）。也有對新工人藝術團的實踐表示認同和理解的人，他們會這樣說，銷量就是市場，就是回報，就是收益，為什麼不通過占領更大的市場，賣出更多的 CD，獲取更多的收益，這既擴大了作品的影響，也獲得了應有的收入，可以把這些錢拿來做很多有益的事情，就像他們當初將第一張專輯的版稅悉數投入到同心學校的籌建、啟動中一樣，這不是挺好的嘛。看起來，事情似乎確實應該這樣做，可實際上，在我看來，選擇這樣的方式是要表明他們與文化工業的決裂，至少是保持距離的一個姿態和行動。這其中，一方面是對文化工業產品市場營銷方式及目的的反抗，就文化工業的商品營銷策略和方式而言，基本可以概括為鎖定消費的目標群體後，徵用一切可以徵用的手段，包括明星制度、時尚化、符號化／象徵化，憑藉已經被文化工業完全掌控的、同樣已經市場化／商品化的各種媒介和媒體，以廣告或其他廣告式的形式大肆宣傳，吸引眼球，吊足胃口。其實，這樣的方式並不僅僅是文化工業商品的營銷策略，基本上可以說是現代社會商業的基本模式，差別也只是具體手段和細節上的不同而已。而且，這些資本主義式的文化工業商品對其消費者在構成一種剩餘價值的榨取的同時，更對消費者的精神和情感形成了一種內在的「榨取」。

　　顯然，對新工人藝術團來說，這樣的策略和手段意味

著對現代資本主義商業的承認，也意味著自身進入了市場體系，更意味著他們將接受者當成了消費者，而他們的作品也不過是與市場上可以買到的商品一樣，是一件消費品。他們當然不會這樣自我定位；另一方面，這也是對文化工業生產方式的反抗，姜國良就曾經說，當音樂成為產業，他就不喜歡了。[16] 文化工業的生產方式從根本上說就是利用資本霸權、技術霸權有效地生產資本主義的意識形態，包括發展主義、個人主義、消費主義、功利主義等等，同時，它還生產著這些意識形態繼續操控社會所需要的消費者主體，用阿爾都塞關於意識形態的理論來說，它製造了「個人與其實在生存條件的想像關係」，而這個想像關係實質上不過是個幻象。[17] 這也就是上文所謂被「榨取」的內容。而對文化工業生產方式的反抗也就是對整個現代資本主義生產方式的反抗。說到底，他們並沒有將自己的音樂作品視為資本主義經濟體系中的商品，他們拒絕將自己的作品以資本主義商品的形式進行傳播，寧願選擇義賣的方式。因為，在義賣的買賣關係中隱含了認同，也許這一認同存在著不同的層面，情感的、道德的、價值的、文化的認同，但無論哪一種認同，也必然包含著一定

16 參看呂途著《中國新工人：文化與命運》中有關姜國良的章節。法律出版社 2015 年第一版。

17 參看阿爾都塞〈意識形態和意識形態國家機器（研究筆記）〉，《哲學與政治——阿爾都塞讀本》，陳越編，吉林人民出版社 2003 年第一版。

程度的對資本主義生產方式的批判性認識。也正是因為這樣一些認同，使買和賣的關係從本質上顛覆了資本主義的商業關係，而更具等價交換和引為同道（同志）的意義。

　　但這還只是一個方面。新工人藝術團的創作者們更願意自己的作品無償地被人們所欣賞。就如他們去企業、工廠和工地，乃至學校等演出一樣，他們絕沒有所謂出場費的說法，完全是義務。所以，我們能在「工友之家」的「大聲唱」網站免費下載他們的所有作品。[18] 也可以說，這是他們徹底拒絕資本主義文化工業的實際行動。眾所周知，文化工業在所謂知識產權領域近年來在中國大陸的迅速發展，各種版權的糾紛層出不窮，而名目不過是維護著作權人的合法權益，其實說白了就是個人利益。反盜版的呼聲也是一浪高過一浪，而剽竊之風卻屢禁不止，其根本原因仍然是利益的驅動。就知識而言，所謂產權，從本質上說，是私有觀念的體現。但是一個最淺顯的道理是，你的知識或發明是從哪裡來的呢？可以肯定的是絕非無中生有，而是建立在前人和他人發現、創造的基礎之上的，如此回溯、延展，構成了人類知識寶庫的豐厚積累。而知識的根本目的，就其普遍性的意義而言，是為了全人類的未來，並非為了攫取利潤。所有的知識理應由全人類共享，它是全人類的財富。然而，在資產階級將人理解成私欲的經濟主體的邏輯中，個人和個人的一切是至高無上的，一

18　參看 http://www.dashengchang.org.cn/Music.htm。

切都是為了個人。更遑論由此形成的知識壟斷（包括技術壟斷）所造成的人為的區隔、對各種不平等結構的進一步強化，而由壟斷形成的知識霸權，以及更大範圍、更深程度的霸權更使強權越發猖獗、無所不能。可是，當發明、創造（創作）的驅動力只是為了個人私欲的滿足時，那樣的發明、創造本身恐怕就需要我們保持應有的警惕。正是在這個意義上，新工人藝術團將他們的作品完全免費地發布在網絡上，就是對知識產權所代表的資產階級私有觀念的堅決反抗。

當然，我們也必須看到這樣一個事實。在一個文化已經處於深重危機的時代，絕大多數人的音樂品味已經被全球資本操縱下的文化工業所塑造，新工人藝術團的音樂作品完全在主流之外，就像新工人群體不在大多數公眾的視線之中一樣。作為資本精心打造的文化工業商品的流行音樂，無論是小資的小清新，還是非主流的搖滾，抑或中產的奢華、高貴，與之迥然有別、大異其趣的新工人藝術團面對如此強勢的文化市場，顯然根本無力與之對抗或競爭，他們的作品因此不可能有多少市場。但我們要強調的是，文化工業所生產的音樂品味從根本上說也很難與新工人藝術團的音樂作品相容，即使他們的部分作品也借鑒了一些通俗音樂的形式，但其文化取向和精神內涵幾乎完全相左。也可以說，文化工業生產的耳朵聽不進新工人的歌，他們會覺得這些東西都很不專業，也太粗糙、太膚淺、太不切實際、而且太銳利了。說到底，實際上是他們

並不明白這幾個曾經的文藝青年、搖滾青年現在究竟在做什麼，又為了什麼在這麼做。

相互生產的現場感與現實感

如果說新工人藝術團以共享作品的形式是為了表達與資本主義文化工業徹底決裂的決心，而他們在作品及其表演的具體形式上，也多半能較好地體現他們的主張和精神追求。確實，他們無論在創作上還是在演唱上面，都相對地缺乏專業訓練，即使如孫恒，雖然接受過師範學校音樂專業教育，但畢竟不是專業的音樂教育。而更重要的是，專業化並不是他們的追求，某種程度上說，他們其實是在跟專業化的音樂創作方法唱對台戲，以業餘的方式對抗專業化導致的文化壁壘和文化壟斷，而且，如果我們更深一步看，這其實也是兩種不同的創作觀念在創作方法上的反映。正如李雲雷在其〈「新工人美學」的萌芽與可能性〉一文中所說，「他們的藝術來源於生活，來源於內心真切的感受，他們的藝術也與生活緊密聯繫在一起，成為組織生活的一種方式，成為精神生活的重要形式。」[19] 新工人藝術團的許多有更明確的表達：「我們要打破精英對文藝表達的壟斷。通常我們在劇場所看到的演出總是由學過表演的演員來演出的。通過觀看戲劇和戲劇實踐，我看到了

---

19 參看 http://www.xingongren21.com/usershow_15743_25_1.htm。

精英文藝和大眾文藝的區別，精英文藝把如何表達放到第一位，大眾文藝首先是有話要說，然後才通過一種形式表達出來。」也正是在這個意義上，許多和他的朋友們始終堅持「人民文藝觀」，「打破『藝術家』的幻象，真正地回歸到一個勞動者、一個打工者的身分認同」[20]。也只有在這個意義上，我們才能夠真正地理解新工人藝術團的這些作品為什麼會選取這樣一種「不入流」的形式。

　　我無法從專業音樂評論的角度對其作品形式進行具體地分析，從音樂知識和理論的準備而言，我連業餘者的資格都不具備，但我確實從他們的作品中感受到一種不尋常的力量，這個力量並不僅僅與其內容相關，也直接地來自於其形式。

　　我們先就錄製的 CD 來看。〈走南闖北〉的過門樂曲聲中是許多以列車播音員的身分播報的「信息」，「各位乘客同志請注意，去往城市的列車馬上就要開了。」一句興高采烈的「進城去咯」之後，在快節奏的鼓點中，我們似乎看見了奔馳的列車，看見了千千萬萬新工人浩浩蕩蕩開進城市的「壯觀」場景。第二段落開始仍然是播音員的聲音：「歡迎大家來到這座美麗的城市，農村包圍城市」。而在結尾中，「叫一聲『老鄉你們好嗎』」之後是一個集體的大聲回應：好！「聽聽這回聲／已是氣壯山河」。這一「氣壯山河」的回聲不是虛構，不是想像，更

20　參看呂途著《中國新工人：文化與命運》中許多的故事。

不是電視中肥皂劇裡那些早就錄製好了的掌聲和笑聲，而是真真切切的新工人們的聲音，是許多們在一次次工地和廠礦的演出中親耳聽到的呼喊，它就是〈天下打工是一家〉中那些來自四川、河南、東北、安徽的打工者們的聲音，就是無數穿梭在小區間，為城市人提供家政服務的小時工們的聲音，就是〈這矮矮的村莊是我們在這城市的家〉中那些居住在「城市現代化的公寓別墅的旁邊」，「許多裸露著磚牆的矮矮的村莊」裡的來自「五湖四海的兄弟姐妹」們的聲音。

從單純形式的角度說，一般的通俗音樂錄製，除了現場版，不會有作品之外的聲音，為的是保持作品的獨立性、純粹性，但有意味的是，新工人藝術團的這些作品，本非現場版，卻在不少作品中加進了作品之外的聲音。在我看來，這個聲音的合成並不是為了玩技術化的花樣，實際上，他們的八張 CD，就其製作質量，無論是光碟的質量，還是配器，或混成，乃至錄音的效果，根本無法與文化工業專業化製作的商品相比，其技術完全是最普通的級別。但這些作品之外的聲音的進入非但沒有使作品本身的效果受到影響，反而極大地增強了作品的感染力。電影裡稱這樣的聲音為畫外音，法國新浪潮的電影理論家安德列‧巴贊在對羅貝爾‧布萊松著名的《鄉村牧師日記》的評論中指出，布萊松在影片中將畫面外的聲音置於與畫面平行的位置，「不是用來填充影像表現的事件，它是對事

件的渲染和擴展」[21]，並由此到達一種現實主義的美學境界。這一論斷同樣適用於新工人藝術團作品中的這一表達形式。當我們在〈這矮矮的村莊是我們在這城市的家〉的開頭聽到那些打工者被問及在城市裡的家的感覺的時候，我們能從他們親切而樸素的回答聲中感受到一絲無奈，但並不頹廢，更不絕望：「也有，待時間長了就有」；「有時候能感覺到，但是有時候會受到城市裡邊那些人的歧視」；「家的感覺很飄渺」；「好像有又好像沒有」……在許多舒緩地唱著新工人們在城市中的生活的時候，再次傳來公交車上售票員的聲音，還有打工子弟學校孩子們的聲音，最後是一組混雜的聲音，隱約聽到一個聲音，「家就是那種溫暖的感覺」，聲音漸漸消失，樂曲終了。這些聲音與許多的歌聲、樂曲的聲音交織在一起，表達的正是作為一個「集體」的新工人們共同的體會和心聲：「我們帶著雙手和行囊遠走四方／我們努力生活不曾失去方向」。

這樣的聲音已經與歌唱者的聲音完全融為一體，他們不是流行音樂現場版中歌手與粉絲的關係，不是生產者與消費者的關係，孫恒、許多、段玉們其實就是他們中的一員。所以，我們在段玉的〈小時工〉中聽到獨唱與合唱的集合，我們聽到了那些「連爬帶跪就為了六塊錢」的

21　《電影是什麼？》，第 122 頁，[法]安德列·巴贊著，崔君衍譯，江蘇教育出版社 2005 年第一版。

小時工，常常要面對太太們給的一張張「苦瓜臉」，也還
是會說，「我感到生活很愉快，雖然很辛苦，還是有人把
我謝，我的生活全在這抹布間，感謝社會能讓我生存下
來。」而在孫恒的〈團結一心討工錢〉中，則是「辛辛苦
苦幹一年，到頭來不給結工錢」的工人們，面對「面善心
黑的周老闆」，在「身經百戰的王老漢」的帶領下，齊聲
高喊：「團結一心跟他幹！條件一個結工錢」，還有工人
們一片憤怒的質問：「我們從早上幹到晚上，這都是我們
工人的血汗錢！」「你憑什麼不給錢！你心也太黑了，我
們累死累活為了啥？你咋恁狠心呢？你還有良心沒有？你
這麼做，天打五雷轟，老天爺也不會放過你！」「你幹嘛
不給啊，我們怎麼回去跟一家老小交代，不給錢，兄弟們
老少爺們，拉他去法院！」可以肯定地說，這些語言完全
來自工人們，沒有什麼藝術加工，也不需要什麼藝術處
理。這樣的聲音與孫恒演唱的陝西方言，和他用吉他撥弦
彈奏出的鏗鏘有力的聲音匯成了一個強勁的集體的聲音，
我們除了感動，還有激昂，還有張承志在〈勞動者的休憩
時刻〉的開頭說起的「中國有希望了」的由衷感受。中國
的希望絕不僅僅是日益高漲的 GDP，沒有他們的勞動，資
本永遠只是一個抽象的數字，既不可能增值，也不可能實
現國家的富強和人民的富裕；而沒有他們的尊嚴和地位，
也就不可能有國泰民安和世界和平。

　　這種將詞曲之外的聲音與詞曲合成一個渾然天成的組
合就是一種新的音樂的組織形式。這一形式最重要的特點

　　就是製造了一個高度真實的現場和現場感。而之所以需要這個現場感，在我看來，是為了表達他們的現實感，更為了將這一現實感傳遞給聽眾，使聽眾可以從音樂中感受到一個真切的現實的存在。文化工業在技術和資本強勁推動下生產的大量過剩商品充斥著市場和社會，他們不得不更加依賴廣告，依靠更為強烈的各種刺激吸引著誘惑著人們購買，而所有這一切都只是給予消費者一個似乎有力其實虛幻的幻象，現實感正在離我們遠去，通往現實的道路多半也已經被阻斷，而更為嚴重的是，我們在文化工業商品潛移默化的作用下，已經逐漸失去感受現實的能力。然而，也正是在現實感日益稀薄的今天，新工人藝術團以現實感的再現為創作目的的「書寫」，既抵抗著幻象的侵蝕，也在呼喚人們重新建立對這個時代的現實感。

　　需要特別指出的是，在新工人藝術團的音樂實踐中，現實感與現場感是緊密聯繫在一起的，他們在企業廠礦和工地上義演時的現場感就正是其現實感，而他們的現實感也正來自於這一現場，同時，我們還要看到，對他們來說，這個現場絕不僅僅是義演的現場，而是整個當代中國，哪裡有新工人，哪裡就是他們的現場。面對這個當代世界中無比巨大的現場／現實，令人震驚而又極其真切的現實感，必將將我們包圍並撼動我們久已遲鈍的身體感。而這樣的現實感，對於億萬新工人群體而言，則是他們身分認同最重要的前提。在身分政治被無聊的學術研究越來越細化為籍貫、年齡、收入、職業、性取向、生活習慣、

方言、趣味等等的方法時，細化最直接的後果就是一葉障目不見泰山，就是對結構性的社會關係的遺忘和捨棄，就是對整體性的無視，就是將占全中國人口四分之一的新工人從他們狹隘的視野中清除出去，只剩下小趣味和小情調的差異，說到底，不過是小資化在學術領域的反映。也就是說，對新工人群體而言，包括新工人藝術團的所有成員，他們的現實感很大程度上就來自於他們的身分。在全球資本擴張和轉移的作用下，既作為世界工廠的勞動力主體而遭遇壓迫、剝削，更遭遇著城市與鄉村二元社會結構的體制所形成的邊緣化，這就是這個舉世無雙的龐大群體共有的身分的全部內容。

　　然而新意識形態既遮蔽了這一現實，又依靠和利用傳統媒體和新媒體阻斷了人們對這一現實認知的通道。就整體的狀況而言，新工人群體的自我認識尚處在模糊朦朧的狀態，甚至其中的很大一部分人更認同主流的價值觀和文化，他們將騙人的成功學作為自己人生的最大動力，將渺茫的成功視為自己人生奮鬥的目標，讓自己在幻想中想像性地「融入」主流。這同樣是那個巨大現實的一部分，甚至是更為觸目驚心的部分。正是面對如此的現實感，新工人藝術團的音樂實踐不僅僅要承擔激活、再造新工人群體主體意識的使命，還要承擔組織的使命。2009 年 10 月在第二屆新工人文化藝術節上，台灣工人樂隊黑手那卡西音樂工作坊現場集體創作的〈怎麼辦〉就很好地再現了這一點：

城市的路太硬踏不出足跡
小草扎不下根難以活下去
我來到這城市感覺無能為力
沒有金錢沒有後台明天到底在哪裡

老師說要追尋夢想但現實把夢想擊碎
我像浮萍一樣四處無依靠
怎麼辦？怎麼辦？
我要怎麼辦？

團結起來
建立集體
就這麼辦

　　音樂是組織現實的形式，對新工人藝術團而言，音
樂及其相關的實踐也是他們的組織手段，他們將現實組
織進作品中，在再現現實的同時又對現實進行再組織。
於是，我們在他們的歌裡就常常聽到這樣的表達：「天
南地北四海皆朋友／有福同享有難同當／一個好漢需要三
個來幫……我們的世界是同一個世界／我們的夢想是同一
個夢想／平等團結互助合作／創造一個新天地是我們的夢
想……一起走，大家一起來走！／大道就要靠我們大家來
走。」（〈我們的世界，我們的夢想〉）這些一般被理解
成互相鼓勵的話，甚至被當作抱團取暖的籲求，但是，即

使是這樣，也並不是見不得人的事，可事實上，它更是組織動員的方式。它用最樸素的語言，也是與我們最基本的經驗相一致的方式，以「我們」共同遭遇的同一個現實和命運將一個個被分隔的人們重新凝聚在一起，以「平等團結互助合作」的方式與資本「分而治之」的組織方式相抗衡。而這才是真正的「大道」，也是「大道」實現的唯一可能。

如果說民歌、方言、民族／民間樂器、革命歷史遺產的繼承等等是他們再組織的重要形式，那麼，「人民藝術觀」就是其再組織的基本原則。

人民文藝觀的實踐

作為一種音樂風格的民謠自然可以從旋律、節奏乃至配器等形式的角度來理解，但我想說的是，在他們看來，民謠就是「來自大地的人民之聲」。這其實就是他們的人民文藝觀。而方言、民歌等元素的運用就是其人民藝術觀在形式上的具體表現。

在新工人藝術團中，方言演唱比較多的是孫恒，用的是陝西方言，許多也曾經以越方言創作並唱過一支〈勞動‧青春〉，在其〈這草淡的日子〉裡也有一句越劇《紅樓夢》中的唱詞，但越方言顯然比北方方言難懂，基本局限於越方言地區的聽眾。在當代中國，隨著基礎教育的普及，普通話成為基本的交際語言，然而，也正是因其與教

育的關係，在教育資源等方面的分配不平衡，相當程度上
造成了廣大的內地方言使用人口明顯比沿海等經濟發達地
區多很多的格局，同時，方言形成的區域文化差異也更多
體現在鄉村和城鎮，尤其是社會底層。在這個意義上，雖
然，基本上只有孫恒一個人使用方言演唱的新工人藝術團
的音樂實踐，也仍然有其特別重要的意義。聽著孫恒陝西
方言的〈團結一心討工錢〉、〈我的吉他會唱歌〉和〈開
胸驗肺〉這樣的作品，泥土的質樸感撲面而來，同時，我
們還能體會到底層勞動者的果斷、乾脆、堅決的品質和鬥
爭的勇氣。

　　許多雖然是曾經的搖滾青年，至今在他身上和他的創
作中也還保留了搖滾音樂人的濃郁氣息，但他對搖滾樂有
清醒的認識和反思，他說，「搞搖滾樂給人這樣一種感
覺，就是在旁觀這個世界，但是沒有走入這個世界，是
在屋子裡看外面的世界。比如，可以很感性地表達一種憤
怒，時間長了，憤怒也稀釋掉了，也不知道為什麼憤怒
了。」當他開始跟著孫恒去工地，參加打工妹之家的一些
活動之後，他「才發現，原來生活不在遙遠的別處，意義
不在自由得只剩下自己的天空中，生活的意義在腳踏實地
地前行中，在擁擠的人群之中。」也正如呂途藉許多的故
事進行的討論中所說，「當搖滾歌手一旦成為搖滾歌星以
後，並成為只有資本才可以有經濟實力搭建的輝煌的舞台
上的歌星以後，搖滾樂中的反抗精神往往就變得蒼白無

力了。」[22] 這樣的一些認識使許多在創作中能更充分地對個人的憤怒保持距離，克服商業化搖滾樂創作中過於概念化、符號化的表達方式，而是代之以敘事為主的形式，既捕捉到了現實中具有代表性的事件和人物，譬如〈老張〉、〈一個村裡來的小夥〉等，又能以「我們」為敘述者展開敘事和抒情，譬如〈北京，北京〉、〈六里橋〉等。雖然敘事性是新工人藝術團音樂實踐中很普遍的特徵，因為敘事性是其現實感的根本保證，但在許多的搖滾風的作品中恐怕體現得最充分。也可以說，這一敘事性正是許多的作品區別於文化工業製作的搖滾樂產品最重要的地方，它不是個人化的情緒宣洩，更不是無病呻吟，而是這個群體真實生活和感受的再現。而且，許多還有意識地將民歌很好地揉進搖滾曲風中，譬如〈掛紅燈〉、〈和這世界談戀愛〉等，在我看來都是非常成功的實驗。這些古老的民歌因此被重新激活，獲得新的生命。

---

22 參看呂途《中國新工人：文化與命運》中許多的故事。有樂評人就這樣評論中國的搖滾樂：「中國搖滾樂從不缺乏底層關懷，但一直以來卻都是一種精英式存在，在面向底層大眾的時候，總顯得比較躲閃，更不用說主動代某個龐大的人群發言。儘管很多樂手和打工者一樣同處城市底層，但搖滾樂手還是會很自覺地將自己區分出來。」（《新週刊》第 406 期，〈致「額們」傷痛倔強豪放的青春──「新工人劇場」為勞動者歌唱〉，見 http://www.neweekly.com.cn/newsview.php?id=5528。）

　　雖然孫恒也有一些抒情性作品，但是毫無疑問，姜國良和段玉是新工人藝術團中最具抒情性的作者。當我們還以刻板的印象想當然地認為新工人既然是工人階級的一部分，他們一定不需要抒情，除了那些過於政治性的激情和口號化的表達之外，他們也不會抒情，但是，當我們聽到姜國良、段玉等的作品後，我們一定會改變這一先入為主的成見。而且，我們除了明白新工人也有感情需要抒發，新工人完全有能力自我表達這一事實外，還可以清楚地看到，他們所抒發的情感多半不是一己之情，而是一個集體、一個共同體的感情，即使歌曲中的抒情主人公只是一個單數的「我」和「你」。誰說抒情只是有閒階級的特權？誰說抒情必然是個人的行為？實際上，這樣具有高度集體性的抒情性作品恰恰是文化工業根本不可能生產出來的。而這也正是新工人藝術團音樂實踐的現實主義美學原則和精神的重要方面。

　　所有這些在形式上的獨特性最終構成了他們形式創造上的自覺意識。這一形式自覺的意識並非源自什麼「影響的焦慮」這一類基於個人完善和成功的追求，而完全來自他們對自己所屬群體的深刻認同和深厚感情。他們在自創的「唱談會」這一形式中，在將創作經驗和體會與聽眾無保留交流的過程中，就既很好地營造了共同體的氛圍，也實現了演唱者與聽眾共同作為參與者的集體理念。在這個意義上，新工人藝術團音樂實踐的所有形式其實都來自現場／現實，都是現場／現實的產物。而這也再次充分證明

了毛澤東〈在延安文藝座談會上的講話〉的核心思想：
「人民生活……是一切文學藝術的取之不盡、用之不竭的
唯一源泉。」[23]

在我看來，新工人藝術團所創造的就是一種新時代的
新興大眾文化，但絕不是文化工業所生產的大眾文化。新
工人創造的大眾文化乃是致力於激發新工人的階級意識，
並更進一步地創造更具有未來性的新文化。雷蒙・威廉斯
曾經說：「新階級通常總是新興的文化實踐的發源地，但
當它作為一個階級尚處於相對從屬的地位時，這種文化實
踐總是顯得不那麼平衡，總有一些不夠完備的地方。因
為……一種試圖對它進行收編[incorporation]的過程便意
味深長地開始了。」[24] 雖然，中國的新工人是否作為一個
階級已經存在尚待實踐的檢驗，雖然新工人藝術團的音樂
實踐還「不夠完備」，但他們以尊嚴抵擋住了被各種權力
和意識形態「收編」的誘惑，以服務新工人群體為目的確
立了自己的音樂創作和文化實踐的原則和方向，以更具現
實感和整體性的書寫，揭示了被文化工業及其商品所遮蔽
的時代和社會的真相，以積極而健康的作品培養新工人群
體乃至更多同情者的審美趣味，一言以蔽之，以行之有效

23 毛澤東〈在延安文藝座談會上的講話〉，《毛澤東選集》第
三卷，第 860 頁，人民出版社 1991 年第二版。

24 雷蒙・威廉斯《馬克思主義與文學》，王爾勃、周莉譯，河
南大學出版社 2008 年第一版，第 133 頁。

的文化實踐的方式引導人們重新樹立建設一個良性社會環境的信心。

迷障與區隔[1]
——讀《蘋果背後的生與死》

　　當一款最新的蘋果產品投放市場，各路媒體總是會像蒼蠅一樣鬧哄哄地喧囂一陣；當有一定經濟能力的消費者手拿最新款的蘋果手機、電腦，那種興奮、滿足一定溢於言表。我們對發明、設計了如此美觀、實用的設計者充滿了崇敬之情，對蘋果公司心存感激和歆羨。但是，我相信，絕大多數人不會想到蘋果的生產者，準確地說，是那些生產第一線的勞動者。他們中的絕大多數人都是從農村來到城市，為了仍然在農村的一家老小，為了自己的未來，也為了孩子的未來，他們不得不每天加班，每週加班，重複的是機械、枯燥然而高強度的勞作，工作和生活的環境也很差，但他們的所得卻很有限。

　　必須承認，我自己原先也做不到這一點。錢鍾書曾經說，吃了好吃的雞蛋，未必都想看看生蛋的母雞長什麼樣。似乎是這個理，然而並不盡然。當看過紀錄片《食品

<hr>

1　本文原刊於「破土網」，並在其微信公眾號推送，原是為可能在大陸出版的《蘋果背後的生與死》而寫的書評。如今，「破土網」也早已被關停，終於沒有能「破土而出」，這本書也未能在大陸出版。

公司》之後，或許會有很多人不再敢隨便地吃雞蛋和肯德基、麥當勞的各種雞肉產品。為了保證那些雞快速長大，多產蛋，雞們根本不能正常休息，只能不停地吃飼料，以至於肉長出來了，骨骼卻無法快速生長，終於，這些可憐的雞連站也站不起來。實際上，蘋果及其產品和它的生產者的關係，與食品公司及其產品和那些雞的關係別無二致。

當福布斯、胡潤等各類財富排行榜出籠的時候，當我們見到富士康的總裁郭台銘不僅列名其中，而且其財富在穩步提高、增長的時候，我們想到的是富士康超常規發展的速度，它的高效率，以及與之相匹配的有效的管理模式和經營模式，甚至它的企業文化。但是，我們也多半不會想到僅就大陸地區的一百四十萬富士康工人，想到他們的工作環境，他們的生存狀況。大大小小的媒體除了發布這些排行榜外，多半還會不失時機地讚美一下，或藉機搞一點八卦，既滿足了渴望成功者的好奇心，也能順帶著增加發行量和點擊率、收視率，而股票等投機市場一般也因此會發生程度不一的波動。那一百四十萬工人中也可能與這些存在或多或少的關聯，譬如他們也會在手機上看到這些排行榜和八卦，或在他們狹窄的出租屋中偶爾打開的黑白電視上看到這些「新聞」，甚至也會拿出他們節衣縮食地積攢了無數個辛勞加班的日子才獲得的血汗錢去購買一部蘋果手機、一台蘋果電腦，但是毫無疑問，從根本上說，這是兩個世界的事情，雖然這兩個世界存在著複雜的因與果的關係，但對整個社會而言，他們的關聯被阻斷了，一

個在陽光下，一個在陰影甚至黑暗中。

　　阻斷了這個聯繫的就是看似不存在實質卻因其超強的欺騙性而深入人心的屏障，它憑藉著一系列的障眼法，一套套魅惑人的巧言令色，迷惑著不明就裡的人們。它讓我們只看見那些光鮮亮麗的表面現象，那些如神話般的成功者形象，那些高大上的商品，那些輝煌的資料，卻將無數勞動者的艱辛遺忘在黑暗中。

　　然而，他們不會始終被遺忘，永遠被忽略，總會有看見他們的眼睛，總會有想到他們的心靈。擺在我們面前的這本《蘋果背後的生與死——生產線上的富士康工人》（原定書名《蘋果背後的富士康工人》，作者潘毅、陳慧玲、馬克・塞爾登，譯者劉昕亭）就是極好的例證。它戳破了當今世界電子產業領域的兩個帝國——蘋果公司和全球最大的代工廠富士康——如神話般的成功背後的伎倆和陰謀，揭露了如今這個全球化時代資本如何在世界範圍內玩弄乾坤大挪移的手段，展示了新自由主義在電子產業鏈形成過程中「完美」的戰略戰術，同時，也再現了處於這個產業鏈最末端的中國新工人的真實境況。

　　正如該書前言所説：「蘋果背後，訴説著一個全球化底下跨國品牌公司，以信科技改變『人類』生活方式的神話。蘋果背後，投射出一種壟斷工業資本的到來和舉世無雙的富士康管理體制的出現。蘋果背後，還凸顯著 21 世紀中國崛起，強國夢的艱辛追求和 GDP 主義至上的發展夢幻。但是，蘋果背後，主要是隱藏著生產線上新一代

工人的異化和勞動剝削。」（《蘋果背後的生與死‧前言》）這本書不是要書寫蘋果和富士康成功的神話，更不是要為富士康總結經驗、樹碑立傳，而是要扯掉那個漂亮的面紗，將謊言擺在陽光下，讓罪惡現出原形。郭台銘說，不掙錢的企業是罪惡的。但罪惡絕不是企業掙錢應有的手段。將罪惡的手段隱藏在花言巧語中，用所謂科學管理的策略提升其壓榨的技術，裝點其斂財的最終目的，以促進地方經濟為幌子，掩蓋其追逐廉價勞動力和原材料的真實用心。

現任富士康副總裁戴正吳曾經說：「當產品定價下降30% 時，首先一定要讓訂單數量增加 30% 以上，接下來再多拿下超過 30% 的訂單，才能增加三成營收，但問題是一定不可以增加 30% 的人力！」（史末編著《富士康管理模式》，頁 46，浙江人民出版社 2012 年）據說，在2010 年前的每年年底，郭台銘都會給富士康各事業部下達來年的生產指標，「增長不得少於 30%」（同上）。實際上富士康在一段時間裡保持了 30% 以上的增長速度，最高則達到 50%。增長可能來自於原材料價格、勞動力價格、商品的數量和價格、生產和管理技術的提升，其中包括科技創新等等因素。而從戴正吳的話中，我們可以清楚地知道，在不增加勞動力的前提下的增長，除了上述相關因素外，毫無疑問地，還必須通過提高單位時間裡的效率亦即勞動強度和延長勞動時間兩條途徑。一言以蔽之，就是馬克思早在《資本論》中明確而有力地論證了的絕對剩

餘價值和相對剩餘價值。剝削就如同禿子頭上的蝨子——明擺著。然而，即使面對如此明白的事實，仍然有不少學者或偽學者為其辯護。對那些辯護值得另文分析，譬如很有影響的代價論，自詡為「具有批判精神的財經作者」的徐明天，就專門撰寫了《富士康真相》（浙江大學出版社，值得但只能順便一提的是，該書的策劃者正是發起眾籌，為已故富士康自殺工人許立志出版遺囑的吳曉波的藍獅子財經出版中心，真是一齣我們時代的荒誕劇）。這裡要指出的是，那些辯護之所以頗有信之者，除了鐵桿的市場經濟原教旨主義者外，其中一個很重要的原因就正是被富士康及其代理人所總結、闡釋的科學的管理模式和科學技術的運用這兩個迷障的作用。

這些迷障因為蘋果和富士康所經營的信息產業領域的特點更具有迷惑人的優勢。信息產業被稱為我們這個時代的朝陽產業，是高新技術密集的產業，是創新科技的核心。無論是蘋果的創新能力，還是富士康在技術研發領域的投入和技術力量的強大，儼然是引領時代方向的先鋒。然而，就蘋果和富士康而言，它們今天的如日中天都得益於新自由主義的惠賜。戴維‧哈維指出，新自由主義對信息技術「有著強烈的興趣和追求」，因為要「把一切人類行為都納入市場領域。這就需要種種信息創造技術和能力，積累、儲存、傳遞、分析，使用龐大的資料庫，用以在全球市場指導決策」，由此，它們「製造出一種特別強烈的……『時空壓縮』的迸發。地理跨度越大越好（由此

是對『全球化』的強調）、市場契約期限越短越好。」
（戴維‧哈維《新自由主義簡史》，頁4，上海譯文出版
社）於是，蘋果的生產廠商遍布全球，富士康的工廠同樣
遍布全球，而蘋果的生產任務也總是在最後的時刻下達給
富士康和其他廠商。為了現在的和未來的訂單，富士康不
得不晝夜不停地開動流水線，工人們也就不得不晝夜不息
地加班加點。因為契約期限短，可以更有利於打敗競爭對
手，可以更迅速地占領市場，可以獲得更大的利潤，可以
使消費者在飢餓營銷策略下因終於擁有渴望已久的商品而
獲得極大的快感、滿足感乃至成就感，但是，這一切都被
轉嫁到了工人們身上。

　　當許立志在上過一整晚的夜班後回到「每月350租來
的單間」（〈凌晨的眺望〉），寫下「在車間／不能坐著
／至少我還能站著／站成遙遠的石像／在流水線旁守望／逝
去的愛恨，時光……」（〈在車間〉）；「沿著流水線，
筆直而下／我看到了自己的青春／汨汨流動，如血般地／
主機板、彈片、鐵盒……一一晃過／手頭的活沒人會幫
我幹／幸虧所在的工站賜我以／雙手如同機器／不知疲倦
地，搶，搶，搶／直到手上盛開著繁華的／繭，滲血的傷／
我都不曾發現／自己早站成了／一座古老的雕塑」（〈流
水線上的雕塑〉）等一首首詩的時候，用著蘋果手機，跟
他們的親人情人說著溫暖甜蜜的話的人們，不會想起他
們，因為他們只是消費者。蘋果手機上只有那個被魔鬼咬
掉一口的蘋果，沒有富士康的任何標誌，更不會有工人們

的指印和體溫。當消費社會的學者們討論著中產和小資們的消費激情的時候，批判著消費對人類精神和情感的侵蝕的時候，他們也不會想起拖著疲憊的身體回到出租小屋的工人，還有那些學生工，甚至那些不堪承受而以殘酷的自由飛翔墜落的青春生命。消費的激情和談論消費的快感將這兩個世界區隔開了，說到底，這是兩個世界的人們。然而，這真的是兩個世界嗎？是迷障生產出了這並不存在，也根本不可能存在的兩個世界。而一方面是絕大多數人失去生產資料，另一方面是極少一部分在各種政策、際遇的作用下，運用各種手段實現了生產資料的集中和私有化，與之相應的是新的社會組織形式的出現，生產方式對社會關係的重組等等，這些都是製造迷障的罪魁禍首。如果有人一定要用迷障造出兩個世界，我們有理由相信，總會有一天，迷障會被打破，它們會複歸於一。

為了徹底打破迷障，為了數億中國工人階級不再承受如此扭曲人性的異化勞動，為了一個更和諧的社會，我鄭重推薦《蘋果背後的生與死》。

2015 年 6 月 24 日凌晨於滬上美蘭湖

產業鏈與「鄙視鏈」

　　推進城鎮化要把促進有能力在城鎮穩定就業和生活的
常住人口有序實現市民化作為首要任務。
　　抓城市工作，一定要抓住城市管理和服務這個重點，
不斷完善城市管理和服務，徹底改變粗放型管理方式，讓
人民群眾在城市生活得更方便、更舒心、更美好。要把安
全放在第一位，把住安全關、質量關，並把安全工作落實
到城市工作和城市發展各個環節各個領域。

—— 習近平

　　這是最好的時代，「低端人口」這個明顯包含歧視的
概念一露臉，就有很多人看出了不良端倪，並通過發達的
互聯網和繁榮的自媒體將自己的反對意見表達出來；這也
是最壞的時代，即使從最簡單的政治正確的角度，從常識
的角度，以普通人的智力水準來看，都能意識到其中的荒
唐，但有人就敢冒天下之大不韙，勇敢地說了出來，而且
白紙黑字地印出來，昭告天下。一方面不得不為其勇氣讚
嘆，可另一方面又不能不感嘆，這樣的智力水準怎麼就成
了「高端人口」，怎麼就成了「低端人口」的治理者、管
理者？這麼想的時候，很多人一定很憂心忡忡。擔憂當然
有道理，但是我倒並怎麼不擔憂，我相信我們今天的制度

和體制，無論從哪一方面說，特色社會主義的，或者是自由競爭的，都會將他淘汰出來，讓他也成為一個「低端人口」。

其實，去追究誰製造了這個概念並不那麼重要，重要的是搞清楚，製造這個概念的邏輯、目的，及其背後的知識生產方式，還包括支撐這個生產方式的社會生產的整體狀況。

幾年前，北上廣等特大城市為緩解人口持續增長所造成的壓力，開始謀劃「疏解」之策。「疏解」二字用得很好，有涵養，有人文氣息，雖然也還是請人回家的意思，可裡面有尊重，是把被請回家的當作人對待。疏散、疏通了，問題也就一定程度上解決了，雖然也還不是徹底解決。正是在這個背景下，出現了「低端人口」的提法。網上有人追根溯源，說這個提法來自「低端勞動力」，2010年就在講，當時的京城要謀求更高大上的發展目標，提出多引入高端人才，減少低端勞動力，可是，隨後不久，《人民日報》在「民生・民聲」欄目就刊登了〈誰是城市多餘的人〉的文章，對這種片面而極端的做法進行了批評。另有人追溯到更早的 2007 年，並指出在很多政府文件和學者的論文中都曾經出現過「低端」字樣。但是，習近平總書記在 2015 年 12 月舉行的中央城市工作會議中就指出，「推進城鎮化要把促進有能力在城鎮穩定就業和生活的常住人口有序實現市民化作為首要任務。」「抓城市工作，一定要抓住城市管理和服務這個重點，不斷完善城

市管理和服務，徹底改變粗放型管理方式，讓人民群眾在城市生活得更方便、更舒心、更美好。要把安全放在第一位，把住安全關、質量關，並把安全工作落實到城市工作和城市發展各個環節各個領域。」

也許「民聲」在今天資本操控下消費主義泛濫的媒體時代，無法成為那些高端人口高端的耳朵和高端的眼睛關注的對象，也許早就有了的疏解的政令和疏解的原則，但因其艱難而始終難以有效落實，也許他們根本不知道應該如何「疏解」。如果不是 2017 年 11 月 18 日北京大興區新建村發生的那一場大火和葬身火海的 19 條人命，有關部門大概也不會如此急切、簡單、粗暴地驅趕集中生活在城邊村的人們。雖然這些被驅逐的非京籍人口中有清華北大的畢業生，也有一些畢業於非 985、211 高校的、被命名為「蟻族」的青年白領，但可以肯定地說，他們中絕大部分都是來自農村、城鎮和三線城市的打工者，其中又以一直被命名為「農民工」的群體為主，他們在近年的另類敘述中則被稱為「新工人」。

正是這一社會身分讓人聯想起二十四年前——1993 年 11 月 19 日發生在深圳致麗玩具廠的一場大火，84 位年青打工者的生命在事故中被無情的大火吞噬。而近三十年來，因各種安全問題喪生（包括自殺）和工傷致殘的工人更是不計其數（我不知道準確的資料，也許根本就不可能統計出一個精確到個位數的數字，但幾乎可以肯定，其比例一定高於其他群體），這樣的狀況迫使我們去直面一

個沉重而嚴峻的問題：為什麼被損害的總是他們？──致命、致殘、無保障、被驅趕、被歧視，這個被置於社會階層鄙視鏈底端的人口序列究竟是怎麼被生產出來的？是所謂社會競爭的自然結果，還是在外力作用下形成的？當一個群體成為社會病灶的症候時，頭痛醫頭的救護車式療法往往不能根本解決問題，正是在這個意義上，進行歷史性的檢討會更具現實說服力。

1980 年代中後期，中國農村在實行家庭聯產承包責任制改革近十年後顯露出內在活力的頹勢。稍早的一些年裡，因農產品價格提高和農副產品市場逐步放開，加之集體化生產階段積累的良好水利設施和農田建設作為基礎，農村的狀況一度頗為樂觀。然而，在歷史的積累和改革的刺激所構造的階段性能量趨於衰竭後，鄉村的危機已初現端倪。與這一危機緊密相關的是當時已經愈發顯著的城市主導式經濟發展模式，依託於農村剩餘勞動力的鄉鎮企業經歷過短暫的輝煌之後，在國家政策格局和市場資源的分配上都處於劣勢，最終被甩脫出健康的發展軌道。1990 年代初，當新一輪市場經濟改革的號角吹響時，也是農民進城務工潮日漸高企之時。現代化就是工業化、城市化這樣的觀念已經成為主導，作為經濟發展包袱的農村在社會生產中被邊緣化，農村、農業和農民成為整個現代化鏈條中最末端的一環，也由此成為日益堅固的鄙視鏈的最底層，並深入社會觀念和心理的層面，固化為 1990 年代以來人們日常的「感覺結構」──萬般皆上品，惟有務農低。

　　並不是過去就沒有對農民的鄙視，可以說它一直是現代中國觀念傳統中並不很弱的部分，這一方面與「勞心」和「勞力」的對立相關，另一方面，始終存在的「士農工商」秩序又在一定程度上突出了農業的重要性，發揮著某種平衡作用。同樣重要的是前三十年的社會主義傳統，雖然城鄉差別和戶籍制度依舊歷史性地存在著，甚至為了推進一窮二白的新中國加速啟動工業化進程而加大農業提留，以實現積累，但就主流的文化政治和意識形態層面來說，農民從未被當作全社會的歧視對象，工農聯盟作為政治基礎仍然在一定程度上穩固有效地發揮著作用。然而，九十年代以來，曾經起到城鄉制衡作用的秩序被徹底瓦解，工農聯盟的政治和文化意義在現實社會生活的「工商士農」序列中日益空洞化，從更實質的意義上說，工商士農的結構中的「工商」的意涵也發生了微妙的變化，變成了「工業化」和「商業化」，由工廠工人和農村農民組成的工農群體在勞動力市場化／商品化的語境中被抽去了主體性和尊嚴感。

　　還要指出的是，1980 年代開啟的現代化訴求延續至 1990 年代出現了一個影響深刻的變化和轉向：在全民式經濟建設的核心導向之下，經濟與社會發生越來越嚴重的脫鉤和斷裂，並迅速凌駕於社會和國家之上。效益的增長成為衡量現代化程度的標準；金錢作為效益的對應物成為判斷個體成功的尺度；道德、倫理被法律化，法律被市場契約化──社會生活和社會關係只剩下經濟生活和交換關

係。於是，國家與社會處在對立位置（源自西方的社會學知識及其敘事模式無疑也是造成這一對立的重要力量），國家只是市場的服務員，葛蘭西所強調的國家的積極意義讓渡給了市場，而社會就是市場，市場就是社會，換言之，社會消失了，成了市場獨大。隨之消逝的還有平等的意識，這裡的平等絕非市場原教旨主義的機會平等，而是實質平等。當實質平等的意識也隨風而去，所謂的秩序也就只剩下強者為刀俎，贏家通吃，弱勢者為魚肉，任人宰割了。

正是在上述力量的作用下，農村、農業和農民的問題才在本世紀初因李昌平的大膽進言而成為關注的焦點：農民真苦，農村真窮，農業真危險。三農問題一夜間成為舉世矚目的社會問題，隨後若干年的中央一號文件似乎也在印證這一點。然而，工業化和城市化的步伐並沒有稍稍放緩，三農問題好像從當年的急症變成了慢性病，並沒有得到根本的解決。與此同時，我們可以清楚地看到，在資本積累和產業經濟上升的過程中，勞動密集型模式仍然占據主體，而填充進世界工廠的上億勞動力就來自廣大的農村地區，這些人的名號在經歷了「盲流」、「打工者」、「外出務工人員」，最後落在了一個中國特有的名詞「農民工」上。根據國家統計局的資料，雖然近年農村勞動力輸出的比例有所放緩，但增長仍然在持續，截止到 2016 年底，農民工／新工人總數達到近 2.82 億，占全部人口的 20%，如果將他們的孩子和父母都算進來，則將

占近 35%，也就是三分之一強。很多自由主義者將這看成是農民從集體中和土地上得到的自由和解放而大加讚美，但他們顯然選擇性地無視了農村的貧窮和農民的貧苦，當農業收入不足以支撐基本生活的時候，農民只有別無選擇地外出務工。他們在農業不景氣和農村社會保障嚴重缺乏的情況下湧向城市，成為勞動密集型產業的強大生力軍。在這個意義上說，農業的不景氣和農村社會資源和保障的缺失恰恰是不平衡的、顧頭不顧尾的片面發展方式所造成的結果；而從人口的角度說，這個數量龐大的農村勞動力正是馬克思所命名的「潛在的相對過剩人口」，是為全面展開的工業化準備的產業後備軍。換言之，沒有這一支舉世無雙的勞動力大軍，90 年代以來的經濟高速增長是不可能的。正如恩格斯在　百多年前對英國工業發展進行分析時所指出的那樣，「假若英國沒有找到又多又窮的愛爾蘭居民作為替工業服務的後備軍，英國的工業就不可能發展得這麼快。」（《英國工人階級狀況》）然而，他們不但沒有分享應獲得的權益，反而在新自由主義主導的產業升級中，成了「低端人口」。而鄉村社會的人口外流和日益凋敝還埋伏著關乎國計民生的根本性危機——農業的危機——社會生產的絕對主導部分均以工業化和城市化為中心，農業生產成為被集體遺忘、遺棄的存在。當出現食品安全事件的時候，中產階級只關注自己的餐桌安全，將責任完全推卸給國家和政府（必須申明，這麼說不是為國家開脫責任，而是要指出這一思維的局限），並譴責農民缺

乏最起碼的道德，然而他們不僅不關心農民，也不了解當前農業的基本狀況，更不可能理解進城農民的處境，三農中只剩下農村作為自然和風景的符號得到一部分城市中產的青睞，因為他們還需要消費「田園詩」。

如今，新工人普遍地被視為低端人口，正是當下的經濟發展模式所生產出來的結果，農業僅僅作為工業化產業鏈的末端而存在，農村僅僅作為城市中心主義的邊緣和依附物而存在，農民更是作為 GDP 發展主義的剝削品、犧牲品而存在。可以說社會經濟的整個產業鏈與農民工 / 新工人作為低端人口的鄙視鏈完全對應。

產業當然需要升級，技術也需要更新換代，就像國家需要強大，經濟需要發展一樣，關鍵是如何升級，怎樣更新換代，我們需要追問，是為產業升級而升級（純粹技術的動力，然而今天有沒有一個出於技術自身內在動力的要求呢？），或者基於對利潤的追逐，或者是為某一部分而不是絕大多數人服務的目的？在這樣的產業升級中，勞動者的位置在哪裡？

馬克思在《資本論》中早就深刻地揭示了資本主義生產方式中機器與資本、與工人階級的關係，雖然《資本論》定稿已經有近一百五十年的歷史，資本主義的生產方式和管理模式早已更新換代，然而，萬變不離其宗，即便今天被主流大肆宣導的信息時代乃至移動互聯網時代、人工智能時代等等同樣也是如此，其追逐利潤最大化和資本高速積累的原始動力從未改變，資本主義制度下機器 / 技

術與資本、與工人的矛盾同樣沒有根本改善，在產業水準落後的第三世界國家反而更嚴峻。戴維·哈維和傳播政治經濟學學者席勒父子對美國始於 1970 年代由製造業向信息工業的「戰略」轉移的歷史梳理，很好地證明了《資本論》的基本原理並未過時，包括發展主義的敘述邏輯也仍然是一套等級化的秩序，只不過對象變了，工業化階段是工業文明高於農業文明，後工業化階段是信息工業、生物工程等等高於製造業，當然更高於農業，無論是工業化的農業，還是傳統的小農經濟。於是，「高新」產業就是高等的，代表最先進的生產力，傳統的製造業自然就是低端產業，農業更是低端中的低端；從事低端產業的勞動者也就理所當然地是「低端人口」了。

正如哈里·布雷弗曼在 1970 年代指出的那樣，「受到機械化影響的那些工業部門和勞動過程，釋放出來大量勞動力，供一般說來機械化程度較低的其他資本積累領域剝削。」布雷弗曼從勞動及其過程的角度得出的結論是「勞動的退化」。今天，勞動的退化則以更快的速度在推進，信息化、人工智能化使勞動者的勞動技能日益分解、簡化、萎縮，越來越多的工作幾乎不需要任何技能，日積月累，這些產業中的勞動者幾乎喪失了全部的技術性勞動能力，他們可以隨時被替代、被驅逐，不得不淪為低端勞動力。在這個意義上，正是資本主義等級化的產業鏈和不斷追逐超高利潤的技術發展主義，生產了低端產業和低端人口；科技越先進，勞動的退化就越嚴重，低端人口就越

多。但所謂的低端產業和低端人口並不會因為高新科技的
擴張而徹底消失,它們將在全球範圍內轉移、流浪。

因此,如何克服這個悖論,真正從根本上尋求解決,
是擺在我們面前的大問題。特別是作為社會主義國家的中
國,已在經濟實力和政治國力上躍升為大國,更有責任、
有義務來擔當這一世界性課題,從政治和文化的意義上
說,它的重要性絕對不在經濟發展本身之下。

2017 年 12 月 9 日凌晨於沙坪壩

微塵與大地
——寫在北京打工文化藝術博物館
　　眾籌之前

2017 年夏天，北京皮村「打工文化藝術博物館」的項目經費因不可抗拒的力量被取消，為了使博物館能繼續生存下去，為三億新工人群體見證立言，發揮它不可取代的文化宣傳作用，北京工友之家的朋友們決定採取眾籌的辦法，向社會募集下一年度的運營費。聽聞這個消息，不禁再次讓人慨嘆，中國的現實往往就這樣運行在「非常」的常理軌道之上，一個屬於最大多數勞動人民的博物館得不到應有的支持，不得不靠幾十、幾百元的募捐來艱辛地保存這個城市邊緣的空間，這並非常理，但因為眾所周知的國情也頗為見怪不怪。好在，實幹的工友之家的朋友說，其實倒也不壞，正給了我們傳播工人文化的一個機會。這樣的堅韌樂觀，著實令人感佩。

「沒有我們的文化就沒有我們的歷史；沒有我們的歷史就沒有我們的未來。」這是打工文化藝術博物館創辦的思想動力。這個思想動力並非來自學院思想者，而是來自創辦者自身對新工人身分的認知，來自他們基於中國社會底層打工者的現實生活經驗所產生的深切、敏銳的感受。

自 1980 年代以來，整個社會和時代的歷史觀都在悄

然發生變化，去政治化的現代化發展模式成為最強勁的聲音，對於經濟建設所取得的成就，普遍以現代西方經濟學作為闡釋的理論基礎。於是，勞動者成為勞動力，成為市場要素之一，成為自由買賣的商品。在主流媒體和主流敘述中，被八十年代知識啟蒙和思想啟蒙塑造的話語生產者們對打工群體幾乎可以視而不見，這不僅因為農村生計的艱難和出路的狹窄造成的所謂勞動力資源過度充沛，讓這部分人淪為市場槓桿調配下的賤民，更是由於政商資本在社會歷史創造者這一根本問題上發生扭曲。於是勞動者這個一度承載榮光的語詞及其所真實對應的群體成了名副其實的邊緣角色，他們在數量上的絕對多數只不過給社會帶來了「人口紅利」，然而他們在自己親手創造的經濟效益中分不到應有的蛋糕。他們被棄置在城市的暗角和日益破敗的鄉村，被遺忘，被忽視乃至無視。

「新工人」這個社會認可度尚不算高的語彙，在近年的廣泛傳播意味著進城務工人員一種新的主體自覺的萌生，與此同時，他們中的先覺者也發現了現代化歷史敘述的詭計，發現了三億勞動者被社會主流價值觀所遮蔽的深層根源。他們強烈地表達出自我講述、自我呈現的意識和能力，他們的現實感和歷史認知正在超越封閉的學院知識界和媒體的生產流水線。他們說：「無數的微塵，積聚起來就是大地。」他們問：「如果我不寫，百年後有人知道發生了這些事嗎？」所以，他們動起了手、拿起了筆，他們建設了屬於自己的博物館，並且期待這個博物館屬於整

個社會，同時，屬於一個真實的歷史，因而也屬於未來。

布萊希特在 1936 年寫過一首詩，名為〈一個工人讀書時的疑問〉，馮至先生在 1950 年代將它翻譯成中文。今天，重溫這首詩意義非凡。

誰建築了七個城門的特貝城？
書裡面寫著國王們的名字。
那些岩石，是國王們拉來的嗎？
還有破壞過許多次的巴比倫——
誰又重建它這麼多回？在金碧輝煌的利瑪
建築工人住在什麼樣的房子裡？
泥水匠們在萬里長城建成的那晚
他們都到哪裡去？偉大的羅馬
到處是凱旋門。誰建立了它們？那些皇帝
戰勝了誰？萬人歌頌的拜占庭
只有宮殿給他的居民嗎？就是傳說中的阿特蘭提司
在大海把它吞沒的夜裡，
沉溺的人們都喊叫他們的奴隸

年輕的亞山大征服印度
他一個人嗎？
凱撒打敗高盧人，
他至少隨身也要有個廚子吧？
西班牙的菲利浦王，在他的海軍

覆沒的時候哭泣。此外就沒有人哭了嗎？

七年戰爭，腓特烈二世打勝了。

除了他還有誰打勝了？

每一頁一個勝利，

誰烹調勝利的歡宴？

每十年一個偉人，

誰付出那些代價？

這麼多的記載。

這麼多的疑問。

　　布萊希特筆下的工人讀書時產生的一系列疑問，可以歸結為一句話，歷史究竟是誰創造的？具體地說，為什麼在他所讀的歷史書中，只有國王們的身影和聲音？那些勞動者都去哪兒了？難道他們從來就不曾存在？如果他們至少曾是歷史的參與者，為什麼卻不見其身影？這些問題最終都指向歷史該如何書寫、怎麼敘述的根本問題。正是在這個意義上，英國歷史學家艾瑞克・霍布斯鮑姆在《論歷史》中指出，布萊希特借工人之口提出來的問題「是個典型的 20 世紀問題，這些問題將會讓我們思考政治的本質以及歷史學家的動機」。之所以說這是「典型的 20 世紀問題」，因為 20 世紀是一個試圖反轉既定歷史、扭轉政治價值的革命的世紀。然而，從 20 世紀已經漸漸遠去的

時代回望，它也是革命終結的世紀。這是歷史的迂迴與反復，也造成了歷史敘述的反復。80多年前這個問題由布萊希特提出來，80多年後的今天，中國的新工人正在清晰地將它表達出來，這是歷史的呼應也是歷史的進步。

在布萊希特寫下這首詩的同一年，梁漱溟先生出版了《鄉村建設大意》，書中他給文化下了個特別樸素也特別有意味的定義：「所謂文化，就是一個社會過日子的方法。」一個社會怎麼過日子和應該怎麼過日子看似普通，卻恰恰在日常中包含了關乎歷史、現實和未來的問題，後設地看也就是作為根本的歷史觀問題。當代中國正處在歷史觀和價值觀亂象叢生的階段，但是一切「看見」新工人和勞動者的人們，仍然會選擇馬克思主義的歷史觀，它最經典的表達就是——人民創造了歷史，人民，也只有人民才是歷史的創造者。

這樣的歷史觀一定對應著一套理想的社會生活方式和文化觀念，它們相互依存、相互生產。在這個意義上，打工文化藝術博物館是勞動人民自主地呈現和表達現實生活和文化意識的重要空間，同時也是在既有歷史狀況中積極地生產和創造著新的現實土壤和文化意識的能動場域。在這種歷史、現實和未來的連帶關係中，實則承載了包括新工人群體在內的全社會的發展道路和命運關切。以俯瞰眾生的姿態漂浮在摩天大樓頂端的權貴精英們儘管掌握著超級資本，然而在生活方式和文化觀念上早已喪失了新鮮的內生動力，代之以浮誇式消費下的社會等級鄙視鏈和虛

妄的個人成功焦慮，無論在政治經濟層面還是文化價值層面，這一群體的不斷膨脹都以大多數人無法過上更好的日子為基礎和代價。微塵中每天與現實生存短兵相接的勞動者卻始終與大地和人民同在，他們就是人民，他們渴望最大多數人的好日子，他們的呼喊、他們的表達、他們積極蓬勃的行動，孕育著新的希望和歷史的明天。因此，打工文化藝術博物館的命運，不僅是一個民間公益博物館的去留問題，而是以見微知著的形式關乎我們這個社會對新的生活和新文化的創造和渴求，關乎現實的良知和歷史的正途。

2017 年 7 月 6 日於滬上美蘭湖

薄奠 [1]

一

老賈走了，在他的老家，據說是今天（6 月 19 日）凌晨四點。無兒無女的他在那個時辰走，走得靜悄悄的。老賈是 69 年生人，比我小幾歲，但在蘇州的朋友圈中，大家都叫他老賈，也有叫「老敢」的，敢做敢當的意思。

老賈，有一個很傳統的大名，叫孝飛。QQ 署名「假書生」。童年喪父的老賈只上過初小，現在的說法，實際上小學都沒有畢業，但在 QQ 空間，自 2014 年 6 月至 2016 年 2 月，他就用他廉價的智能手機，在勞作之餘，在回家探親的時候，竟然寫下了 9 萬字。這還不包括我在建築工地上他和工友們居住的簡易宿舍中看到的好幾本筆記本上的文字，他還告訴我，在泗陽老家（眾興鎮賈莊 [2]）

1　本文首發於「保馬」微信公眾號，感謝羅崗兄和「保馬」諸仁兄。

2　這是老賈身分證上的地址，但他的文字中關於故鄉的地名常常寫作「來安」，查泗陽縣政府網站，只有簡略的說明：「2005 年 8 月，江蘇省委、省政府決定調整泗陽縣城區行政區劃，撤銷城廂鎮、來安鄉，與臨河大興一同劃歸眾興

還有不少筆記本，也都寫滿了。筆記本是用很粗糙的紙很簡單地裝訂起來的那種，估計現在的小學生大概都不太願意用。而字跡是藍色、黑色的稚拙的字，並不工整，甚至還有些潦草，當然有很多錯別字。本子上記的都是他工餘在別人休息娛樂的時候寫下的文字，其中也包括他為自己記的出工記錄。

　　老賈 QQ 空間最後的簽名是去年 12 月底修改的：「往前走，凌晨的故鄉，在濃重夜色中，星星不知疲勞地眨著眼睛，草上的露水無情地打濕了我鞋子，在那土路……」。那時候他還在崑山的工地上，可見其思鄉之情。但這也竟成了他真正離開的時刻和情境，惟願故鄉的露水沒有打濕他的鞋子，使他能夠在蘇州和老家之間常來常往。

二

　　老賈說蘇州是他的第二故鄉。三十二年前，他到蘇州打工，一待就是三十多年。幹過磚窯廠，撿過垃圾，做過小生意，最多的是在建築工地做小工。在蘇州打工期間，睡過橋洞，更多的是建築工地的工棚和簡易宿舍。他連在很多人看來很廉價的出租屋也沒有住過。當然，他也沒有

鎮。」在眾興鎮的網站上也找不到任何關於賈莊的信息，但百度地圖上有賈莊。

蘇州的戶口，沒有與戶口綁在一起的所有城市人的社會保
障，更不必說社會福利了。老賈這麼說，實在只是他自作
多情。

老賈像當代中國億萬進城打工的工人一樣，開始時工
資常常被拖欠、剋扣，雖然說近年稍好，然而拖欠、剋扣
的現象仍然屢禁不止。正因為發生在老賈自己和他身邊工
友身上的此類拖欠、剋扣現象時有發生，兩個月前，老賈
也開始學習起《勞動法》來，而且在網絡上，在工友們中
間呼籲工友們要認真學習《勞動法》，維護自己的合法權
益。這是主流社會留給老賈們的最後一根稻草，可是，認
真想一想，且不說今天的法律是誰制定的，又是為誰服
務的，僅僅就訴諸法律程式的成本來說，他們也常常負擔
不起，但這也是最合法的渠道，此外再沒有其他正式的途
徑。老賈三十多年的打工生涯，辛辛苦苦，靠出賣勞動力
換來的幾萬塊錢，在這次生病後，很快就花完了。他告訴
我，每天的藥費就要三百多。

老賈患的是再生障礙性貧血，骨髓已經喪失了造血功
能，據說是因長期營養不良造成的，這是典型的積勞成
疾。富貴之人不會生這樣的惡疾，天道不公，屋漏偏逢連
夜雨，窮人偏偏得這樣昂貴的病。高昂的醫療費無疑是
雪上加霜。老賈躺在病床上，著急而愁苦，他還有將近
八十的老母親，雖然有兩個健在的姐姐，但經濟狀況似乎
也並不比他好到哪裡，更何況，老賈一直是個孝子，在他
的筆下，常常可以看到對母親和親人的思念，對故鄉的懷

想。因為不在親人身邊，所以思念；因為無法回到故鄉，所以懷想。他只能在逢年過節的時候回去看看親人。不是他不想回去，他一個人，就那麼點田，即便種上，也就只能養活眼下的自己，可是到老了，做不動了的時候，又怎麼辦呢？更何況他年邁的母親也還需要他照顧。而且，畢竟在外面打工三十多年，就如他在 QQ 空間中常常表露出的回鄉的尷尬之情一樣，「少年蘇州老大回，兒童相見不相識。見面還把我來問，笑說客人哪裡來。」這當然是對古典名詩簡單地置換，但敘述的卻是真實發生的事，表達的情感同樣也是真實的。可這還不是最根本的原因，最根本的原因是老賈雖然在蘇州打工三十載，卻並沒有掙來幾個錢。他告訴我們，現在他每天在工地做小工，一般凌晨四點多起床，五點過吃早飯，六點上班，中午吃飯加休息一共一個小時，下午四五點鐘下班，也常有更晚的時候。一天的工資是 150 元，這已經算是小工中最高的了，因為他還正值壯年，而他自己又很肯做，不少工友則因為年齡大，或者體力不行，就只能拿到 130 元，甚至只有 100 元。[3] 算下來，一個月似乎也有四千來塊，但建築

3　我在網上查相關資料，竟然在一網站上看到這樣的文字：「大家通常會選什麼工作？根據國家統計局的調查，22% 的農民工都會選建築業。為什麼做建築工？國內某招聘網站今年年初發布了一組資料，建築工人平均月薪逼近萬元，秒殺很多白領。」（http://sanwen8.cn/p/182TLvb.html）我不知道該文作者的資料從哪裡來。這幾乎可以斷定是胡說八道，

工地上的工資不是這麼算的，它實行的是日薪制，做一天拿一天。拿慣了月薪、年薪的人多半不理解，甚至會覺得挺好。事實是，一方面，建築工地的工資並不是每天結算，基本上都是年終結算，平時的生活開銷不得不提前預支，或依靠原來的積蓄，常常不得不寅吃卯糧地去借債度日；另一方面，並不是每天都有活兒做，一年一般也就能做兩百來個工，忙的時候，也就是工程的合同交付期臨近的時候，沒日沒夜，趕工趕活兒，可勞動強度大，卻並不都有加班費，閒時多少天都沒有活兒做。如果按照學院中人的思路，覺得，哎呀呀，他們怎麼沒有按規定休法定的節假日和禮拜天啊，怎麼沒有三倍、雙倍，哪怕一點五倍的加班工資啊，他們為什麼不為了自己的合法權益去爭取啊……這樣的說法，在他們看來，就是一個笑話，可以一笑了之。老賈跟我們強調，你不做，有人做，老闆根本不擔心找不到幹活的人，可是，你要不幹，就沒錢了，就連

就算建築業技術工人的工資是小工的兩至三倍，整個建築業的平均工資也不可能近萬，除非高級技術人員和管理人員的薪水大大超過普通工人。根據國家統計局頒布的《2015年農民工監測調查報告》，「農民工人均月收入 3072 元，比上年增加 208 元」，其中建築業人均 3508 元。上引網文充分顯示了資本主導的媒體時代毫無寫作倫理但求吸引眼球、混淆視聽的做派，也可以看出整個社會對建築業勞動狀況的無知。參看 http://www.stats.gov.cn/tjsj/zxfb/201604/t20160428_1349713.html。

基本的生活保障也得不到了。

可是，老賈不知道他患的是窮人最不應該得的惡疾，要治癒，已經不是增加營養就能夠改善造血功能的，醫生說了，保守療法就是不斷地花錢輸血，但這也只是延緩生命而已。說白了，就是花錢買剩下的時間和生命，而且，很昂貴。唯一有效的辦法是骨髓移植，也要數十萬。一年多之前（2015.1.30），老賈在 QQ 上寫下了這樣的句子：「時間是什麼啊，時間就是我賈孝飛的掙錢機器啊，是我生命留在世上的腳印，時間就是生命啊朋友們！」他還給這句話取了個題目：「我和時間」。時間真的就是他的生命，但現在，這個生命需要他花錢才能買到。他不可能想到，他用一生中最強壯的三十年的時間去掙來的錢，竟然遠遠不夠用來延續他已入膏肓的病體苟延殘喘。這就是我們這個時代的勞動價值，是這個時代勞動價值序列中被排在最低處最底層的勞動力價格。雖然很多人都知道，今天，從我們的視野中消逝了的「剝削」早已重新回到了現實中，很多被消滅的魔鬼，諸如賣淫嫖娼、吸毒綁匪等等都在 90 年代以來因為擱置爭論但求發展的模式中復活了，但如此過度的剝奪，即便在馬克思寫作《資本論》的時代，恐怕也並不常見吧。被過度剝奪的老賈當然拿不出這筆錢，老賈的親戚也拿不出、湊不夠這麼一大筆錢，窮人的親戚朋友還都是窮人。老賈也就只剩下一條路，花光所有的血汗錢，靜靜地躺在自己家徒四壁的破舊房子裡等死。

一個多月前，躺在病床上的老賈還豪情滿懷，壯志凌

雲地說：「心在賈莊身在院！飄蓬姑蘇三十載！他時若遂凌雲志！敢笑書生貧血時！」（2016.5.12，「我不常病」）老賈想的是，不是說好的，好人一生平安嘛，不是說好的好人有好報嘛！他躺在病榻上反思自己，「我在蘇州沒有做過什麼壞事」，他因此想，正因為這個，姐姐姐夫才在他家裡及時發現躺倒在地上的他，並將他送進醫院的。（2016.5.10）但他並沒有等來平安和好報，而是留下白髮蒼蒼的老母親，匆匆忙忙地去見他早在天國的父親了，可他的心裡一直放不下母親，在「白髮送吃黑髮淚」的文字中，他這樣寫道：「黑髮貧血百（白）髮愁！慈心做飯淚心頭！本該黑髮敬白頭！哪有白髮待黑髮！母子本是肉中肉！白髮不忍黑髮病！早晚床前望兒好！」（2016.5.22）母子情深，躍然紙上，更令人不忍卒讀，不忍想像其情其景，我們不知道，老人在未來的歲月中如何接受這個事實。

三

老賈生病後給我打過電話，但我並沒有都接聽。懊惱的話說了要被某一類人視為矯情，甚至虛偽，不說也罷。也說過跟朋友一起去看他，自然也沒有能成行。最初的診斷書出來後，朋友託我在上海找找，看有沒有熟悉的醫生，能幫忙分析分析，也出出主意，遺憾也沒有能幫上忙。然而，沒有想到，老賈這麼快就走了。我不知道，他

的親人是否會將他一直沒有捨得扔掉的那些筆記本全部燒化給他帶走，如果沒有，那他就真的什麼也沒有帶走了，他只帶走了對慈母、親人和故鄉的無限牽掛，此外，還給我們留下了幾萬字的 QQ 空間，讓想起他的好友們可以去看一看他曾經寫下的那些文字，讓朋友們只要一上 QQ 就能看到永遠停止在他永不更新的頁面，讓朋友們可以重溫與他一起交流、問候的快樂而溫暖的時光。我但願能在 QQ 上永遠保留他這一位好友。

實際上，春節過後，一直想著去蘇州，見見工友家園的朋友們，看看能不能做點什麼，也想再跟老賈好好聊聊，如果他能再找到建築工地的工作，又能順利地把我們帶進去，就可以接著去年 12 月份拍的一段工地視頻，繼續拍一點素材。雖然潘毅等人的《大工地——建築業農民工的生存圖景》通過民族志的研究方式，已經很真實地再現了建築業新工人的生存狀況，但以影像形式的再現似乎還沒有。但為老賈這樣的建築業新工人拍視頻並不是我們最終的目的，深入地了解他們的生存狀況也並不是我們最終的目的，無論是將他們作為研究對象，還是作為創作對象，都不是我們的終點，我們希望成為他們的朋友，我們更希望激活我們的知識，為改變他們的處境貢獻一點自己的力量，因為我們越來越強烈地認識到，改變近三億新工人的處境是當代中國最迫切的任務，也就是改變我們的社會最有力的體現。本著這樣的想法，我們希望在業餘時間能夠一步步地實踐起來。然而，老賈就這麼突然離我們而

去。而那一次在建築工地與老賈的聊天是第二次見他，也是我最後一次見他。

去年12月中旬，我第一次見到老賈。那天下午，我和工友家園的朋友從蘇州乘高鐵去崑山的花橋見他，其時已是傍晚，因為不認識路，耽擱了，下了班的老賈怕我們找不到，就早早地走到馬路口，在瑟瑟寒風中等著。見到我們，他搶著要付計程車的車錢。我們跟著他，路上聊些什麼已經不太記得了，主要是他跟朋友寒暄。我在背後或旁邊看他，其實也很不好意思，這是我的習慣。我看見他，平頭，穿著一件皺巴巴的半長風衣，裡面也就是件薄薄的毛衣，褲子也很薄，當然還有些髒，似乎倒也符合想像中的建築工人形象。可是講話卻聽不太清，帶著濃濃的蘇北口音，關鍵是口齒不清，聽起來有些費力。後來我注意到老賈的一隻眼睛不好，瞎了，再後來聽他說是親戚的孩子不小心戳壞的。

畢竟是冬天，天色說暗就暗了下來，走了十來分鐘，經過施工的工地，夜色中即使有工地上的燈火，拔地而起的幾排高層建築看上去也還是黑黢黢的，路也因為前兩天剛剛下過雨，不太好走，我們這時就只能跟著他穿行在不是路的路上和建築物中。終於到了工地上他的宿舍。他帶著不無炫耀的心理，領著我們看了他的幾個好朋友。他的熱情介紹既令我難堪，也讓我羞愧。工友們倒也不掩飾他們的好奇和狐疑。那是我第一次見到建築工地上工友們的住宿狀況。我注意觀察了一下，住宿區在這個看起來並

不小的工地的邊緣，大約有七八棟兩層樓的活動板房，一般每個宿舍五張上下鋪的鐵架床，幾張當然也是非常簡易的茶几，小板凳。但我們看到的時候，因工程接近尾聲，宿舍都沒有滿員，一般也就是四五個人。他們雖然已經在工地住了起碼一年左右了，可宿舍裡依然空空蕩蕩的，甚至連一般意義上的放衣物的箱子和旅行箱都沒有，換洗的衣服或晾在宿舍裡，或疊或胡亂地擺在床頭床尾。有意思的是，一般工友的桌上只是零星的生活用品，鍋碗瓢盆之類，唯獨老賈的桌上堆了一堆書和雜誌。書和雜誌也並不是一般想像中的純文學書籍和期刊，基本上是以通俗文學為主，當然，也有他珍藏的發表了他的作品的《工友通訊》和一份江蘇某區縣文學社團辦的內部交流的刊物。而床上則是一床薄薄的褥子和被子，床板也就是一般的木板，穿著羽絨服的我忍不住問老賈他們，晚上冷不冷，他們都說還行。問了老賈同宿舍的另三位工友，兩位比老賈小幾歲，一位比老賈還大兩三歲，也就是說，他們都已經是五十左右的人了，而剛剛拜訪的他的幾個朋友以及他們宿舍的工友也基本上都是這個年齡，也許長期的體力勞動和工地簡陋的條件已經使他們練就了抵禦寒冷的習慣。[4]

4　根據國家統計局公布的《2015 年農民工監測調查報告》，「2015 年農民工總量為 27747 萬人，比上年增加 352 萬人，增長 1.3%」，其中「從事建築業的農民工比重為 21.1%，下降 1.2 個百分點」，也就是說，建築業中，農民工總數為 5850 萬。就農民工整體年齡結構而言，「從平均年齡看，

　　工地上有食堂，仍然是活動板房，大約能容納百十號人或坐或站著就餐，只是餐桌和凳子卻很少，估計也就夠三十來人坐吧。雖然食堂已經關門，但老賈跟食堂的師傅早就打好招呼了，我們仨就在食堂吃飯。老賈為三個人竟然要了六份菜，特意點了滷雞塊、炒肉片等葷菜。即使我那時候並不知道老賈所患的病，也不太清楚他大概的收入狀況，我也可以從他的熱情判斷，這些葷菜平時他一定不會點。他自己帶了大半瓶白酒，應該是他原來沒有喝完的。於是，我們三個，就在空蕩蕩的食堂裡邊吃邊聊。糟糕的是我這個素無社會學和人類學訓練的人完全不知道該怎麼提問。當然，這是事後才想到的，但轉念再一想，恐怕也正因為我沒有那些專業訓練，老賈才把我認做朋友的。事實上，老賈的話我大概聽懂了六成左右，主要是老賈和朋友聊，我聽，偶爾插一句，問一問。食堂管理員來

農民工平均年齡為 38.6 歲，比上年提高 0.3 歲。從年齡結構看，40 歲以下農民工所占比重為 55.2%，比上年下降 1.3 個百分點；50 歲以上農民工所占比重為 17.9%，比上年上升 0.8 個百分點。」也就是說，處於 40-50 歲之間的農民工占 26.9%，約 7500 萬，而 50 歲以上也竟有近 5000 萬。有多少 40 以上的農民工在建築工地上，我們無法從現有的資料推算，但建築業中大量的小工對技術和文化水準要求很低，而這也正符合 40 歲以上農民工整體水準較低的現實，因此，老賈們實際上是建築工地上的主力軍。參看 http://www.stats.gov.cn/tjsj/zxfb/201604/t20160428_1349713.html。

催了，我去付了錢，應該說還算便宜，才六十多塊錢。接著又去宿舍，跟老賈和工友們閒聊了會兒，他們很直接地問我來幹嘛。說老實話，我羞於說自己是來研究他們的，他們最迫切的需要並不是研究者，而是支持者和組織者，我也就只能含糊其辭地稱自己是老賈的朋友。看到有些工友已經洗漱準備休息了，我和朋友便告辭了。老賈把我們倆一直送上計程車，而且，硬塞給朋友二百元，說是飯錢和車錢。這就是我與老賈的第一次見面。

那天晚上，在去高鐵的車上，我就跟朋友說，是不是可以跟老賈保持聯繫，看什麼時候有機會拍點東西。正好12月底學影視出身的蔡博既有興趣，也有熱情，更有時間，於是就有了與老賈的第二次見面。

四

第二次是下午到的工地，老賈正在幹活呢。他那天的工作就是用小推車把成堆的黃沙用鐵鍬鏟進推車，拉上並且倒進不遠處的攪拌機裡，稍有技術的一位工友按比例倒進適量的水泥，攪拌機工作，攪拌好的沙漿由另外四位工友，用兩輛小推車，裝滿後拉進施工電梯。兩台電梯對開，開電梯的是兩位年齡相仿約四十歲左右的婦女。沙漿運到樓上鋪地坪，鋪地坪的是另外一撥人。看起來老賈的工作也不能算有多累，但實際上這個活兒不僅需要持續的體力，也需要相當的力氣，從他大冬天只穿著一件薄毛衣

就能看到。

　　蔡博拍了一些老賈工作的鏡頭，也乘電梯到樓上拍了一些鋪地坪的鏡頭。可惜開電梯的女工友不願意被拍，她們不知道我們是幹什麼的，她們以為我們是電視台的，可她們不願意以這樣的形象上電視。她們的工作需要自費參加培訓，工資也低於一般的小工。

　　老賈當然不能放下他的工作來陪我們，我們又拍了些鏡頭後，就按照老賈的囑咐，拿著攝像機準備去老賈的宿舍。路上就被小包工頭（當然，這也是後來老賈告訴我們的）盯上了，無論我們怎麼解釋，他都不允許我們繼續待在工地上，哪怕是老賈的宿舍也不行。我們不知道他怕什麼。無奈，我們只能在工地外的路邊等候。從工地的大門走到外面的馬路上要經過一條 50 米左右的水泥路，路的兩旁有大約十來個改裝成簡易房的集裝箱，有的裡面還有婦女和孩子。後來問了老賈，才知道住工地外面集裝箱的都是另外分包工程的工人，也就是《大工地》說到的新自由主義經濟體制中市場化的「分包勞動體制」。

　　老賈下班後打電話找到我們，一起去工地一兩公里外的一個流動而集中的路邊排擋吃晚飯。他們用三輪車裝著爐子、炊具、食材、餐具和桌凳，也有專門賣菸酒飲料的三輪車，到下午五點來鐘，就慢慢地集中到這裡，擺開攤子，附近工地上那些實在不想吃食堂，或者來了親戚朋友的工人就約上來這裡吃喝一頓，算是改善一下伙食。排擋就在一個十字路口，附近除了馬路，就是正在建設中的工

地，已經建成並交付使用的樓盤並不多，顯見是正在開發中的區域。這些排擋的主人其實與來吃喝的人屬於同一個群體，都是來自外地的新工人，只不過他們工作的類型不一樣，而且多是以家庭為勞動單位罷了。當然，官方的、學術化的概念是這樣定義他們不同的性質的，前者叫「受雇方式就業」，後者叫「自營就業」。

　　那天下午是晴天，但傍晚開始就變天了，刮起了大風，天氣隨著大風越刮越冷，穿著羽絨服的我竟也漸漸地感覺到透骨的寒風，但老賈的談興正健。這次他較為詳細地給我們講了這些年打工在外奔波勞碌的經歷。老賈說，他在蘇州已經打工三十來年，幾乎就是個蘇州人了。當初出來打工的時候是二三十個年輕人，那是在 80 年代末，家裡一個人也就一兩畝地，根本無法維持生計。這一晃就是三十年，現在每年也很少回家，老婆孩子都在老家農村裡，老婆是他小學同學，在當地打工兼種地，老婆在沒有生孩子前跟他一起在蘇州闖蕩，現在，十九歲的兒子、十七歲的女兒也都工作了，在工廠上班。家裡還有靠八十歲的老母親，和兩個姐姐。一直到這次生病住院，朋友去泗陽看他，才知道老婆孩子的說法都是老賈的「虛構」，實際上老賈只有短暫的婚史，據說是因為沒有生孩子，離了。直到現在，我也沒有想明白，老賈為什麼要給我們虛構一個完整家庭的故事？是虛榮心嗎？還是因為老賈慢慢地因為對文學的熱愛而遺忘了文學與生活的界限？但這樣的思路，即使說得通，也還是簡單的。

五

　　我不知道老賈從什麼時候開始給陌生人講述他完整家庭的故事的，但大概可以肯定的是應該有些年頭了。當初一起出來的同村人到城市後不久也都各奔前程了，老賈一個人在陌生的城市開始了完全不同於鄉村的生活，他需要面對一種始終處於流動中的社會關係，也需要在這個關係中重新建立起一個能夠既滿足他的生活需要，也能夠滿足情感需要的社會關係。問題是如何建立這一社會關係。前者由 90 年代以來日益自由化的勞動力市場提供，理想的狀態是賣方總能找到買方，買方也總能找到合適的賣方。然而，畢竟這只是理想狀態（實際上這一理想狀態與政府／國家干預之間始終存在著密切的關係，在現代全球經濟一體化的環境中，根本不存在完全自由的市場），如果將其他因素考慮進來，顯然，在資本主導的勞動力市場，信息的不對等以及各種其他因素常常造成勞動力的過剩或短缺，無論哪一種，對普通勞動者而言顯然都是不利的，而像老賈這樣的勞動力在這一市場環境中必然永遠處於劣勢和末端，因為他們基本上就只是體力勞動者。也正因為此，老賈不得不絕大部分時間都在建築工地打工，我在工地宿舍看到的那些四十歲以上的打工者基本上也都屬於這種情況。他們是中國數千萬建築業工人的主體，而建築業的勞動狀況，可以不誇張地說，《勞動法》實施的情況與實際狀況之間的反差是當代中國各行各業中最大的，除了

那些黑煤窯、黑工廠之外，沒有「之一」。在建築業，絕大多數像老賈這樣從農村來的新工人，基本上都沒有簽訂勞動合同，也沒有養老保險，沒有醫療保險，更不必說失業保險、生育保險、住房公積金等等，甚至連工傷保險都沒有。[5] 流動性、不穩定性，不安全感，以及高強度的勞動和糟糕的生活環境不可能對他們的心理和情感不產生影響。他們需要自己不被當作另類，需要融入這個時時變化的社會關係中，需要和絕大多數普通人一樣的故事，需要自尊和尊嚴，需要把自己心底的傷痛隱蔽起來，輕易不去觸碰，更不隨便示人。他們都是這個大時代裡的一枚浮萍，漂泊在異地他鄉，隨時隨地，更重要的是隨著風浪，一次次地聚散離合。於是老賈「虛構」了一個完整家庭的故事，以擺脫流俗的偏見和歧視，以故事對抗流言，更以此觸摸到了文學的真諦。所謂文學，不就是要在直面現實的時候還具備想像美好生活的能力，並將此能力和內容賦予其形式的存在嗎？我終於明白老賈為什麼不讓我們去他老家調查的原因了。他要守住這個屬於他的祕密，屬於他的夢想，他不想打破它。我甚至覺得這個祕密也是支撐他堅持在蘇州待下去的力量。

---

5 據《2015 年農民工監測調查報告》，「2015 年建築業農民工被拖欠工資的比重為 2%，較上年提高 0.6 個百分點，高於其他農民工集中的行業。」勞動合同簽訂的狀況是：「2015 年與雇主或單位簽訂了勞動合同的農民工比重為 36.2%，比上年下降 1.8 個百分點。」這是官方資料。

我想起了老賈跟我講述的他去年在家過年的情景。他說，過年回家，走親訪友，吃吃喝喝，很高興。他自己的家裡當然也要吃年夜飯，但是他和他老婆偏偏就要搞出點花樣來，他們一家四口，在除夕夜圍坐在一起，每人要即興寫詩一首，寫不出來，就罰酒。他說他老婆不行，他就給她出主意，你可以寫這個寫那個，兒子也不行，女兒還不錯。但老賈沒有說他們四個人最後都寫了什麼。實際上他也說不出來，這本來就是他想像的，也許還是即興的。但當時卻說得我這個文學博士和文學教授尷尬不已，也羨慕不已。現在想來，老賈真的希望自己有一個四口之家的小家庭，他可以用他只有初小程度的寫作能力使親人快樂地活著。文學在他那裡，已經特別結實地與日常生活黏連在一起了。這裡，並不需要學院中人誇張地將其視為反抗的形式，在老賈身上，它是樸實而真切地存在著的。因為這就是他的情感需要。但同時，像老賈這樣掙扎在生存底層的人更需要一個他們能接受的價值觀。

今天，時代和社會的主流價值觀看起來似乎是多元的，可實際上卻並非如此，占主導地位的是成王敗寇，而成功的標誌就是金錢，至於如何獲得成功，幾乎不在討論的範圍，不擇手段也罷，錢權交易、錢色交易也罷，監守自盜，巧取豪奪，明爭暗搶……總之，只要成功，只要能完成自我資本的原始積累，只要能掙得個人的萬貫家財就是豪傑英雄，成功人士。勤勤懇懇的勞動者看起來似乎也有很多機會，可實際上絕大多數像老賈這樣的勞動者連通

過個人奮鬥獲得成功的可能都不存在，而這樣的勞動者卻絕不在少數，他們辛勤地勞作，卻如螻蟻般生存在社會的最底層，然而，那些無論是高高在上，還是身處中產，甚至小資產階級分子都不願意承認他們的貢獻，不願意承認他們勞動的價值。看一看今天主流的歷史敘述吧，改革開放三十年來，我們取得了可喜的巨大的成就，這一切都是因為領導者有方，企業家有財，知識精英有智慧，與勞動者，特別是像老賈這樣的體力勞動者無關，即便是不得不策略性地把他們帶進來，從表達也可以清楚地看到其修辭的痕跡，更不會說他們才是創造歷史的主體，歷史的主人不再是人民群眾，而是政客、商人、資本家、知識精英。於是，歷史的創造者和歷史的主人分裂為兩個陣營；人與人的關係在主流社會就只剩下了交換；成功與否的標準就只是個人財富的積累。想一想，像老賈這樣清醒地知道自己永遠不可能獲得那種成功的時候，他得有多強大的內心才能接受這一不公。於是，像老賈這樣的人常常會把命掛在嘴邊，但他們並沒有多少怨恨，不過是靠宿命論安慰自己，麻痺自己罷了；也有就信了佛，耶穌或其他種種宗教的。日益增多的善男信女，正是價值真空和功利主義、實用主義的症候，很多時候也是弱者的依靠。

在老賈的文字中，常常見到他對生命的思考，他說：「生命是荒涼的，夢想是繁華的，在荒涼與繁華之中，我努力地實現夢想。可是夢想在哪？還不是在工地上做小工嗎？」（2015.1.5）面對無法改變的現實，他雖然不斷地

以「人要像樹一樣堅強」（2015.1.30）來要求自己，也是
說服自己，強大自己，可堅強的樹也需要有陽光雨露，老
賈不奢望流俗定義的成功，可他需要對自己勞動價值的承
認，因此當他發現工友家園的朋友正是以弘揚勞動價值為
追求的人的時候，他簡直就義無反顧、全副身心地投身於
其中了。他毫不吝嗇地將他所知道的最美好的最高級的讚
美全都送給了工友家園。他用他所能的拙誠的打油詩熱情
而真誠地高度歌頌它，不是因為它給他提供了什麼看得見
的資助，只是因為它承認了勞動者的價值，因為他們把勞
動者當成與所有其他人平等的人來尊重、敬愛，因為他們
把勞動者失落的尊嚴真誠地歸還給了他們。[6]老賈是幸運
的，畢竟他邂逅了工友家園，畢竟在他離開這個世界前曾
經有幾年是被承認的。老賈是不幸的，遭遇惡疾的追殺，
但老賈又是幸運的，畢竟在他還沒有老到不能動的時候去
面對老無所養的困窘和艱難，而無數的老賈們卻前路茫
茫，他們還在勤懇艱辛地勞作，卻並不知道是否能換來一
個平平靜靜的晚年，一個壽終正寢的辭世。

　　天氣越來越冷，我實在受不了了，也顧不得面子，跟
老賈直說了，我冷，得回去了。老賈當然不會讓我們買

6　此處的「拙誠」二字是賀照田兄的貢獻，我之前用的是「拙
　　劣」。除了拙文中引用的老賈的文字，照田應該都未曾讀
　　過，但他一下子就抓住了老賈幾乎所有文字的全部特點。
　　「拙劣」屬於我，「拙誠」屬於老賈。感謝照田兄。

單，只好由他去。先是我們送他到工地入口，沒敢進去，怕包工頭再囉嗦，可是，老賈不幹，執意把我們再送到馬路邊。寒風中，老賈一個人孤單地走回宿舍。我們相約，過了年再聚，我們一起去工友家園。然而，我終於沒有再見到老賈。

六

　　從得知老賈去世的當天在電腦上敲下這個文檔的第一個字算起，到今天已近三周。在這段時間裡，我去北京參加了一個高大上的國際學術會議，跟相熟的朋友也提起老賈的故事，但更多地是被這個高大上的會議所刺激而展開的討論，我和朋友們都驚訝於一個討論教育學與文化研究接合的可能性的會議，卻可以如此徹底地學院化、專業化、知識化、中產化，而不討論當代中國乃至當代世界嚴重的教育資源分配不平等的問題，不討論已經徹底淪為資本主義和中產階級生產關係再生產之重要途徑的高等教育的現狀，不討論僵化的學科體制的弊端，不討論鋪天蓋地的文化工業商品對世道人心的反面教育，不討論保羅·弗萊雷的「被壓迫者教育學」在今天的意義，不討論文化研究如何真正成為有效的文化實踐……我簡直不知道這是怎樣的學術，又是怎樣的一群人在做著這樣令人齒寒的學術。

　　我就甘冒天下之大不韙，說幾句真心話，如果經濟學只為有錢人出謀劃策，金融學只為老闆們理財謀財，管理

學只幫助剝削者更好地控制被剝削者，政治學只為當權者更有效地治理勞動者，文學研究者只為有閒階級研究什麼是美，社會學只提供資本家、商人和政客所喜歡的資料和分析……這樣的學術要它有甚鳥用！如果一套知識系統完全與社會最急迫的問題是脫節的，甚至是完全無關的，這樣的知識是「真知識」嗎？其意義究竟何在？如果一個時代的教育者傳播的只是成功學，這樣的教育者是合格的嗎？如果一個時代的文化產品宣傳的只是個人的愛恨情仇，甚至綠茶婊、心機婊、聖母婊等等滿天飛，或各種無厘頭的搞笑調情，這樣的文化不是毒品又是什麼？如果一個社會不把解決窮人、解決被壓迫者、被剝削者的問題當作最大的問題來面對，這樣的社會憑什麼說它是和諧的？如果一個國家不將社會正義、民主自由作為治國方略，這樣的國家還有合法性嗎？……我知道，我的憤激之詞會被斥為民粹，被批為道德綁架，然而，在我看來，這根本無關道德，也無關良知，而是事關尊嚴、公正和平等以及所有人的自由的權利，說到底，就是政治。

有的人還活著，但是已經可以從手機通訊錄中刪除了；有的人已經走了，可是你卻想永遠將他留在手機裡。對我來說，我希望永遠保存老賈的電話。老賈在，就是一個提醒，提醒我，不要忘記「眼光向下」這一晚清以來逐漸成為中國現代革命的基本共識，特別是在從未如此勢利的時代裡，在嚴重分化的現實中，其意義早已超越了倫理道德的邊界，而成為一個必須具備的知識方式和文化實

踐的能力。因為如果從知識倫理的範疇來說，不過仍然是
建立一個知識系統以及知識內部的等級秩序，這一秩序無
論從哪個角度說，都不會根本改變老賈們的生存境遇，說
到底，它仍然是一個反動的倫理學知識。想一想，近三億
的新工人，月平均工資只有三千出頭，他們的孩子不是留
守兒童，就是流動兒童，或者多半是第二代、第三代新工
人，同樣的，他們的父母不是留守老人，就是流動老人，
或者是第一代新工人，算一下這個數字，起碼有將近五億
中國人是處於低收入階層，再加上大多數更低收入的農業
人口。面對如此龐大的低收入人群，如果我們的知識仍然
是現有的這一套，我們能從根本上改變這一狀況嗎？在我
看來，實際上，這個人群和這一狀況就正是這一套知識生
產出來的結果。要想依靠這樣一套知識來改變現狀，無異
於痴人說夢。必須改造現有的知識，探索平等和正義的知
識和文化的生產方式，探索公平和民主的文化實踐的可
能，創造真正屬於窮人的知識和文化，才是希望之所在。

　　我並不想將這一使命視為道德，並以此去要求別的
人，因為，在我看來，對已經躋身和正在努力躋身中產行
列的知識人而言，並不是億萬新工人和農民需要我們，而
是我們需要他們。這絕不是什麼情懷，也絕不是什麼浪
漫，而是一個簡單的事實。我們的衣食住行，沒有哪一個
能離開他們，我們仍然將寄身其中的城市和鄉村不能沒有
他們，仍然將呼吸的空氣與他們有關，仍然必須吃喝的糧
食和水與他們有關，更重要的是，我們原本就和他們共有

一個環境，共在一個時代和社會，共屬於一個國家，居住在同一個星球上。沒有他們的尊嚴，就沒有我們的未來，未來屬於我們，也屬於他們。今天的眼光向下，是為了未來大家一起能夠眼光向上。

魯迅先生在生前的病中寫過這樣的話，「……無窮的遠方，無數的人們，都和我有關。」我相信，魯迅先生筆下那無數的人們絕不是達官貴人、教授精英，而是被壓迫者被剝削者，是「人民群眾」。是的，有些學者和媒體知識分子以及深受他們影響的人們都喜歡使用「公民」、「公民權」這樣的概念，大概是因為「公民」比「人民」洋氣吧，可是我還是喜歡使用「人民」這個集合名詞，喜歡它的土氣，更懷念它曾經被賦予的飽滿的政治意義。雖然我也知道「人民」這個概念現在常常被利用，而很多精英們，一看到「群眾」，就心驚肉跳，就想起群眾運動，他們更願意用「烏合之眾」稱呼他們。雷蒙·威廉斯曾經說，沒有烏合之眾，只有看到烏合之眾的觀察方式。因此，如果「人民至上」不是一個修辭，那就讓我們恢復「人民」曾經的樸素面目，讓歷史創造者的「人民群眾」重新成為「主人翁」。

我沒有生花的妙筆，竟想不出一個合適的題目，就順手用了郁達夫先生一則短篇小說的篇名。雖然衷心希望能以此文代替我，給在天堂的老賈作一個揖，奉一杯薄酒，再敬上一根菸，雖然我也相信老賈對我不會有什麼不滿，因而不會拒絕我的祭奠，但我也在想，今天，難道我們真

的只能再一次地重複古人的話：百無一用是書生？然而，
我不相信。也許，走出書齋，走到人民群眾中去，走進歷
史真正的創造者（歷史的創造者只能是廣大人民群眾，而
不是資本、政客和少數精英）的行列中去，才能使書生不
再只是紙上談兵的角色，才能使自己變成對社會真正有用
的人。

七

　　按傳統，明天是老賈的三七祭日。我沒有故意將定稿
日期放在今天，這大概就是冥冥之中的安排罷。

　　老賈在未發現自己的病之前給我打電話時，說的最
多的是他在 QQ 和筆記本上寫下的這些文字。他想出一本
書，他說曾經有人跟他說，願意幫他。我一直將信將疑，
甚至覺得這要麼是他的虛構，要麼就是那人是個騙子，因
為老賈確實說過這樣的話，哪怕出點錢，他也願意。而我
曾經跟他說，我要找同學幫忙，把他 QQ 上的東西整理出
來，然後認真地讀一讀，幫他修訂一下，只改錯別字和病
句，然後再找朋友設計一下，打印、裝訂成書。我估計老
賈理解成了我要給他出書，所以，不時地會來電話問。老
賈大概不知道，正規出版社正式出版一本書需要怎樣的條
件，後來有一次，我給他解釋了，但我不知道老賈是不是
真的聽明白了。可以肯定的是，出一本書，對老賈有很強
的吸引力，畢竟，他在 QQ 上的署名是「書生」啊，雖然

有一個「假」字，但這個「假」，是「賈」的諧音，是自嘲，是反諷，可我卻覺得它也是他的自我期許，是他想擺脫的一個形容詞。老賈要做一個真正的書生。

　　至今，同學幫忙整理的老賈的文字還在我的電腦中，匆匆忙忙離開了這個世界的老賈沒有來得及見到裝訂成冊的他寫的「書」。那就讓我來完成它，讓老賈作為一個真正的書生活在我們的記憶裡罷。也許，這是對老賈最好的祭奠。

2016 年 7 月 6 日凌晨完稿

7 月 9 日改定於上海

讓我的左手握你的右手 [1]
——在工傷工友座談會上的發言

很高興來這裡跟大家見面、交流。

我在我們小組裡面講，我既不是學法律的，也不是學社工的，更不是學醫的。來參加這麼一個活動，當然，很重要的一個方面，就是希望自己能夠和大家有更多的接觸，能夠和大家一起來了解社會，來對社會做一個思考

1　這個題目很不學術，而且好像還有點彆扭，但試一試，就知道，左手握右手，其實不是禮節性的握手，而是兩手相握，並肩前行，這正是我希望表達的意思。它不是我的發明，實際上是現實中工友們的實踐給予我的啟發。感謝小葉，邀請我去參加他在蘇州某康復醫院組織的工傷工友的活動，我只去過不多的幾次，而小葉幾乎每週都要去幾次，無論颱風下雨、酷暑嚴寒。我第一次去的時候所受到的震動至今記憶猶新，當你看到二十來歲的小夥子，一隻胳膊完全被砸扁的樣子，還有那正當壯年的漢子，正是養家餬口的頂梁柱被截去雙腿的情形，你一定會立即生出惻隱之心，但他們並不需要同情和憐憫，他們需要的是尊嚴和繼續生活的權利。他們有氣餒的時候，但當你面對他們的時候，他們是樂觀的，他們在頑強地為身體的康復而努力。尊嚴和權利不是賞賜之物，更不是可以交換的，它是一個和諧社會中的人人人都理應有的最基本的東西。

吧。實際上，我來這裡的時候心裡是不安的，我不知道自己能給大家帶來什麼，提供什麼幫助？準確地說，我心裡其實是明白的，我不能給大家提供哪怕是一丁點兒的實實在在的幫助。但是，我們這些在學校裡待久了的人，大概唯一能提供的可能就是一些認識和思考。比如說，我們可以通過講台，讓學校裡面的孩子們，對於這個社會，特別是對大家這樣一個群體，對工傷工友這個群體能夠有更多的了解。在一定程度上，這對在座的各位來說也不能說是實實在在的幫助，畢竟遙遠了點，但從另外的角度看，也不能不說是幫助的一種可能，或者說另外一種形式的幫助。但是，遺憾的是，或者說，糟糕的是，我在學校的課堂上課堂下問起同學，雖然有不少孩子的父母本來就是工人階級（我要提「工人階級」這個概念哦），但是當我問起他們在城裡打工的父母和農村的家鄉的情況，他們其實都不太願意說這些，也不太會去想這些和社會有什麼關係。這是讓我感覺有些奇怪的。而從我個人的角度來說，這其實也正是我特別希望與小葉、小全和大家有更多交流的一個重要原因吧。當然，我們還可以去做一些宣傳，或者寫一點論文，讓更多的人知道大家的存在和狀況。確實，我不得不說，在今天這樣一個資本主導的媒體環境中，很多人恐怕真的不曉得工人階級的生存狀況，更不曉得還有工傷工友這樣一個群體的存在。我們從主流媒體裡面看到的無非都是吃喝玩樂的東西。這大概就是我們能為大家做的全部的事了。認真想一想，真的是有些令人難受的。

　　我們今天講的概念叫社會康復。其實我也是第一次聽說這個概念，我不知道專業的定義是什麼，我就望文生義地想，這個概念特別好，它把我對工傷這個事情的理解很好地表達出來了。我們這個小組的一位朋友，他就特別關注這個問題：我來這裡已經一個月了，我做了一個月的康復，好像並沒有什麼改變。那我還有沒有康復的價值。他問了我好幾遍，他就是要追問這個問題。我說，我不是學醫的，我無法給你做結論。後來我就向小葉請教，他給了一個很專業的回答：有沒有康復價值，需要由勞動能力鑒定委員會做一個專業的鑒定。鑒定說，你這個傷情已經沒有康復價值，不用再做了；如果有，就還要繼續做康復治療。但是，我在想，這個問題，看上去似乎是一個專業的問題，可是實際上它又好像並不是那麼專業。我理解我們在坐的各位可能都迫切地想知道，我在這裡做康復，究竟能康復到什麼樣的一個程度。我估計很多人可能會說，肯定不可能恢復到事故發生前那樣。那究竟能恢復到什麼樣的程度，其實心裡是沒有底的。於是，心裡面就產生了一種特別強烈的焦慮：對自己的未來那種不確定的焦慮，不知道將來會怎麼樣。我雖然不能完全感同身受，可是我們今天的社會普遍都有這樣的焦慮，然而對大家來說，毫無疑問，這個焦慮要比那些健康的人強烈很多，因為突然發生的事故改變了很多很多東西，無論是我們的身體，還是我們的心理，身體殘疾了，心理不可能不受到衝擊、刺激，不可能還是像原來那樣平靜。因為事故直接造成了我

們經濟狀況、社會關係狀況的變化，比如工資低了，收入
水準低了，生活水準自然也就低了，與家人、同事的關係
也因此發生了一些變化，比如正在談戀愛的朋友，要是受
了工傷，手、胳膊、腿殘疾了，他／她的女朋友／男朋友
會不會就因此離開呢？完全有可能。而有些嚴重的工傷甚
至完全失去了再就業的可能，影響將會更大。

　　可是，也許我們可以回過頭來想一個問題。我們這個
工傷，究竟是因為什麼而發生的，這個工傷到底是誰造成
的？我在我們小組裡沒有問這個問題，我不知道在坐的各
位是怎麼來想這個問題的。我們今天也沒有時間做現場調
查了。我想，或許會有這麼一些想法吧。可能比較多的是
一種可以稱為宿命論的說法，就是我命不好，該我倒楣，
要是不在這個廠裡上班，要是今天不上班，要是不做這個
工種……各種各樣的可能，反正只要是不發生事故的所有
的假設都想到了，但是為什麼沒有能避開事故呢，歸根結
柢，就是自己的命不好，是上帝安排的。這是一種說法。
其次就是懊悔、自責，都怪自己操作不當，或者不小心。
第三種是知道安全設施有問題。我想到的最後一種是，認
為根本問題還是企業缺乏安全意識、安全生產教育、安全
管理等等。但是，在我看來，最最根本的原因其實是個很
大很嚴重的「社會問題」。也就是說，在我看來，今天之
所以有這麼多的工傷，實在不僅僅是安全設施、安全教育
和管理等等的問題，雖然那些方面加強了，事故會少一
些，可是只要這個生產體制，以及與這個生產體制緊緊聯

繫在一起的觀念不改變，工傷就難以避免。而生產體制關係的是一整套的生產關係和生產方式，與這個生產體制聯繫在一起的觀念就是文化，而生產關係、生產方式和文化的問題實質上是一個社會性的問題。在這個意義上說，今天的社會康復就是要來還那個債。

因此，我理解的社會康復，首先就是要把工傷康復納入到社會的這個範疇裡面來，而不是讓工傷工友獨自來承擔一切後果，在身心受到巨大的打擊之後，還要承受為不確定性的未來而焦慮的煎熬。既然在很大程度上說工傷本身就是社會造成的，社會理所當然應該為之承擔責任。這裡最直接的問題就是工傷工友的再就業，它不僅僅是工傷發生單位和企業的任務，而是整個社會都應該將工傷工友再就業的事情放在重要的位置上。我發現我們小組基本上都是手和胳膊的傷，只有一位是腳受傷。我不太清楚是不是因為工作的性質導致了手和胳膊受傷的概率比較高，還是其他什麼原因，但是我們正常人都知道，手、胳膊受傷了，很多工作就幹不了了，即使不徹底失業，也一定面臨著找工作的艱難，和收入降低等一系列的問題。

可是，糟糕的是今天的社會不但不能為工傷工友設身處地地著想，反而對我們的工傷工友有一種漠視和歧視，就覺得你受傷了，跟我沒有關係；你找不到工作，也跟我沒有關係，你只要別來搶我的工作，是死是活，我都管不著。更嚴重的當然就是歧視了，而且這個歧視還不僅僅是針對工傷工友的，而是針對整個新工人群體，也就是今天

被我們的主流和媒體命名的農民工。為什麼要漠視和歧視
我們呢？當然有很多原因，比如你進城了，搶了他們的飯
碗；你走在城裡的馬路上，搶了他的道；要不就是都是因
為你們，把我們居住的社區環境搞得這麼髒亂……總之是
各種理由吧，反正一些城裡人把失去天堂的原因都歸結到
幾億進城的農民工身上了，他們根本不去想你們為什麼進
城，你們為什麼就沒有進城的權利，更不去想他們的生活
跟你們有什麼關係。但是，我覺得最根本的是，這個主要
源自今天社會裡一個非常糟糕但是卻很普遍的等級化，我
們曾經有過的對勞動者和勞動的尊重都不知道跑到哪裡去
了。那這個嚴重的等級化的東西是從哪裡來的呢？我覺得
它是從今天社會的整個的政治、經濟的制度，以及與這個
政治經濟制度相互生產相互關聯的社會觀念來的。這樣一
種觀念體現到工傷這個現象裡面，就是我們看到的，企業
只要追求產量和效率，安全這些問題和它沒有關係，安全
的問題歸政府的生產安全部門管，沒有檢查沒有監督，就
完全不考慮，甚至有檢查有監督，也是檢查來了一個樣，
檢查走了又是一個樣。在這樣的生產環境中，當然就根本
不可能把我們工人當作一個人，一個有思想感情的生命，
一個有尊嚴的勞動者。我們可以想一想，從情理上說，人
應該是放在第一位的，可是事實呢，事實是產量和效率是
第一位的，因為產量和效率就是利潤，就是錢。也就是
說，這是我認為的工傷事故高發的根本原因。

　　還是回到社會康復的問題上來。就工傷的康復來說，

一般分成三個層面，第一是身體康復，第二是心理康復，第三是社會康復。我覺得這三個説的不是三個階段，而是三個方面應該並駕齊驅，在工傷發生後就齊頭並進，同時進行，這樣效果才會好。而且，某種程度上説，社會康復可能更重要。我們一般説的身體康復，指的是身體機能、身體功能的康復、勞動能力的康復。心理康復，指的是通過心理輔導、干預等手段消除工傷在心理和情感方面造成的消極影響，不至於因此而自卑，而是重新發現自己的價值，重新找到自己的位置。你看看，問題馬上就出來了。怎麼發現殘疾的自己的價值呢？怎麼讓一個殘疾的人，一個部分或全部喪失了勞動能力的人得到社會的承認呢？我們都知道，在今天，社會承認的前提是一個社會上的位置，直接地説，就是適合自己目前的身體狀況和條件的一個工作，一個崗位。而且，這還是對喪失部分勞動能力的工友來説的，一些殘疾程度更高的，完全喪失勞動能力的人，是不是因為他不能再勞動了，在社會上沒有合適的位置了，他是不是就完全沒有價值了呢？

當我們想到這些問題的時候，我相信我們都會有一種沉重感。但是，沉重感不能解決問題。我們除了面對它，沒有別的辦法。而在目前整個社會還不能更好地發揮作用的時候，我們就只能靠自己。我説的靠我們自己，不是靠我們個人，而是靠我們這個集體，我們這個群體，乾脆地説，就是我們這個階級。

這也是我説的社會康復概念的另一個重要性。剛才那

個視頻裡講工傷工友之間要互幫互助，其實講的就是社會性的方式。據說，「社會」這個詞在西方的語言系統中，它最初的意義就包涵有互幫互助的意思，也就是說，互幫互助才是社會，每個人都是一個孤立的個體，像沙子一樣，一粒一粒的，或者用馬克思著名的比喻說的那樣，是一個麻袋裡的馬鈴薯，就是土豆，彼此沒有關係，那不是社會。真正的社會是社會中的人彼此有緊密的關係。對大家來說，這個最緊密的關係其實就是工人階級。社會就是由各種階級構成的，工人階級是其中的一個，而且是很重要的一個組成部分。這在我們國家是明確寫在憲法裡的。

雖然，「工人階級」和「工農聯盟」是寫在憲法裡的概念，但實際上我們今天卻不怎麼提了，尤其是在主流媒體中。我們只講工人，只講工友，講職業和身分。這對工人階級的階級認同肯定是有影響的，也因此會影響到我們在座的工傷工友，影響到我們這些工傷工友的康復。

簡單地總結一下，第一層意思是，「社會康復」是整個社會的責任，比如國家政府應該為工傷工友的全面康復承擔相應的職能；企業當然更是責無旁貸，因為它是工傷事故產生的主體。第二層意思是，我們還需要一個「社會性」的康復方式。打一個也許不很恰當的比方來說明。我左手受傷了，你右手受傷了。我們倆如果一起配合的話，就可以重新變成一個人。如果你仍然是一個人，獨自面對，你就永遠只有一隻手。在這個意義上說，實際上「社會性」的康復方式就是團結的問題。只有團結了，才能採

取社會化的方式，改變不合理的現狀。但是，還需要強調一點，這個團結，不僅僅是工傷工友之間的團結，而是工人階級之間的團結，是憲法裡明明白白寫著的工農聯盟。

最後，要謝謝大家給了我這樣的機會，參與的機會，與大家交流的機會，當然，還有說話的機會。

第二輯

媒體與再現

當「新工人」[1] 遭遇「夢想秀」[2]
——一個文化研究的媒介分析實踐

引言

　　新工人及其文化在當下媒體再現中的狀況理應得到重視。如果説媒體在今天已經成為諸種社會力量中的一個強勢存在，那麼，新工人無疑是一個弱勢群體。兩者相遇，會發生什麼？想像性的結果一般會指向兩個截然相反的方向：新工人多半是屈從甚至迎合，更可能，也更糟糕的是已經將主流價值觀內化了，當然也可能是拒絕甚至反抗，但以何種方式反抗，也仍然只能依靠想像。想像不能替代

1　呂途在《中國新工人：迷失與崛起》中，很清晰地辨析了「農民工」與「新工人」的異同，並特別強調話語／概念使用的政治意味，因為前者包含了一種不易察覺的歧視性。遺憾的是，雖然不少聲音都在呼籲不再使用「農民工」，目前主流媒體和學術界仍然頑固地繼續使用著這一被新工人群體所反對的稱呼和概念。參看呂途著《中國新工人：迷失與崛起》，法律出版社 2013 年第一版。

2　本文刊於南開大學文學院院刊《文學與文化》，感謝周志強兄的組稿。

事實，當新工人遭遇主流媒體，究竟發生了什麼，在相遇的過程中，在文化工業的生產過程中，兩者若迎還拒的關係表徵了什麼，又產生了什麼，兩者力量的對比和較量在文化工業的生產空間是如何展開的，其間是否會發生變化，而在其完成了生產過程，進入傳播領域，亦即進入再生產領域後，又會發生怎樣的情形？諸如此類的問題，或許，我們可以運用文化研究的方法，通過媒體分析和文化分析，能夠打開一個新的空間？要想知道答案，只能通過分析實踐獲得。本文就是這樣一個實踐的結果。

2014 年 5 月 23 日，浙江衛視播出的第七季《中國夢想秀》[3] 節目中，有一段節目是來自北京皮村社區活動中

3　《中國夢想秀》是浙江衛視於 2011 年開播的一檔綜藝節目，至 2015 年已有 9 季。根據百度百科「快樂藍天下‧中國夢想秀」條目，「節目第一、二季的主持人為朱丹、華少主持，第三季兩人相繼退出，第四季以後由亞麗、陳歡、周立波黃金三角主持，第一、二季版權引自於英國 BBCW 頻道的《就在今夜》，主打明星圓夢，主要關注普通人對舞台的渴望，對明星的崇拜與追求。節目第三季開始，放棄版權，由浙江衛視金牌團隊重新設計，關注普通人更為平凡、更為貼近生活的願望，並加入夢想大使、夢想助力團概念，夢想大使一直由周立波第三季擔當至今。節目中，普通人站上舞台，與夢想大使交流夢想，並通過夢想助力團投票，票數達到要求後，夢想則有可能實現。」參看 http://baike.baidu.com/link?url=nxixK5rtrXd-ZCgCnoCxywMRA2m1KIl1DVr1FqDIGOv8nW5DDiPppgQlp8wuDWlpMDq_5-

心文藝小組八位工友的表演。他們表演的是根據北京新工
人藝術團的核心成員之一許多 [4] 創作的〈打工號子〉改編
的〈打工者之歌〉[5]，他們的「夢想」是為皮村社區活動

igHTU9fmAOr-Z9ceHfGFBfASjeR9LtIkpte7zAIHnEfge6HSfo
QrHspARZp53pksh488E5exyVvqXH9qwgvtbZVJ4n2BLLCz2z
vSCSwifeQhzBC66_rfzwyNah。周立波除擔任夢想大使外，
還是該節目的創意總監。

4　許多，浙江人，新工人藝術團（原打工青年藝術團）成員、
　　發起人之一，2014 年以來的三屆「打工春晚」總導演。

5　原歌詞是：我們進城來打工，挺起胸膛把活幹，誰也不比誰
　　高貴，我們唱自己的歌；我們熱愛這生活，所以離開了家
　　鄉，來到陌生的城市，勤勤懇懇把活幹；憑著良心來打工，
　　堂堂正正地做人，誰也別想欺負咱，咱們有咱們的尊嚴。改
　　編的歌詞是：我們進城來打工，挺起胸膛把活幹，誰也不比
　　誰高貴，我們唱自己的歌；我離開生我養我的家鄉，毅然背
　　上行李來城市闖蕩，想學身技術，回家辦個廠，帶動俺們的
　　家鄉更加富強；我的工作是搞電焊，切割焊接努力把錢賺，
　　一身的衣裳像張破漁網，裸露的皮膚像在上戰場，咋的了，
　　咋的了，過火了，哥們，打游擊的電焊工就是這個樣；我提
　　著心，吊著膽，只為端好盤，稍息，立正，我就是小保安，
　　風裡去雨裡來，說的是快遞員，不停地穿梭在車水馬龍間，
　　臨時工，不好幹，沒有合同，沒保險，心中的夢想它何時能
　　實現；我的家鄉在湖北，常常夢裡把家回，幹的是電腦維修
　　工，勤奮努力地向前衝；俺們兩個是山東德州的，俺們兩個
　　在廠裡頭打工，俺倆有個同樣的夢想，娶個媳婦在城裡安
　　個家；我們是來自北方的姑娘，為了夢想和幸福在城市打拚，
　　擁擠的車間有我們忙碌的身影，長長的流水線有我們揮灑的汗

中心添置一套能為兩三百名工友演唱的音響設備。根據節
目規則，表演者（就其「夢想」訴求而言，他們又被稱為
「追夢人」）表演結束後，全場投票，如果達到 240 票，
則「夢想」立即兌現。如沒有達到規定的票數，追夢行動
一般即告失敗，但也有柳暗花明的時候，夢想大使周立波
可以使用反轉權，一票否決第一次的投票結果，這時，第
二次投票往往都能超過 240 票。在皮村工友的追夢行動
中，第一次得票 194，周立波使用了反轉權，第二次 289
票，「夢想」實現。節目尾聲，畫面顯示的是音響設備第
二天就由夢想助力團成員之一的北京盈郎文化有限公司運
送到了皮村。[6]

　　無論如何，就「結果」而言，看上去這應該是一個底
層民眾借助於電視的力量成功獲得幫助的個案，它「再
現」了主流媒體與資本集團合力參與慈善 / 公益[7]活動的

水，脫下了工裝換上了春裝，我們更是一道靚麗風景線。
6　視頻字幕顯示，本次夢想助力團共有三家單位，分別是金海
　　岸（全稱：杭州金海岸文化發展股份有限公司）、盈朗文化
　　（全稱：北京盈朗文化藝術有限公司）和洋河股份，嘉賓方
　　俊被譽為「中國電視舞蹈第一人」，做過多家電視台，包括
　　央視舞蹈節目的藝術總監，並有方俊文藝創作中心及方昭舞
　　蹈學校。
7　這個節目能否算公益節目，我無法確認，更多時候，它像慈
　　善行為。我理解，慈善和公益最重要的區別在於慈善是慈善
　　家的行為，而慈善家都是成功人士，因而，慈善是捐贈、賞
　　賜；但公益則是公共利益，普通民眾均可參與，甚至有一些

行為，體現的是積極意義，是「正能量」。但事實果真如此嗎？恐怕未必。在節目播出後的第二天，北京工友之家的呂途就發表了〈仗勢欺人的人肉大宴——評《中國夢想秀》第七季「打工文藝小組的夢想」〉[8]的博文，對播出節目和節目錄製過程中的一些「衝突」進行了批判和回應，博文引起了一定範圍內的討論。我將呂途博文的關鍵詞歸納為兩個：剝削和感恩。實際上，這兩個語詞正是出現在電視節目中，並造成衝突的關鍵詞。僅就這兩個關鍵詞，我們也就大體能想像錄製現場的衝突之緊張。無論如何，這是一檔娛樂節目，「感恩」和「快樂」是它的關鍵詞，從這一期節目中，可以很清楚地看到這一點[9]。「剝

人畢生投身於公益事業。

8　參看 http://blog.sina.com.cn/s/blog_78d0cea60101qzq2.html。

9　參看http://vod.kankan.com/v/61/61825/403361.shtml?id=731015。下文凡引用節目中的台詞等等，均不另注。本期節目中的另外兩組追夢人一再遭遇到周立波的追問，譬如唐山大地震的倖存者與其所救孩子的故事開始，周立波就問當事人，「這個夢想不難過吧？」第三個小節目中，「北京我的夢殘疾人藝術團」的單腿舞者同樣也被迫面對周立波這樣的語言：「（我們）不會因同情給你掌聲」。這樣對待殘疾人和倖存者是否合適是職業倫理和個人修養的問題，從這裡我們看到的是娛樂節目所要求的「快樂至上」和「娛樂至死」。這其實也是我們時代最為普遍的精神特徵，拒絕同情，拒絕沉重，給我快樂，給我輕鬆。需要說明的是，網址在互聯網產業不斷重組變化的商業化環境中，會不斷變化，

削」這一政治色彩強烈的語詞的出現徹底打破了娛樂節目的規範和氛圍。有意味的是，節目經過後期「處理」還是如期播出了。雖然經過了「處理」，但節目仍然保留了一定的完整性。

在這個製作出來的「完整」節目中，哪些內容被「處理」了，編排的順序是否有變化，依據什麼原則？這些都值得通過這個看似完整的節目進行細緻而深入的分析，而特別值得分析的是節目中的「反轉」和「翻轉」的關係。從剝削話題轉換為感恩話題的翻轉是如何完成的？反轉權的使用與話題的翻轉是什麼關係？其中所表徵的是怎樣的衝突，是同一意義空間中的意義的爭奪，還是兩種不同意義系統之間的對抗？爭奪或對抗的結果怎樣？更重要的是，這一爭奪或對抗僅僅發生在意義領域嗎？如果不是，它與社會關係乃至社會結構存在怎樣的關聯？從對這些問題的分析，我們是否可能對當代中國的大眾文化生產及傳播過程中的意識形態角力進行歸納總結，進而進一步地理論化？正是在上述意義上，我將其作為文化研究媒介分析的有效實踐對象。

包括使用關鍵詞在搜尋引擎上搜索，在不同的網站搜索的結果也會不一樣，一個電視節目在互聯網上的傳播也必然與互聯網的環境密切相關。

上電視的權利

　　看起來，與越來越多的收費電視（包括視頻網站收費）聚焦於中產階層及以上家庭／個人的營銷模式好像很不一樣，但占有市場的根本目的其實並無實質性差別的是，越來越多的電視節目打出「草根」、普通民眾的旗號，選秀類、婚介類、綜藝類，包括新聞類節目[10]，真是應有盡有，更不必說近年發展迅猛的電視購物頻道了，似乎電視的普羅時代已經到來。然而，這一期「中國夢想秀」節目中的一個看似惹人發笑的細節卻透露了其中的祕密。

　　在該段節目的後半部分，現場播放了五位工友的親人對他們說話的視頻。[11] 一位樸素的北方農村婦女，抱著一個孩子出現在畫面中，工友苑偉被周立波叫出了對列。看著畫面上的母親和孩子，苑偉始終微笑著。母親說：

---

10 收費電視的營銷模式是現在流行的 P2P 模式，而電視以「草根」為號召，則是希望將一般民眾一網打盡的意思。而我所說的新聞類節目再現普通百姓，並非新聞內容關涉百姓，而是指在新聞節目的板塊中，設置某一欄目，讓老百姓自己說話。比如央視在節目裡，通過公共空間中類似電話亭一樣的設備，邀請路人進去，對著攝像頭說話。還有一些類似街頭調查一樣的節目，最有名的是央視關於「您幸福嗎」的調查節目。

11 節目中，八位工友中的五位有相應的視頻，缺了楊詩婷、趙晨和王修財這三位的。但這些視頻並非都是電視台提前錄製，大多數是工友們請親戚朋友幫忙用手機拍攝的。

「大偉，你為家裡打工不容易，你照顧好身體，家裡爸爸媽媽很想念你，媽媽給你做不了鞋了，眼睛花了，老了，看不見了，（你）在外頭買好鞋，買著穿吧。有空就回家來嘛，孩子挺想你。」這些樸實卻飽含著深情的話打動了現場的觀眾，這是一個當代版的「慈母手中線，遊子身上衣」。我們從播出的畫面上可以看到不少觀眾在抹眼淚，他們被感動了。這當然是人之常情。但奇怪的是當事人苑偉卻一直在微笑。主持人當然不會放過這一細節和機會，於是問苑偉。苑偉說，原來，他沒有來節目之前，父母就給他打過電話，以為他被傳銷組織給騙了。此時，現場爆發出一陣笑聲，周立波也笑了。苑偉接著說，「根本都不會讓我上這兒來的，所以我就在想它是怎麼拍的呢。」全場爆發出更大的笑聲。而周立波的點評是，「你很有意思」。

這只是一個細節，但這個細節絕對不是一個「有意思」就可以了結。實際上，這八位工友能上電視，也確實經歷了一番周折[12]，而這個細節在一定程度上說原本是為了一種特定的效果，卻在無意中將電視生產的一個祕密暴露了出來。這就是上電視的權利。

在苑偉父母這樣的農民的理解中，顯然並非什麼人都能上電視；即使在一般城市市民的觀念中，恐怕也並非人

12 參看劉知遠〈虛偽的《中國夢想秀》驚醒工人一場夢〉，「四月網 / 觀點 / 經濟民生」http://opinion.m4.cn/2014-05/1232819.shtml。

人都有上電視的權利。就一般意義而言，目前各級電視
台和電視節目的門檻比二十年前已經低了很多。這既得
益於電視產業的發展，各級電視台和電視頻道的數量迅猛
提高，電視節目雖然仍不夠多樣，但畢竟為更多的人進入
電視提供了可能；這也得益於市場化的體制，市場既需要
與眾不同的看點／買點，也需要爭奪收視率／觀眾，只要
不觸碰法律和國家政治以及公共道德底線，電視的生產空
間看上去無比巨大，也正是在爭奪更多觀眾的意義上，平
民路線成為一個選擇，畢竟占社會大多數的是普通民眾，
大概也是在這個意義上，強調自由主義市場經濟，甚至更
極端的市場原教旨主義者會堅持認為市場化生產了民主，
但實際上其中隱藏的問題卻被有意無意地視而不見；這同
樣也得益於政府的政治意識形態理念，關注民生無疑是近
年官方宣傳頗多的主題。於是，一個被符號化／象徵化的
「老百姓」越來越多地成為電視的參與者，甚至主角。然
而，苑偉的話和新工人這一次在夢想秀的遭遇就告訴我
們，實際上並非如此。並不是所有的人都可以上電視，
「老百姓」這一概念在被抽象為一個集合名詞的時候，也
迅速被文化工業的媒體工業符號化／象徵化，並進一步地
被空洞化。因為像苑偉這樣的新工人，就 2014 年國家統
計局的資料，截止到 2014 年底，全國（不包括港澳台地
區）共有約 2.7 億，他們身上除了貧困和艱辛的生活經歷
外，既不具有意識形態的代表性／典型性，也沒有多少媒
體工業需要的故事。就電視娛樂而言，他們需要的是快樂

和輕鬆，是與主流意識形態相匹配的成功學案例，是與眾
不同並有看點的故事。而看點選擇的主要參照是收視率，
因為作為商品的收視率直接關係到廣告收入。

這只是上電視的權利的一個方面。在理想的狀態中，
電視作為公共空間，對所有人而言，上電視的機會應該是
平等的。但是，在當代中國基本上已經完成商業化的電視
媒介系統中，一方面，不可能因為群體數量的多寡而獲得
相應的分配比率，它有一系列明確或潛在的、必須符合的
媒介生產和再生產的條件和規定；另一方面，成為電視節
目的參加者，也有基本能力的要求，譬如表達能力就是其
中一個頗為重要的方面。換言之，當電視作為文化工業的
一種形式和一個部分的時候，必然對表達能力有要求，因
為電視的時間在這個系統中早已被轉換為金錢的數量，一
個結巴的人，一個無法把自己的想法正常表達出來的人，
無疑就是在浪費時間，而浪費時間也就是浪費金錢，除非
節目特別需要這樣的人。

從這個角度來看這個節目，我們很清楚地看到，這八
位工友，包括他們的親人，表達能力都不夠好，甚至有的
還很差，除了來自黑龍江五常、身為網媒編輯的楊詩婷
外。當年幼的姑娘有些冒失地一下子說出「剝削」這個敏
感詞，當他們面對周立波咄咄逼人的追問和霸道十足的搶
話，在現場顯然有些壓抑的氣氛中，緊張的他們就更無法
將他們的想法很好地說出來，更何況要說清楚「剝削」，
不僅僅需要經驗和感受，還需要一定的政治經濟學知識。

而常識告訴我們，表達能力與接受教育的程度和質量有關，雖然不能將其徹底普遍化，畢竟接受過高等教育的人群中，表達能力差的大有人在，這當然在很大程度上說也是因為教育體制及教育方法出了很大的問題。但就這八位工友而言，他們的表達能力普遍不夠好，無疑與其接受教育的程度和質量緊密相關。

我們當然要問他們為什麼沒有能接受必要的教育，譬如即使不讀大學，起碼也應該讀完高中。我們從畫面的字幕中了解到，來自吉林的電焊工王修財年紀最大，40 歲；楊詩婷 31 歲，來自甘肅白銀的快遞員李向陽 29 歲，組裝工苑偉 28 歲，來自河南濮陽的木匠王宇 27 歲，來自德州的軟包工李國富 26 歲，來自遼寧撫順的服裝店銷售趙晨最年輕，只有 18 歲，而來自湖北公安縣的電腦維修工林波則沒有年齡介紹，看上去應該 20 出頭。也就是說，八位工友中，一位 70 後，一位或兩位是 90 後，餘皆為 80 後。而從他們的出生地則可以看到，基本上屬於老少邊窮地區，從他們親人說話的視頻所呈現的環境，也可以判斷，他們的家境顯然都不怎麼好，甚至很糟糕，有些幾乎可以用「家徒四壁」來形容，且多是農村的場景。他們差不多在 90 年代開始讀小學，倘使家境好，自己也願意努力學習，應該能夠在 90 年代末開始的大學擴招的市場化過程中，進入大學，哪怕是很普通的大學，甚至二本三本，即使不少二本三本院校畢業的學生在畢業後就隨之失

業，成為「蟻族」[13]。但是他們沒有能走上這條路。

　　而且，這其中同樣還存在 90 年代以來日益嚴重的城鄉教育資源分配不平等的問題。一方面是城鄉教育水準的巨大差距，另一方面，卻是教育資源分配的嚴重失衡，錦上添花，再添花，卻就是很少雪中送炭。農村，特別是老少邊窮地區產生了大量的失學兒童。這從一個相反的方向也可以看到其嚴重性，那就是希望工程的實施，此外還出現了不少類似「感動中國」中救助失學兒童的白芳禮老人的「當代武訓」[14] 也從另一個側面反映了這一頗為普遍的社會現象。

　　當然，他們之中，一定有不願意讀書的，就像城市中同樣存在不願意讀書的現象一樣，但我相信他們多數應該

13　「蟻族」是描述新世紀初主要在北上廣等大城市打工漂泊的大專院校畢業生生存狀況的專有名詞，他們在公司做的是最底層的工作，拿的是最低的工資，平均月收入低於兩千元，根本買不起價格高得離奇的住房，甚至連市區月租千元以上的房子也住不起，只能租住在城中村、城邊村，甚至城郊農村。參看廉思主編《蟻族──大學畢業生聚居村實錄》，廣西師範大學出版社 2009 年第一版。

14　「當代武訓」的提法究竟始於何時，一時無從查考，據百度搜索，最著名的無疑是天津老人白芳禮，此外有山東冠縣（即武訓故里堂邑縣）的麼富江、江蘇鎮江的邵仲義、陝西藍田的李小棚、河北邢台王彥西、山東招遠的劉盛蘭等。實際上被各級／各類媒體或行政機構命名為「當代武訓」的人很多。

跟李國富一樣，因為經濟困難，因為子女多，家庭負擔
重，父母沒有能力供他們讀書。90年代中後期的中國，
改革開放已經進行了二十年，竟然還有這樣的農村貧困現
象存在？我相信一定有許多城裡人和經濟發達地區的農村
人無法理解，也無法想像。但這是事實。而之所以有人不
能理解，一個重要的原因同樣與電視有關。電視作為公共
媒體，並沒有將這些貧困的鄉村展現給觀眾，而是沿著文
化工業的發展方向，為了收視率，在眼球經濟的指導思想
引導下，致力於當代中國的歷史上前所未有的娛樂工廠的
生產。甚至可以說，鄉村從90年代以來，基本上就從當
代中國的文化生活中逐漸淡出，無論是文學，還是電影電
視，更不必說戲劇等其他文藝形式，鄉村都成為一個絕對
邊緣化的再現對象。換言之，90年代以來，文化工業化程
度日漸加劇的電視產業，參與製造了整個社會一片繁榮祥
和的幻象，並在此基礎上進一步參與生產了一種社會視野
的區隔。

　　根據經濟學家的研究，90年代的中國，一方面，農
村在實行了十多年的家庭聯產承包責任制後，原先因半私
有制而被釋放出來的生產力遭遇到農產品價格過低及政府
攤派增多等造成的壓力，特別是在鄉鎮企業不發達地區，
僅僅依靠糧食生產根本無法維持普通農村家庭的日常生
活。可是，越艱難，就越需要更多的勞動力的投入。正是
在這樣的背景中，落後地區的農村產生了大批失學兒童和
青少年。更兼家庭聯產承包責任制實施後，地方政府的基

層組織多處於渙散的無所作為的狀態，甚至為害鄉里，亂收費，硬攤派，更增加了大多數農民的生存壓力。於是，農村勞動力不得不大量外流。[15] 但農村勞動力大量外流實際上存在內外兩個動力，其一來自農村經濟落後的內部壓力，其二則是來自城市勞動力商品價格相對較高的外部吸引力。這其中主流媒體更是全面參與城市中心主義的建構和生產。但就農民大量湧入城市的內外在動因來說，媒體的作為不過是其手段而已。城市對勞動力的大量需求無疑是改革開放以來史無前例的大規模工業化的要求。90 年代以來，大陸工業化經過了以勞動密集型為主向資本密集型為主的發展過程，而這一發展的開端正與全球資本主義擴張過程中資本的大規模轉移同步，也正是在這一同步的過程中，中國成為世界工廠。同時，大規模工業化必然與城市化如影隨形。而與之形成強烈對比的正是中國農村危局的出現。這也就是「三農」問題在 90 年代末引起社會關注的根本原因。

換言之，90 年代以來，大批農民進入城市，絕對不能簡單地表述為農民要進城。這樣的表述既是非歷史的態度，更隱含著城市中心主義者對整個「三農」的歧視。正如上電視的權利一樣，農民不僅被剝奪了受教育的權利，也被剝奪了進入城市的權利。在這個意義上，大多數農民

---

15 關於 90 年代中國經濟發展的狀況，請參看溫鐵軍等著《八次危機》（東方出版社 2013 年第一版）中的有關章節。

進入城市，是內外交困的結果，是迫不得已，並不意味著進城是其主動選擇的、包涵主體性的行為。對此進行簡單地辨析是為了闡明，新工人上電視的權利不能被孤立地僅僅視為一個新工人參與主流媒體及大眾文化生產活動的權利的問題，而實在是一個整體性問題在這一點上的反映。

作為一個權力場域的電視

然而，無論如何，他們進城了，他們甚至也上電視了，帶著他們對電視的想像，帶著他們第一次上電視的喜悅、自豪和忐忑、惶恐，帶著他們的夢想，帶著他們為工友爭取一點利益的美好願望。雖然他們行前也有一點點戒備之心，但他們多半沒有想到會經歷這麼一場一言難盡的電視經驗。幾天後，他們回到了皮村，帶回的只有第一次乘飛機的新奇感的滿足，還有幾百塊錢的勞務費，此外就只剩下強烈的挫敗感。

在視頻中，本節節目結束的時候，我們看到音響設備運送到皮村的畫面，我們還聽到了這樣一段畫外音：「八位來自皮村的年輕人，通過他們的努力，成功實現了共同的夢想。我們相信夢想的力量可以穿越生活的陰霾，抵達陽光燦爛的彼岸。在節目錄製後的第二天，盈朗文化就將音響設備運送到了皮村。希望這些打工者們在勞累工作之餘，可以享受片刻的娛樂和放鬆。今後只要皮村的文藝活動需要幫助，我們一定鼎力相助。」剪輯師不失時機，

在這段視頻和畫外音結束後，特意插進了八位工友在錄製現場的集體謝辭：「感謝中國夢想秀」，「爸媽你們辛苦了。」緊接著的是現場的熱烈掌聲。很明顯，這是一個刻意製造的效果，目的就是要告訴人們，我們一諾千金，言出必行，而使用的手段則是非常現代的時空交錯。糟糕的是，這不是藝術電影，更糟糕的是，粗糙的技術穿幫了，遺憾地留下了虛偽和欺瞞的證據。

　　而且，據北京工友之家的朋友講述，送去的音響是舊的，在經過交涉後，他們後來不得不再捐贈一套全新的音響設備。設備的新舊並不僅僅關係到承諾的落實與否，更重要的是尊重，捐贈的物品不應該是嗟來之食！而有意味的是，節目的播出使這一發生在電視外的行為及補贈都成為似乎沒有多少意義的尾巴，但實質卻很好地反映了新工人群體及其文化訴求在整個社會結構和社會心理中的位置。一般意義上，電視上和電視外存在明顯的差別。上電視的人會自然有一個自我審查的心理和過程，因此，被觀瞻的形象和言行在一定程度上已經經過一次主動過濾，而在電視之外的日常生活甚至一般的社會生活中，這一主動過濾即使存在，其程度多半沒有電視上那麼嚴重，然而，問題是，夢想秀的節目性質對電視的內外形成了一種約束，換言之，電視外的行為不應該與電視內的承諾存在偏離。然而，偏離還是發生了。在這個意義上，偏離的發生也就意味著電視作為一個公共空間的約束力量沒有實現。而這也正是本文要處理的一個問題，即電視作為一個權力

場域，就「中國夢想秀」這一娛樂節目來說，究竟存在哪些力量，這些力量之間有著怎樣或隱或顯的勾連，這一權力場域對進入其中的人們帶來了什麼？同時，這樣一個各種權力角逐博弈的空間所生產出來的文化商品又給社會，更具體地說，給觀眾帶來了什麼？

這一電視內外的不同提醒我們，電視節目的生產和傳播應該被視為兩個既關聯又存在差異的空間，既因其所關聯的對象不完全相同，因而，所再現的權力關係和權力結構也不完全一樣；同時，因其方式的不同，特別是在網絡技術發達的今天，傳播過程不再僅僅局限於電視系統內部，因而給電視的受眾研究帶來了更大的複雜性。但有一點應該可以明確，權力在電視節目生產過程中的複雜性要遠大於後者。在這個意義上，我們將重心放在對生產過程的分析上。

在當代中國的電視生產系統中，其祕密既屬於商業情報，也與法規和政策有關，很多時候，局外人無從得知，也不允許外洩。然而，在通訊技術發達的今天，很多祕密不過是自欺欺人的藉口。當我們依靠電視的生產和傳播之外的渠道而知曉了現實中發生的一切，節目的結束部分給我們的印象就只有「虛假」和「虛偽」這樣的詞能夠概括。原來，電視節目的製作竟然可以如此有效地利用錄製和播出的時間差製造虛假的善行。但我們知道，所有非直播節目一般的生產方式都是如此，而當代中國電視產業近年普遍採取的製播分離體制，在很大程度上給生產者提供

了更大更自由的空間。製播分離的體制創新，目的是提高
電視節目的水準和數量，但市場化的手段及其市場化完成
後的實際結果，卻給監管帶來了阻礙，雖然監管者其實對
所要監管的內容並不十分清楚，並因此造成簡單粗暴的惡
果，更使必要的監管無法實施。在這個意義上說，恐怕不
能簡單地將這一節目中電視內外的言與行的脫節視為體制
權力缺失的後果，也不能僅僅將其歸結為電視產業的獨特
生產方式，畢竟這仍然是一個宏觀層面上的權力再現。在
我看來，對宏觀層面的權力分析必須深入到內部和細部，
進入微觀層面，方能揭示權力的核心圖式。

　　實際上，在社會生產領域，很少有完全封閉的關係／
空間，即使看似封閉的空間，也多半存在外在的作用力，
只是，外在的力量一般會在內部尋找相應的代理人。權力
在關係中生成，權力關係的生成也就意味著平等被打破
（此處的「平等」只能在抽象的、理念的意義上成立，實
際上，現實的社會關係中，真正「平等」的狀態和關係在
近三十年中越來越少，幾至絕跡）。我們可以簡單地將權
力關係表述為支配與被支配，更強化的表述則是宰制與被
宰制。權力關係的複雜程度因場域中關係層次的複雜程度
而變動。

　　因此，就具體的電視節目來說，其生產者無疑是一個
支配性的存在。但生產者必須受制於市場和政策、法規等
意識形態國家機器的監管，這兩者可能是對抗性關係，也
可能是同謀關係，抑或對抗與同謀相糾纏的關係。而生產

者與此二者的權力關係視其對兩者的認同和接受的程度不同而不同。譬如，2011 和 2013 年國家廣電總局相繼發布了加強上星電視節目管理的相關法規，被坊間稱為「限娛令」。[16] 這一噱稱反映了電視產業在市場化和意識形態國家機器雙軌之間的衝突，但相當一部分人僅僅將後者視為一種權力，而將市場想像成一個自由的、可以自我調節並自我控制的空間，實際上，號稱自由的市場最起碼必須服從資本的權力就可以清楚地看到它的不自由。而就目前中國大陸的各級電視台來說，對市場的認同明顯高於對意識形態國家機器的接受，對《中國夢想秀》這一類的娛樂節目而言，尤其如此。在一定程度上，可以說，《中國夢想秀》這一類娛樂節目的生產策略是，原則上不直接反對國家政策和法規，在節目內容的選擇和編排上，不觸碰底線，但求最低限度地滿足要求，或尋找替代性方案。但各種形式的資本的進入，使可能不那麼複雜的關係變得複雜化了。換言之，在最低限度地滿足政策法規的要求，與最大化地實現資本增殖的目的之間存在著衝突。於是，如何化解成為當前電視節目生產者的首要任務。而當這一首要任務落實到具體的節目生產環節的時候，它也就成為一個籠罩性的框架，一重權力關係，一個支配性、壓迫性的

---

16 2011 年 10 月，國家廣電總局發布《關於進一步加強電視上星綜合頻道節目管理的意見》，2013 年 10 月，發布《關於做好 2014 年電視上星綜合頻道節目編排和備案工作的通知》。

力量。

　　在這個意義上說，即使這八位工友所代表的新工人群體的表達能力都不錯，不僅能講述自己的故事，也能夠將剝削被剝削的道理說得清清楚楚，既形象又生動，他們是不是就可以在如今的電視這樣一個公共空間中擁有一席之地？答案恐怕是否定的。這並不意味著新工人不能講述／再現底層的故事，關鍵是如何講述／再現。在節目中，我們可以清楚地看到，開始的歡樂氣氛在「剝削」出場後陷入了尷尬。當然，這一點尷尬對早已熟稔於電視生產的從業人員來說，對在節目錄製現場早就遊刃有餘的周立波來說，已經不是什麼問題。但技術的熟練程度在這裡並不是決定性因素，真正起決定作用的是，誰掌握生產資料。

　　也因此，正是因為生產資料的所有權不屬於新工人，他們才不能輕易地擁有上電視的權利。權利與權力在階級社會中始終是正相關的關係。生產資料的所有者因而是這一權力場域中所有參與者進行生產的組織者，也是權力和權利的分配者。當我們明白這一點，我們就能很清楚地明瞭，為什麼夢想大使周立波在尚未進行夢想投票的時候，會「情不自禁」地要向工友和觀眾們宣布，「如果沒有超過，我也會給你們一個 surprise（驚喜）。」這裡的「我」不僅僅是周立波作為夢想大使和該節目創意總監的身分，也更清晰地指向生產資料占有者的身分。而這個驚喜就是反轉權，它是設計好的環節。在這個意義上說，反轉權就是生產資料所有者的權力，而反轉權的使用就是權

利分配的環節。於是，當工友們的表演結束，周立波迫
不及待地說，要用「夢想表決來為你們的夢想做一次診
斷」。當投票結束，果然未能達到規定票數的時候，當工
友們為未能實現夢想而哭泣的時候，周立波以他慣用的
雞湯式語言[17]，說道：「雖然你們沒有通過夢想表決，但
是，也許這是你們夢開始的地方。」很清楚，從這裡開
始，被蒙在鼓裡的八位工友基本上被完全納入預先設定好
的軌道。

反轉權當然不能在這時使用，因為預先編排好的內容
必須按照既定的邏輯發展下去。這個既定的邏輯就是要使
反轉權顯得合情合理，然而，怎樣才能讓說出了我們這個
時代一大禁忌的新工人得到他們想要的東西呢？他們必須
讓新工人在這裡實現夢想，得到恩賜，才能體現節目的正
能量，博得主管部門的認可甚至表揚，贏得更多觀眾的支
持，從而獲得節目經濟利益最大化的目的，但是，真正隱
藏在最深處的則是節目為資本集團服務的目的。更直接地

---

17 即心靈雞湯。雞湯是營養品，心靈雞湯取其比喻意，意為對
心靈有營養，通常是關於人生的哲理，關於感情的教導，關
於成功的祕訣等等溫暖、勵志類語言，也因此多出自名人。
據說，2014 年在網絡上出現一股反心靈雞湯的言論。一定
程度上與網絡語言「人艱不拆」（人生已經很艱難，就不要
拆穿了）的流行相似。實際上，此類網絡語言的流行是底層
群體長期被壓抑、失去上升可能性的徵候，也是社會結構固
化的曲折反映。

說，這些饋贈給工友的東西恰恰來自資本所攫取的剩餘價值，當被剝削者揭穿了這個祕密，他們的惱羞成怒是可以想像的，但是為了攫取更大的剩餘價值，不得不盡其所能地掩蓋並轉換話題。資本集團既然已經進入這一場域，既然要擺出公益和慈善的姿態，他們就必須，也只能大度地將遊戲進行下去。既不願意背負這一惡名，又必須以公益和慈善的高姿態心甘情願、理所應當的方式體現正能量，於是，感恩出場了。

實際上，感恩的話語是與剝削的話語相繼出場的。當毫無電視經驗的趙晨一下子說出了資本增殖的祕密的時候，故作鎮定的周立波不失時機地插科打諢了一下，還很高姿態地表揚了一下趙晨：「妹妹，這是個很好的話題。」但當趙晨進一步解釋、描述新工人們遭遇的拖欠工資等境遇的時候，周立波忍不住打斷了她，強行插話，以一種普遍人性的思路，說道，「我覺得人與人，無論是老闆還是工人，彼此要有感恩的心，你們要感謝老闆給了你們機會，老闆要感謝你們付出辛勤的勞動，所以不要輕易用『剝削』去描述大部分好的老闆。」但有意味的是，後期製作的電視節目，在這一段添加了側屏字幕：「八位不同行業的打工者，各自講述心酸從業經歷。」在這裡，字幕所起的作用是提示，也應該被視為自我廣告行為，希望觀眾不要摁遙控器，不要轉台，繼續收看本節目。但字幕的內容卻恰恰呼應了趙晨所描述的現實，這大概也是生產者始料未及的。

　　然而，重要的是周立波的話應該如何理解。老闆和工人要彼此感恩，老闆要感謝工人付出的辛勤勞動，沒有工人的辛勤勞動，也就沒有老闆財富的增長；工人要感謝老闆給了你工作的機會，老闆如果不給你工作，你就只能失業，只能更辛酸；老闆給了你工作，你因此可以養家餬口，過上好日子。於是，一個詭異的邏輯形成了一個荒唐的結論：工人是老闆養活的。即使我們不追問老闆是如何成為老闆的，而且，我們也承認工作是老闆給的，但我們決不能因此就認為工人是老闆養活的，工人靠出賣自己的勞動力養活了自己。而老闆則不然，沒有工人和工人的勞動，老闆則不能成為老闆，老闆更不可能有財富的增長。財富增殖的重要來源就是剩餘價值，剩餘價值的存在也就意味著剝削的存在。

　　我們無法在這裡就剩餘價值的問題展開進一步的討論。但有一點必須指出，剩餘價值存在在所有商品的全部商品化的過程中，包括生產過程、流通過程（包括銷售）等環節，絕不是如某些為老不尊的所謂經濟學家講的那樣，根本不存在剩餘價值。但糟糕的是此類經濟學打著科學的幌子，欺世盜名，牟取資本，其言論假借正義之名廣為傳播，更兼 90 年代以來甚囂塵上的新自由主義「雙贏」理論的大行其道，政治經濟學被日益邊緣化，資本與勞動的關係在這樣的敘述中被顛倒。於是，老闆與工人的關係被抽象化為人與人的關係，普遍人性論再次成為時代觀念的主流，支配著人們的意識和生活。而感恩的話語也

只能放置在這樣的語境中才能被普遍接受。

其實，生產者對此並非不了解，他們甚至深諳個中道理，因此他們要規定工友講述的大致方向，即他們的辛酸經歷，但他們並不知道新工人們會怎麼講述，他們恐怕也並不在意工友們究竟有怎樣心酸的經歷，他們希望的是，只要他們講述出令人感動的、不一樣的故事，反轉權才能「合情合理」地使用，才能使原本屬於娛樂性的節目也能披上宣傳正能量的外衣，才能使資本集團獲得饋贈的機會，才能使作秀取得真實的效果。因此，感動必須被詢喚出來，感恩必須被製作出來，可是，他們知道讓工友們感激老闆是不可能的，他們就只能設計出感恩父母的招數。怎麼才能做得嚴絲合縫、不留痕跡呢？特別是在方俊自告奮勇、現身說法之後，樸實的王修財仍然堅定而勇敢地站出來申述的時候，已經惱羞成怒的周立波莫名其妙地教訓起王修財來：「孩子，你有怨氣。」並更加莫名其妙地要八位工友舉手表決，他要看看究竟有幾個人同意王修財的意見。但他的盛氣凌人和工友們複雜的心理，使大多數工友沒有舉手。「怨氣」一詞值得分析。為什麼周立波對王修財所言反應如此強烈，竟要擺出一副長者的高姿態來教訓人？在我看來，這是周立波的一個近乎直覺的反應，他不僅不喜歡這樣的表達，他還直覺到了這一表達意味著什麼，但他不能直接說，你不可以這樣，於是，急中生智，他以更隱蔽更嚴厲的方式堵住了工友的嘴。你現在的處境已經很好，你應該知足，應該感恩，而不是批評不公；因

為你所批評的那個不公的體制，恰恰是「公平地」給予他們以機會和成功的體制，為什麼他們成功了，而你們沒有成功？在他們看來，一定是你還不夠努力，要不就是你命不好。你不能以你的不成功來批評那個給他們成功的體制，否則，就是你的心態不正常，心胸不夠寬廣，你的批評就是怨氣，你的心態就是仇富。怨氣說還站在了一個道德的高度譴責了對現實的批評，也因而可以清楚地看到他為現有秩序辯護的用心。

　　工友們返回皮村後專門開了一場討論會，從中我們知道，此時周立波是想取消這個節目的。在電視上，我們看不到錄製現場緊張的衝突，但剪輯在這裡還是給我們留下了想像的空間。工友們說了什麼，我們看不到，但我們看到了周立波強勢的表達：「當我們用自己的辛勤的雙手去勞動的時候，我們只知道我們的辛苦，為什麼我們不去感恩別人給我們的機會呢！」此時，現場響起熱烈的掌聲。由方俊引出的幸福的話題，經工友國富的表達，終於走上了感恩的軌道，但那並不是同一根軌道，而是不同的軌道。生產者事先準備的視頻都是工友們親人的問候和叮囑，怎麼樣讓他們的親人出場？最便捷的辦法就是在心酸經歷的講述之後，讓親人的問候撫慰、溫暖他們，也讓家庭的溫情打動現場的觀眾和電視機前的觀眾，但剝削的話題干擾了預先設定的進程，王修財們拒不接受感恩老闆給予機會的「頑固」姿態更使這一進程難以繼續，但錄製最終還是完成了，而就作為文本的節目所呈現出來的結果

看，國富的講述無疑是打破僵局的重要因素，因為這正是那個既定的軌道。

但親人們問候的視頻不能在這時播放，因為現在仍然不是反轉權使用的最佳時刻。必須在夢想表決失敗後，才能「合情合理」地使用反轉權。既然如此，也就必須保證表決的失敗。但現場畢竟有近 300 人，要控制，還要保密，顯然並不那麼容易。技術再一次出場了，通過控制投票表決的時間長短同樣可以達到目的，於是，在一些觀眾尚在猶豫的時刻，周立波宣布投票結束。這才是真正的天衣無縫。但周立波再一次地告訴我們，他要給大家一個驚喜。這個巨大的漏洞既暴露了他的顢頇和自大，也將這一電視生產的祕密昭告世人。

請注意，周立波一再強調的是，他，要給大家一個驚喜。這個驚喜就是反轉權的使用。反轉是權力的實施和結果。在現在的「中國夢想秀」節目中，只有「夢想大使」周立波一人擁有反轉權。那麼，在什麼情況下應該並且可以使用反轉權？依據什麼原則？反轉權的使用是事先安排的嗎？為什麼要設置這一特權？反轉權使用的效果如何？反轉權究竟是一種什麼權力？是單一的權力主體，還是一個權力的集合體？如果是後者，它又包含了哪些主要的構成部分？如果我們看了這個節目，就知道反轉權基本上都是預先安排好的，觀眾和節目的參與者卻被蒙在鼓裡。但就電視作為文化工業的一種，其生產者通常不是一個人，而是一個甚至數個團隊，內部也不能完全保持統一，因

此，在「中國夢想秀」節目中，我們很難判斷，究竟誰，或哪一個集團擁有最終的決定權。我們只能說，周立波作為夢想大使，作為該節目的藝術總監，一再強調他的特權，在很大程度上說，他是整個生產者權力在這一場域中的代理人。然而，他對自己所擁有的特權的強調，一方面是顯示其公平、公正和權威的形象，另一方面卻將這一權力據為己有，為個人的文化資本的積累而服務。也因此，我們在這裡既可以看到，現實中的特權模式在電視生產和傳播空間中的複製，同時，我們還看到了一個公共權力神不知鬼不覺地轉化為個人權力，更進而轉換為私有財產的過程。毫無疑問，這是當前大陸電視產業頗為普遍的現象。遺憾並且糟糕的是，這些被電視產業或相關文化工業包裝、生產出來的電視明星，卻在很多場合打著反特權的旗號。其中的諷刺意味深長，如果將其延伸到受眾層面，正如該節目中被蒙蔽的觀眾和節目參與者一樣，電視節目的受眾也被這巧妙的轉化和轉換機制所蒙蔽，為他們對特權的抨擊而喝彩，為他們點贊，殊不知，所有的喝彩和點贊除了強化其權力資本外，在其商品化的過程中已經悉數轉化為資本積累，也就是明星們的身價。

在這個意義上，也只有在這個意義上，我們才能理解節目中周立波那些誇張的表情，他的惱怒，他的作秀，他的咄咄逼人、盛氣凌人，還有他的偽裝；我們才能理解節目最後呈現給電視觀眾的那些斷點和裂痕。斷點可以通過技術處理得天衣無縫，但裂痕卻無法通過雞湯式的語言走

向和解和彌合，因為心靈雞湯是以回避社會分化所造成的階級鴻溝而採取的策略。也因此，可以說，周立波在這一場的反轉權，與其說反轉的是節目中八位工友夢想能否實現的過程，毋寧說是對現實社會關係的歪曲，以表演掩飾緊張，用設計製造幻想，以感恩掩蓋剝削，用親情遮蔽階級壓迫和階級矛盾。

在這個權力場域中，我們清楚地看到了新工人的命運，他們不僅僅是社會現實中的弱勢群體，他們更是權力關係中的弱項，處於當代中國文化工業電視產業生產線的末端，既受到來白意識形態國家機器的壓抑，更受到資本權力主導的文化工業的壓迫，他們即使不是被遺忘的，也是被實實在在邊緣化的群體。正如馬克思、恩格斯所說：「統治階級的思想在每一時代都是占統治地位的思想。這就是說，一個階級是社會上占統治地位的物質力量，同時也是社會上占統治地位的精神力量。支配著物質生產資料的階級，同時也支配著精神生產的資料，因此，那些沒有精神生產資料的人的思想，一般地是受統治階級支配的。……既然他們作為一個階級而進行統治，並且決定著某一歷史時代的整個面貌，不言而喻，他們在這個時代的一切領域中也會這樣做，就是說，他們還作為思維著的人，作為思想的生產者進行統治，他們調節著自己時代的思想的生產和分配；而這就意味著他們的思想是一個時代

的占統治地位的思想。」[18] 將生產資料劃分為物質的和精神的兩類，既是在一般意義上重申了物質與精神的關係，也更深入地表達了思想、文化、精神的生產，與其生產資料的占有之間同樣存在直接的關係這一思想，更進而言之，被壓迫者不僅僅在物質生產領域處於被壓迫的地位，在精神生產領域同樣也處於被壓迫的地位。

但他們並不是待宰的羔羊，他們有自己的主體意識。他們之選擇來「中國夢想秀」，就不單單是為了一套音響，他們也希望借助於主流媒體，能夠將他們創造的新文化傳播出去，即使他們僅僅只為了一套音響，但客觀效果已經超出了這個簡單的目的。雖然是因為冒失而說出的「剝削」，卻意外地有了與主流媒體和主流價值觀面對面鬥爭的經驗，其結果雖然並不理想，甚至可以說是一次失敗的戰鬥，但正如道出了皇帝新衣的真相的孩子，天真而勇敢。

新工人、新文化的困境和未來

斯圖亞特・霍爾從電視的生產和傳播過程中提煉出兩

---

18 馬克思、恩格斯《費爾巴哈——唯物主義觀點和唯心主義觀點的對立（德意志意識形態）第一卷第一章》，《馬克思恩格斯選集》第一卷第 52 頁，中共中央馬克思、恩格斯、列寧、史達林著作編譯局編，人民出版社 1972 年版。

個重要的環節：「編碼」和「解碼」，電視生產者將他們
要表達的意義以一套專業化的知識和技術編織進一系列的
符碼中，而受眾的接受過程就是一個解碼的過程；但解碼
所產生的意義之和並不完全等於編碼時放進去的全部意
義。霍爾在對理論闡述後區分了三種不同的編碼—解碼方
式：主導—霸權式、協調式和對抗式。[19]

在這一期的夢想秀節目中，新工人的出場使這一原本
被生產者完全操縱的生產過程發生了變化，它不再是完全
主導—霸權式的生產方式，而不得不採取協調，或協商的
方式展開。這一點顯然與其他各期不同，這個節目的絕大
多數參與者在這一權力場域中，多半是配合的、認同的、
服從的，既因為這一場域權力集團的強勢，也因為參與者
多半已經被主流文化的價值觀所同化，甚至也可以說，因
為認同才會去參加節目。但是，在一定程度上說，這期節
目中的八位工友有不那麼一樣的價值觀。他們唱的是非主
流的、他們自己創作的音樂，他們也並不覺得自己低人一
等，「我們進城來打工，挺起胸膛把活幹，誰也不比誰高
貴」，他們有的「想學身技術，回家辦個廠，帶動俺們的
家鄉更加富強」，有的要「娶個媳婦在城裡安個家」，這
些夢想當然有與主流一致的地方，但更多的是其中蘊涵著

---

19 參看〈編碼，解碼〉，斯圖亞特‧霍爾撰，文收《文化研究
讀本》，羅鋼、劉象愚主編，中國社會科學出版社，2000
年第一版。

的尊嚴和平等意識，更重要的是，他們看到了這個時代普遍存在的人剝削人的現象，可他們並沒有像周立波說的那樣，有什麼怨氣，而是在自強自立之外，希望為被壓迫的新工人群體做一點力所能及的事情，希望依靠團結的力量維護勞動和勞動者失去的、被剝奪的尊嚴，而並不是個人的成功。如果說，他們因為說出了剝削是這個時代成功的祕密就是有怨氣，那麼馬克思的《資本論》就是最富怨氣的不朽之作，出身資本家階級的年輕的恩格斯所著的《英國工人階級狀況》，就是為英國工人階級發出的最真實也最強烈的怨氣。這不是怨氣，恰恰相反，成功者將對取之無道的批判視為仇富心態，這才是真正的怨氣。他們不允許被剝削者揭穿真相，他們還要繼續偽裝下去，繼續蒙蔽下去，繼續他們的財富積累，繼續維持這不平等的社會。

電視節目是意義的生產者，電視因而是一個意義生產的空間，娛樂節目也不例外。很多時候，意義的生產和再生產在電視的生產和傳播中走在生產者設置的軌道上，然而，在這一期節目中，新工人及其親人的出場雖然未能在其中創造一個足以與其對話的意義空間，但是他們還是依靠親身的經歷和樸素的認識，在這個既定的空間中展開了一場意義的爭奪戰。

感恩的環節如同反轉權的使用一樣，都是事先設計、安排好的。親人的視頻和新工人們的自述確實感動了現場的觀眾，和電視機前的觀眾。親情牌是近年來主流意識形態，包括消費主義和治理策略所生產出來的一個有

效手段，但其核心的價值觀仍然是個人主義和成功學。有論者一語道破天機：「如果懂得如何對窮人的眼淚進行有效的營銷和包裝，資本主義殘酷行為的力量將從中獲益……」[20] 在這個意義上，親情牌，也就是通常所說的「煽情」就正是服務於資本主義生產方式的手段，因此，這些真假難辯的眼淚，說到底，不過是資產階級人道主義的溫情。當節目嘉賓方俊現身說法，告訴工友，也告訴大家，他當年如何在賣水果之外堅持夢想——舞蹈練習，抓住很不容易得來的一次上台的機會，終於有了今天的成就的時候，我們在電視上看到，方俊被他自己敘述的成功故事打動了。因為他自己的成功，不僅有自己的公司和學校，還可以經常作為嘉賓和裁判出現在電視上，他也因此就擁有了現身說法的資本，他忍不住不假思索地說，「你們太幸福了」。這時，他和台上所有的觀眾一樣，也還沒有看到工友們親人的視頻。然而，一方面，他忘記了自己成功的關鍵是伴隨著全面市場化進程而展開的文化工業的興起，他也忘記了時代不同了的老話，更重要的是，他忽視了工友們的夢想與他當年個人奮鬥的夢想完全不搭界，對八位工友來說，他們並不是要通過這一次的上電視為自己積攢文化資本，並由此獲得未來個人的成功。方俊的話

---

20 這是彼得・麥克拉倫為保羅・弗萊雷偉大的《被壓迫者教育學》所寫的「修訂版前言」中的話。《被壓迫者教育學》「修訂版前言」第 41 頁，華東師大出版社 2014 年第二版。

中甚至還包涵著這樣的意味，我努力了，我奮鬥了，於是我成功了，你們沒有成功，是因為你們還不夠努力。也許王修財敏感地意識到了這其中的問題，也許他仍然是為了回應關於剝削的討論，總之，他試圖以協商的方式進一步地強調剝削的存在。

　　雖然親人們的視頻不是由於工友們對剝削的認識而不願對老闆表示感恩才拍攝的，雖然這仍然是電視生產者根據主流意識形態的立場而預先設定的，但觀眾們畢竟確實被打動了，他們的眼淚是真誠的，一如工友們的眼淚一樣。但不同的是，觀眾們多半應該是居住在杭州的城裡人，即使是新城市人[21]，也與八位工友的生存狀況不盡相同，視頻中工友們家鄉的經濟落後和家中的貧困狀況一定使他們震驚了，而對工友來說，那就是他們的家，就是他們的親人，就是他們原來的生活世界，他們就是從這裡走進城市的，他們不會震驚於那簡陋的居住條件和儉樸的生活環境。當電視將這些畫面呈現在城市人眼前的時候，巨大的落差喚起了人性中最樸素的同情和憐憫，他們流淚

---

21 這裡所說的「新城市人」，譬如新上海人，新北京人等等，是指 70 年代末以來，通過高考進入城市的人，也有一部分是依靠市場化的力量，比如 90 年代後期以來城市房地產市場吸納小城鎮和農村資本而獲准進入大中城市的人，他們擁有該城市的居民戶口，享有相應的社會保障，也有相對比較穩定的工作和收入。也就是說，新城市人不包括新工人，也不包括近年來日益增多的知識勞工，他們未獲得該城市戶籍。

了，他們為這些受苦的人而流淚。而這些受苦人的淚水則是感恩的淚水，是對他們親人的感激。當前者在節目散場後，他們抹掉眼淚，又重新回到消費主義的時空中，繼續他們中產或夢想中產的生活；但工友們卻只能回到他們的工廠中，站到他們的工位上，繼續掙扎在為生存而戰的現實中。因此，他們感恩的對象絕非「賜予」他們工作的人，而他們對感恩的理解也顯然不是電視生產者所希望的內涵。一位在網上看了視頻的網友說的好：「難道你們就覺得農民就應該待在山裡嗎？他們有權利選擇他們的生活，為什麼說要反哺？因為社會欠農民太多，要說到感恩，最應該感謝的是他們，時（是）他們的辛勤勞動給這個社會提供的（了）最基礎的生活保障，沒有他們就沒有發展，現在發展起來了卻忘了他們，當他們（的）權利得不到保障，有怨氣時，你們卻搬出所謂的『感恩』，而最應該感恩的卻是你們。」[22] 在這個意義上，感恩環節的設計，既是為了推卸責任，你們的貧困與我無關，也是為了感動人，為了賺取眼淚，還是為了轉移剝削的話題，擺脫難以自圓其說的困境，同樣也包涵著縫合階級裂隙，甚至鴻溝，彌合階級對立和衝突的技術訴求，但同時，我們也

---

22 參看優酷視頻的評論頁 http://v.youku.com/v_show/id_XNzE2MTgyMzc2.html?from=s1.8-1-1.1。上引文字為網名「含笑66167152」的評論，因仍然不斷有網友追加評論，該網友評論的網頁地址會有變化。引文中手誤標示在括弧中。

應該看到，也源於他們對新工人這一群體的刻板印象，以及對家庭這一主流意識形態的認同，而之所以形成這一刻板印象，根本的原因既在於城鄉和階級之間的鴻溝，也因為時代嚴重的非歷史化現象。即使我們不回溯更久遠的歷史，僅僅就三十多年來中國的經濟發展事實而言，網友所云基本不錯。然而，這個事實恰恰被許多人遺忘，或不願意正視。

雖然親人們說的都是勉勵、安慰的話，大多也都是好好幹，不必掛念家裡，可是向陽母親的一番話，卻說出了成功學絕對不會在意的內容，她說，「好好在城裡頭打工啊，不管做什麼事兒都要誠實啊，人誠實才能幹的（得）好事情，老實，誠實……」視頻是向陽的姐姐幾經周折，託人用手機拍下的。無論是國家和社會層面，還是家庭和個人層面，發展主義都算得上這個時代支配性的意識形態，所謂「發展是硬道理」，但國家層面尚有國際政治經濟格局和地緣政治等因素的壓力，而個人的發展主義一旦內在化為全部生活的動力，則完全蛻變為叢林法則，老實、誠實這樣的品德不可能有立足之地，勢必被掃進垃圾堆。然而，恰恰是這些被拋棄的價值觀才是一個好社會的必要條件。如果老闆人人都誠實地將他們的利潤，以及如何獲得利潤的方法都公布出來，如果老闆人人都不以剩餘價值的攫取為生產的目的，而能夠主動地為工人提供必要的生活資料，如果老闆人人都能給工人以尊嚴，而不是只把他們當成抽象的勞動力，甚至勞動的機器，工人還會

有怨氣嗎？我知道，這是痴人說夢，資本的天性絕不是這樣，而是相反。但這還不是最重要的，重要的是資本可憎的面目被資本主導的文化工業裝點、打扮得一如我們每個人的夢中情人，它只讓我們看到能夠看到的，那些不能看到的早已被他們嚴嚴實實地掩蓋了起來，並且生產出一套又一套動聽的說辭，讓我們相信。正是在這個意義上，我們才能理解網友們自發地為老闆們辯護的行為。[23]

同時，親人們的視頻無疑是真實的，你看他們面對著鏡頭，無論是手機鏡頭，還是攝像機鏡頭，他們都以最樸實的面目示人，沒有矯揉造作，沒有誇張白憐，老人的慈祥，孩子的害羞，就像我們在農村見到的任何一個老人和孩子一樣。工友們大多也是如此，如果說他們的演唱因經過主辦方排練而顯示出一種不熟練的舞台氣，他們說話時身體的姿態和語言的表達，就多是自自然然，實實在在的日常生活的面貌，是真正老百姓，普通人的形象。然而，他們是道具，就如親人們的視頻一樣，在這個舞台上，他們是為了完成他們即將得到的「施捨」而設計的道具，是為了體現節目的「正能量」，也為了以他們為對象繼續建構這個「正能量」而編排的道具。但他們是活的「道具」，是醒著的生命。他們的拒絕，他們的眼淚，甚至他們的迎合，都是他們在這個作秀的舞台上自覺的自我意

---

23 參看優酷視頻的評論頁 http://v.youku.com/v_show/id_XNzE 2MTgyMzc2.html?from=s1.8-1-1.1。

識。然而，他們也還是被當作了「道具」。

這就是困境，萬物商品化的商品生產與保證商品生產繼續擴大的消費行為之間構成了資本主義在日常生活領域的一個結構，這一結構化的力量改變了很多東西，包括權力、意義、觀念、生活方式、社會關係乃至社會結構，換言之，它改變了我們的文化，改變了我們的世界觀、人生觀和價值觀。

困境永遠存在，但危機中隱伏著生機。這是困境與生機的辯證法。既然現實都不允許電視生產者製造出工人感恩老闆的謊言，而八位工友的協商式參與雖然不能代表整個新工人階級，但畢竟有了清晰的主體意識，更重要的是，雖然他們的表達還不是很好，但畢竟已經無需代言，他們已經具備了自我表達的意識，也已經基本掌握了自我表達的方法。從另一個方面來說，他們所演唱的《打工者之歌》就完全出自十來年前和他們一樣的新工人之手，而不是文化工業的製造，而從北京工友之家以及新工人藝術團近年來在經濟、教育、文化等領域的諸多實踐看，他們已經在探索反抗資本主義的方式，創造自己的文化。

雖然新工人創造的新文化與新工人一樣，仍然處在被壓抑的、邊緣的位置，主流也並沒有為它留下相應的空間，但新工人們早就看清了現實，他們要「自己搭台，自己唱戲」，更何況，網絡上的跟帖足以證明新的力量正在孕育中，戴維·哈維期待的「通過日常生活的共同關係產

生的大眾文化」[24] 已經被創造出來，並將有更多的創造。

但是，必須客觀地說，新文化的未來較之新工人艱難的處境而言，必然更加艱難。當物質生產資料和精神生產資料幾乎完全被利益的精英集團所占有的時候，哈維所說的共同關係的生產雖然並非不可能，但毫無疑問是困難的。一方面，必須與之展開有力的爭奪戰。葛蘭西也許沒有想到，二十世紀以來，特別是後工業時代的資本主義文化工業會有如此迅猛的發展，文化工業的商品，無論是音像製品，還是印刷電子產品，乃至其在日常生活消費領域的強勁滲透，包括建築空間，幾乎占領了我們全部的生活世界，共同文化的陣地是否存在已經成為一個日益嚴峻的現實問題，在這個意義上，首先必須進行的就不可能是陣地戰，而是陣地的爭奪戰。在爭奪陣地的同時，利用已有的陣地，進行阻擊同樣也是必須的。就如上文引用網絡上網友的文字所表明的那樣，網絡空間當然是資本和權力主導的世界，它製造了一個看似自由表達的空間，但不能不說，在這個空間中自由表達的可能確實存在，然而整體上又是被掌控的。因而，在這個逼仄空間中的爭奪會異常艱苦和困難。另一方面，必須創造新的空間，新的陣地，新的形式，重建共同世界。正如雷蒙‧威廉斯所說：「工人

24　《叛逆的城市──從城市權利到城市革命》，第 113 頁，
　　［美］戴維‧哈維著，葉齊茂、倪曉暉譯，商務印書館 2014
　　年第一版。

階級運動中，雖然那緊握的拳頭是一個必要的象徵符號，但握緊拳頭並不意味著不能攤開雙手，伸出十指，去發現並塑造一個全新的現實世界。」[25] 握緊拳頭是在戰鬥的時刻，伸出十指是創造的時刻。必須重新通過講述一個實際存在但被資本主義的政治經濟及文化工業肢解為原子化的「共同關係」，在共同關係中重建一個共同世界，在這個意義上，我們需要探討晚期資本主義條件下階級動員和社會動員的可能和新的形式。

2015 年國慶日於滬上美蘭湖

2016 年 4 月 21 日改定

25　《文化與社會 1780-1950》，第 345 頁，[英] 雷蒙·威廉斯著，高曉玲譯，吉林出版集團有限責任公司，2011 年。

一位掙扎在死亡線上的工傷工友在新媒體時代的遭遇 [1]

一

　　我不認識這位工傷工友胡鳳超，但我「認識」他得的病：再生障礙性貧血（簡稱再障），極其兇險，一旦遭遇，基本上難逃魔爪。一年多前去世的建築工人老賈得的也是這個病（詳見拙作〈薄奠〉）。胡鳳超從 6 月初確診復發以來，一直在醫院裡期待著，等待著。期盼，甚至乞求著社會的關注；等待奇蹟的出現，但同時，他心裡也很清楚，他還在等待著死神的降臨，死神的君臨，甚至是惠顧、召見之時，就是他的痛苦解脫的時刻，也是他年逾古稀的父親解放之日，是他新婚不久的妻子擺脫痛苦的時辰到來之時，更是他債務的終結時刻。

　　這一刻終於來了。小葉告訴我，7 月 23 日下午 4 點多，胡鳳超走了，一個年僅 32 歲的生命在病痛中走完了他全部的人生。

　　胡鳳超的故事是小葉告訴我的。小葉在蘇州一個城中

1　本文首發於「保馬」，感謝羅崗兄和「保馬」諸君。

村的公益機構工作，主要為工傷工友提供免費的法律諮詢服務。7 月 5 日，他給我發來一篇待推送的文章〈新工人患職業性苯中毒，網上求助……〉，徵求我的意見，大概也是希望我廣為傳播，以此獲得一點捐助，為文章中的苯中毒職業病患者胡鳳超減輕一點負擔。第二天文章發表了，到 7 月 26 日截止，閱讀 / 點擊量共計 462，一共獲得打賞金 438 元（其中有我的 200，小葉說太多了，倒不是真的嫌多，大概還是覺得我與胡鳳超素昧平生，再說也不是正式的募捐），小葉給胡鳳超妻子匯去 500 元。然而，這一點點錢相對於胡鳳超每天過萬元的醫療費，連杯水車薪也算不上。

據小葉從胡鳳超的妻子那裡得到的消息（通過微信），胡鳳超那時候雖然仍在醫院中接受治療，但實際上幾乎所有的身體機能都在衰竭中，連呼吸也越來越困難。胡鳳超得的不僅僅是再生障礙性貧血，而且是這個類型中最兇惡的「重型再障」。2012 年經大連市醫院鑒定為職業病。而這一次是復發，比第一次更嚴重。

今年 6 月 6 日，胡鳳超在微博上發出「堅強的活著」的博文，簡單地講述了自己的病情和生活狀況，並通過 @ 的方式向社會求助（詳見新浪微博「職業病人胡鳳超」的微博）。之後，治療中的胡鳳超一直通過發微博，@ 名人和媒體，以及相關機構，希望有人伸出援手。後來的一個多月裡，據筆者與胡鳳超微博私信，沒有任何一個媒體，更沒有任何一個名人聯繫過他。

　　但就在胡鳳超辭世前幾天，突然有兩三家媒體相繼報導了胡鳳超的事情。先是 7 月 19 日騰訊新聞的「遼瀋晚報——聊瀋客戶端」編發了題為「鞍山帥氣小夥罕見血液病 / 想捐獻遺體和器官」的文章。該報導在騰訊新聞截止到 7 月 27 日有 98 條評論，絕大多數都是網友們鼓勵的話。翌日，《遼瀋晚報》數字報發表題為「結婚兩個月舊病復發 / 他決定捐獻全身器官和遺體」的報導，「鞍鋼郭明義」公眾號同日推送該報導，次日《遼瀋晚報》推送同題微信。7 月 22 日，《遼瀋晚報》及騰訊新聞——聊瀋客戶端和東北新聞網發表胡鳳超簽訂捐獻遺體和器官的證書話題的報導和後續報導，騰訊新聞和《遼瀋晚報》的標題是「病重小夥登記捐遺：這下心裡踏實了」，東北新聞網的標題不過是將「捐遺」的縮寫補齊為「捐獻遺體和器官」。三則報導均無法查看閱讀量。

　　據《遼瀋晚報》報導，這一次是胡鳳超主動打電話給媒體。實際上，胡鳳超早在 6 月 8 日的微博上就已經表達了這個意願，並 @ 主流媒體和「中國人體器官捐獻者聯盟」的官方微博，然而，僅有 6 人次轉發，且均為個人。而自他 6 日發布復發的微博，一直到 7 月 23 日停止呼吸，共發布微博近四十條，轉發量合計 148 人次。這個數字，放在新浪微博 3.4 億月活躍用戶中，完全可以忽略不計。即使是他置頂的 7 月 6 日的「一個再生障礙性貧血職業病工人的故事」也只有 31 人次的轉發量。

　　還有一件與新媒體有關的事情是，6 月 4 日，已經在

大連市解放軍 210 醫院就診的胡鳳超在「輕鬆籌」發起募捐活動，署名是「一個職業病人在死亡線上的最後一次呼喊」。活動募集目標 20 萬元，用於骨髓移植，差不多一個月後，該項目結束，共有 554 人參與捐款，募得 19130元，完成率 9%。

二

從胡鳳超的微博中，我們大抵可以知道這樣一些信息。

胡鳳超，1985 年 1 月出生於遼寧省鞍山市台安縣西佛古家村，父親胡玉香，今年 71 歲了，母親已於 2001 年病故。因家貧，四兄弟中最小的胡玉香一直未能娶妻，直到 80 年代初，人販子將已經在四川成家的胡鳳超母親騙賣到胡家，已經三十多歲的胡玉香才終於成了家，也才有了胡鳳超。但據鳳超說，被拐賣後母親並沒有多少反抗，而她的身體原先就不很健康，之後又患糖尿病，生活的艱辛和對家鄉、親人的思念，使她早早地就撒手人寰，留給已經漸入老境的丈夫和年幼的兒子因治病欠下的大筆債務。為了養家，為了給母親治病，年幼的胡鳳超不得不在初中階段就輟學打工，承擔起沉重的生活重擔。母親去世後，胡鳳超和父親相依為命，辛辛苦苦，奮鬥五年後，終於還清了欠債，他開始為他自己和父親的養老而努力工作。2010年 3 月，他經朋友介紹，到遼寧省大連市中國華錄松下電子信息有限公司（中日合資企業）工作。他被分配在塗裝

課，「就是把塑膠零部件噴塗幾層油漆，變成成品的零部件」（2017.6.28）。也正是這個塗料使胡鳳超苯中毒，成為又一個再生障礙性貧血的患者。但初中都沒有畢業的胡鳳超並不知道塗料中含有在不久的將來致他於死地的苯這個超強殺手，當然，他也沒有被告知，還是當然，工廠在環境檢測中同樣是達標的，否則胡鳳超就不可能因此而中毒。他說：「松下給我們做了 15 天的入場前培訓，我表現的（得）特別好（，）所以分到了一個特殊的崗位——塗裝課，班長和我們聊天時說這個課活多、工資高，當時我並不知道這是個有毒有害的工作環境，也沒有人和我說過這樣的工作對身體有什麼害處。只知道工資高多賺點錢好回老家娶媳婦孝順老爸。」（2013.10.10）經歷過貧困的人，我相信都應該完全理解胡鳳超當時的選擇。但要緊的是，按照胡鳳超的敘述，去塗裝課，竟然被企業管理者當作一種獎勵，然而，胡鳳超為這個獎勵，為這個高工資付出的代價是他的生命。

但工廠顯然是知道這一切的。華錄松下公司每年都會給員工安排一次體檢。第一年檢查，胡鳳超沒事，第二年年底體檢，胡鳳超就被查出「三系減少」，建議到血液專科進一步檢查。經大連醫大二院骨髓穿刺，確診為再障。大連醫大二院的三個月治療均告無效，胡鳳超通過微博認識了天津義工聯盟的志願者，經他們介紹，徵得公司同意後，胡鳳超轉院到天津的血液病研究院治療，公司一次性給付 30 萬元醫療費。於是，住院治療，服藥，再檢查，

終於在 2013 年 7 月，血象指標基本正常，同意出院。但仍然必須繼續服藥，且要持續三年，每年骨穿複查。至 2016 年 10 月停藥，期間醫藥費均由原工作單位承擔，且一直享受職業病的工傷保險等社保待遇。已過花甲之年的父親自然是始終陪護在側，他是唯一的親人，而這令過早嘗盡了生計之艱難的胡鳳超心中愧疚不已。

2016 年 11 月，胡鳳超遇到了他現在的妻子。在見面的第一天，他就毫無隱瞞地告訴了她自己的病史，但她並沒有離他而去，善良的她希望自己能夠補償他未能獲得滿足的母愛。兩人於 2017 年 5 月登記結婚，並商定了辦酒席的時間。然而，不久後，胡鳳超發現身上生出紅色的血點，於是再度住院，並被確診為再障復發，並伴有肺部嚴重感染等併發症。

對死亡的恐懼，對尚未開始的家庭生活的嚮往，和對老父親的擔憂，使他焦慮、不安，他一次次地用幾乎是他唯一的渠道，在微博上 @ 央視新聞、CCTV 等著我及該欄目組主持人，以及遼寧的地方媒體，還有一些他喜歡的熱心公益的演員，及他知道的一些公益機構。但這一次，他就沒有上次那麼幸運了。原因當然有很多，但其中一個很重要的原因是媒體方式和媒體環境的變化，更直接地說，就是在普通人的日常交往和社會交往中，微信取代了微博，成為使用最多的媒體形式。

三

2013 年底，基本恢復了的胡鳳超準備去職業病防治中心交報告，進行職業病診斷。他在微博上也表達了對未來的憂慮：「骨髓增生還是極度低下，造血細胞缺乏醫生說如果不能堅持吃藥還是有可能脫不開輸血的可能。」（2013.12.1）但從他的文字和使用的表情圖，還是可以看到，他的情緒已經不再是治療時期常常表露出的焦慮、悲觀和對父親的愧疚，甚至，即使是這樣的時候，他還會在微博上開導、安慰、鼓勵那些陷入困頓中的人們（2013.3.23），在感恩節的時候，他會向關心他的人、向社會表達他的感激之情，他也堅定地「相信這個世界會有愛的」（2013.2.22），可以肯定地說，他的生活態度基本上是積極的，樂觀向上的。他是個善良的年輕人。而素未謀面的熱心網友和公益機構及其志願者也確實給予他關懷和照顧，有網友看到他發的父親給他泡速食麵的帖子和照片時，會熱情地說：「等你來天津了，給你帶好吃的。不讓你天天吃泡麵。」（2013.2.21）然而，四年後的胡鳳超已經不可能在微博上遭遇這樣善良而熱心的陌生人，因為媒體的環境已經徹底改變。

2013 年正是移動互聯網快速發展的一年，在整體高速發展的狀況中，微信明顯高於微博。據中國互聯網絡信息中心發布的《2013 年中國社交類應用用戶行為研究報告》，「即時通信在整體網民中的覆蓋率達到了 86.9%，

其中微信覆蓋率為 61.9%；社交網站（包括 QQ 空間）覆蓋率為 60.7%；微博覆蓋率為 55.4%。」當時的移動互聯網還被稱為「即時通信」。據統計，「網民在微信上使用較多的內容分別為文字聊天、語音聊天」，「從社交關係的強弱來看，微信的連絡人更傾向於強關係，其次為社交網站，最後為微博。……微博的弱關係體現在：現實生活中的朋友、同學等強關係連絡人出現比例遠低於微信和社交網站，而明星、陌生人等極弱關係連絡人出現的比例又較高。」而根據 2014 年初發表的《中國互聯網絡發展狀況統訐報告》，2013 年的整體狀況是，「網民規模達 6.18 億……手機網民規模達 5 億」，調查得出的結論之一是「中國網民規模增長空間有限，手機上網依然是網民規模增長的主要動力」。

　　胡鳳超就是 5 億手機網民中的一個，微博顯示他那時使用的是華為榮耀。這裡的強關係和弱關係，正是上文所說的「普通人的日常交往和社會交往」關係的強弱變化。也就是說，雖然，微信的覆蓋率早在 2013 年的時候就已經超過微博，但其主要功能則是既有朋友圈的交流、溝通（參看圖一），微博所具有的公共性明顯是微信所不及的，即使這一公共性也在很大程度上受制於運營的資本化原則及其所屬企業的私有化屬性，可它畢竟提供了一個遠大於基於手機通訊錄的社會關係，這一社會關係也在一定程度上打破了階層固化所帶來的限制。我絕不是要美化、誇大微博這一新媒體對愈益嚴重的階級分化所具有的消解

作用，更不是要將微博這一建立在新自由主義體制中的私有化的新媒體看成政治解放和民主化的輿論空間，但胡鳳超在 2013 年通過微博的發布、傳播而能夠得到及時治療卻是不爭的事實，這一事實證明了基於移動互聯網技術的社交新媒體畢竟為社會提供了一定限度的公共空間，也為需要救助的原子化的個人或家庭提供了一個可能的渠道。實際上，80 年代後期一直到現在，國家／政府的基層組織（農村的村委會和城市的居委會以及國有或集體所有的單位）有相當一部分基本上已經名存實亡，它們多半已經被自上而下的體制化的力量和自由市場的力量所瓦解。對即使有一般社會保障的新工人個人或家庭來說，常常在遭遇災難的時候，依靠既有的家庭關係也無法解決困難的時

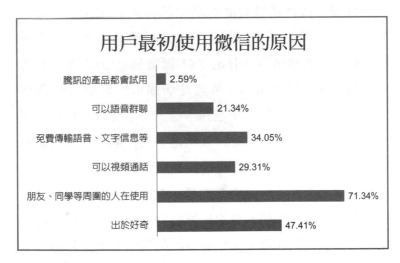

圖一：來自網絡

候，只能向社會求助，而其手段也只能是新媒體。這其實也是這些年廣泛得到使用的眾籌形式普及的重要原因。

　　至 2016 年底，「網民規模達 7.31 億……手機網民規模達 6.95 億……手機網民占比達 95.1%，增速連續三年超過 10%」，「移動互聯網與線下經濟聯繫日益緊密，並推動消費模式向資源共享化、設備智能化和場景多元化發展。」（《第 39 次中國互聯網絡發展狀況統計報告》）一句「線下經濟聯繫日益緊密」已經頗為充分地說明了經濟聯繫是移動互聯網的主要功能，然而，人與人之間並不只有經濟聯繫，但資本和由資本支持的技術卻將經濟聯繫作為技術開發的主要目標，而將傳播的本意──人與人之間的溝通、交流以及意義的傳播和符號的交換──棄之一旁。正因為此，新浪微博才能在社交領域的重要性被微信取代後，成功通過徹底商品化的方式實現扭虧為盈。2017 年新浪第一季度財報顯示，「微博的月活躍用戶數（MAUs）從 2016 年 3 月的 2.61 億增長至 2017 年 3 月的 3.40 億，同比增長 30%。微博月活躍用戶數中 91% 為移動端用戶。……廣告業務毛利率的上升主要得益於微博廣告客戶的旺盛廣告需求，以及微博和門戶業務成本結構的進一步優化。」微博可以通過支付寶等付費方式進行推廣無疑就是其廣告收入的重要來源。微博在今天的主要功能已經不再是三四年前的表達和傳播的功能。胡鳳超在微博上的求助如泥牛入海也就是必然的結果，這個結果造成了胡鳳超的死。

四

　　還是讓我們來看看胡鳳超生命最後的四十七天裡的新媒體「生活」吧。雖然這很殘酷，但今天的人心已經足夠硬，硬到足以不被一般的殘酷影響食欲、性欲、物欲和權力欲，甚至從消費的角度來說，更強烈的殘酷才能滿足日益增長的抵抗力和窺視欲。

　　6 月 6 號，胡鳳超繼 2013 年基本治癒再障後因復發再次發微博向社會伸出求助之手。這一天他發了兩條微博，一條就是上文所說的「堅強的活著」，另一條是轉發「大連骨髓移植—BMT」發布的關於郭明義愛心團隊「聯手『大連醫科大學附屬第二醫院』募集資金，捐助重症血液病女孩接受造血幹細胞移植」的微博，他 @ 了「鞍鋼郭明義」。而第一條，他簡單地介紹了自己的病史和復發的現狀，但這次沒有提及父親，而是敘述了他的愛情成果，並特別添加了五張他與新婚妻子親昵、幸福的照片。最後說：「希望今天看到這篇微博的請您轉發留言，我需要骨髓移植，我想活著！ @ 半島紀永江　@ 大連晚報熱線 84323110　@ 大連說　@ 新聞大連　跪求各位媒體能了解我的事情。」

　　6 月 8 號的微博見下圖二：

职业病人胡凤超 📷
6-8 17:19 来自 Android客户端

【我来过，我爱过，爸爸对不起】如果有一
天我真的不在了，我想让我的眼睛，心脏，
肾，肝，等等有用器官留在这个世界，让世
界知道我来过，让我眼睛继续看见这个美好
的世界，爸爸我敢告诉你我病又复发了，可
恨的病魔又在我身体里复制，这几天高烧不
退，我恐怕挺不过去了，爸爸剩下您一个人
我真的对不起，孩儿不孝，愿来世再做您的
儿女！请各单位扩散📧有需要器官的请留言
下方🙏遗体遗体献给医学研究@央视新闻 @
新北方官方微博 @鞍山日报 @鞍钢郭明义
@澎湃新闻 @央视新闻调查 @半岛纪永江
@沈阳晚报 @辽沈晚报 @辽视第一时间 @
中国人体器官捐献者联盟

圖二　胡鳳超的微博

　　我之所以特別將這條微博截圖，既是為了證明微博實
際上已經成為商業廣告的主要形式，對很多設立了官方微
博的媒體、機構以及其中的個人來說，微博已經不是他們
獲取信息的主要渠道，甚至就是聾子的耳朵，只是一個擺
設，有些雖然還在進行日常的更新，但基本是形式主義化
的。也就是說，微博作為信息傳播的概念基本喪失了，此
其一；其二，如果上述結論有誤，另一種可能是胡鳳超這
樣的信息對這些媒體和機構而言，已經沒有價值，因為這
樣的事情每天都會發生很多起，即使是捐獻遺體和器官，
而這也是最可怕的；第三，這也證明了後來報導該事件的
《遼瀋晚報》所言不虛。而他之所以在生命的最後時刻要

打電話主動約請媒體，非常重要的原因是他一直沒有等到主動聯繫他的媒體，也許他已經預感到時日不多，對生的渴望與對死的恐懼緊緊地抓住了他，對曾經給予他關懷的社會的感激和對老父親即將面對的孤苦的歉疚、不安、焦慮激烈地撞擊著他其實已經不堪一擊的脆弱的心理。我難以想像 32 歲的胡鳳超躺在病床上的內心世界是怎樣一種激烈的糾纏，我也難以想像看上去文質彬彬的小夥子如何承受這樣的衝擊，我更無法想像他獨自面對死亡的每一分鐘裡所忍受的煎熬，最讓人心碎的是，始終陪在他身邊的年逾古稀的父親，眼睜睜地看著自己的兒子一步步地走向死神的懷抱，他毫無辦法，除了哭泣。看著這幾行泣血的字，一種痛徹心扉的沉重久久不去。

6 月 9 號他給梨視頻發布的陌生司機和警察護送遲到的高考考生赴考場的視頻點贊，該視頻有 2544 次轉發，3809 條評論，27603 個贊。但胡鳳超前一天發布的微博，一個還年輕的生命，還沒有被宣判死亡就打算將遺體和器官捐獻出來的生命的呼號，卻只有 6 次轉發，7 條評論和一個贊。生命的不平等就這樣觸目驚心地呈現在我們面前。這就是今天的媒體環境和社會環境。個人的信息在資本強有力推動下所生產出來的信息面前，根本不值一提，無足輕重，除非它包含了媒體產業感興趣的內容。

隨後的幾天胡鳳超沒有微博，大概是高燒不退，無力想和寫的緣故，也有可能是去找可能為他提供幫助的單位了吧。12 日，他發布了一個比較長的微博，題目是「我

的打工遭遇」，比較詳細地敘述了自己的打工經歷，包括家庭情況，患病原因、治療經過，以及目前的處境。他提到了單位領導和大連市總工會，說都沒有辦法，「現在我躺在醫院病床上也不知道向哪裡求助了，希望有關部門看到！」「希望看到的網友朋友們轉發」。隨後他將這條微博發了五次，每次都 @ 不同的媒體、媒體人或演員，大概還有他的微博好友。這一次的轉發量 42 次，也是最多的一次，但是仍然沒有任何一家媒體聯繫他。

　　6 月 13 日早晨，他將昨天的微博又以 @ 不同單位和個人的方式發了兩次，零轉發。晚上八點多，不灰心的胡鳳超對之前的博文略作修改，將題目改為「我的遭遇」，去掉了也許在一些人的眼裡含有低賤意味的「打工」二字。開頭部分加了「尊（按：原文遺漏）敬的各級領導、媒體朋友、社會各界愛心人」，結尾部分是：「因為這個是職業病，我希望單位能夠再次幫我一回，救我一命。但是我和單位領導溝通沒有任何效果，大連市總工會也沒有辦法，現在我躺在醫院病床上也不知道向哪裡求助了！只能在我現在稍微還有一絲絲體力的情況下發微博求助社會各界的好心人士！！！希望各界的好心人能夠幫我一把！為了老家只剩下我一個親人的老父親，為了我那個剛剛新婚不久的妻子，我想努力的活著！」如今商業營銷模式都是 P2P、O2O，點對點了，幼稚的胡鳳超還使用著幾十年來的官方語言，說什麼「各級領導」，「社會各界愛心人」，除了幾個網友的轉發外，依舊是石沉大海，杳然無聲。

五

14 日，胡鳳超發了一段躺在病床上的視頻。他在嘗試其他的方法。

次日，他以轉發「央視新聞」正在直播的節目「走絲綢之路，到奧林匹亞」的方式繼續向彷彿如無物之陣的社會求助。

五天後的上午九點多，繼續轉發「我的遭遇」，這一次他 @ 的都是北京的單位：「北京發布」、「北京青聯」、「北京站官方微博」、「北京大學人民醫院」和「文明北京」。差不多一個小時後，以「愛心接力大愛京城」為題，稍微修改了之前的博文，繼續他無望的求救，但他不絕望，他說：「您的每一次一（按：原文如此）轉發都會給我帶來生的希望，幫幫我和爸爸吧相信這個社會是充滿正能量的。」他除了相信，還能怎麼辦？這一次的圖片是他蒼白的病容和被高燒汗濕的衣服和褲子，布滿血點的雙腳，還有他坐著睡著了的父親。

四天後他不得不再次向 2013 年曾經給了他很大幫助的「天津義工聯盟」求助，希望能夠再去天津治療。這一天他還為上海《新聞晨報》報導的「張繼科圓血癌少年夢」的微博點贊。

6 月 26 日，他竟然發了九條微博，是這次再障復發以來發布最多的一天。文字基本上還是之前發的那些，照片除了重新組合一下，新添兩張插著輸氧管躺在病床上的。

依然是蒼白的臉和無力然而渴望的眼神，看著手機攝像頭，看著空洞的世界。那樣的眼神令人無法直視。

6 月 27 日，兩條微博，加一個點讚，一位大連的、使用 iphone6s plus 的網友轉發了他的帖子，並且寫了「加油挺住」四個字。我不知道，胡鳳超看到有人轉發的那一刻心裡是怎麼想的，也許每一次轉發對他來說都是一根救命的稻草。然而，每一根稻草最終都斷了，希望在一點點地消逝。翌日，他發了兩則微博。其中有一則 @ 了 CCTV 等著我以及兩位主持人，但他在倪萍的名字後面加了「媽媽」，在舒冬的名字後面加了「哥哥」，並且説，「求關注一下現在高燒不退肺部感染病情非常嚴重，求您幫我找到我同母異父的哥哥」。在胡鳳超所有關於他母親的敘述中，似乎並沒有這麼一位同母異父的哥哥。也許真有，也許真沒有。但我判斷應該是沒有。那麼他就是胡鳳超杜撰出來的，説到底，是一個策略，是為了與 CCTV「等著我」欄目的內容呼應，為了引起主持人或欄目組相關人員的注意。這一回，再次落空了，他的計策再次失敗了。如果説這是個小小的伎倆，那也是一個已經在死神的注視下掙扎了二十多天的年輕人不屈從命運的唯一手段。他已經無計可施，他只能虛構這樣的故事，竭力引起人們的關注，只有關注和救助才能使希望之火再次燃燒，使處在生命懸崖上的他回到安全之地。

29 日，除了他以網頁鏈接的形式公布了輕鬆籌項目的結束情況外，還有一條被刪除的微博，不知道被刪的是

什麼。

一個星期後的 7 月 6 日，胡鳳超再次 @ 很多人，發了一篇長博文。這篇不一樣的博文正文前面有一段類似編者按的文字，這段文字是小葉前一天晚上寫就的。整篇合在一起，也就是我前面提到的小葉所在機構的公眾號推送的那篇文章。但微博沒有排版，沒有注明編者按，乍一看搞不清楚究竟是怎麼回事。小葉在編者按中説了，這幾年他也很少上微博，幾天前偶然登錄微博，看到了胡鳳超的求助。當然，小葉在這之前就知道胡鳳超，也知道他患再障的職業病，但他沒有想到竟然又復發了，而且來勢洶洶。他覺得自己有責任做點什麼。於是主動聯繫了胡鳳超，將他的博文略作修改（據小葉説，胡鳳超的妻子也參與了修改），加寫了按語，在他負責的公眾號上推出，並開通了打賞功能，希望能夠得到一點資助。小葉在按語的結尾部分説：「國家統計局資料顯示。2015 年有 201.9 萬人享受工傷待遇（這個數字不包括企業未參加社會保險的工傷工友），這個數字可以説明一點，那就是，工傷一定不是簡單的個人問題。」胡鳳超將這篇博文置頂。雖然有 31 次的轉發量，但並沒有改變什麼，似乎一切都在按照一個神祕的意志走在既定的軌道上，而胡鳳超的軌道就是越來越近地走向死神的懷抱。

7 月 9 日、10 日，胡鳳超再次轉發 6 日的博文。14 日，博文只有簡短的「滾蛋吧腫瘤君滾蛋吧我可能挺不住了以後沒有回復可能我真的完蛋了」，而這也是他留在新

浪微博上的最後的聲音。

六

　　今天的時代裡，沒有人能挺得住。

　　離世九天前，胡鳳超停止了他的微博生活，也許是主動，也許是體力不支。但我寧願相信是他主動的選擇，微博這個新媒體既沒有給他帶來一絲一毫的希望，更沒有給他帶去一點一滴的實質性的幫助。因為微博早已重新界定了它的功能，新浪公司的老闆說：「新浪公司是一家服務於中國及全球華人社群的領先網絡媒體公司。新浪通過門戶網站新浪網（SINA.com）、移動門戶（SINA.cn）及移動應用提供方手機新浪網（新浪移動應用）和社交媒體微博（Weibo.com）組成的數字媒體網絡，幫助廣大用戶通過電腦和移動設備獲得專業媒體和用戶自生成的多媒體內容並與友人進行興趣分享。」（新浪 2017 年第一季度財報）是的，微博如今只「分享興趣」，胡鳳超卻要讓人來分享、分擔他的痛苦和苦難，簡直就是痴人說夢、緣木求魚。興趣與商品的距離最近，興趣也可以並且已經商品化，但苦難很難，真正的苦難也不可能被商品化，而已經完全商品化的微博世界中也就不可能有胡鳳超存在的空間。曾經的微博其實已經死亡。

　　最後，他不得不選擇以電話這一相對傳統的媒體方式將記者約請到醫院。我不知道胡鳳超以什麼理由說動了記

者，又以什麼方式把記者請來（必須申明，這裡的記者並不指向具體的媒體單位和某位記者，而是作為一個集合名詞，一種職業）。自然，媒體記者已經不再通過微博了解信息是很重要的一個原因，但同時是不是還包含著這樣的可能，在資本和市場占絕對主導地位的媒體工業中，在中產和預備中產占絕對主力的媒體人的觀念中，一個近三億人口的新工人群體，無論是工傷，還是職業病，抑或其他的困頓，都早已屢見不鮮，這樣的故事，其消費的新聞價值已經極其微小。說白了，就是還有多少報導的意義？信息的交換和傳播遵循的是利益和消費主義，只有消費主義才能最大化地實現其利益，或者乾脆地說就是資本的增殖。而這正是今天媒體產業幾乎唯一的運行邏輯，更準確地說，是運營原則。在這一原則的作用下，胡鳳超的故事，如果沒有更吸引眼球的內容，其傳播價值無疑微乎其微。但更重要的是虛擬的網絡世界並不能徹底取代實體的社會。可以想像，如果胡鳳超不主動電話聯繫媒體，他也不可能在臨終前實現他捐獻遺體和器官的願望。

於是，我們看到，騰訊新聞的聊潑客戶端在 19 日發表的新聞，標題「鞍山帥氣小夥患罕見血液病／想捐獻遺體和器官」中就充滿了這樣吸睛的符號。只有吸睛，才能吸金。一個孤苦無告、病入膏肓、行將赴死的年輕的新工人不存在了，只有帥氣，彷彿死神也會因其顏值而放棄原來的計劃。「帥氣小夥」會引來目光，瀕死的「帥氣小夥」會引來同情和憐憫，瀕死的「帥氣小夥」捐獻遺體

和器官會引來讚美。所有的關注都需要一個「帥氣」的前提。「顏值」，這令人無恥地將容顏和身體變成商品的詞彙是怎麼生產出來的，是誰創造出來的？不幸的是，「顏值」就是新浪老闆所説的、可以分享的「興趣」。更令人憤怒的是，再生障礙性貧血怎麼就成了「罕見」的？是的，我難以克制地憤怒了。我不知道今天有多少再障，但絕不罕見。更重要的是，胡鳳超明明是因為工作原因才患上絕症，而他工作的單位是中日合資的華錄松下電子信息有限公司。而報導卻這樣輕描淡寫地寫道：「2010 年剛剛過完春節……他來到位於大連市的一家中日合資電子產品企業，從事噴塗工作，這次他想多賺點錢早點娶妻生子，回家孝順老爸。然而，在這裡工作兩年時間後，因長期接觸苯，胡鳳超被確診為再生障礙性貧血，他成了一名職業病患者。」我不能不感嘆，我們的記者是多麼富於職業道德，他們的職業道德就是將「兇手」的「姓名」隱藏起來，將一個年輕的健康的生命在不被告知的情況下而患上絕症的過程雲淡風輕地滑過去。

該報導被騰訊新聞放置在「社會萬象」欄目，「文章標籤」就是「罕見病」。但報導只署「遼瀋晚報—聊瀋客戶端」和一串字母的責任編輯，徹底的符號化抽空了編輯的生命屬性，他們不過是資本所有也是資本主導的媒體產業機器中的一顆螺絲釘。

更耐人尋味的是，報導原本是胡鳳超在 7 月 18 日找到《遼瀋晚報》才有的，而《遼瀋晚報》的發表卻晚於騰

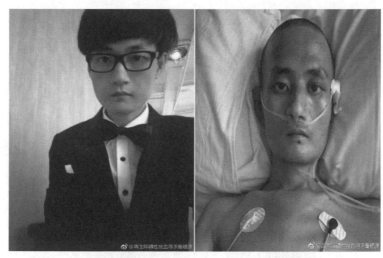

（左：穿著結婚禮服的胡鳳超；右：病床上的胡鳳超）

訊新聞。20 日《遼瀋晚報》發表了相對較為完整的版本，並有記者署名（實際上關於胡鳳超的所有媒體報導，凡署名的都是這位記者），推測記者也應該是《遼瀋晚報》的記者。但為什麼是騰訊新聞這一完全商業性的媒體率先發表，並對文章進行了適合自己風格以及他們想像的讀者趣味的修改？騰訊新聞與應該屬於政府官方的《遼瀋晚報》是怎樣的合作關係？而由此形成的利益分配又是怎樣的？

　　很明顯，在《遼瀋晚報》較為完整的報導中，文字中包含的情感性要高於騰訊新聞。而且，報導最後還誠懇地表達了希望，「如果有志願者願意照顧胡鳳超幾天，給他一些陪伴，請聯繫遼瀋晚報。」之後也確實有好心人去醫院探望、安慰。但報導也有比騰訊新聞更糟糕的忽略，這

圖三　胡鳳超的工號牌

一次，既沒有出現職業病這個無比重要的關鍵詞，連苯中毒都沒有，也沒有出現華錄松下電子信息有限公司。一切似乎都只是一個自然的現象。我不知道這是記者的疏忽，或根本缺乏這一意識，還是報社刪除了這些至關重要的信息。然而，無論哪一種可能，它都是當代中國媒體生態真實狀況的展示。也正因為缺少這些關鍵信息，使胡鳳超的故事只剩下了廉價的同情，連同他最後的完全而徹底的奉獻也被玷汙。

我一遍遍地看著胡鳳超在生命的最後時日裡留下來的這些無助而堅韌的求告，卻也一次次地試圖想像他在那些不發微博的時間裡是怎樣度過的。在那些不多的空白的日子裡，他在做什麼，又在想什麼？但是我想像不了。可越是無法想像，我就越會將他最後的辭世當作時代之惡的結果。

七

世間並沒有籠統、普遍的善惡，今天的時代之善惡同樣如此。胡鳳超的死最充分地體現了這個時代的善和惡。

7 月 22 日，就在胡鳳超辭世前一天，騰訊新聞—聊瀋客戶端發表了題為「重病小夥登記捐遺：這下心裡踏實了」的報導，敘述了前一天瀋陽紅十字會志願者工作委員會副主任到醫院填寫申請表，頒發捐遺登記書的過程。梨視頻瀋陽站也發布了 56 秒的視頻，標題是「他患重病捐遺體／父親倒床大哭」。看著這樣的文字和視頻，我只想問：胡鳳超的心踏實了，我們的心能不能踏實呢？恐怕很難。

胡鳳超其實一直在等待，在期盼。從他的文字，還有他早就想好的捐獻，我們知道，也許在開始的時候他還幻想著奇蹟，能夠通過微博，像上一次那樣，獲得一個組織化的機構的幫助，獲得足夠支持他完成骨髓移植的昂貴醫藥費，也因此獲得重生，但慢慢地，他不再奢求，但他並沒有怨恨任何人，更沒有仇恨社會，起碼從他的文字中，我們可以清楚地看到這一點，甚至對奪走了他的生命的企業也沒有表達過這樣的情緒。他不再奢求重生的奇蹟，卻並不意味著他沒有任何期待，起碼他期待不是獨自面對死亡，期待有人來安慰他年邁的父親，和他新婚的妻子。他最放心不下的是他的老父親，對記者，他這樣說：「治療已經沒什麼希望，我不想再浪費錢，為了給我看病，老父親已經把家裡的房子賣了，今年要種的青苗也賣了。在我第一次患病時得到過很多好心人幫助，現在我想回報，用我的全部，用盡我生命最後一絲力氣回饋社會。」（〈結婚兩個月舊病復發／他決定捐獻全身器官和遺體〉）看著這樣的話，我們能踏實嗎？

　　我不知道胡鳳超的後事如何處理，誰來處理，他的工作單位華錄松下是否會出現，是否會承擔相應的責任和費用，是否會考慮他父親的情況，給老人一個較好的安排，讓胡鳳超泉下有知而得以安息。還有他老家的村政府，是否會給予老人應有的幫助。

　　從制度層面來說，胡鳳超是近三億新工人中的一員，他比老賈好一點的地方是華錄松下承擔了第一次的醫療費用，之後則是社保基金承擔職業病相應等級的社保支出，然而，在胡鳳超復發後，企業完全不聞不問，媒體報導對企業隻字不提已經令人髮指，但這在一定程度上恰恰是社保的制度性局限造成的，既有的制度根本沒有考慮像胡鳳超這樣的情況應該給予更多的保障和經濟上的支持，否則，就只能像胡鳳超一樣，在求告無門、無望之後，為了不再給家人已經沉重的負擔上面再增加無法預計的重擔，他只能選擇死去。我絕不相信這一點在制度層面實現不了。沒有實現不了的制度，要緊的是制定制度的人有沒有這個心。但從胡鳳超的遭遇，我們看到的只是冷漠的毫無人性的制度。

　　胡鳳超的求告無門同樣是時代之惡的症候。個人，特別是像胡鳳超這樣的新工人，在巨大的勞動力市場中，他就像一葉浮萍，無力主宰。單位不管，村政府不管，總工會不管，唯一的大概就是一點可憐的社保基金。有一個資料可以充分地證明這一點。據《2016 年農民工監測報告》相關資料：「在工作和生活中遇到困難時，62.4% 的進城

農民工想到的是找家人、親戚幫忙，找老鄉的占 28.9%，
找本地朋友的占 24.7%，找單位領導或同事的占 11.7%，
找工會、婦聯和政府部門的占 6.8%，找社區的占 2.3%。
找家人、親戚幫忙，找老鄉和找本地朋友幫忙的農民工比
重分別比上年提高 0.7、1.1 和 1.4 個百分點。當權益受損
時，進城農民工選擇解決途徑依次是：36.8% 與對方協商
解決，比上年提高 0.9 個百分點；30.1% 向政府相關部門
反映，比上年下降 4.5 個百分點；27.2% 通過法律途徑解
決，比上年提高 5.1 個百分點。」一大半的新工人之所以
有困難了仍然延續著古老的求助渠道，部分原因是他們不
知道該找誰，可更重要的原因實際上是制度的缺失和疏
漏，同時，主流又將法律當作救命的稻草扔給了他們。

　　他曾經得到過社會的幫助，這一次他湧泉相報，將自
己全部奉獻。但醫生說了：「胡鳳超的病情比較嚴重，已
經無法進行骨髓移植手術了，目前僅是用藥維持生命。」
就是說，如果能夠及時進行骨髓移植，胡鳳超也許就不會
死。但資本操控的新媒體堵死了他唯一的生路，他曾經獲
得幫助的社會，但現在，社會在哪裡？社會已死。

　　他曾經在輕鬆籌發起眾籌，但他得到的僅僅是支付
骨髓移植手術費用的 9%。「2014 年 9 月，北京輕鬆籌網
絡科技有限公司成立。『輕鬆籌』作為公司旗下的首要產
品，將目標聚焦在公眾健康保障領域，各功能板塊均與百
姓健康保障息息相關。由輕鬆籌獨創的『大病救助』模式
幫助眾多病患在第一時間解決了醫療資金等問題。所謂正

本清源，為了從源頭解決醫療資金問題，輕鬆籌於 2016 年 4 月推出了『輕鬆互助』業務，其目的在於抱團抵抗大病風險，一人患病，眾人均攤救助金。」微信是輕鬆籌傳播的主要渠道。這也就使胡鳳超發起的輕鬆籌只能基本上局限在手機通訊錄的範圍內。而圖一的資料可以清楚地告訴我們，微信的普及在很大程度上說正是「媒體的壓迫性應用」，即因為人際關係的強關係而不得不使用，但真正壓迫性的源頭實際上是資本生產的技術霸權和資本在日常生活領域中的強大影響力。

微信技術的普及正與當代中國社會的階層固化構成了一個相互生產的關係。窮人的親戚朋友多半還是窮人。胡鳳超沒有實現的眾籌並不是特例，而相反的例子同樣也很多，中產階層可以在很短的時間裡募集到遠超過 20 萬的資金。胡鳳超的眾籌失敗再正常不過了，因為他朋友圈的經濟條件多半也跟他差不了多少。在這個意義上，必須重新思考媒介技術與階層固化之間的關係。破除階層固化不僅僅是一個生產關係和社會關係的問題，同時也事關技術這一生產力因素，其中的核心問題就是技術究竟為什麼人服務的問題。

但結果恰恰是我們遭遇的最糟糕的結果，之所以如此，在我看來，非常關鍵的一個是微博、微信、輕鬆籌等等新媒體的所有制屬性。無論是新浪公司，還是騰訊公司，BAT 這三個當代中國最普及的新媒體都是私人資本，包括國際資本，雖然是股份制，但並沒有改變它私有的屬

性。表面上看起來，新技術帶來了繁榮，但這一繁榮除了
消費的繁榮外（包括越來越多的微信公眾號，其實與資本
主義生產方式必然造成的物的極大剩餘一樣，是作為商品
的信息的極度過剩），並沒有凝聚成一個有真正活力的社
會，而只是形成了一個日益封閉、穩定甚至超穩定的階
層／階級結構，在這個結構中沒有流動。在這樣的新媒體
中，所謂的信息的自由流動和自由交換，不過是一句美麗
卻極其陰毒的謊言。胡鳳超就死於這個謊言。這樣的媒體
環境下，胡鳳超必死無疑。

　　「『傳播』作為一種概念和術語，在傳統上都有更
為豐富的含義。詞源學家認為該詞大約在14世紀才進入
英語，源自拉丁文的com（『一起』）和munia（『職
責』），意為『共同擔責』。根據這個傳統的定義，『傳
播』被視作在特定社會情境中（通過文化交往、儀式或交
換等）與他人分享的過程，不同於現在被主要當作發號施
令的媒介。」（辛普森《脅迫之術》第19頁）傳播的本
意是要增強溝通和交流，加強信息的流動，使信息無阻礙
地流向信息的發布者希望流向的地方，並被接受到，繼而
作出相應的處理。就如同社會的本意中包含著互助一樣，
傳播最重要的是信息和意義的傳播，而不是利益的交換。
也正是在這個意義上，傳播早已不是一個純粹技術性的問
題，更是一個社會的總體性建構的大問題。如果一種新的
媒體只是為了利益的交換，只是為了利潤的攫取，它是合
法的嗎？如果一個社會充斥的只是利益關係，只是為了個

人的訴求，它還是一個健全的社會嗎？如果一項制度只是
為了保障個人的抽象的權利，它還是一項好的制度嗎？胡
鳳超死於這個媒體技術高度發達的時代，難道不是這個時
代之惡最有力的證明嗎？因此，胡鳳超最有意義的奉獻不
是他捐出了遺體和情感，而是讓更多的人思考這些問題，
並作出自己的選擇。在這個意義上說，我相信微信在不久
的將來一定會被另一種社交軟件和平台所取代，我希望新
的技術能夠打破微信的封閉性，能夠以重建社會的有機聯
繫為目標，而不是參與階層／階級固化，阻止流動性，只
追求消費的快感和炫耀的虛榮的滿足。

　　胡鳳超留在人世間的眼角膜在注視著我們。

2017.07.28 凌晨於上海寶山

看見與再現 [1]
——紀錄片《工廠青年》的意義

　　《工廠青年》是一部不錯的紀錄片。伊文思說，「一部紀錄影片的力量主要來自它的內容。」[2]更準確地說，來自內容與形式的貼合。在我看來，《工廠青年》發現了我們時代的症候，並且找到了較為貼切的再現形式；它讓我們看完電影後，不得不嚴肅地直面當代中國的現實，不得不對一些重大命題進行思考；雖然它並沒有提供答案，但它卻以問題化的方式提示著解答的可能。在《工廠青年》中，這些重大命題多是以兩個或多個一組，構成一個矛盾而複雜的社會整體。然而，在今天的現實敘述中，無論是政策文件，還是媒體再現，抑或文學藝術，乃至學術論文中，這些原本屬於一個整體的對象卻常常被割裂開來，被視為一個個各自獨立、自成系統的部分。於是，原本是矛盾統一的整體中的部分被簡單化地看成完全對立的或不相干的部分與部分的關係。而《工廠青年》則重新將這些被

1　本文刊於《文藝理論與批評》，感謝祝東力老師和崔柯兄的編輯。

2　《攝影機和我》，尤里斯·伊文思著，第 167 頁，中國電影出版社 1980 年第一版，版權頁無譯者。

孤立對待的部分放回到一個整體中。這個整體首先是這部紀錄片，但它同時也是我們今天的現實，是我們生存於其中的社會和國家，是我們的生活世界。雖然作品尚未能夠建立一個整體性，當然更不可能提供整體的解決方案，電影中的那個仍然比較抽象的、對今天主流的生活方式的質疑，以及一點點重建對農耕文明時代自然神的敬畏的意向，其實無法承擔重建整體性的功能，但它是一個開始。這個開始在我看來標誌著一種重新整體化意識的覺醒。也正是在這個意義上，《工廠青年》為我們重新理解現實打開了一個新的大門。

《工廠青年》有兩個版本，一個三小時正式版，一個五小時導演版（實際是五小時四十多分鐘）。拍攝歷時近七個月，據導演郭熙志介紹，七個月裡，他們一共拍下了 500 多個小時的素材，約七個 T 的容量，全部的剪輯等後期製作花了近兩年的時間，最終於 2016 年 9 月完成三小時版，同年 12 月完成五小時版。[3] 本文主要討論三小時

3　《工廠青年》，紀錄片，導演郭熙志，深圳渡口文化傳播公司出品。郭熙志，畢業於華東師範大學中文系，文藝學碩士，先後任職於安徽銅陵電視台、深圳電視台，現任教於深圳大學傳播學院；紀錄片作品主要有《渡口》、《喉舌》等。我們在五小時版的結尾處，可以看到一個細節，在三小時版製作完成後的某一天，郭熙志接到電話，告訴他影片中的一位青年工人阿東已經意外死亡。五小時版特意將這個部分放進去，既是對死者的悼念，也是作品的題中應有之義。

版，下文不注。

為方便討論，也為了讓大家了解《工廠青年》拍攝的背景和基本出發點，我把片頭的三段文字抄錄如下：

「大約有三億的工人在中國的工廠工作，他們絕大部分來自農村[4]，受過中等以下的教育。他們生產的產品銷往世界各地，他們所在的工廠被稱為『世界工廠』。」

「經過三十多年發展，工廠裡出現了被稱之為『新生

4　這個資料和表述不夠準確，「根據國家統計局抽樣調查結果，2014 年全國農民工總量 27395 萬人」，「2015 年農民工總量為 27747 萬人」（參看國家統計局網站公布的「2014 年農民工監測調查報告」和 2015 年的報告）。實際上，曾經意義明確的「工人」這一概念（專指第二產業的工業勞動者），在產業轉型和產業升級中已經十分模糊，有意味的是，中國特有的「農民工」所指倒是十分明確，專指進城打工的農民，但並不局限在製造業等工業領域，服務行業等第三產業的「農民工」數量只略小於第二產業，2014 年的比例是 56.6：42.9，2015 年的比例則是 55.1:44.5，剩下的是少量的農業工人。2016、2017 年的資料也顯示，「農民工」的整體數量在逐年增加，第二產業就業數量逐年下降，而第三產業則呈逐年上升趨勢。但需要說明的是，本文將不使用「農民工」這一概念，我將用「新工人」來指代這一群體。參看呂途《中國新工人：迷失與崛起》（法律出版社 2013 年第一版）相關論述，及汪暉〈兩種新窮人及其未來——階級政治的衰落、再形成與新窮人的尊嚴政治〉相關討論，文載《開放時代》2014 年第 6 期。

代』的工人。新生代的工人不同於他們的前輩,他們大部
分雖然來自農村,但從八十年代出生的來自農村的工人開
始,已經沒有人會種田了。」

「深圳市康佳集團下屬的康佳通訊製造總廠,是一家
有三十年歷史的國營工廠,也是中國第一部本土手機的製
造廠家。這座工廠生活著近千名新工人。*2014 年 12 月 12
日至 2015 年 6 月 6 日,本片攝製組前往工廠拍攝,和這
些新工人吃住工作在一起。*」(三小時版沒有斜體部分的
文字)

也就是說,《工廠青年》是以康佳通訊製造總廠來自
農村的青年工人為再現對象的紀錄片。三小時版依次有四
個部分:工廠、青年、故鄉和日記;五小時版由六部分組
成,依次為工廠(上)、男青年、故鄉、女青年、日記和
工廠(下)。兩個版本,僅就結構的名目上看差異似乎並
不大,只是內容和時間上的擴展,但其實因後者對影像的
重新組織而產生了整體意涵的變化。比較兩個版本的不同
意義和美學價值不是本文的目的,從結構的字面意思,我
們已經可以把握其大致的意圖:以康佳通訊製造總廠的來
自農村的青年工人為切入口,勾連起城市與鄉村以及農民
和工人,以來自高校的拍攝者勾連起工廠與大學/學院以
及工人和一般意義上的知識分子,從而將被再現者與再現
者組織在這個作品的整體空間中,帶出所要討論的問題。
而從其作品的全部內容來說,在我看來,它實際上還涉及

到世界工廠與中國、傳統與現代、生產者與管理者、生產者與消費者、體力勞動與腦力勞動、人文知識分子／文藝工作者與社會現實、科學技術與人的解放等等很多也很大的一系列社會論題，以及紀錄片的形式與社會現實、真實與再現等美學問題。正是這些看似對立或矛盾的關係構成了這部紀錄片的整體，也深刻地把握到了這個時代的根本命題，並與現實中這些被割裂的對象之間構成了一個頗具張力的關係。

當大學生遇見工廠青年

一位看過《工廠青年》的網友在豆瓣上說，第四章「日記」部分，完全沒有必要。那就讓我們從第四章開始說起。

第四章「日記」是攝製組成員的影像日誌，以其中一位女大學生阿涵為主，記錄了女大學生自進入工廠車間，與工人一起勞動後，晚上回到宿舍裡的敘述。片中有兩位女生（阿嬋和阿涵）[5]在工廠工作整整一個月，且按照

5　在紀錄片中，兩位女生和作為紀錄片主要人物的工人都有姓名字幕。據郭熙志介紹，兩位學生是自願的，在影片中，我們也可以判定導演所言不虛，用阿涵的話說，「絕對是心甘情願地去做」。但無論如何，在我看來，一個月的工廠經歷實際上已經對她們構成了很大的影響，而且就影片所呈現的內容看，這個影響並非世俗意義上的正面作用，換言之，她

導演要求，她們要與工人同吃同住同勞動。前兩個相對簡單，同勞動則包括上下班和加班均與工人相同，工作量也相同。「日記」部分一共選擇了十三天，時長近 50 分鐘。

日記從第一天開始，兩位女生在日記中坦率地表達了對自己在鏡頭中形象的擔憂，其中阿涵對自己第一天的工作成果還比較滿意，感覺自己的「手還是蠻快的」。但第二天下班時她們就與導演發生了衝突。因為她們遲到了，而導演要求的是「完全百分之百地按她們的工作規矩來」，他將她們的遲到理解成不能吃苦，用了很嚴厲的話去批評他們：「如果這一點苦頭都吃不了的話，我們這個片子完全沒有必要搞。咱們回去做自己的小姐。」而「你們將錯過一輩子難得的唯一的機會」。這個唯一的機會應該就是：(1) 作為流水線上的工人的體驗；(2) 深入到工廠車間，學習並掌握拍攝紀錄片的經驗。導演還進一步強調，「如果沒有這些困難，要我們來幹嘛？如果這些都是容易完成的事情，有什麼價值呢？就是因為它非常難嘛。」拍紀錄片一定要與被拍攝對象「共同」生活嗎？這樣會產生什麼效果？導演希望以此表達什麼？為什麼這是

們在片中的形象不是一般意義上的正面形象。從寫作倫理的角度說，我不希望我的文字再次影響她們據說已經正常了的生活；同時，對於工人來說，雖然從紀錄片倫理的角度，在一定程度上說，他們的生活尚未被拍攝所影響，但為了尊重，為了一視同仁，所以下文的討論，除了導演外，均隱其全名。

一輩子唯一的機會？為什麼因為難才有價值？這個價值究竟是指什麼？我們且先提出這些問題，稍後再作分析。

在接下來的幾天裡，阿涵和阿嬋按部就班地上班、加班，日記也以敘述上班時的感受和見聞、經驗為主，看起來比較瑣碎，從最開始擔心戴上工作帽的形象不佳，到忘記攝像機的存在，繼而完全被產線上的「工作」和進度所左右，以及偶爾與工友的交流，而情緒大體是愉快的，有時甚至是興奮的、頗有自信和成就感的，雖然偶爾也夾雜著因困倦和疲憊而產生的消沉。然而，到第六天，阿涵的情緒變得很低落，在鏡頭前長久地沉默著，說不出話來。之後，低落的情緒就更頻繁，並更趨痛苦的激動，至第十二天，從開始較為平靜地面對鏡頭敘說對紀錄片的喜愛，到漸入狀態的傾訴，再到逐漸激動，情緒越來越不加掩飾，難以控制地爆發，甚至有些歇斯底里，哭泣中訴說著要逃走的強烈願望。這一天的日記時間最長，達 16 分鐘之久。毫無疑問，發生在第十二天的情緒的總爆發是在此前十一天幾乎沒有休息、也很少不加班的「工作」中慢慢累積起來的結果。特別是在第十一天的日記中，阿涵面對攝像機，開始講述並分析今天出現的堆機原因，她覺得是管理出了問題，這與康佳這個國營大廠是完全不匹配的。她體會到一種「無語」的無奈，由此使她「覺得自己在做一些挺沒用的事情」。但發生在這一天的最重要的事情是，阿涵終於產生了這樣的想法：「假如我真的就是一個產線工人……」這個假設是一個極其重要的發現。雖然阿涵在後來的敘述中越來越激動，但這一天她終於

還是控制住了，其中很重要的原因，正是阿涵要求在「忍受」二字上加上引號的那句話：「我心裡很明白，我可能就所謂再『忍受』最後半個月，可能我就離開這個地方了。」雖然阿涵並沒有意識到這個發現的意義，她只是由這些工廠青年對未來的迷惘聯想到了自己完全沒有把握的未來而陷入痛苦，但這一假設已經提出了一個被今天的我們熟視無睹的重大問題，並由此帶出與之關聯的很多不容小覷的問題。

乍一看，這個假設根本不能成立，阿涵已經是大學畢業生，無論她對自己未來的擔憂是不是杞人憂天，她作為一名新聞傳播學或影視編導專業的畢業生，即使體制內的績點、成績排名等都不怎麼理想，她都不會成為一名康佳這一類製造業的產線工人。我們多半會用社會分工去解釋，並以此安慰阿涵。然而，無論是阿涵為她所接觸到的工廠青年而擔憂，還是對自己未來而憂慮，顯然都並不僅僅是基於社會分工及由此造成的社會階層的差別，她感覺到了這個差別，但她大概也只能用社會分工去解釋，然而，社會分工並不能有效地解釋為什麼這樣的體力勞動就必須是他們在做，而她這樣的大學畢業生卻完全沒有必要從事這樣的體力勞動。另一方面，就一般意義上說，為什麼產線上的新工人和大學畢業生會形成如此之大的隔閡。可是，從現實來看，兩者的差別在不確定的「未來」似乎並沒有那麼大。電影中，阿涵沒有去解釋為什麼會這樣，甚至都沒有意識到她與他們既有差別，又沒有本質性差別的現象是個發人深省的問題，對工廠青年的同情很快被對

自己未來的不可知的恐懼所驅逐、占有，在恐懼的壓力下，疲累的身體爆發出本能的宣洩，瀕臨崩潰的精神如火山一般噴發了。「忍受」與新工人同樣的工作、生活是暫時的，是很快就會結束的，但不確定的未來和意義的失落卻是他們共同要「忍受」的。

　　阿涵在第十二天的敘述最符合「日記」祕不示人的本意，它就是一段「私影像」。正如郭熙志在一篇關於紀錄片的方法和倫理的文章中所說：「私影像的可貴之處在於走向內心真實，這是它超越直接電影的表面性所在。」[6]阿涵不能對現實生活中身邊人傾訴的情感和想法，在沉默的攝像機面前噴湧而出。她從自己對紀錄片的熱愛開始說起。在一些紀錄片中，她感覺到了「溫暖」，她說：「好的東西真的是能觸動到你的心靈的，所以當時就萌生了自己想拍紀錄片的想法。可是，一步步走來，一直到現在，自己曾經也嘗試過拍一些人物的一些題材，但是自己都是有一種，很原始的一種，什麼也不想的一種衝動，就是去拍一些，然後在拍的過程中間，和被拍攝對象之間的關係的處理，還有在拍攝過程中經歷的一些事，一直到現在，我總覺得，我感覺拍片子，還有做片子，還有看片子，看這些真實的影像，有時候會找到一些對自己，對自己的處境，包括對自己的心態的一些安慰。就是一直在努力去貼

6　郭熙志〈其實對話並沒有開始〉，《電影藝術》2012年第五期，第91頁。

近更多人的生活，去跟更多的人去接觸，然後去獲得一些愛和力量，可是我發現到現在，我很困惑，因為我在拍攝的過程中，在感受到一些愛和力量的同時，我又能感覺到一些惡意的傷害。」[7] 她將產線的「工作」中和拍片過程中遭遇的一些問題理解成了「傷害」，突然間，她覺得「一切都沒有意義了」，她「要逃走」，「要趕緊離開那個地方」，她不斷地說「好累」，情緒也隨著敘述逐漸深入內心而越來越激動，至於哭泣、淚流滿面。她覺得拍片子拍到現在，自己「越來越不快樂了」；他覺得別人都不理解她；她「覺得自己心態特別不好」，她「不喜歡這樣的我」；她「感覺特別脆弱，特別無力」；她「很難受」……在長久的沉默後，阿涵起身關掉了攝像機，畫面在短暫的黑屏後出現了一般影片片尾的職員名單。但影片並沒有結束。

日記的最後一天發生在第二十二天，影像沒有像以前那樣完全以宿舍中面對鏡頭的敘述出現，而是從開始的黑屏白字，和阿涵的畫外音，過渡到影像再現阿涵敘述到的部分內容。疲乏的阿涵回到宿舍，覺得躺在床上就是最快樂的事情了。想起上班時的情形，「突然感覺我所處的空間好像是一個虛幻的世界」。揚起的鏡頭對準兩棟建築物之上，一片純淨明朗的天空，天是藍色的，有白雲飄過。

7　阿涵的話均來自影片，為保留真實，即使有語句的毛病也未加修正。特此說明。

阿涵說，「當時不知道怎麼，就感覺，好像，這所有的一切，也不是說像一場夢，就覺得，好像，好像很奇怪，好像是在另一個空間一樣。」影片就在這對於阿涵來說好像另一個空間的隱去中結束。

　　一些豆瓣網友之所以覺得第四部分完全沒有必要，是覺得它偏離了「工廠青年」的主題，讓兩個「假工人」獨白，不如讓真正的工廠青年自己來表達，因為「學生明明是不同階級背景身分的人，怎麼可能表達出工廠青年」[8]。不能說這個看法全無道理，但是，就《工廠青年》而言，影片的主題已經遠遠大於這四個字所表達的含義。我們不能忘記片頭特別交代的背景。只有在這個史無前例、舉世無雙的大背景中才能把握這些工廠青年的位置、狀況，他們處於當代中國社會關係的結構之中，但在主流社會，他們從來都是被代言、被再現，雖然因為富士康在 2010 年的十四連跳的自殺事件，和 2014 年新工人詩人許立志的自殺，他們的自我表達得以逐漸進入主流媒體，但多半仍局限在文學領域。新工人的工作、生活究竟是怎樣的，對未曾進入過工廠的人來說，仍然是一個巨大的空白，一無所知。然而，我們還不僅僅一無所知，我們還被某些有形無形的東西阻斷了了解的通道，甚至連了解的衝動都不曾有，因為我們有各自的生活世界，每個人的生活世界彷彿

8　參見 https://movie.douban.com/subject/26903090/comments?status=P。

是一個孤島，這個孤島最多能擴展到家庭，此外就是另一個世界；我們看不見他人的痛苦和快樂，我們更看不見不同階層／階級的生活世界；有時我們會將偶爾的一瞥就當作全部，用想像填補空白。於是社會便被分割成無數大大小小的孤島，孤島與孤島的交往和聯繫僅僅被表述、限定為經濟關係；整體消失了，有機的關聯也不存在了，社會成為無機物的聚散，由那隻「看不見的手」操縱著。正是在社會嚴重的無機化的語境中，《工廠青年》讓工廠青年與知識分子彼此看見的嘗試顯示出了獨特的力量和意義。

社會的無機化與知識教育的專業主義

必須看到，在影片中，工廠青年與知識分子的「彼此看見」其實是單向的，工廠青年對知識分子的世界並不了解，在影片中，我們沒有看到一個工人向攝製組了解的鏡頭，這無疑是個很大的缺陷，而這個缺陷是由於導演過於強烈的再現新工人的意圖造成的。但這個再現的強烈意圖並不是通過一種方式和一個視角完成的，「日記」部分的意義正在於此，雖然它很極端。但是，這一極端表達是一面鏡子，正是通過這一面鏡子，新生代新工人的處境才更加清晰地呈現在我們面前。沒有阿涵瀕臨崩潰的哭泣，阿健們的生活世界的糟糕絕不會如此強烈地震撼我們。而它讓我們震撼的方式，如網友所云，是「野蠻」的，甚至殘酷的。通過一定程度上的逼迫，一定程度上的「藝術至

上」的意識形態誘導，導演讓阿涵和阿嬋暫時拋棄知識分子的身分，轉換為新工人，並與他們同吃同住同勞動，她們因此不得不承受從未經驗過的身體的疲勞、心理的緊張、情感的折磨和意義失落的危機。他們真心認同紀錄片的藝術價值，正是這一分認同使她們「忍受」了這一切；然而也是因為這個認同，使她們更多地專注於自我的世界，無法將思考的方向指向新工人，對這些工廠青年，她們表現了足夠的同情，但也僅止於同情。而也正因為她們獨白中強烈的自我意識，反而更加有力地凸顯出新工人的艱難處境，因為她們強烈的自我意識正來自於這個短暫的角色轉換，來自於阿涵在「工作」了十多天後才想起來的那個假設。

雖然阿涵們感覺到了自己與這些工廠青年們同樣有一個不可預知的未來，但她們肯定也知道，畢竟工作內容、工作方式、工作環境，以及工資水準、社會關係等等跟他們還是存在很大的不同，更何況還有「紀錄片藝術」這麼高貴的目標在向她們招手。但她們不知道，在齊格蒙特·鮑曼的筆下，在發達的歐美，她們這一類人被命名為「新窮人」[9]。必須看到，鮑曼定義的「新窮人」與當代中國的情形不完全一樣，鮑曼將新窮人的產生視為技術進步、生產體制的變革和消費主義的結果，而在中國，更確切的

9　參看《工作、消費、新窮人》，［英］齊格蒙特·鮑曼著，仇子明、李蘭譯，吉林出版集團有限責任公司 2010 年第一版。

應該是廉思的調查報告所使用的「蟻族」這一概念。2009
年廉思出版了《蟻族──大學畢業生聚居村實錄》，隨後
引起了廣泛的討論和關注。近年來，「蟻族」已經成為工
作、居住在大城市的低收入大學畢業生的代名詞。雖然沒
有確切的資料，但基本上可以看到，他們多半畢業於非一
流的高校，也多半出生於農村或內地的中小城市和城鎮，
所學也多半不是勞動力市場所急需的高精尖和緊缺的專
業，他們也多半沒有能力支付大城市中心的高額房租，更
沒有能力購買大城市高昂得離奇、離譜的住房，只能如螞
蟻般地生存在大城市的邊緣或城中村，甚至與該城市相鄰
的地區。

　　有意味的是，這個數量並不小的「新窮人」雖然在社
會關係的結構中，特別是經濟關係中處於中低階層，但他
們與主流社會共享著消費主義的意識形態和價值觀，他們
渴望成功，但在城市社會上升空間日益逼仄、社會結構日
益固化的現實面前，這一強烈的渴望與之形成了巨大的緊
張。而實際上，這一強烈的渴望正是資本主義的消費主義
的產物，今天的欲望早已不再是「食色性也」的自然物，
而是資本主義擴張的生產制度生產和再生產的「產品」。
所以，他們與主流社會有一種密切的關聯，他們看見的是
媒體製造的成功者的神話，但實際上他們與主流社會根本
無法建立真正的聯繫，而他們多半也不願意，更突出的是
不能與處於類似位置的新工人建立聯繫，無論是文化的，
還是政治的，即使是一般意義上的經濟關係，也止於服務

與被服務的關係。

　　汪暉在討論當代中國階級政治衰落的文章中指出，一方面，「我們很少發現新工人群體與其他階層間的政治互動」，另一方面，「『新窮人』群體或其他社會階層幾乎沒有發生過 20 世紀參與無產階級革命的知識分子的那種以『階級背叛』（即背叛自己出身的階級而投身於為工人階級的解放而展開的政治進程）為特徵的政治行動。」[10]沒有政治互動，不僅僅是缺乏互動應有的、外在的基本條件，還因為意識形態和價值觀所造成的嚴重割裂。

　　去政治化的社會學所使用的「階層固化」無法解釋這一現象，凝固化的不僅僅是社會流動的空間，更是社會的無機化。各社會階層，看起來存在著共享的意識形態和價值觀，但實際上因其社會關係結構中的位置，主流社會的價值觀，對非主流的群體而言不過是一個意識形態的幻象，但麻煩的是，一方面，意識形態國家機器的強大霸權籠罩下，另類的價值觀根本難以在社會中產生，並形成足夠的影響，另一方面，作為幻象的意識形態繼續源源不斷地生產、再生產著社會關係，給識破、戳破其幻象帶來了巨大的難度，更使走出幻象變得無比艱難。這個意識形態幻象像一個無幕之牆，不僅阻隔了階層／階級之間的互動，根本就連最最起碼的彼此「看見」都日益不可能。

10　汪暉〈兩種新窮人及其未來──階級政治的衰落、再形成與新窮人的尊嚴政治〉，《開放時代》2014 年第 6 期，第 59 頁。

　　如果說資本和權力主導的主流媒體是意識形態幻象的
一個生產者，那麼學校教育和知識體系則是阻斷階層互動
的另一個生產者，專業化以及日益細化的專業教育造成
了專業主義的泛濫和頑固。一方面，知識被視為學院的
特權，知識與生活世界的關聯被徹底隔斷；另一方面，原
本作為整體的知識因應所謂社會生產及其細化的社會分工
的需要，被分離為彼此互不關聯的學科門類，整個知識教
育的體系只剩下縱向的從屬和平行關係。與專業主義彼此
呼應的則是社會生產體制的科層制，兩者相互作用，在知
識世界構築起了一道道牢固的圍牆。而幾乎自幼兒教育就
已經開始的教育等級化，除了為社會關係再生產著各自的
「繼承人」[11] 外，也成為社會無機化的有力生產者。

　　正是這樣一些因素造成了階層互動的不可能。於是，
在社會的無機化之外，產生了知識者的無機化。兩者的關
係並非因果關係，毋寧說是彼此生產的關係。的確，葛蘭
西創造了「有機知識分子」這一概念，並明確指出，存在
著傳統型／鄉村型和現代型／城市型兩種知識分子類型，
只要他們有機地參與到社會生產中去，他們就是有機的知
識分子。[12] 但從上述分析可以看到，知識者在今天的有機

11　參看《繼承人——大學生與文化》，［法］皮埃爾·布爾迪
　　約（引按：即布迪厄）、帕斯隆著，邢克超譯，商務印書館
　　2002 年第一版。

12　參看［意］安東尼奧·葛蘭西相關論述：《獄中札記》（曹
　　雷雨、姜麗、張跣譯，中國社會科學出版社 2000 年第一

性已經大打折扣，絕大多數都只是局部參與，很難稱為真正的有機知識分子，換言之，這一有機性還需要整體性作為必要的維度，沒有整體性視野的知識者，其有機性不僅僅是有限的，從根本上說甚至談不上有機。這一點，無論是對人文學科，還是社會科學，抑或自然科學而言，都差不多是同一種情形。

回到工廠，流水線上的工作之所以如此單調，永無休止的重複下是時間和生命的停滯，就正是因為現代大工業的生產方式自泰勒制到福特制，進而到今天的富士康制是僅僅基於生產效率而發明、創造的生產工具和管理體制，目的只有一個，就是提高生產力，生產力就是生產的效率，就是利潤率，就是剩餘價值。這只要看一看泰勒著名的《科學管理原埋》[13] 就可以清楚地看到這一點，「科學」在泰勒這裡是局部的、有特定目的的知識。有意味的是，泰勒當年為了更精準地計算不同工種的勞動時間，曾經用攝像機將工人的勞動過程拍攝下來，以便他的研究。布雷弗曼正確地指出：「泰羅所關心的主要不在於技術的進步⋯⋯他的確對機器工廠實際操作的技術知識作出了重大貢獻⋯⋯但這些貢獻主要是他對這種操作法的研究的副

版）第一章第一節「知識界」及《實踐哲學》（徐崇溫譯，重慶出版社 1990 年第一版）第一編相關內容。

13　《科學管理原理》，[美] F・W・泰羅（引按：即泰勒）著，胡隆昶、洗子恩、曹麗順譯，中國社會科學出版社 1984 年第一版。

產品，而他研究的著眼點是使這種操作法條理化並加以分類。他關心的是在一定技術水準上對勞動的控制。」[14] 當然，必須申明，我們不能簡單地反對科學技術和管理在現代大工業中的應用。我想強調的是，在這些科學技術和管理的創造、發明和應用中，因為缺少了整體性視野，特別是勞動者的缺失，導致了科學技術和管理的畸形發展。即使就泰勒而言，僅僅批評其缺少整體性還遠遠不夠，但整體性的缺失確實是其根本癥結之一。

也正是在這個意義上，我們可以回到葛蘭西所討論的有機知識分子，他說：「無論如何，只有在知識分子和普通人之間存在著與應當存在於理論和實踐之間的同樣的統一的時候，人們才有文化上的穩定性和思想上的有機性質。那就是說，只有在知識分子成為那些群眾的有機的知識分子，只有在知識分子把群眾在其實踐活動中提出的問題研究和整理成融貫的原則的時候，他們才和群眾組成為一文化的和社會的集團。」[15] 在葛蘭西看來，與群眾的聯繫，與普通人的工作和生活的聯繫是一個知識分子有機性的根本保證。馬克思主義、毛澤東思想所強調的「教育與生產勞動相結合」也正是葛蘭西「實踐哲學」的真義所在。

14　《勞動與壟斷資本──二十世紀中勞動的退化》，［美］哈里‧布雷弗曼著，方生、朱基俊、吳憶萱、陳衛和、張其騈譯，張伯健校，商務印書館 1979 年第一版，第 101-102 頁。
15　葛蘭西《實踐哲學》，第 11 頁。

　　當我們回到《工廠青年》，當我們看到導演和他的弟子們進入工廠，與這些工廠青年朝夕相處的時候，確實，我們看到更多的是兩個世界，新工人和大學師生。我們在第四部分「日記」中看到的是知識者的獨白；我們看到面對攝像機的新工人，無論他們是否意識到鏡頭的存在，他們都是被記錄的，是被訪談者，而知識者是一個傾聽者，一個記錄者，最終是一個再現者。我想，也許他們想到的是知識分子的獨立性。但所謂獨立性，當指面對權力和資本的時候所擁有、並保持的獨立思考的位置，獨立而非孤立，參與而非介入。

　　然而，我們同時又必須看到，大學生與工廠青年同吃同住同勞動的努力，既反映了他們對紀錄片的熱愛，和他們所理解的紀錄片的意義和價值，同時也表達了他們對拍攝對象的尊重，對新工人的平等態度，更重要的是它所打開的打破區隔和隔閡的可能性，即使他們還沒有使自己有機化的意識，但作為作品的完整形式卻提供給我們一個可能的重新整體化的世界。

當鄉村遭遇城市

　　實際上，《工廠青年》是從城市遭遇鄉村開始的；但有意味的是，在第三部分「故鄉」的開頭，導演就讓我們在鄉村世界一下子遭遇了城市。雖然城市與鄉村都以另一種我們似乎習焉不察的形式和符號出現。

　　第一部分名曰「工廠」。就工廠的現代意義而言，無疑代表了城市，現代史進程的發端幾乎均來自工業化在城市的展開，也可以說是城市在工業化中重新形塑現代屬性。現代中國和當代中國也不例外。工業化的結果是現代生活方式的形成，城市是現代生活方式最集中、最具表徵意義的空間。而第三部分的開頭就是一個關於豆漿機與傳統豆腐製作的爭執。要過年了，來客人了，他們要做釀豆腐這一客家人的傳統家常名菜。阿健的祖母跟他母親說，要是買個豆漿機就不要這麼麻煩了；阿健的母親說那不又要錢嘛；奶奶說也就三百塊。於是，我們看見阿健的奶奶和母親們忙碌著自製手工豆腐，阿健剁肉餡，阿燕將肉餡塞進剛剛做好的豆腐裡。有意思的是，這一家人並沒有太多的交流，尤其是阿健，在之前的第二部分中，他算是話比較多的，但回到故鄉，回到家裡，面對父母和親人，他或者看手機，或者就是在做家務。當然，跟一起在外打工的朋友則又恢復到之前的樣子。但即使如此，我們還是能感受到家的溫暖。然而豆漿機的話題卻提醒我們，即使是並沒有接觸過多少現代家電的祖母也並不願意仍然辛辛苦苦地親自做豆腐，而豆漿機這一現代小家電的普及也不過是近年才開始在一些農村地區出現。毫無疑問，「家電」作為現代城市生活方式的重要符號，表徵著一個不爭的事實，更不必說跑在鄉村公路上的汽車這樣的交通工具、運輸工具，還有年初一的晚上阿健們在城鎮燒烤排檔的吃喝：城市已經進入鄉村，並且在一定程度上已經改變了鄉

村傳統的生活方式。在這個意義上說，簡單地、撇開具體歷史語境地討論工業化和現代化無疑是錯誤的。

生活方式的改變當然有很多原因，但就鄉村與城市不同的生活方式而言，毫無疑問，鄉村生活方式改變最根本的力量來自生產方式的變化，也就是農業與工業兩種不同的生產方式所造成的結果，而農業生產方式的根本性變革必然在工業之後。就西方發達國家現代化的歷史來看，無一不是工業化推動／迫使農業生產方式走向現代農業。但這並不意味著農業生產方式的變革必然會導致鄉村生活方式的變革，這一點在被捲入現代化進程的第三世界尤其如此，只有當現代生活完全被裹挾進現代化進程，當現代生活方式的敘事和想像在現代傳播媒介的強大作用下覆蓋鄉村並成為普遍的訴求，當工業的生產力極大地提高，造成產能過剩，發展主義停不下來的腳步必然將現代城市的生活方式推向遙遠的鄉村，更何況現代生活方式除了方便、省力，還附帶了現代文明的價值優越感。但是，我們仍然不能這麼籠統地討論第三世界國家的現代化歷史和現實。現在我們終於知道，城市生活方式作為現代文明的價值優越感是城市與鄉村、現代與傳統、西方與東方、文明與野蠻、理性與宗教的等級化的二元論敘事所產生的結果，然而，即使在識破了這個等級化的二元論敘事的詭計之後，現代化的腳步也並不會因此就慢下來，更不可能停下來，彷彿身不由己。

而這一切都是拜資本主義的發展主義所賜。二十世紀

九十年代以來，中國既是主動也是被迫進入自由世界主導的全球化進程後，分享了西方後工業社會產業轉型、產業升級的製造業市場的利潤 [16]，在強勁的「一切以經濟建設為中心」的現代化意識形態鼓動下，在跨國資本裹挾的新自由主義猛烈衝擊下，在野蠻的自由市場和或明或暗的權力尋租的雙重作用下，憑藉著無比巨大的廉價的勞動力市場的優勢，終於成為「世界工廠」。

在中國成為「世界工廠」的同時，90 年代末，由李昌平上書國務院總理，指出「農村真窮，農民真苦，農業真危險」，引發了大規模的「三農問題」討論，三農問題才逐漸引起社會較為廣泛的關注。雖然近二十年來，中央政府、各級地方政府加大了農村建設的力度，但積重難返，農村的狀況並沒有得到根本的改善，特別是農村的環境，伴隨著過度開發和無序的鄉村工業化的進程而變得更加糟糕。於是，我們在《工廠青年》的「故鄉」一節中看到了觸目驚心的鄉村景觀，在霧氣重重的天幕下，荒蕪的耕地，燒焦的山頭，骯髒的河流，無人管理的水庫，白色的

---

16 戴維・哈維在《新自由主義簡史》中很清晰地梳理了 1970 年代末由英美主導的新自由主義經濟政策在全球，特別是在中國的影響，他明確指出，在美國實施產業轉型、產業升級戰略的同時，是大規模的資本轉移，資本轉移的目的是尋找更大更多更快捷的增殖空間。詳請參看《新自由主義簡史》，［美］戴維・哈維著，王欽譯，上海譯文出版社 2010年第一版。

垃圾，鄉村不再是「曖曖遠人村，依依墟里煙」的人間勝境。面對這樣的鄉村，導演忍不住地抒發起思古之幽情。

郭熙志在距離大城市並不遙遠的廣東英德發現了自然神。「故鄉」選取的是影片主要的幾位工廠青年的家鄉——廣東英德的農村為再現對象。查地圖，英德距離新世紀以後才與北京、上海並駕齊驅的廣州只有一百多公里，距離改革開放的先鋒城市深圳也不過二百多公里，但它除了擁有南方鄉村較為普遍的宗祠外，還保留了自然神崇拜。雖然這樣的原始宗教就只有仍然在務農的老人還會信仰，已經進城打工數年的阿健們顯然不可能信奉，甚至也不能理解，但郭熙志卻為之而興奮。

我們很難判斷郭熙志是否將這一古老的、基於傳統農耕文明的自然神崇拜視為克服城市中心主義弊病的力量而加以表現，但我們從影片四部分在形式上所選擇的不同再現方式中清楚地看到了他的傾向。本雅明說，攝影作為一種新的「看」的藝術手段，必然，也必須看到其他的藝術手段無法使我們看到的東西（內容和形式），於是，我們在影片的開頭看到了幾乎可以稱為「壯觀」的靜默的流水線，緩慢平移的鏡頭下，密閉的車間中，一個人也沒有，冷冷的機器在日光燈的照射下發出青冷的光，嘶嘶作響的電流聲非但沒有讓我們感受到生命的氣息，倒更增強了它試圖表達的冷酷。隨著工人們，也就是工廠青年們陸陸續續地進來，車間裡有了人聲，但郭熙志在這一部分刻意地沒有配字幕，也沒有特別地聚焦某幾位工人，而是像蜻

蜓點水似的，鏡頭在人和機器之間交替地移動，雖然我們能聽到工人們在說話，但我們聽不清他們說的什麼，對車間而言，對工廠而言，他們說什麼不重要，甚至他們也不重要，重要的是完成生產任務。第二部分「青年」不僅配了字幕，我們也能清晰地聽清他們所談論的內容，但整體是零碎的，沒有邏輯，沒有順序，沒有中心人物，像散點透視。然而這些零碎的片段卻是工廠青年的群像，是工廠青年生活世界的濃縮，看起來他們是不相干的，可事實上這些片段不過是任何一個新工人已經遭遇和即將遭遇的生活內容，除了這個時代的人們都有的戀愛、結婚、生子、奮鬥、消費之外，他們與其他進城者不同的是總有一個在進城和回鄉之間的艱難抉擇。這一部分的鏡頭，整體上看是客觀的敘述。如果說這兩部分有缺憾，在我看來，最大的缺憾就是沒有用攝像機這一特殊的、文字無法替代的工具將勞動過程和勞動過程中的工人的狀態更充分地再現出來，為揭示富士康制下的勞動形式提供最鮮活、最有力的證據。

如果說第四部分「日記」是「私影像」，那麼第三部分就是導演的抒情詩。在這裡，我們分明看到了雷蒙·威廉斯所命名的「浪漫主義的情感結構——自然與工業，詩歌和貿易之間的對立」。[17]但郭熙志沒有想到當代中國的

---

17 《鄉村與城市》，[英]雷蒙·威廉斯著，韓子滿、劉戈、徐珊珊譯，第113頁，商務印書館2013年第一版。

這些工廠青年已經再難有這樣的浪漫情懷，他們首先面對的是「回不去的農村，待不下的城市」，當我們在影片中看到，這些回到家鄉的青年最多也就是做一點家務活，田間地頭的農活，他們多半是不會，或許也有不少是不願意，甚至是做不動了的時候，我們就明白，城市已經將他們「改造」成一個地道的城裡人，鄉村已經是一個遙遠的存在，故鄉是他鄉。

但郭熙志以對鄉村的浪漫想像和對城市的理性批判將鄉村和城市重新組合在一起，以分裂的形式，通過新工人獨特的雙重身分告訴我們，鄉村和城市是一個社會、一個國家的整體，它們是不可割裂的。

結語：當文化遭遇階級

郭熙志說，拍這部紀錄片，很重要的目的就是要回答許立志為什麼自殺。可以說，他在一定程度上回答了這個問題，許立志的自殺是因為老田命名為「工廠專制主義」[18] 和城市中心主義。但在我看來，他又並沒有講出全部的原因。當我們聽到阿玉講述她與曾經的小姐妹如何漸行漸遠的故事時，我們怎麼理解那些娶了她的小姐妹的老

---

18 參看老田〈蔣子龍在兩種身分認同之間的糾結——毛時代破除韋伯「自由鐵籠」的真切記憶〉，http://www.wyzxwk.com/Article/sichao/2015/11/354068.html。

闆們與她現在的生活之間巨大的差別？當我們看到這樣的詩：「我在流水線上擰螺絲／螺絲在流水線上擰我／我們是兩顆狹路相逢的螺絲／拚卻一身的力氣／擰血擰汗擰鄉愁／卻擰不出／那個原來的自我∥流水線上的每一個人／都是一顆旋轉的螺絲／皮影戲裡的木偶／身不由己擺弄著荒誕離奇的舞姿／轉痛轉淚轉流年／卻轉不出／貧窮荒涼的影子∥零件加工零件／螺絲從不關心別的螺絲／只顧及自己腳下的位置／懸崖上的舞蹈／一步都不能錯／稍有不慎／便無立錐之地」[19]，我們怎麼理解郭台銘們的億萬財富？

　　1980 年代開始，我們將階級理論徹底掃進了垃圾箱，從此新啟蒙的普遍主義文化成為主流，但今天，面對分化如此嚴重的現實，那個我們曾經熱愛的「普遍性」豈止是蒼白無力，倒更像是騙人的招數。誠然，在這樣一個「後階級社會」，「在階級政治衰落之後，『階級』未必包含19-20 世紀意義上的階級革命的政治寓意，『新窮人』也不能等同於 20 世紀的無產階級……」[20]，問題是我們需要找到既能克服機械、刻板而教條的階級理論的弊端，以免造成傷及無辜的危害，又能擺脫虛假的普遍主義意識形態的糾纏的方法。方法即視角，一如攝像機的鏡頭，沒有廣

19　〈我在流水線上擰螺絲〉，作者周啟早，《2014 年打工詩歌精選》，第 187 頁。許強、陳忠村主編，長江文藝出版社2015 年第一版。

20　汪暉前揭文，第 50-51 頁。

角鏡就不可能有大視野，沒有整體觀就不可能發現病根所在。在這個意義上，即使《工廠青年》沒有解決方案，但它用一個整體性視野提供了找到方案的可能性。

2018 年 2 月 5 日凌晨改定於重慶沙坪壩

家・國・奮鬥・愛心 [1]

——《朗讀者》的四個關鍵詞

　　就媒體報導和評論看，《朗讀者》即使說不上好評如潮，也是讚譽有加，據報導，「節目刷新了電視節目傳播的各種紀錄：微信公眾號『10w+』文章累計 312 篇，『央視綜藝』、『人民日報』、『央視新聞』、『三聯生活週刊』、『環球時報』等近千家微博大號主動傳播節目信息，《人民日報》、《光明日報》共 27 次點名稱讚，超過 500 家平面媒體 1310 篇次大版面報導節目內容」；就收視情況看，開播首期，榮登當周綜藝節目收視率亞軍，此後的 11 期節目，有 5 次躋身綜藝節目前 20 名 [2]；

1　這是在呂新雨兄組織的《朗讀者》第一季討論會上的發言稿基礎上修訂而成，謹致謝意。

2　這五次，分別是主題為「選擇」的第三期、主題為「禮物」的第四期、主題為「第一次」的第五期、主題為「眼淚」的第六期和主題為「青春」的最後一期。嘉賓及朗讀篇目見表一。此處資料來自「英邁傳媒」微信公眾號。實際上，單純就某一節目的內容和形式本身考察其收視率是不夠的，每個節目的收視情況存在於同一時間的全部電視節目的關係中，並同時存在於與世界的關係之中。可以肯定地說，911 發生的那一天，全世界絕大多數新聞節目的收視率多半會高於其他節目。也就是說，收視率並不是單個節目收視情況的全

新媒體的傳播資料更是可觀，報導稱，「新媒體視頻全網
播放量達 9.7 億次，音訊收聽破 4.25 億次，體現網友搜索
熱度的微信指數最高達 2400 萬，線下活動『朗讀亭』在
北京、上海、西安等地均遇到了百姓排長隊等候朗讀的情
況。」³ 5 月初，更有法國某電視製作公司來函希望購買
節目模式的報導。

這一切，即使在傳統電視傳播媒介的中心地位被網絡
和移動終端傳播技術取代的今天，就看見的角度說，都具
有積極意義，值得宣傳、表彰。一個「文化情感類」的節
目，就其內容而言，在眾多無節操無底線的娛樂類綜藝和
消費文化主導的電視節目中，能夠獲得主流觀眾和主流媒
體的認同（主流觀眾和主流媒體的價值觀是什麼，值得深
入考察，並分析），不容易，應該肯定其意義；在其傳播
的過程中，能夠充分有效地與新媒體結合，贏得更為廣
泛的觀眾；特別是「朗讀亭」的使用，雖然並非首創，但
能夠讓那麼多普通百姓參與其中（普通到什麼程度，值得
觀察）；而中國電視節目模式終於走向國際市場，似乎有
力地印證了「文化自信力」建立後的文化生產力，更證明
了文化的重要性和大力發展文化工／產業的必要性（文化

部，它只是一個局部的分析點，但在主流傳播學的框架中，
收視率基本上與商業性研究一樣，主要是一個賣點，它就是
電視工業的一個商品。

3　參看 http://tv.cctv.com/2017/05/25/ARTIqQnHWG07HDt5Gdiw
tmFz170525.shtml。

工業的國際市場是如何運轉的，文化商品的價格與哪些因素有關等等問題也都值得進一步分析）；同時，還帶來了一個意想不到的後果，節目一定程度上刺激了早已疲軟的圖書市場，節目中朗讀的很多作品，甚至一些作家、翻譯家嘉賓的其他作品也銷量大增，讓一些學院體制內的人文學者頗為激動，似乎看見了一個新的閱讀時代的到來；8月，董卿主編、人民文學出版社出版的三卷本《朗讀者》並一卷「青少版」面世，似乎更加印證了文學類圖書市場的繁榮。

但如果我們只看到這些，恐怕還不能完整地解釋作為一個集媒體現象、文化現象和社會現象於一體的《朗讀者》的成功；就節目本身而言，還存在著可以作為我們這個時代和社會的症候的一些問題，這些問題如果僅僅從電視媒體的角度，或從文學閱讀的角度，是無法分析清楚的。為了使節目辦得更好，走得更遠，影響更積極，有必要將它放在當代文化生產過程和社會過程的整體性框架中進行觀照。

遇見的和沒有遇見的

第一期節目的主題詞是「遇見」，我們也從「遇見」開始。「未來誰會成為我們的朗讀者？我走進了北京人民藝術劇院……我走進了城市，因為那裡有著更多想要傾訴的心靈……總有一段文字影響生命的成長，總有一個人在

生命中留下抹不去的痕跡。朗讀者，一個人，一段文。」
這是我們遇見的開場白。

開場白中起碼有兩個問題，其一，為什麼城市有更多
想要傾訴的心靈？他們要傾訴什麼？向誰傾訴？朗讀／閱
讀能夠代替傾訴嗎？觀看節目能夠代替傾訴者的傾訴嗎？
同時，被有意無意遺棄的鄉村中的傾訴者真的比城市少
嗎？如果它不是要表達今天的中國鄉村是一片祥和的意
思，那它意味著什麼？我不知道節目製作人是否想過這些
問題，也許最簡單的答案就是這個節目不是給農村人看
的，但似乎並不盡然，節目的宣傳片不是明確說了「朗讀
屬於每一個人」嘛，可為什麼只有城市？具體容後分析。
其二，影響生命成長的因素很多，一段文字當然是其中的
一種，但就人與整個社會的關係而言，真正對生命的成長
產生深刻影響的，顯然並不是文字，文字沒有那麼大的力
量，真正起決定作用的是生產關係和社會關係。而且，在
這一季的朗讀者講述的故事中，我們也很少聽到文字和書
籍對他們的生命產生深刻影響的實例。

在開場白之後，我們遇見了歐式的圖書館布景，一片
強光從即將打開的門縫中穿出，主持人從有光的門裡走出
來，走向印著阿拉伯風格花紋的舞台中央。這些符號當然
都是有意義的，尤其是那一片強光，隱喻著閱讀的力量，
知識的力量，但它同時也有力地彰顯著電視工業的力量，
這是一片曖昧之光。主持人接著說：「因為是第一次與觀
眾見面，所以主題詞也刻意選擇了『遇見』。遇見彷彿是

一種神奇的安排，它是一切的開始。也希望從今天開始，《朗讀者》和大家的遇見能夠讓我們彼此之間感受到更多的美好。」「刻意」意味著精心籌畫，一場精心策劃的「遇見」將電視工業的生產特徵暴露無遺。但同時，「遇見」也是現代社會流動性的特徵在人際關係上體現的新形式，在城市，尤其是大城市，「遇見」看似神奇，充滿著偶然性，但這個偶然性是個體生命在陌生人世界必然遭遇的關係狀態，雖然它常常被解釋成宿命，實質不過是都市現代性的美學表達，與之相近的就是被很多文藝作品書寫過的「邂逅」。而這也再一次地證明，節目的預設觀眾是城市人群，因為在鄉村這樣的熟人社會基本上不可能有都市裡那些個遇見的故事。當然，城市人群並不都是城市人，在今天的中國城市中，實際上生活著近三億被主流稱為農民工的群體，他們既不屬於城市，也不屬於鄉村。同時，無論是遇見還是邂逅，都可以表述為兩個主體為了各自的目的在一個意想不到的時間和地點的相遇，兩者之間不存在主動與被動之分，但電視節目的主創／生產者在生產過程的所有環節，以及觀眾與節目的相遇中，卻都不是一個偶然的事件，而是「刻意選擇」的結果。

在節目與觀眾遇見之前，已經發生了很多遇見。就節目正式開始生產而言，或許北汽集團與董卿／央視的遇見才是根本性的，也是最重要的，因為沒有這一次的遇見，節目投入製作還將繼續延宕。據報導，該節目是董卿「獨立製作」，2016 年初，她「就帶著《朗讀者》的製

作理念參加了數次央視面對廣告客戶舉行的節目資源推介會」，功夫不負有心人，終於在 2017 年一月找到了北汽集團。董卿如願以償，欣喜地說，「我對於一檔有著人文精神的電視節目的追求，終於要實現了。」經過一年多的努力和辛勤勞動，節目在 2017 年 2 月 18 日亮相於央視的一套綜合頻道和次日的三套綜藝頻道的黃金時段。《新京報》的評論文章則說，《朗讀者》是「『中老年綜藝』的代表」，「若從談話節目層面去衡量，相較央視此前的談話節目──以煽情為特徵的《藝術人生》為例，《朗讀者》的野心明顯不在說故事和煽情，它更想傳遞的是價值觀、是社會中日漸缺失的溫情和責任感。」[4]「中老年綜藝節目代表」的說法是今天的媒體較為普遍的想當然和先入為主特點的體現，有資料為證：「《朗讀者》收聽受眾在年齡的分布上，0-17 歲占 27%，18-24 占 28%，25-34 占 43%，整個 80 後和 90 後用戶占了一半以上。『新媒體的傳播效果和年輕受眾的高關注度是節目最大的意外。』《朗讀者》節目製片人董卿說道。」[5]但即使如此，在今天商業性主導的新媒體的環境下，似乎也仍然需要追問，這個效果是如何達到的？但《新京報》還是說對了一點，那就是節目的價值觀傳播的意圖。價值觀就是意義觀，就是什麼樣的東西是有意義的。且不說「人文精神」這一概

4　參看 http://ent.ifeng.com/a/20170223/42840576_0.shtml。

5　參看 http://news.xinhuanet.com/zgjx/2017-02/02/c_136025651.htm。

念的模糊性，有意義並不意味著就一定有人文精神，因為
「意義」、「價值」本身就存在著內部的差異，消費主義
者一定認為消費即意義。

了解當代中國電視生產體制的都明白，今天的電視節
目已經鮮有無需贊助者，《朗讀者》這樣的節目更是如
此。我們當然需要追問，電視台，尤其是國家電視台，作
為公共事業的重要組成部分，是否只有依賴資本集團和企
業的商業性支持才能進行生產？如果說 90 年代開始實施
的「事業單位企業管理」的雙軌制政策是為了減輕國家財
政負擔，那麼，在今天很多事業單位的商業化程度已經很
高，有些已經對事業性構成牽制甚至危害的情況下，如何
處理事業與企業的關係恐怕已經遠非 90 年代的情勢和辦
法能夠應對。就是說，在這樣的生產體制中，如何處理公
共目的與商業性訴求之間的關係？公共目的在這樣的關係
中如何表達？具體來說，贊助商對節目的生產過程，包括
對相關內容的設計、選擇會有多大程度的參與和介入，甚
至是決定性的決策權，對節目試圖傳播的理念和價值觀有
多少程度的認同，以及對播出的頻道、時間乃至廣告形式
的要求如何與製作人團隊和播出單位協商。這些業內信息
如今都被視為需要保密的商業情報，普通民眾無從得知。
在影響和決定程度不可知的情況下，有一點可以肯定，贊
助商一般不會僅僅依賴收視率就投入數百萬數千萬的廣告
費用，而是要千方百計地將企業的理念和產品所附著的價
值觀植入節目中，盡可能多地將觀眾——潛在消費者生產

為消費者，以此求得廣告效益的最大化。

　　《朗讀者》在 2017 年獲得上海電視節「白玉蘭獎」最佳季播節目唯一大獎。董卿在「感言」中説：「《朗讀者》節目也就是希望能夠彰顯這樣一種人之所以為人的精神。中央電視台作為一個國家媒體，也可以説在這樣一個喧囂的時代，重新把目光投注到了最簡單也最豐富，最質樸也最深刻的文字的世界，扛起這樣一面文化的大旗。」[6]而問題正在於，類似《朗讀者》這樣價值傳播的電視節目和某一商品的市場擴張的雙贏究竟是一個神話，還是確實存在可能性？在這種可能性中，市場擴張的訴求對所傳播的價值觀和意義系統會產生什麼樣的影響？在資本與文化的生產似乎已經很難剝離的自由市場經濟的條件下，堅持一個積極的、真正做到平等互惠的理想是否可能？當觀眾既是價值和意義傳播的接受者，又是商品的潛在消費者，這樣一種實際上包含著緊張關係的雙重身分，所建構、生產的主體將如何面對兩者間的緊張，甚至衝突，並最終選擇怎樣的價值觀，又或者，在兩者矛盾衝突後受眾將形成怎樣的價值觀？無論如何，央視黃金時間（此處的「黃金時間」不僅僅是隱喻，從網上查看到的時段廣告價格可以十分真切地感受到時間就是黃金，甚至比黃金還昂貴）的廣告是對「時間就是金錢」這一價值觀非常直接而有力的

6　參看 http://tv.cctv.com/2017/06/16/ARTI09jiogHoZbFxSE9Kjq0b170616.shtml。

體現，如此之高的商業化程度對觀眾不可能不產生影響。

按常理說，北汽集團對收視率的預期與其市場擴張的預期應該是一致的，對節目觀眾的經濟能力／社會地位與其對潛在消費者的設定也應該是一致的。正是在這個意義上，在節目內容和播出時間等方面，作為商品的受眾均被細緻地分層處理，而被刻意選擇的遇見的目的就不僅僅是為了單純的價值觀盡可能廣泛的傳播，而是一個價值和意義的傳播效果與經濟理性目標的追求兩者相互協商、博弈的選擇性結果。

這裡還有一個需要認真對待的廣告的具體內容問題。《朗讀者》節目開始的贊助是北汽集團，後來又有汾酒集團加盟。近年來，隨著我國汽車工業的發展和跨國汽車公司的拓殖，隨著家用轎車普及率的提高，市場的競爭越來越激烈，也帶來產品在廣告業內的激烈競爭，北汽集團之於《朗讀者》、東風集團之於《加油向未來》、長安汽車凌軒之於央視影音等等，無疑都是看中了央視這塊風水寶地。就北汽集團而言，SUV、新能源、越野三個系列在《朗讀者》節目中均有展示，從嘉賓乘坐到錄製現場主持人與嘉賓對坐兩邊的茶几上擺放的車模，以及在視頻畫面的右下角可以見到間隙閃耀著光芒的車模，還有每一單元開始時播報的「行有道，達天下」的廣告詞，以及節目中不經意間閃過的廣告招貼鏡頭，當然更有集團現任董事長徐和誼在第十二期的親自出場，既作為朗讀者，也作為贊助者，還是慈善者。這期節目中，集團為賴敏夫婦提供

「愛心專屬服務」，該服務項目由集團新成立的華夏出行子公司承擔。據說，「華夏出行將以用戶為核心，提供會議會展、商務差旅、私人訂製旅遊、醫療福祉等服務，提供極致服務體驗。同時，還將為身體障礙人士、孤寡老人等社會弱勢群體提供特殊的出行服務，服務社會、惠及百姓，彰顯國有企業的責任與擔當。」[7]這是一個「完美」的軟廣告，多重功能均得到了最大限度的實現。誠然，關懷弱勢群體是好事，但華夏出行既然是作為一種商業模式，就是以贏利為目的，有多少賴敏能夠獲得這樣免費的服務也就可想而知。在這個意義上，慈善在很大程度上說就是廣告的一種形式。

北汽集團打造的「綠色出行、智慧出行、快樂出行」理念看上去很美妙、誘人，與其系列產品看上去很匹配。然而，「綠色」僅僅是汽車動力一個方面的因素嗎？信息化就是「智慧」的代名詞嗎？更荒唐的是「快樂」的來源。我知道這麼問問題，一定會被視為幼稚或苛嚴。但我們沒有理由忽視汽車工業與真正的「綠色」、「智慧」和「快樂」之間的矛盾，甚至它們之間根本就是南轅北轍。

這一切是怎麼造成的？為什麼我們都願意相信它，或視而不見、聽而不聞？孟悅在差不多近二十年前發表的一

7　參看 http://news.xinhuanet.com/auto/2017-04/08/c_1120773265.htm。賴敏患小腦共濟失調症，詳情參看《朗讀者》第六期和第十二期節目相關內容。

篇〈轎車夢酣──「平等」而「發達」的瀝青幻境〉的論文早已被束之高閣、無人問津，也許這就是其中的一個原因。中國的家用轎車夢始於 90 年代中期，而始作俑者就是當年的媒體，孟悅以其時傳播廣泛的《北京青年報》的相關欄目為分析對象，描述了轎車如何從 80 年代對官民平等的訴求在 90 年代發展主義的敘述中轉換為現代文明的符號，甚至被知識界想像為現代民主的實現之途徑，論文對美國家用轎車發展的梳理則揭示了資本與權力的合謀，並在此基礎上深刻地指出轎車的消費者實際上是徹頭徹尾的被消費者這一事實。文章在一連串發人深省的詰問中結束。[8]

　　如果說 90 年代的轎車夢是媒體和經濟學家們共同生

8　孟悅〈轎車夢酣──「平等」而「發達」的瀝青幻境〉，第 58-72 頁，《視界》第三輯，李陀、陳燕谷主編，河北教育出版社 2001 年第一版。文章結尾這樣寫道：「在我們的記者和經濟學家們為汽車時代和轎車文明的降臨歡呼時，是否應該首先問一問，誰在主宰我們的空間和生活方式？誰在出錢修路？誰在修停車場？縮小誰的居住和生活空間？耗用誰的可耕地面積？乾涸誰的水源？威脅誰的自由？倘若有一天，跨國汽車公司集團的生產開始壟斷中國人的社會生活和政策，那時，我們的政府，我們的媒體，會不會也像美國政府一樣，寧願花上千百億的美金修路，為大公司服務，也不願在汽車保險及石油財團的遊說和脅迫面前保護公眾的利益呢？大眾消費者的我們，又以什麼來要求政府對公眾利益作應有的保護？」

產出來的，那麼今天已經不再是「幻境」的家用轎車保有量[9]的現實就是汽車工業和媒體、發展理念和政府政策、知識生產和高等教育等合力創造的成果。家用轎車是一種充分體現美國式現代文明觀的生活方式，而這種生活方式的生產者則是資本主義生產方式和生產關係。這種生活方式徹底改變了人與世界、人與人、人與物的關係，進而改變了人和世界。我們不可能在這裡對此展開充分的討論，我們也不可能就此作一個簡單的判斷，這種改變是好還是不好，僅僅就國家乃至全球的資源和能源有限的角度，大概也會使我們不再可能若無其事地看待已經鋪天蓋地的汽車廣告了吧，同時，對於我們內心蠢蠢欲動的購車願望，我們大概也不會無動於衷了吧。在這個意義上，《朗讀者》不應被質疑的人文關懷與其提供贊助的商品所包含的價值觀和意義也就構成了一個深層的矛盾；具體地說，節目所表達的情感和文化及其所期待的「治癒」現代文明病的可能恰恰遭遇了來自廣告商品的否定。而這樣的尷尬其實提出了一個普遍被商業化的公共媒體所忽視的問題：公共媒體的公共事業訴求與廣告商品蘊含的意義常常會產生矛盾，如何處理這個矛盾？更進一步追問，實際上這一問

9　據報導：「2015 年民用轎車保有量 9508 萬輛，增長 14.6%，其中私人轎車 8793 萬輛，增長 15.8%；2016 年民用轎車保有量 10876 萬輛，增長 14.4%，其中私人轎車 10152 萬輛，增長 15.5%。」參看中國產業發展研究網 http://www.chinaidr.com/tradenews/2017-04/112224.html。

題事關媒體的意義，媒體為什麼人服務，媒體表達什麼樣的價值觀。

正是因為這個忽視，使《朗讀者》的節目製作人只看到節目自身的意義和價值，而將有著特定意義的產品生產者提供贊助的行為想像成一件義舉，一個社會責任的擔當。也正因此，我們沒有遇見農村和農民自然就是順理成章的了。因為轎車在今天的中國表徵的是城市／城鎮的生活方式，即使農村已經有相當數量的轎車，但可以肯定，轎車主人的生活方式已經在相當程度上城市化／城鎮化了。也因此，可以說，不是製作人看不見農村和農民，而是透過轎車的玻璃和車身良好的反光效果，農村和農民消失了，被遮蔽了。而它隱含的一個結論是農民不需要朗讀亭，農民不需要閱讀，也不需要傾訴。當然，它還隱含著一個我們時代的祕密，沒有多少人願意讀給農民聽，沒有多少人願意看農民的朗讀，城市人，居住在城市的農村人絕大多數不會去看「麥收說吧」[10]，糧食生產和食品完全被視為兩個不相干的系統，唯一的關聯來自於城裡一部分人越來越重視的食品安全，而不了解資本主義食品生產方式的城裡人和媒體人常常簡單、粗暴地將食品／糧食安全問題歸結為農民的自私和歹毒、愚昧和落後。

___

10 「麥收說吧」是央視七套在今年麥收時節設立在田間地頭的視頻採集設備。「聚焦三農」欄目有選擇地在節目中播放一些。誰都可以去說，當然不是誰說的都能上電視。

　　而在朗讀的文本中，也幾乎沒有鄉村的影子（除了秦
玥飛等人外），鄉村在這個影像化的閱讀空間中更多地被
視為自然，一個沒有人的自然世界，或者粗暴一點說，自
然就是鄉村，鄉村就是自然。人，更具體地說，農民也是
大自然裡的一個風景。

　　不是說一檔電視節目必須囊括當代中國的全部，也不
是說《朗讀者》必須有農村和農民，而是說節目在製作過
程中幾乎沒有這個意識，沒有整體視野，只有隱含在人文
關懷深處的發展主義和城市中心主義。然而，有意味的是
農村和農民已經是，也將仍然是北汽集團中低端產品很重
要的消費者，當然恐怕還應該看到北汽集團中的新工人
（農民工）群體的存在。一定程度上說，農村市場必定是
未來市場競爭最激烈的空間，誰占領了這個無比巨大的市
場，誰就擁有了巨大的財富。

　　而這一切和纏繞其中的複雜關係，都是由今天中國社
會的生產關係和電視工業的生產方式，或者說是當代中國
電視工業的制度所決定。

被分配的情感

　　我們當然不應該因此就簡單地否定商業化對文化、意
義生產的積極作用。雷蒙・威廉斯在對當年 BBC 的節目
分析中就指出，即使是商業性很強的電視節目，也「都包
含了很重要的文化『設定』（set）」。就如同對待國家媒

體一樣，「我們也不能毫無保留就接受國家等同於公共利
益這樣的說法。」[11] 但我們也不能不看到今天的電視工業
究竟在生產怎樣的意義、情感和文化，又是如何生產的。

就《朗讀者》而言，從具體的內容和形式來看，均包
含著一種其他節目所不具備的內容的多重性、形式的多樣
性和價值的多元性。在這個意義上，當然應該承認其創造
性。但多元並非簡單的政治正確戒律，假借多元之名，行
資本主義市場壟斷或權力壟斷之實的現象理應受到重視；
同時，也應該看到這種多重性、多樣性和多元性實質上來
自節目的訴求，但更重要的是它與時代和現實的呼應。

2017 年 4 月 23 日，在錄製完第一季全部節目後，董
卿接受央視《面對面》欄目的訪談，她說為了這個節目
等了二十年，之前所有的一切都是為了它。[12] 正好一個月
後，央視在北京召開專題研討會，據說董卿自己認為《朗
讀者》之所以引起這麼大的反響，很重要的原因是恰逢其
時，「當大屏、小屏被各種綜藝充斥的時候，《朗讀者》
以文化節目出現，給觀眾帶來了一種清新的感覺，觀眾有
借助朗讀來表達情感的需求」，而「『以文學之名扣問生
命』是節目的靈魂」。[13] 可見情感的表達是製作人追求的

11　[英] 雷蒙·威廉斯《電視：科技與文化形式》，第 108
　　頁、第 55 頁，馮建三譯，台灣遠流出版事業股份有限公司
　　1994 年第一版。

12　詳請參看央視新聞頻道 2017 年 4 月 23 日《面對面》欄目。

13　〈董卿揭祕《朗讀者》成功原因〉，《北京青年報》2017

目標，也是獲得成功的重要因素。而此處的「文化」，正包涵了威廉斯為其所釐定的三重意義：所謂「文獻的」、「社會的」和「價值的」意涵[14]。關於文化，容後討論。那麼《朗讀者》究竟表達了怎樣的情感呢？又是如何表現的呢？

　　為方便起見，我們將第一季全部節目的相關內容做成一個簡表（見下表）。這十二個主題詞、七十餘位主嘉賓和相應的絕大部分文本都是節目組深思熟慮、精心選擇的結果，特別是主題詞，雖然並沒有特定的邏輯和順序，但又頗為充分地體現了一個共同的特點，它們都是每一個人人生中必然有過的經歷。而且，這十二個主題詞大多帶有頗為強烈的感情色彩。從這些刻意挑選的主題詞與人生、與文學的關係看，倒真的印證了嘉賓中百歲老人錢谷融先生六十年前因此獲罪的論文題目：文學是人學。文學與人學最深切的相關就在情感。情感從來就不是自生的，情感來自於與周遭的關係；孤絕的個人不可能產生情感，也沒有情感，孤獨正是因為與群體的關係出現了緊張才生成的特殊情感狀態和類型。個人與周遭的關係最原始、最基礎，也是最重要的無疑就是與家庭成員的關係，因而也就理所當然的，親情成了節目所表達的最主要的情感內容。

年 5 月 25 日 A12 版。

14 參看雷蒙・威廉斯著《漫長的革命》相關章節，倪偉譯，上海人民出版社 2013 年第一版。

表　《朗讀者》第一季主題詞、嘉賓及讀本一覽表[15]

期次	主題詞	嘉賓	讀本
一	遇見	濮存昕、蔣勵、柳傳志、周小林夫婦、張梓琳、許淵沖等	老舍〈宗月大師〉、鮑勃‧狄倫〈答案在風中飄揚〉、柳傳志〈寫給兒子的信〉、劉瑜〈願你慢慢長大〉、朱生豪〈情書〉、許淵沖譯詩若干
二	陪伴	鄭淵潔、蔣雯麗、喬榛、楊乃斌、林兆銘	鄭淵潔《父與子》、林清玄〈百合花開〉、裴多菲〈我願是激流〉、冰心〈不為什麼〉、梭羅《瓦爾登湖》
三	選擇	王千源、秦玥飛等、徐靜蕾、西爾斯、郭小平、麥家	海明威《老人與海》、遲子建〈泥濘〉、史鐵生〈奶奶的星星〉、劉禹錫〈陋室銘〉、吉卜林〈如果〉、麥家〈致叛逆兒子的一封信〉
四	禮物	李亞鵬、胡瑋煒、倪萍、單霽翔、趙蕊蕊、趙家和	朱自清〈背影〉、蘇童《自行車之歌》、倪萍《姥姥語錄》、張越佳、劉凱《至大無外》、畢淑敏〈握緊你的右手〉、汪國真〈讓我怎樣感謝你〉
五	第一次	王學圻、柯潔、許鏡清、劉震雲、王珮瑜、楊利偉	路遙《平凡的世界》、羅琳《哈利波特與死亡聖器》、巴金〈燈〉、劉震雲《一句頂一萬句》、蘇軾〈念奴嬌‧赤壁懷古〉、楊利偉《天地九重》

---

15 節目嘉賓及朗讀文本或有與出版物不完全相符的，此表根據長城寬頻的大麥盒子提供的視頻整理而成。

期次	主題詞	嘉賓	讀 本
六	眼淚	陸川、斯琴高娃、賴敏、張家敏、張魯新	王宗仁《藏羚羊的跪拜》、賈平凹〈寫給母親〉、三毛《你是我不及的夢》、泰戈爾〈生如夏花〉、烏爾曼〈青春〉
七	告別	姚晨、程何、劉陽、曹文軒、李立群、張國強、王蒙	魯迅〈阿長與《山海經》〉、塞萬提斯《堂吉訶德》等、曹文軒《草房子》、老舍〈我的理想家庭〉、西蒙諾夫〈等著我吧〉、王蒙〈明年我將衰老〉
八	勇氣	江一燕、汪明荃、羅家英、秋爸爸秋媽媽、李寧、翟墨、樊錦詩	陳忠實〈晶瑩的淚珠〉、馮驥才〈老夫老妻〉、海桑〈給我的孩子〉、巴金〈做一個戰士〉、高爾基〈海燕〉、余秋雨〈莫高窟〉
九	家	王耀慶、梁曉聲、鄒市明一家、畢飛宇、趙文瑄、潘際鑾等	馬特爾《少年Pi的奇幻漂流》、梁曉聲〈慈母情深〉、麥克布雷爾《猜猜我有多愛你》、畢飛宇《推拿》、季羨林〈老貓〉、清華大學救國會《告全國民眾書》
十	味道	張小嫻、胡忠英、張艾嘉、吳純、葉錦添、葉嘉瑩等	張小嫻〈愛情的餐桌〉、古龍〈吃膽與口福〉、布里克森《走出非洲》、羅曼羅蘭《貝多芬傳》、曹雪芹《紅樓夢》
十一	那一天	劉慈欣、姚建中等、安文彬、金士傑、江疏影、郭琨等	霍金《時間簡史》、木心〈從前慢〉、方志敏《可愛的中國》、阿爾博姆《相約星期二》、米切爾《飄》、舒婷〈獻給我的同代人〉

期次	主題詞	嘉賓	讀　本
十二	青春	老狼、余秀華、馮小剛、徐和誼、郎平等、賀敬之等、喬羽	石康《晃晃悠悠》、余秀華〈給你〉、佚名〈當我開始愛自己〉、艾青〈時代〉、流沙河〈理想〉等、勃蘭兌斯〈人生〉、喬羽《告別今宵》
精編		王姬、王源	史鐵生〈秋天的思念〉、保羅・科爾賀《牧羊少年奇幻之旅》等

　　訪談和朗讀作為節目的兩個基本板塊，通常訪談在前，朗讀在後。正如一些網友指出的，訪談與讀本的關係並不是十分緊密，但也不能說完全沒有關係。就節目製作的目的來說，朗讀是重點，是中心，訪談是為朗讀服務的，是理解朗讀的輔助，是準備，是鋪墊，雖然很多時候它更像是催情。從激發、喚起情感共鳴的角度說，是否一定需要訪談這一環節，是否只能是這樣的形式？如果僅僅從文學教育的角度說，答案恐怕是否定的，但如果從情感教育的角度看，就未必如此簡單。在很大程度上說，經歷了始於80年代以來，特別是90年代後高速現代化的我們，越來越被現實的政治經濟塑造成徹頭徹尾的理性經濟人，情感，即使是最基本的人倫之情也常常被擺放在經濟和個人的欲望之後，甚至被完全捨棄，這樣的例子近年來非但不鮮見，且很有普遍化之勢。在這個意義上，這樣的形式就是情感教育的基礎形式，是必不可少的。我甚至想說，今天正需要這樣的情感啟蒙，從親情做起，重新開始。

　　但僅僅從情感教育的角度出發也還不夠。無論如何，
《朗讀者》是一個電視節目。實際上，電視的閱讀節目並
不從此開始。從央視最初的《讀書時間》，到重慶電視
台的《品味》等地方台節目，不能說《朗讀者》之前就
沒有電視人意識到閱讀的重要性，以及閱讀與當代人精神
生活之症候的關係，但產生較大影響，並在社會不同層面
都有一定美譽的當推《朗讀者》。而成功的原因，除了央
視作為國家媒體的強大傳播能力外，有相當一部分恐怕要
歸功於節目對今天電視閱讀形式的把握，其中包括邀請演
藝明星擔任朗讀者的策略，甚至包括其舞台空間的設計。
雖然真正熱愛閱讀的人反而會覺得這個舞台過於奢華、闊
大，甚至有些誇張，但問題正在於，即使不考慮讀什麼的
問題，真正的閱讀早已在 90 年代降臨的讀圖時代日漸其
少。完全舞台化的空間設計風格、炫目的燈光效果、豪華
的裝飾等等既是虛誇的時代精神的體現，也是在與受眾趣
味協商中的妥協，甚至還是對消費主義的妥協，更是今天
全球化電視工業的基本美學風格和形式要求。可以肯定地
說，如果沒有這些特點，在新媒體和網絡（包括無線網
絡）同質然而高度發達的環境下，對 80、90 後受眾的爭
奪幾乎是不可能實現的。

　　然而，這並不意味著節目製作人最初的目標就達成
了。這其中的關鍵就是節目給予受眾的情感內容和給予的
方式。

　　因為節目的訴求就是情感教育，訪談選擇了從主題詞

開始，引出回憶，在被訪談者的人生經歷中展開的方式。主題詞是早已設計好的，讀本其實也是早就確定了的，雖然在節目中，我們看到的是主持人與嘉賓常常刻意卻又頗為笨拙地掩飾這一事實[16]。而掩飾恰恰暴露了它的表演性，但有意味的是為什麼要掩飾。掩飾的目的不過是要告訴觀眾，嘉賓們都是熱愛閱讀的人，對這些名著、名篇都很熟悉，並有很深的體會，更重要的是這些作品說出了他們的心聲，表達了他們的情感，也給予了他們以力量和安慰。因而，掩飾也是實現教育的目的。

每個人都有一個並不被世人所知的經歷，就抽象的意義上說，這些經歷完全可能與他人相似，甚至雷同，但這並不意味著對他／她來說不重要，更不意味著對他／她而言的獨特性就不存在了；每個人的心底都有只屬於他／她的感情，或是傷痛留下的已經痊癒、尚未痊癒的傷疤，或是沉澱在內心深處的幸福和甜蜜，但無論是幸福還是傷痛，都一定與某些人和事情有關。在適當的時候，在環境的誘引下，回憶之門打開，敘述如水般流淌。聽者或為之唏噓，或為之扼腕，或為之動容，或為之不屑也未可知。然而聚光燈下的敘述畢竟不是面對二三至親之人，多半不會太率性，不會任由回憶和因之而起的感情被敘述之流所裹挾，即使善解人意的董卿通過在訪談空間與朗讀舞台之

---

16 訪談結束的時候，主持人常常問嘉賓：今天您要為我們讀什麼？嘉賓也會假模假式地說出篇名。

間添加一扇大門的辦法一定程度上解決了這個問題，其中的表演性恐怕也不能完全忽略不計。但我並不是要懷疑其真實性，而是希望我們不要忘記受眾的存在和節目的目的。因為這些敘述並不是為了敘述而敘述，而是為了和很多陌生人「分享」。

能夠與人分享的一定是自己的東西。因此，朗讀者們講述的是自己的故事，坦露的是自己的情感和心跡，敘述的也都是自己的經驗和心得。但對於受眾而言，刁鑽者會問，我為什麼要接受你塞給我的分享？它能帶給我什麼？我能從中得到什麼？這樣的表達顯然是今天最主流的經濟人的思路，體現的是一種「交換」觀念。情感，當然不應該是拿來交換的東西，但當所有的關係都被商品化之後，當經濟關係高於一切的時候，交換就成了一切關係的唯一形式，甚至可以說，「交換」是我們這個時代情感結構中的一個方面。在這個意義上，那樣的問題就不僅僅只有刁鑽者才問得出來，它已然是一個頗為普遍的現實。就觀看電視而言，受眾用以交換的是諸如網絡使用的費用、看電視的時間、收看節目的習慣、興趣等信息與潛在消費者的身分，而這些資料以及收視率也都已經成為商品，進入交易市場，成為可以交換的東西。

當「分享」被經驗中的「交換意識」所腐蝕，它也就與這個時代的另一個主流詞彙「共贏」產生了關聯，而「共贏」則催生了又一個大紅大紫的主流詞彙「共享」。這些詞彙的流行給人一種彷彿大同世界已然降臨的幻覺，

然而它不過是幻覺。但麻煩的是幻覺卻是今天情感經驗的重要生產者。一般而言，「分享」通常不會是據說已經神聖不可侵犯的私有財產。我們可以看到，經常被分享的是經驗、心得和情感等相對較「虛」的東西，即使有實物，也多半是食物等資費不高的東西；但在隱喻的意義上，經驗、心得也是一種財富，分享經驗因而成為語言學意義上的財富共享。然而，就如同「共贏」這一主流經濟領域的話語行為一樣，在談判、協商，甚至鬥爭中，遮蔽的恰恰是贏多贏少的問題，而贏多贏少其實決定於市場資源和權力資源等因素。在這個意義上，「共享經濟」是絕對的幻覺經濟，真正的獲益者是占據壟斷地位的資本集團和權力集團。當然，必須承認「互利」是存在的，但重要的是「平等互利」，糟糕的是今天很多打著共享經濟旗號的經濟形式根本不會考慮平等，甚至根本否認平等的存在。

　　共享單車就是典型。胡瑋煒說，「摩拜單車是給這個城市的一個禮物」，而胡瑋煒的成功──「用兩年的時間實現了零到一百億的突破」──恰恰是金融資本給胡瑋煒的禮物，當然，金融資本集團獲得的回報會更大。胡瑋煒的成功是資本生產出來的神話和傳奇，這原本就是資本進行社會動員最常見的形式。且不說其盈利模式根本不可能直接帶來一百億的財富，一百億其實是國際資本市場的價格。據說，共享單車就是「一輛隨時隨地可以騎的自行車」，它「解決零到五公里出行」的問題。看起來似乎是這樣，但事實恰恰與此相反，更不必說被他們譽為「自

行車年產量達千萬輛，帶動了傳統製造業的升級」的巨大
「社會價值」，和「創造了一種新的生活方式」的自我標
榜。[17]

　　稍微了解點中國前幾十年歷史的大概都知道，中國是
自行車大國，過去數十年一直是自行車產量和使用的大
國，現在更是自行車出口的大國。值得追問的問題是：(1)
從自行車生產大國、使用大國向出口大國的轉變是如何完
成的，是產能過剩，還是高利潤率的吸引力？(2) 自行車
出口量的增長與汽車生產線的引進和生產力的提高之間存
在著怎樣的關係？

　　據有關統計，「1979 年，我國自行車的成車年產
量首次突破了千萬輛大關，居世界首位。」[18]而銷售量
「一九八〇年首次突破 1,000 萬輛……一九八二年又突破
了 2,000 萬輛；一九八四年達到 2,808 萬輛。」[19]「1985
年 1-9 月全國自行車產量為 2378.83 萬輛，比去年同期

17　本段落引文均出自《朗讀者》第一卷，第 249-251 頁。董卿
　　主編，人民文學出版社 2017 年第一版。

18　〈我國自行車工業掃描——訪中國自行車協會副祕書長邱伯
　　新〉，《中國商貿》（現名《中國商論》，中國商業聯合會
　　主辦，旬刊）1995 年第 24 期，第 4 頁。

19　國家計委經濟預測中心消費處〈全國自行車產需形勢分析
　　及預測〉，《計劃工作動態》（現名《宏觀經濟管理》，
　　中華人民共和國發展與改革委員會主辦），1985 年 11 期，
　　第 9 頁。

增長 14.4%，據商業部門統計，1-10 月全國自行車銷售
1962 萬輛，比去年同期增長 13.3%。」[20] 也就是說，80 年
代中期，僅僅就 1984、1985 兩年的自行車銷量就達到近
五千八百萬輛，加上之前仍在繼續使用的數量，全國自行
車使用數絕對超過一億。時隔三十年後，「根據各主產區
行業協會的調查統計並結合國家統計局對規模以上企業的
統計資料，2015 年自行車總產量為 8026 萬輛，同比下降
3.36%」，其中「出口 5746.1 萬輛，同比下降 8.3%」，排
名出口量前五位的是美國、日本、印尼、俄羅斯聯邦和韓
國。[21]2015 年摩拜單車的運營公司成立，同年獲得數百萬
美元融資，至 2017 年 6 月，共獲得逾八億美元融資。

我們再來看看汽車的生產和銷量情況。「據公安部
交管局統計：截至 2016 年底，全國汽車保有量達 1.94 億
輛，其中有 49 個城市的汽車保有量超過百萬輛，18 個
城市超 2 百萬輛，6 個城市超 3 百萬輛。」自 2007 年
至 2015 年，每年增速均保持在 10% 以上。[22] 其中，截止

20 輕工部財務價格司周敏、魯培廉〈一九八五年自行車銷量增
長〉，《價格月刊》1986 年 3 期，南昌。

21 中國自行車協會祕書處〈中國自行車行業 2015 年及 2016 年
一季度經濟運行分析報告〉，《中國自行車》2016 年第 7
期，上海。

22 〈2016 全國城市汽車保有量排名榜〉，http://www.sohu.com/
a/130443120_180520。超過三百萬輛的六個城市依次是北
京、成都、重慶、上海、深圳和蘇州。為什麼是這六個城市

2015 年，私人汽車擁有量為 14099.10 萬輛，而 2014 年則是 12339.36 萬輛 [23]。可見，私人汽車保有量的增速與當年自行車相比有過之無不及。

簡單地說，就私有交通工具而言，近二十多年來發生了一個汽車取代自行車的過程。而值得深入討論的是，90 年代中期後自行車是怎麼從我們的生活中逐漸淡去的？那時候的淡去和今天的豪華歸來是怎樣的關係？本文無法進一步展開，當年發生在大連自行車退潮現象引來的一段議論文字透露了其中的很多消息。「如今乘坐巴士倒變成了一種享受，人們已經從實用型開始向享受型轉變⋯⋯收入高的，自家購買小轎車者日眾；收入稍低的，『打的』既瀟灑又省心；工薪階層乘坐漂亮的巴士，不僅經濟上可以承受，而且也不失體面。倒是騎自行車的人，卻顯得有些寒酸。」[24] 實際上在很多城市乘坐巴士並沒有成為「一種享受」，也可以肯定，在這樣的發展模式和觀念下，它也絕不可能成為一種享受。今天被絕大多數人認同的「享受」是小轎車，而且轎車的檔位也在迅速攀升。

於是，在城市交通市場化的分配比率中，不那麼發

也頗值得分析。

23 資料來自國家統計局網站 http://data.stats.gov.cn/easyquery. htm?cn=C01&zb=A0G0J&sj=2015。

24 楊建世〈大連——自行車退潮發人深思〉，《交電商品科技情報》（現名《現代家電》，全國交電商品科技經濟情報中心站，北京）1998 年第 5 期，第 12 頁。

達、完善的公共交通系統和日益旺盛的私家車之外，產生了一個零到五公里的市場空間。但國際金融資本並沒有簡單地將它分配給自行車產業，而是以更加誘人的「共享」概念博取象徵價值，從而製造出一個真實的幻覺。說到底，共享單車是一個圈錢的花招，是高超的投機，是國際金融資本的玩偶。它除了給極小一部分人帶來有限的便利外，就是製造了一個資本的神話，但更重要的是，它讓很多人真的以為只要有「創意」就會一夜暴富；同時，它還讓越來越多的城市人失去了唯一通過步行鍛煉身體的機會，讓越來越多的人不會走路，不願意走路。於是，長期處於亞健康狀態的城市白領「踴躍」走進健身房，使健身房也成為這個生活方式的一部分[25]，他們不知道，健身房同樣是市場分配原則和方法切出來的一塊蛋糕，需要一定的消費能力，而這並不是所有的人，甚至不是絕大多數人所能承擔。更重要的是城市因此而「繁榮」，經濟因此而增長。然而，資源的浪費則是這樣的繁榮和增長的代價。

但是，在《朗讀者》節目中，我們看到，自行車就這樣與小轎車毫無違和感地搭在了一起，汽車的廣告歸汽車，共享單車的軟廣告歸共享單車，五公里以內的歸自行

---

25 此外，健身房成為生活方式的一部分，也與勞動形式的變化有關，城市產業轉型和升級的一個直接結果是體力勞動者的數量大幅下降，腦力勞動者逐漸增加，且體力勞動與腦力勞動的分工同樣受制於市場原則和方法，並因此加劇了兩者的等級分化。

車，五公里以外的歸小轎車，而自行車的「情懷」依然是情懷。但實際上他們將我們的出行工具和出行方式，還包括與之相關的情感按照自由市場經濟的規矩完成了分配，用一個更嚴厲的詞，叫「瓜分」。這就是「共贏」和「共享」。於是不需要走路的人感嘆著出行的便利和快捷，還不時地炫耀一下自行車表徵的情懷和私家車象徵的財富。

如同共享單車是資本「分配」給我們的生活方式一樣，《朗讀者》則是當代中國雙軌制的電視產業「分配」給我們的「文化生活」和「情感生活」。這麼說對有強烈責任感和人文關懷的節目製作人而言，似乎過於嚴苛了，因為，也許節目製作人並沒有受到多少贊助商的要求。但是，董卿主編的一套三卷本《朗讀者》，外加一冊「青少版」的圖書於 8 月火熱上市，再次提醒我們注意其文化工業的屬性，然而它也仍然不僅僅是文化工業，中國作協主席鐵凝為之作序，人民文學出版社鼎力出版，提醒我們不要忘記它還是國家意識形態的生產者。

我相信，德國作家本哈德·施林克在寫作《朗讀者》的時候，絕對想不到十幾年後會在中國出現這麼一個同名的電視節目。當然，作為電視節目，已經與小說和電影都沒有多少直接的關聯，但如何面對這樣一個多重商品化的文化工業的產品，及其所產生的社會影響並不是可以輕描淡寫應付的問題。就如同小說被很多人簡單地理解成了漢娜·阿倫特所追問的「庸眾」之邪惡一樣，電視《朗讀者》在文本的選擇和理解上同樣存在著簡單化的傾

向。《朗讀者》小說中一個特別重要的維度常常被忽視甚至被徹底遺棄，那就是它「屬於『令人難以置信的一生懺悔』」[26]，而懺悔者絕不僅僅是文盲漢娜，甚至主要不是她，而是作為知識分子的、知名法學家，也是作為朗讀者的米夏。而電視《朗讀者》則以過度的情感化（朗讀者個人化的經驗占據較大比重）、較多的節選造成的文本的碎片化、理解的簡單化（如將魯迅〈阿長與《山海經》〉理解成如何面對自己生命中「萍水相逢」的人的故事）、解讀的去語境化（如蘇童的《自行車之歌》變成了普遍的「自行車情結」）、朗讀者的經驗與文本意涵的錯位（如令人難以接受的由在賽場和商場均富於失敗和成功經驗的李寧朗讀巴金的〈做一個戰士〉）等形式召喚人們回到閱讀，即使這些特點並非製作人的本意，而是由電視這一媒體所決定的，我們大概也需要追問節目給我們的究竟是什麼？它實現了預期的目的了嗎，或者說，它最終達到了怎樣的效果？

這些問題無疑都與節目選取的文本和主持人引導的朗讀者敘述的個人經驗和情感記憶有關。第一季十二期節目，加一期精編版，主嘉賓約 70 人，其中，演藝明星 22 位；文藝工作者 20 位，包括小說家、詩人、導演、作曲家、翻譯家、攝影家、設計師等；學者 5 位，包括人文學

---

26 ［德］本哈德·施林克著《朗讀者》，第 192 頁，錢定平譯，鳳凰出版傳媒集團譯林出版社 2009 年第一版。

科、社會科學及自然科學和應用科學等；體育明星 6 位。
其他領域，如醫學、教育、外交、企業界等，人數相對均
比較少。需要說明的是：(1) 社會身分分類在今天並不是
一件容易的事，特別是《朗讀者》節目的嘉賓，比如李
寧，是曾經的體育明星，但是今天是企業家；曾經是演員
的李亞鵬，現在則是商界人士，諸如此類。此處均按其最
初獲得知名度的職業或社會身分計入統計資料。(2) 必須
特別強調嘉賓中的一些更為普通的人，比如楊乃斌母子、
秋爸秋媽、賴敏夫婦、張家敏等，他們有些甚至沒有工作
或職業，或已經退休，但他們代表了今天社會中的一個特
殊群體：特殊疾病的患者或家屬。

在這個意義上，一方面，演藝及體育明星和文學家仍
然是收視率中最具號召力的人群，且一般地說前者大於後
者，這在很大程度上體現的是消費主義的娛樂化與國家媒
體的情感教育的混合；另一方面，為了避免過度娛樂化，
或者說為了與過度娛樂化區別開來，甚至是為了表達對過
度娛樂化的批判，即使是演藝圈人士，談論的話題除了家
庭、親情外，又多選擇一些具有社會關懷意義的經驗展
開。因而，即使是情感教育，節目也並不局限在人倫日常
的範疇內，而是拓展至社會化的層面。

就朗讀的文本來看，播出的節目大約有 70 餘篇，而
同名紙質出版物三卷本共收文本 94 篇，絕大多數是節目
中朗讀過的，但也有節目中讀了而書卻存目的，如賴敏夫
婦朗讀的三毛《你是我不及的夢》，也有播出的節目中

沒有出現的文本，如約翰·多恩的《沒有人是一座孤島》等，這些多出來的文本大概是節目組選好而未讀的。

朗讀文本基本上是文學作品，多出自中外現當代作家之手；例外並不多，如倪萍及其《姥姥語錄》，劉慈欣朗讀的霍金所著《時間簡史》，潘際鑾等人朗讀的清華大學救國會集體寫作的《告全國民眾書》，後兩種當然可以放在大文學的範疇中，但有其特殊的意義；還有兩個例外必須提及，柳傳志朗讀的是他在兒子婚禮上的致辭，麥家朗讀的是寫給曾經非常叛逆如今已赴美留學的兒子的信。作家基本上都是讀自己的作品，這在一定程度上多少包含有自我推銷的成分。

彌合的可能性

朗讀者的故事中，被講述得最多的，毫無疑問，是親情和家庭，更準確地說是個人與親人在家庭內部的生活經驗和情感記憶。直接講述且以此為主要內容的部分約占全部節目總數的 50%，多集中在父子、母女和夫妻之情，也有祖孫間的，甚至有趙文瑄對其貓的深情。讀本雖與朗讀者的敘述存在不完全對應的現象，但絕大多數是彼此呼應的。這一類中給人印象最為深刻的是他們個人經歷中遭遇的苦難，以及在苦難中不屈的奮鬥和堅韌。比如幼年貧困但在母親的關愛下終於成長為鋼琴家的吳純；中年遭遇稚子先天性疾病，毅然從央視當紅主持人的位置上辭職，赴

美為兒子治療，最終治癒返國的倪萍等等都是。

　　而另一個在節目中占有較大分量的則是對國家的感情。我們當然可以說這是國家媒體的國家意識形態的體現，但它並不是教條式的宣傳，而是與嘉賓的經驗密切相關的、特別真切的情感教育，比如參與香港回歸談判的安文彬，為 2 秒鐘與港英殖民當局竟然進行了 16 次艱難談判，終於捍衛了國家主權和尊嚴的故事，就特別具體感人，而他本人聲淚俱下所表達的對祖國的熱愛之情也令人動容。然而，即使如此，這一愛國主義的情感教育在影響力上仍然無法與對家庭和親人的情感教育相提並論。

　　第三種類型是朗讀者對社會乃至世界中的弱勢群體等特殊人群的關懷。關懷的形式比較多樣，有作為志願者，通過參與非盈利的社會組織，或接受相關組織邀請，擔任義務宣傳等援助工作，如無國界醫生蔣勵、衛生部愛滋病宣傳員濮存昕等；有自己成立公益或慈善基金，或與企業一起，組織捐贈、助學等活動，如李亞鵬、趙家和等；有辭去公職創辦公益機構的，如原臨汾第三人民醫院院長郭小平，在辭職後創辦了全國唯一一所愛滋病感染兒童的學校，並全身心投入到這些孩子的教育事業中；有放棄城市甚至國外高級白領生活，回到國內貧困鄉村，腳踏實地，與村民同甘共苦，並與志同道合者聯合創辦黑土麥田公益組織的秦玥飛等；也有因個人遭遇疾病轉而投入公益事業的，如曾經的乳癌患者、已經退休的張家敏和自閉症患兒的父母秋爸秋媽等。

　　第四種也許可以稱為一種文化情懷，如京劇表演藝術家王佩瑜、著名學者葉嘉瑩等，致力於中國傳統文化的傳播和傳承人的培養等文化事業。

　　如果說《朗讀者》是當代中國電視產業生產的一個頗有症候性的情感教育類節目，那麼，緊接著的問題自然是情感教育指向什麼目標。目標的問題包涵兩個層面，其一是生產者預想、預設的目標；其次是實際達到的效果。實際達到的效果與生產機制、生產方式、所選擇的朗讀者及讀本都有直接關係，當然，同樣不能忘記觀眾及其主體性的存在，它們也會對意圖與效果之間的複雜關係產生影響。本文無法詳細討論節目的意圖與效果的關係，也許那需要社會學質性研究與量化分析相結合的方法才可能進行。但就其不同類型的情感內容所可能產生的效果而言，還是可以較為清楚地看到這些情感類型在指向上和實際效果之間的矛盾和裂隙。

　　當濮存昕從老舍的〈宗月大師〉中讀出「感恩的情懷」，並將宗月人師當作那個時代的「公益」先驅的時候，矛盾其實已經顯豁地擺在那裡了。董卿與濮存昕的對話包含兩個意思，一方面，他們都感受到了老舍對宗月大師的感激之情，在他們看來，沒有宗月大師當年樂善好施地送少年老舍上學，可能就沒有後來的老舍，當然，這也是老舍先生自己的認識。同時，他們對宗月大師「一生助人無數」、「千金散盡還復來」的「瀟灑」表達了由衷的欽佩；另一方面，童年濮存昕因「遇見」積水潭醫院榮國

威大夫，成功地做了整形手術，從此擺脫了殘疾的自卑，從而根本上改變了自己的人生道路。此後的人生中，濮存昕不斷地「遇見」「生命中的貴人」，終於使他成為今天的濮存昕，而他自己也在生活中不斷地幫助那些需要幫助的人。這兩個意思，可以進一步抽象地表述為：富人應該盡可能地接濟窮人；人們都應該明白「我是被幫助過的人，我也可以幫助別人」。

　　誠然，宗月大師在還沒有成為宗月大師，而是大清帝國體制中的一員時就開始濟人濟世，一直到他散盡家財，又被騙光財產後依然樂善好施的義舉善行是令人感佩的，「貧與富在他心中是完全一樣的」態度和觀念是使人崇敬的，但是，即使我們不說他在出家以前「吃的是山珍海味，穿的是綾羅綢緞。他也嫖也賭」，老舍先生也早就明白「放糧放錢不過只是延長貧民的受苦難的日期，而不足以阻攔住死亡」。也就是說，老舍先生早就認識到了，普遍的貧困並不是幾個慈善家就能改變的，即使我們不問富人是如何成為富人的，即使所有的富人都有宗月大師那樣的菩薩心腸，也並不能真正地消滅貧困。普遍的貧困是社會結構和社會制度所造成，因而也必須依靠制度的調整和改革才可能改變。但是，在節目中，我們看到的是它變成了一個施恩─感恩─再施恩的故事。特別有意味的是，節目中有一句在我看來很重要的話在書中被刪除了。濮存昕說，宗月大師的故事中，包含著這樣的訓誡：「不以富傲人」。可是，這樣的話也讓我們立即想起「為富不仁」

的古話。也許它已經被集體遺忘，也許早已被全民致富的夢想所取代，我們對富人的要求就剩下可憐的「別瞧不起我」了。在這個意義上，如果不是因為也許過於尖銳而被刪節的話，董卿和濮存昕對貧富差距日益加劇的現實的認識不僅沒有超越老舍，連老舍已經有的水準也沒有達到。

老舍先生沒有告訴我們宗月大師的財富是怎麼來的，也沒有告訴我們他是怎麼修成了貧富無差別的境界，他又是怎麼走上樂善好施的路的。而節目告訴我們的是：「記住那些幫助過你的人，不要認為是理所應當；也記住在自己有能力的時候去幫助別人，不要認為是事不關己，這是做人的道理。」[27] 於是，宗月大師就成了一個令人感動的人，老舍的寫作成了一個感恩的行為，而作品則成了情感教育的文本，濮存昕的個人經歷和他熱心公益的行為則是宗月大師的事蹟感召下的實踐，因而與作品疊加在一起成為一個更大的情感教育的文本。貧富的問題消失了，被不斷申述的濟人的情懷洗滌了、驅逐了。然而，當我們靜靜地坐下來，認真地仔細地讀一讀老舍先生的〈宗月大師〉和已經白紙黑字印出來的《朗讀者》，而不是被觀看電視節目的時間之流所牽引[28]，我們就不得不面對話題是如何

---

27 關於節目中〈宗月大師〉的相關引文均引自董卿主編《朗讀者》第一卷，第 9-13 頁。

28 電視節目中「流」的概念是雷蒙·威廉斯的創造，參看威廉斯《電視：科技與文化形式》相關章節。一般意義上，電視播放過程就是一個不可終止的時間的流。這也正是看電視與

滑動的嚴峻事實，這是既關乎媒介也關乎閱讀的大問題，
從此我們還應該更進一步追問，在當代中國階層嚴重分化
並固化的現實中，通過閱讀或觀看《朗讀者》這樣的節目
能否使富人「不以富傲人」？在欲望刺激消費、消費生產
欲望、欲望促進發展的主導模式中，通過閱讀或觀看《朗
讀者》這樣的節目，人們能否真正地明白那個做人的道
理？即使這些都能實現，新工人群體和農村中並不鮮見的
大面積的貧困是否就因此被徹底消滅了？如果不能，我們
該怎麼辦？我們還能滿足於節目所取得的成績嗎？我們還
能將所有的希望寄託在有關懷的電視媒體和感人的文學作
品的閱讀上嗎？

　　但是，我們仍然必須看到這樣的閱讀和節目的傳播是
有意義的。只是在今天的語境中，這個意義實現的路徑被
首先設定在個人的層面，這也正是節目將宗月大師和濮
存昕的公益行為歸結為「做人的道理」的邏輯所在。就
個人與社會的關聯而言，家庭無疑是最初，也是最重要的
社會空間，而個人與家庭成員間的感情，無論是血親，還
是姻親，也都是最基礎、最真切，因而也最感人的情感，
甚至即使只是一隻撿來的貓、狗等動物，只要是家庭內部
的「成員」，彼此有情感、交流，形成情感上的相互依賴
關係，也都具有感動人的地方。趙文瑄忍痛割愛送給朋友

_____

　　閱讀這兩個行為因媒介差異而產生的巨大差異，而由此形成
　　的是媒介對觀看行為及觀看者的操控。

的貓是他向朋友表達、傳遞的情感，而他躲進衛生間，為那隻再也不在他身邊的貓而哭泣的眼淚，雖然讓我難以接受，但我並不懷疑其眼淚和情感的真實性。實際上這並不是一個特殊的個案，而是如今頗為普遍的現象。越來越多的家庭豢養著各種寵物，無論是名種，還是中華田園犬、貓，或其他什麼物種，無論是高價購得，還是路邊撿拾，牠們多半已經成為沒有戶口的家庭成員，實際上牠們承擔的情感作用已經超過了人，很多養寵物的人一天裡跟寵物說的話比跟人說的話還要多，他們「親切」地將寵物視為自己的子女，自稱狗爸貓媽，可是他們也許並不會給汗流浹背的快遞員一個笑臉，因為快遞員是陌生人，是流動的社會中隨時隨地可能消失而變化的對象，更重要的是他們只是其花錢購買的服務的一部分，是商品的一種形式，而貓狗不是，是時刻與他／她陪伴在左右的「親人」。即使我們禮貌，甚至溫情脈脈地對待那些快遞員，即使我們出於理解、同情，哪怕只是憐憫，給他們一瓶水，一個笑臉，也絲毫無法改變其勞動力的商品屬性，更不可能撼動階級結構，無論是在現實層面，還是在心理和認識的層面，這一結構都已經極為穩固。

認真地想一想，為什麼寵物會成為「寵物」也許並不是無聊無意義的。人之為人的一個重要特點是情感需要，然而，今天人們的這一需要卻常常得不到應有的滿足。情感需要起碼有兩種基本形式，一為傾訴，一為尊重，前者需要傾聽者，後者需要平等的關係，傾訴者的傾吐和傾聽

者的聆聽都需要時間，彼此尊重的平等關係更需要摒棄利益交換的原則，並將平等意識真正內化為思想觀念乃至情感基礎做保證。缺少了任何一個，情感需要的滿足都不可能實現。當無法找到一個人來做傾聽者的時候，動物就成為退而求其次的最便捷的選擇，更何況寵物還是想像中小資和中產甚至貴族的生活方式的符號呢，正因為其符號意義，才出現了富人窮人齊養寵物的現象。在財富分配不平等的制度下，符號建構了一個虛假的平等，一個平等的幻覺。而這一切恰恰是因為當代中國社會自 1980 年代以來的政治經濟制度和文化觀念所生產的原子化的個人必然「遇見」的結果，更完整地說，是原子化的個人和一切以經濟建設為中心的去政治化的現代化共同打造的「成果」。

既然作為符號的寵物不過是一個幻覺，難以掩飾實質性的階級分化，那麼，作為情感表達最充分的文學就能夠彌合現實中那些或隱或顯的裂隙了嗎？如果連裂隙尚且不能彌合，我們又將如何面對那些鴻溝？符號製造了平等秩序的幻覺，符號也是這一幻覺製造的成果。這才是最為根本的問題所在。我無法判斷節目的製作人是否了解這些裂隙和鴻溝的存在，但是可以肯定他們對文學作為情感教育的手段的認知是強大的。也許正是這一強大的認知邏輯使他們對裂隙和鴻溝視而不見了，使他們被文學的情感所牽引，而將更嚴峻的現實問題遺忘了。事實上，這也是評論界將該節目視為拯救過度娛樂化的大眾媒體、挽救瀕於死亡的文學的天使的思考邏輯。或許，這裡可以借法國

龔古爾文學獎評委菲利普‧克羅代爾評論 2016 年該獎獲獎作品《溫柔之歌》的一段話來稍作說明：「（通過《溫柔之歌》），我很高興看到文學不只是用來安慰、療癒的工具，或是藉以看世界的一扇模糊的窗子。我認為文學是一種揭露的藝術，其中包含最苦澀、最艱難的部分。」[29]對照《朗讀者》所選擇的文本，以及朗讀者的敘述，我們可以清楚地看到，表達個人生活情感的篇什基本上都被當作「安慰、療癒的工具」，即使文本另有更闊大深邃的思考，節選出來供朗讀的部分也基本不涉及思想，更不涉及政治層面。

當徐靜蕾、倪萍、斯琴高娃們被自己講述的故事和所朗讀的文本感動成淚人的時候，我們必須清醒地明白，這與郭小平將自己毫無保留地交給愛滋病兒童的教育所贏得

---

29 蕾拉‧斯利瑪尼《溫柔之歌》，袁筱一譯，「精彩評論」第一頁，浙江文藝出版社 2017 年第一版。小說敘述了一個保姆殺害了雇主家的孩子的故事，而雇主夫婦是「將自己的家庭和事業置於一切之上」的「實用主義者」。魯迅〈阿長與《山海經》〉敘述的也是他與保姆的故事，但魯迅並沒有擺出高人一等的人道主義姿態，一開始就直接地說：「長媽媽，已經說過，是一個一向帶領著我的女工，說得闊氣一點，就是我的保姆。」階層／階級的意味鮮明地呈現了出來。再想一想姚晨講述的「保姆」的故事，除了那一絲溫情，倒是讓我們也看到了身處現代都市中的成功人士的淡漠（頻繁地更換保姆）。保姆這個「母親的代用品」所付出的「情感勞動」被並未真正反思的溫情完全遮蔽。

的淚水是不一樣的；當鄭淵潔、畢飛宇、曹文軒、麥家們為父子之情而哽咽的時候，我們也必須清醒地認識到，這與張魯新、樊錦詩、郭琨、安文彬們將自己的青春和才華奉獻給國家所獲得的掌聲是不一樣的。一樣的只是可以被抽象為情感的概念，不一樣的是情感的對象。郭小平與愛滋病兒童之家是個人與社會的情感關係，但個人與社會並不只有情感關係；張魯新與他的凍土研究及其與新中國的鐵路事業的關係體現的是個人與國家的情感關係，同樣也並不僅僅是情感關係。於是，我們看到了在個人的家庭與社會和國家之間存在著一個巨大的裂隙。節目製作人似乎並沒有意識到其間的衝突，同情地理解則是製作人也許意識到了，可是並沒有想到這個裂隙是需要彌合的，從家庭的人倫之情到對社會和國家的感情是需要跨越、超越的，但在節目中，我們卻很少看到主持人在其間勾連的努力，它們是作為情感教育的類型而並存著，似乎只要被打動、被感染，就一定會受到教育，一定會自覺地學習。然而，不需要任何理論的支持，我們都知道，這個裂隙絕對無法通過如此割裂的情感教育實現從個人—家庭向社會—國家的跨越，因為兩者之間沒有與之匹配的橋梁。

　　但並不意味著當代中國的歷史上從來就沒有連通兩者的橋梁，新中國建立後的相當一段時期，社會主義中國實際上已經通過將愛國主義政治化的方式，頗為有效地整合了社會主義的政治理念、共產黨的執政方針與歷史傳統中的積極的文化觀念，通過一整套的政治經濟和文化的制

度，將個人—家庭與社會—國家統攝為一個有機的整體。然而，這一統攝因過度政治化形成的對日常生活的壓抑走向了反面，更兼現代以來始終未曾妥善處理的啟蒙主義話語中個人化訴求的影響，以及社會主義現代化因國際國內的諸多因素的影響所造成的現代化的延宕，終於在1980年再度掀起的啟蒙運動中遭遇瓦解，新啟蒙最終成了為1990年代興起的市場經濟培育市場主體／個體的思想文化準備，並在1990年代中後期形成個人—家庭與社會—國家的二元對立的情感結構，更有甚者，個人與家庭的關係在自由市場經濟的塑造下也成了對立的兩者，社會與國家在西方現代性知識的塑形和各種社會矛盾的作用下也不可避免地成為水火不容的關係。

在這個意義上說，《朗讀者》再現的正是這個時代的斷裂和鴻溝。如果說文學和情感是節目試圖彌合裂隙的努力方向，那麼，從節目所選擇的嘉賓和文本，可以看到這一努力還有待進一步加強。因為，郭小平對愛滋病兒童教育的全身心投入除了讓我們感動外，更應該促使我們去思考更大的社會問題：為什麼在新中國消滅了性病後會在五十年後死灰復燃，並產生更嚴重的愛滋病的傳播？這些無辜的孩子是怎麼感染愛滋病的？他們在今天怎麼就成了被家庭和社會拋棄的人？我們共同生活於其中的社會究竟出了什麼問題？如果給這些病患孩子以關愛並不是最終的目的，讓更多的人知道他們關心他們也不是目的，讓更多的人明白愛滋病的危害同樣也不能作為根本的目的，那

麼最重要的目的是什麼？如何才能實現這個目標？同樣，
當秦玥飛從耶魯回到中國，走進貧困地區，在改造貧困鄉
村的同時也在改造自己的時候，他成了「感動中國」的年
度人物，當很多人以為這不過是另一種鍍金的方式的時
候，秦玥飛想到的是僅僅依靠輸血並不能真正改變貧困，
必須使鄉村擁有造血功能，當秦玥飛說自己去農村是小材
大用，而不是主流所認為的大材小用的時候，主持人卻不
知道該怎麼接下去，於是，在節目中，由秦玥飛和另外幾
位參與「黑土麥田」項目的名校畢業生（為什麼只有名校
畢業生呢？）朗讀的只能是與之並無多少關聯的遲子建的
散文。秦玥飛們給予我們的震動就這樣被一篇不痛不癢的
文字和諸如名校高材生這類符號輕輕滑過，我們根本來不
及思考，就被廣告帶入下一個故事，帶入麥家與自閉症兒
子的情感經驗中。可是，那麼多沉重的問題在我的心底卻
揮之不去：為什麼在國力如此強盛的今天，還有那麼多幾
乎可以說是極度貧困的地區和人們？這樣的貧富差距是如
何形成的？這些鄉村的貧困與城市普遍的繁榮是怎樣的關
係？為什麼出生並成長在城市的秦玥飛會將自己送到貧瘠
的山村？為什麼絕大多數農村通過高考進了城的孩子堅決
不回農村去？一個知識分子所掌握的知識究竟應該為誰服
務？還有，僅僅「讓農民的錢袋子變得更鼓」是否就是農
村發展的方向？如果不是，還應該有什麼？而周小林夫婦
令人羨慕的浪漫愛情故事，在我看來不過是一個占有的故
事，那個令人嚮往的鮮花山谷就是自然和情感的雙重占

有，當然，我不知道那個山谷價值幾何，使用期多少年，是否雇傭了花農，花農的工資多少，是否對外開放，是免費還是需要支付門票。當我們追問一下這些並非無中生有的問題的時候，我們就會清楚，那樣的浪漫愛情是需要一定的財力的，那樣奢侈的浪漫絕對不是普通人可能擁有的。而當我看見曹文軒言之鑿鑿地說「我是一個作家，我知道，文學寫了上百年、上千年，其實作的就是一篇文章——〈生死離別〉」[30] 的時候，我除了感嘆他的膽大妄言和極度的自戀外，實在難以想像他如何面對郭小平、秦玥飛們的故事和精神，他甚至將他父親為教育事業所做的所有貢獻及因此獲得的那麼多獎狀都僅僅看成「個人榮譽」，然後將父親為患病的他四處奔波尋醫與之對照，得出如此荒唐的結論：「有比他個人榮譽更重要的東西，就是他的兒子。」他完全忘記了並非血親姻親的人們之間也有奉獻和犧牲，而他突出的無非就是父愛如山、自己的奮鬥和榮譽。

如果我們僅僅停留在感動的層面，社會將依然如此，因為「老吾老」並不必然地「以及人之老」，推己及人並不是一個自然完成的過程。我不知道，到那個時候，我們這些被感動的人、製作了感動我們的節目的人，情何以堪？究其根本，乃是我們並未真正認識到造成情感危機和價值／意義危機的根本原因來自何處，而抱殘守缺地以

---

30 董卿主編《朗讀者》第二卷，第 173 頁。

窄化為情感表達的文學來解救冷漠的人心，以重建個人─家庭的情感倫理關係為主要目標，並以此改造唯利是圖的理性經濟人，以情感教育抵抗商品拜物教和消費主義的狂歡。然而，一方面，即使不僅僅從被如此窄化的文學，而是將全部的文學作為手段和途徑，文學是否能承擔改造世界、重塑人心的使命？另一方面，造成情感危機、價值／意義危機的是資本主義的生產力和生產關係的整體結構，也就是說，情感危機、價值／意義危機不過是整體性危機的表徵之一，也因此，裂隙的彌合需要從整體性出發，而不是頭痛醫頭腳痛醫腳式的修補。而重建整體性又必須、且只能從重建真正具有公正、平等精神的文化領導權和重塑真正富於公正、平等意識的主體入手。在這個意義上，《朗讀者》提供了一種有限的可能，如何使這一有限的可能生長出更大的力量，是我們面對的難題。

2017 年 9 月 21 日凌晨改定於重慶沙坪壩

批判傳播學與文化研究接合的必要和可能

——《馬克思歸來》研討會上的發言[1]

　　在來的路上，我突然想到，今天我為什麼要來參加這個讀書會，究竟是誰把我們召集在一起的？是馬克思還是趙月枝老師？是陳恒院長，還是華師大出版社的六點分社？這四個性質是完全不一樣的。如果說我們都是為了馬克思才走到一起來的，那究竟又是為了什麼？我們為什麼要回到馬克思，怎麼回到馬克思？為什麼的問題相對來說還比較好回答，稍微有一點清醒的現實感的人和對馬克思有一定了解的人都會覺得我們應該回到馬克思。但是我們怎麼回到馬克思主義，回到馬克思的哪裡？這是一個特別大的問題。

　　當然，在這個意義上，我是感謝馬克思還是感謝陳恒，還是感謝趙月枝，甚至是感謝這個讓我們回到馬克思的現實，我已經不知道了，因此我也就不感謝啦。我就講

1　《馬克思歸來》，[瑞典]福克斯（Christian Fuchs）、[加]莫斯可（Vincent Mosco）主編，傳播驛站工作坊譯，華東師範大學出版社 2016 年 6 月第一版。2016 年 10 月 20 日，由趙月枝主持，在上海師範大學召開研討會。感謝趙月枝老師和上海師範大學。

一講我的體會。這麼兩大本書，當然不可能這麼短時間內讀完，我看了幾篇，因為我現在的身分，我在文化研究系教書，也就對書中涉及文化研究的內容很敏感，我發現對文化研究還是有不少批評，甚至很鄙視文化研究，但實際上卻是因為對文化研究有誤解，或不了解。

其中有一個講到文化研究現在變成了粉絲研究。粉絲研究確實是文化研究的一部分，但在中國，做粉絲研究的不是我們，是誰，大家可以去網上搜。而且我也不認為粉絲研究就不能做，關鍵是怎麼做，我對已有的粉絲文化研究也很不滿。實際上，文化研究在整個世界乃至中國都有嚴重的分裂，這個分裂是什麼原因造成的，其實也是文化研究的一個題目。但是今天為什麼那麼多人都覺得文化研究如此墮落確實是需要文化研究內部深刻反省的。2003 年就有一場不大不小的討論，倪文尖和薛毅是其中的兩位當事人。李陀主編的《視界》第七期出了個文化研究的小輯，發表了文尖指導的大三的幾位學生寫的幾篇文化研究的論文。曠新年隨後在《天涯》雜誌撰文很嚴厲地批評了這樣的文化研究，文章題目就是〈文化研究這件「吊帶衫」〉，薛毅老師在回應文章中指出文化研究可能是一個陷阱。也就是說，2003 年我們已經在批判墮落的文化研究，時隔 10 多年後這個狀況卻並沒有多少改變。我不知道究竟是什麼原因使文化研究變得墮落了，還是真的如薛毅當年所講，文化研究就是一個陷阱嗎？我當年沒有進入文化研究。10 多年後，我到了上海大學文化研究系，通過

閱讀，我發現，首先是一個大陸文化研究接受的問題，其次是文化研究的傳播問題。興起於 20 世紀 50 年代的英國文化研究，經歷過 60-70 年代的發展，到 80 年代有一個轉向，這個轉向很大程度上可能造成了它的一個美國化，簡單講就是美國化特別糟糕和畸形，捨棄了當年英國文化研究的那些大的東西，變成了一件吊帶衫。

　　如果我們把文化研究看成一個大傳統，其實下面是有不同的小傳統的。糟糕的是那個不好的小傳統成為現在的主流。90 年代末 21 世紀初，李陀主編的一套「大眾文化研究譯叢」有一定的影響力，其中有對牛仔褲、肥皂劇等大眾文化的研究，我們當年覺得這就是文化研究了，就是文化研究的全部了，但實際上卻並非如此。這當然有 90 年代及其後的中國語境的問題，也有接受者及其選擇的問題，以及作為盜火者的譯介及傳播的問題，但一定程度上說，歐美文化研究在 80 年代後的學院化、專業化、知識化、美國化等等的轉向也是不爭的事實。簡單地說，我覺得這個轉向有好的一面，但對英國文化研究人傳統中譬如雷蒙‧威廉斯、E.P. 湯普森以及霍加特等的忽視甚至拋棄恐怕並不是什麼好事，而這也是文化研究被批評的主要原因。

　　回到《馬克思歸來》這本書上來看，雖然我覺得其中有一些作者對文化研究的一些批評不是很公正，但他們又確實很敏銳而深刻地指出了文化研究所存在的問題，那就是它缺少政治經濟學的視野和方法，而且應該是馬克思主義的政治經濟學。而這也是我這些年一直在思考的問題。

我覺得文化研究必須有馬克思主義政治經濟學視野，如果沒有這個，文化研究就只能流於表面，即使有很複雜的結構主義、符號學等等的理論和方法，也並不能真正揭示文化與政治、經濟的深刻關聯。這個狀況如何改變，是個很大的問題，涉及到我們在今天如何重新討論我們要回到的馬克思，我們在什麼意義上回到馬克思等。

就批判傳播學領域而言，如果我們只是回到經典的馬克思主義的政治經濟學，回到《資本論》，回到文森特・莫斯可所講的受眾商品論，我感覺恐怕也還不夠。換言之，我認為，批判傳播學需要與文化研究有一個「接合」。

我前幾天看一個材料，80年代初鄧力群他們去日本訪問，回來以後不少人寫了觀感。其中有一個就說，日本有很多好的管理經驗，但是從經濟體制的角度說，他發現社會主義的商品好像只是限定在消費品上面，而這也就限制了經濟的發展，於是，他從日本的「經驗」得到了啟示，我們的生產資料是不是也可以甚至應該商品化、市場化？是部分還是全部生產資料，他沒有說。這是80年代走到今天，走到把生產資料商品化的路的源頭。這是條不歸路。從傳媒角度來講，電視這樣一個文化的生產資料，現在基本上已經成為商品化的東西進入了市場，包括國際市場，而它所帶來的問題是什麼似乎還沒有得到足夠的重視。這是一個巨大的改變。電視產業作為文化工業的重要組成部分，既參與了時代的文化的生產，甚至是主流文化非常重要的生產者，同時它也是被這一政治經濟的結構所

生產的。

　這又讓我想起 70 年代初加拿大的傳播政治經濟學的創始人達拉斯・斯邁思到中國來，他受文革大字報大辯論的啟發，想像一種雙向電視的可能性。後來，我又看到雷蒙・威廉斯講，要讓電視走出客廳。這兩者是有呼應關係的，電視不應該是一個完全家庭化的傳播媒介，而應該是一個有效連接個人／家庭與社會的關係的橋梁。可是我們這些年電視產業發展的方向，恰恰相反，已經不只是局限於客廳，而是從客廳更進一步退回臥室去了。這是一個大倒退。也就是說，通過傳媒體制及其相應的生產方式、機器、技術等等這樣一些因素，加上作為住房制度改革最終形式的住房商品化，以及一系列意識形態、文化藝術等等的作用，最終生產出一個與古代中國不一樣的所謂「私」的觀念，或者說就是資本主義式的「占有式個人主義」。這已經成為我們這個時代毋庸置疑的主流意識形態之一。就當代中國而言，這個「私」觀念的逐步增強、鞏固的過程，與體制的變革存在著緊密的關係，它始於 80 年代，完成於 90 年代。這一點在我看來特別重要。農村自 70 年代末開始至 80 年代初全面實施家庭聯產承包責任制，土地成為半私有制；城市就是前面說的住房制度改革。這兩個方向推動的生產資料和大宗生活資料的私有化進程，使私有財產的觀念很快被普遍接受。而文藝領域中現代主義觀念深入人心，其中的「個人」、「自我」更是 80 年代至高無上的精神神話。同時，社會關係的生產和再生產也

逐步展開，比如新的高考制度的實施無疑就是社會關係再生產最重要的方式。以上諸多政治、經濟和文化的相互生產及一系列的結構性變革，最終在 90 年代中後期完成了我稱之為「再階級化」的過程。而在這個「再階級化」的過程中，處於最底層的就是農民工，我更願意稱他們為「新工人」的這個群體，以及國企改革中的大批下崗工人。所以，在這個意義上，我覺得，我們必須將階級概念召喚回來，用階級概念激活對當代中國的經驗式把握的僵化模式。我無法在這裡充分展開這個分析，但我要強調的是，這一點是我所理解的馬克思歸來必須有的維度。

比如，我們今天如何討論城市青年？我始終覺得，在今天，沒有階級概念，根本無法真實地、深入地討論所謂城市青年的消費觀念、生活方式等等這樣一些所謂的文化研究的題目。在這些亟待深入研究的題目中，新媒體無疑是一個特別重要的方面。譬如前面提到的電視，一定程度上說，它是 80 年代至 90 年代的新媒體，可是在手機普及之後，它就被取代了。現在更是智能手機與移動互聯網相結合的更先進的新媒體。可是在已經完成「再階級化」的語境下，如何討論這樣一些新媒體與全球資本主義生產的關係，以及與主流意識形態，特別是與主流意識形態和文化相互纏繞的結構關係？而也正是這些東西共同生產了我們這個時代的價值觀和意義系統，也就是我們身處其中的文化。我就想，如果我們的文化研究還滿足於在流行歌曲、粉絲一族、籠統抽象的城市青年，或者諸如此類

的研究對象上進行研究，在我看來，恐怕也只能將「墮落」二字送給他們了。而且，近年來的文化研究中還有一種傾向，就是將福柯的權力概念與阿爾都塞的主體性理論相結合並特別簡單地移植到對當代中國的分析中，一看見權力，就激動得不行，就要在內部尋找反抗，以至於「權力─反抗」幾乎成為一個無往不勝的文化研究的公式，在幾乎所有的大眾文化研究領域中瘋狂地被複製。

我想，如果需要從現實中去尋找可能的對於全球資本主義反抗的力量，也不是在籠統的城市青年身上去尋找，而必須到新工人，到仍然在農村的農民身上去尋找。我覺得這才是當代中國與世界其他國家完全不一樣的地方。就世界範圍內來講，特別是歐美發達國家，工人階級或者傳統意義上的產業工人的數量在下降，隨著 80 年代開始西方的產業轉型／升級，一些第三世界國家獲得了發展的機會，產業工人的隊伍迅速地發展壯大起來，中國就是在這一大背景下在 90 年代成為世界工廠的。當然，我們現在也在搞產業的轉型和升級，從沿海向內地，從中國向海外轉移。但中國畢竟是一個有十幾億人口的大國。有這樣一些資料，特別值得提一下。根據國家統計局 2015 年的資料，到 2015 年底，我們有將近 2.5 億新工人群體，這是一個巨大的數字，加上 4 千萬流動兒童，6 千萬留守兒童，再加上他們的父母，也算一個億，那就是差不多 5 億人屬於新工人這個群體。當然因為「階級意識」的問題，我們是不是可以用工人階級這個概念來討論他們，還是一個需

要討論的問題。可是,無論如何,他們是我們社會的主要部分,又是處於全球資本主義最末端的群體,如果要尋找反抗的可能,我堅持認為只能從這裡開始,起碼它包涵著一種比城市小資產階級、白領和中產階級更大的可能性。

而這就必須說到葛蘭西。剛才文尖已經講到傳媒的重要,我再略做補充。傳媒的重要有很多方面,首先是文化領導權的問題;其次是生產資料的問題;第三是新文化的創造問題。這個順序不是簡單的先後的關係,而是需要同時考慮的。因為時間關係就不展開了。有一點還是需要再次強調,就是如果僅有批判傳播學,還是不夠的,必須有文化和文化研究。

我已經說了很多,歸根結柢,就是:馬克思必須回來;文化研究必須與傳播政治經濟接合。

第三輯

城市與幸福

關注幸福何為？[1]

一、今天我們為什麼關注「幸福感」？

　　確實，有關「幸福感」的話題似乎突然間成為中國社會乃至國際社會關心的問題。黨和國家和各級政府關注它，有權的和有錢的在意它，經濟學家研究它，人文學者關心它，各種形式、各個級別的媒體自然不會放過被如此熱議的題材，普通老百姓當然也少不了被參與是否幸福之類的調查，也就常常要面對「自個兒是否真的幸福」這樣的問題，甚至，宗教界對幸福感的關心更讓我們看到各種途徑對當代中國人之幸福的關注正在逐漸擴展為一種文化實踐乃至宗教運動，即使這一運動常常因為宗教政策顯現為民間的或者地下狀態的形式，但這恰好說明當代民眾對「幸福」的訴求之強烈，無論精英階層，還是普通老百姓，也無論是基督教還是佛教，當然，也不論是城市人，

1　這是時任上海大學文學院執行院長的董麗敏兄主持的某一項目的子課題，〈當代居家生活/文化對「幸福」的引領與影響〉的題目則是王曉明老師欽定。謹致謝意。第一部分以〈關注「幸福」何為？〉為題刊發於《上海大學學報（社會科學版）》。

還是鄉村人，似乎都強烈地渴望著借助於宗教的力量獲得
心靈的寧靜和情感的慰藉，哪怕只是急功近利的要求，虔
拜菩薩保佑消災免難，祈求耶穌賜我強大的內心力量，跪
請大慈大悲的觀世音指給我擺脫苦難的方向，默禱基督拯
救我於現實之地獄的煎熬，自然，更為直接的就是祈求財
神爺早日讓我升官發財……總之，無論怎樣的宗教，它都
是因應時代和社會的需要，給現實中無力、無助、無奈的
人們以未來的允諾。如果我們將視野擴大一點看，對幸福
感的關注，真還不僅僅是我們自己關注的問題，它也是國
外媒體和學術機構關注的對象，無論其善意與否，似乎都
在證明著一個現實，當代中國人是否幸福似乎已經不只是
我們自己的事情，而是一個全球性的事件。

毫無疑問，這是一個問題。我們為什麼在這幾年如此
關注「幸福」？外國和外國人又為什麼也關心我們是否幸
福？就我的視野所及，學術界對此鮮有涉及，更多的目光
仍然聚焦在我們究竟是否幸福，幸福的程度怎麼樣；或更
加學術地去探討幸福是否可以量化考量，它究竟是經濟學
的對象，還是社會學的題目，抑或屬於倫理學道德哲學的
範疇，又或者屬於公共政治學領域，它是主觀的還是客觀
的抑或是主客觀兩面均需考察的對象，等等等等。這其中
最重要的問題當然就是何為幸福，也就是所謂幸福觀。這
些問題無疑是值得我們關注的，但我們同樣不能忽視問題
的另一面，何以在這個時代，幸福會成為普遍性的關注
對象。

在相當程度上說，正是因為我們普遍感覺到我們曾經有的幸福在這個時代變得越來越少，我們的幸福感在逐漸被吞噬、被剝奪、被壓縮。有一個概念和一個調查值得一說。不丹國王於 20 世紀 70 年代提出一個與 GDP（國民生產總值）相對應的一個概念 ——GNH（Gross National Happiness，國民幸福總值），並且以「政府善治、經濟增長、文化發展和環境保護」作為衡量 GNH 的指標。其後這一概念被廣泛使用。1980 年代的中國一定程度上不會關注這一問題。而隨後的經濟高速增長也使人們普遍而自然地將它棄之一旁。「2004 年，中國人均 GDP 已經是 1270 美元。1980 年以來，中國的 GDP 以年均 9.3% 的高速度增長，在東亞創造了新的經濟奇蹟。」但是，問題很快就暴露了，「據荷蘭 Erasmus 大學的 Ruut Veenhoven 教授對中國 3 次幸福指數的調查，中國 1990 年國民幸福指數為 6.64（1-10 標度），1995 年上升到 7.08，但 2001 年卻下降到 6.60。資料表明，即使經濟持續快速增長也並不能保證國民幸福的持續增加。」[2] 這充分說明了幸福感問題的被關注恰恰是因為我們的社會、我們的生活出了很大的問題，我們不再普遍地感到生活的幸福和世界的美好。可問題究竟出在什麼地方呢？我們又為什麼要到出了問題之後才關心它？

2　參見百度百科「國民幸福指數」http://baike.baidu.com/view/635709.htm。

二、幸福感與價值觀危機

　　這樣說，並不意味著以前我們從未關注過這個問題，「幸福」一直是，並將仍然是人類投注相當熱情思考的問題。但在很多時候，它是哲學家、心理學家、社會學家以及文學家、藝術家，包括經濟學家，甚至政治學家們思索、探討的對象，不太總是處在時代和社會的核心話題的位置上。在我的理解中，當一個時代和社會普遍遭遇價值觀危機的時候，幸福才成為人們共同關注的問題。所謂價值觀危機，既可能發生在兩種或兩種以上價值觀相互衝突、鬥爭激烈的時刻，也可能產生在價值真空、價值缺失的時候。但價值真空並不是一蹴而就的，所謂「冰凍三尺非一日之寒」，常常可能是這樣的情形，曾經有占據絕對主導地位的一元價值論，因某種現實機緣和外部強力的破壞，導致一元價值論不再有昔日的主導性。然而，也很難說，這一喪失了主導性的價值觀就徹底崩潰了，在相當的程度上說，它不過是被邊緣化了。同時，另外的價值觀，或者就是原先被壓抑的、居於邊緣位置的、與之或明或暗地較量著的價值觀便乘勢而上，成為主導。也就是說，一定意義上，一般而言，並沒有絕對的價值真空的時代，不過是群雄逐鹿，莫衷一是的紛亂。

　　通常，價值觀危機的發生與社會的動盪存在著密切的關係，但並不完全對應。並不是說社會動盪必然產生價值觀危機，譬如一些特定的戰爭年代，並沒有因此產生價值

觀危機，相反，看似平靜的時代倒反而孕育了價值觀危機的到來。

為什麼價值觀危機的時候，人們會普遍關心幸福問題呢？其實，說白了，價值觀危機的核心就是生活的意義變得模糊了，不確定了，甚至乾脆就徹底消失了。人類的生活世界發生了巨大而深刻的變化，而其深刻性最重要的體現就正在於人類的生命和生活的意義成為問題。「意義」的問題最簡單的表述就是「人為什麼活著？」「我為什麼活著？」更進一步說，「意義」是內在於人的生命之中，在「活著」之中，還是說，它原本就是一個外在的東西？「意義」究竟是上帝賜予我們的禮物，還是懲罰我們的枷鎖？繼而是「如何活著」的問題。這兩個問題常常被割裂開來，但在我的理解中，在「為什麼活著」中實際上包涵了「怎麼樣」。當你明白活著是為了「什麼」時，這個「什麼」一定也就同時定義了活著的方法和形式。而兩者的被剝離狀態也就必然產生手段與目的的分裂。

意義的問題就是價值的問題，為什麼活著和如何活著都關乎幸福，或者說，都在最基本的意義上界定著何為幸福。韋伯就影響人的社會行為[3]的因素做過一個分疏，他

3　韋伯在開始就定義了他所指的「行為」意涵：「『行為』在這裡表示人的行動（包括外在的和內心的行動，以及不行動或忍受），只要這一行動帶有行為者賦加的主觀意向。」［德］馬克斯‧韋伯著《社會學的基本概念》，第 1 頁，胡景北譯，上海人民出版社 2000 年第一版。

將這些因素分成四類：

　　(1) 目的理性的因素，此時，行為者預期外界事物的變化和他人的行為，並利用這種預期作為「條件」或者作為「手段」，以實現自己當作成就所追求的、經過權衡的理性目的；(2) 價值理性的因素，此時，行為者自覺地和純粹地信仰某一特定行為固有的絕對價值（例如倫理的、美學的、宗教的或任何其他性質的絕對價值），而不考慮能否取得成就；(3) 感情因素，尤其是情緒因素：即由現時的情緒或感覺狀況決定的社會行為；(4) 傳統因素：由熟悉的習慣決定的社會行為。[4]

　　雖然韋伯最後說，「行為尤其是社會行為的指向，很少只表現為上述某一種類型。同時，上述四種類型也決沒有詳盡無遺地包括行為指向的所有類型。它們僅僅是社會學為了自身目的而創造的觀念上的純粹類型。實際行為或者多多少少地接近其中某一純粹類型，或者是多種類型的混合，而後一種情況更為常見。」[5]但他對目的理性和價值理性的解析仍然能為我們理解當代中國乃至當代世界所發生的價值觀危機現象提供有益的幫助。

4　同上，第 31 頁。
5　同上，第 34 頁。

　　純粹的價值理性行為，指的是行為者無視可以預見的後果，而僅僅為了實現自己對義務、尊嚴、美、宗教訓示、崇敬或者任何一種「事物」重要性的信念，而採取的行動。根據我們使用的術語含義，價值理性行為總是行為者按照他認為是向自己提出的「信條」或「要求」而採取的行為。所以，只要人的行為以這樣的要求為方向，我們就把它稱為價值理性行為。……價值理性行為在人類行為中所占的比率的高低，在不同情況下儘管可能有明顯的差異，但幾乎都是微不足道的。然而，正如我們將要指出的那樣，價值理性行為具有重大的意義，必須把它作為特殊類型來看待。

　　……目的理性行為既不是感情的（尤其不是情緒的）也不是傳統的行為。……從目的理性的立場出發，價值理性總是非理性的，而且，價值理性越是把當作行為指南的價值提升到絕對的高度，它就越是非理性的，因為價值理性越是無條件地考慮行為的固有價值（如純粹的意義、美、絕對的善、絕對的義務），它就越不顧及行為的後果。但是，絕對的目的理性行為，本質上也僅僅是一種假設出來的邊界情況。[6]

　　韋伯對現代性的批判立場已經為我們所熟知，儘管他特別強調作為學術的社會學應該保持中立，可這並沒有影

6　同上，第32-33頁。

響到他對現代性的深刻揭示。儘管我們從上述引文已經看到他對目的理性行為和價值理性行為的不同表現的、盡可能客觀的描述，尤其是對價值理性行為在人類行為中所占比率的高低的判斷，但他顯然已經敏銳地洞察到價值理性行為在人類的社會行為中的「重大的意義」，因而也就是把握到了價值理性行為在人類歷史上的重大意義。然而，身處新自由主義強勢籠罩下的二十一世紀之洪流中，我們深切體會到的恰恰是目的理性對價值理性的強勁破壞，目的理性已經成為一個占據絕對支配地位的行為理念和行為方式，價值理性被嚴重妖魔化、汙名化。也正是在這一背景下，「幸福」的問題凸顯出來，其間的邏輯實際上不過是穆勒早在百多年前的武斷結論的獨裁化。穆勒說，「幸福……是唯一可以被描述為一種目的的事情。」[7] 也就是說，在「幸福」之外，任何價值都不具備合法性，都是非理性的，因而也是應該被驅逐的。而且，很顯然，穆勒所說的「幸福」首先指向個人，即使他也關心大多數人的幸福，但他所理解的大多數人的幸福乃是以個人的幸福為基礎的。事實上，這樣的結果也就只能是烏托邦以及烏托邦衝動的窒息而死 [8]，因為烏托邦毫無疑問就正屬於價值理

7　轉引自《關鍵詞》第 508 頁。［英］雷蒙・威廉斯《關鍵詞──文化與社會的詞彙》，劉建基譯，三聯書店 2005 年第一版。

8　參看《烏托邦之死──冷漠時代的政治與文化》，［美］拉塞爾・雅各比著，姚建彬譯，新星出版社 2007 年 12 月第一版。

性的範疇。我想，韋伯也正是在這一意義上才深刻領會到
價值理性的重大意義的罷。

同樣，雷蒙・威廉斯的語詞梳理也為這一判斷提供了
佐證。威廉斯發現，在功利主義的（Utilitarian）理論脈
絡中，「是否有用」與「幸福」密切相關，而且，隨著
資本主義的發展，更進一步地將原本也屬「實用」範疇的
Art（藝術）擺放到了 Utility 的對立面。他指出，「他們
（引按：指功利主義者）很神奇地將 utility 在理論與實際
方面的意涵局限於資本主義生產的範圍；尤其是將『最大
多數人的最大幸福』局限於『有組織的市場』（organized
market）──帶有 19 世紀常用的抽象意涵──這個範圍
（被視為一種機制，用來規範此終極目標）。」威廉斯在
該詞條的釋義結尾意味深長地指出，「要完全肯定『最大
多數人的最大幸福』的原則，有賴其他詞彙的出現。」[9]雖
然威廉斯並沒有告訴我們是哪些詞彙，但他揭示了功利主
義幸福觀的實質，不過是為少數人確立追求物質豐裕和精
神自由的遮羞布。更重要的是，威廉斯還指出了功利主義
幸福觀與其財富觀之間的關係。韋伯的研究則揭示了新教
倫理與資本主義精神之間的內在邏輯關係，兩相呼應，於
是，財富的積累既擁有了宗教的合法性，也具備了世俗生
活哲學的理論根據，更為重要的是，它還享有對社會歷史

9　［英］雷蒙・威廉斯《關鍵詞──文化與社會的詞彙》，第
　　507-510 頁。

發展動力的解釋權，以及對社會歷史發展方向的設計權。

三、幸福感與個人主義和消費主義

　　所以，當「幸福」與「財富」之間建立起這樣的邏輯關係後，個人無疑成為社會的主導性存在。我們很難說這個「個人」就是一個健全的主體，但當他／她與自我價值的實現發生勾連時，一個如邊沁所說的「一種新信仰」[10]於是建立起來，而也正如威廉斯對 Wealth（財富、資源、大量）的意涵梳理中發現的那樣，至 17、18 世紀，該詞「原先所指的『幸福』（happiness）與『福祉』（well-being）的一般意涵，已經消失且被遺忘了……」[11]其結果也就是馬克思深刻的命名：商品拜物教和貨幣拜物教。拜物教是典型的資本主義意識形態——在「意識形態」作為虛假、隱祕且為統治階級所壟斷的觀念的意義上。

　　但財富的積累與由此獲得的幸福感是早期資本主義階段的主要特點，隨著資本主義的不斷發展，社會生產力的日益提高，商品（物）的豐富程度的增進，消費也就自然成為資本主義必須解決的問題，雖然它早就隱含在資本主義的生產邏輯中，但當物的豐富程度尚不足以保證全民消費的時候，財富的積累必然仍是社會的主流。也可以說，

10　轉引自《關鍵詞》第 508 頁。
11　雷蒙・威廉斯《關鍵詞》第 515 頁。

資本主義內在的發展動力必然生產出全民消費的欲望；而且，也只有在欲望不斷的再生產中，資本主義才能始終保持旺盛的發展之勢。這一點通過丹尼爾‧貝爾對資本主義社會人的「需要（need）」和「欲望（want）」的辨析可以清楚地看到。[12] 然而，吊詭的是當消費成為主義，資本主義雖然保持著強大的生產力，但其生產關係的生產性卻日益受到影響。於是，消費主義甚囂塵上，深入人心。而消費的快感也便日益成長為「幸福」。

當消費主義成為一個新的意識形態並進而成為支配性觀念的時候，韋伯所講的價值理性也就逐漸被放逐，以至慢慢從社會行為中消逝。從拜物教到消費主義，看似存在著一個很大的溝壑，難以逾越，但實際上都是基於「戀物癖」的邏輯，或者更準確地用鮑德里亞「物戀化」的概念來表述。[13] 對物的迷戀，對物的占有，以及對物的象徵意涵的占有，也就都被指為幸福，而學術生產也以專業化的方式積極地參與了這一意識形態的建構、生產和傳播過程，一個最典型的表現就是對「幸福」的量化處理方式。幸福可以用一系列看似複雜的數學模型和經濟學概念來計算和表達，其名曰：幸福指數。在這個意義上，「幸福」

12 參看［美］丹尼爾‧貝爾著《資本主義的文化矛盾》，趙一凡譯，三聯書店 1989 年初版。
13 參看［法］讓‧鮑德里亞著《符號政治經濟學批判》第 74-89 頁之「拜物教與意識形態：符號學還原」，夏瑩譯，南京大學出版社 2009 年初版。

徹底淪為一個純粹經濟學的概念。「時至今日，拜物教的
概念則在一個更為簡明、經驗的層面上被討論著：物的拜
物教、汽車拜物教、性拜物教、休假拜物教等等。所有這
些拜物教都在分散的、喧鬧的、充滿偶像崇拜的消費領域
中得到了淋漓盡致的顯現；拜物教在其中無非是一般思想
中對概念的崇拜，這種崇拜竭盡全力地在激烈批判的掩
蓋之下，隱蔽地擴張著意識形態本身。」[14]鮑德里亞的深
刻之處就在於他發現了「拜物教」也可以是一種拜物教，
對拜物教的批判思想也已經成為崇拜的對象，更有甚者，
這些看似激烈的批判既作為拜物教的當代表現，同時它還
遮蔽了拜物教這一意識形態的擴張，亦即成為拜物教的同
謀，共同參與了拜物教的傳播。

　　然而，「幸福」並不僅僅是一個經濟學對象，實在地
說，就現代的、世俗的、日常生活的層面上說，它關乎的
恰恰是政治經濟學。因為幸福的問題必然關涉社會公正
和分配平等的大義。只有這兩者有了保證，才能實現真
正的和諧，才能讓生活在這個社會中的人們普遍地感受到
舒暢；也只有在感覺到平等的同時才能真正實現自我的價
值。強者為王、贏家通吃的社會裡只能是極少數強者和贏
家的幸福。一個社會如果是這樣必定無法保證其穩定，這
樣的社會要維持穩定，辦法只有兩條路，其一是強大的國
家機器，其一是意識形態。按照阿爾都塞的理論，現代國

---

14 同上，第 74 頁。

家的國家機器並非只包括傳統意義上的形式，即軍隊、警察、司法機構等等，意識形態也可以作為國家機器的一種形式，而實際上它也確實已經成為現代民族國家政治生活和社會生活中非常重要的國家機器，並且發揮著極其重要的作用。當然，此外，社會還存在著其他的在政府權力之外的意識形態，它們可能是共謀的關係，也可能是彼此頡頏的、甚至完全對抗的關係。就強者為王、贏家通吃的社會而言，要維持穩定，必須使社會中絕大多數認同這樣的邏輯：強者之所以成為強者，是因為他／她有能力，弱者之所以只能是弱者，根本的原因是自身能力的限制，並且最終在接受這樣的觀念——知足常樂——的同時接受這樣的現實——強者為王就是天經地義。

在這個意義上，消費主義以消費活動中的符號化、象徵化手段，更加進一步地強化了這一邏輯，只不過它是以轉換的方式，以幻象的效果成功地遮蔽了社會正義的現身，最終實現了與強者為王、弱肉強食的共治。

在價值理性退去，目的理性、個人主義和消費主義占據主導的社會，關注幸福成為必然的結果。而在對幸福的關注中，日常生活必然是其最重要的考量對象。

四、幸福感與空間

在日常生活的範疇中說，雖然「幸福」是個人對生活的感受，但一般而言，它必定落實到一個空間中。這個空

間可以是城邦或國家，也可以是城市，或其他形式的共同
體，當然，也可以是家庭。就粗淺的印象而言，這個空間
似乎在不斷地縮小，從最初想像的整個世界，到國家，最
終成為家庭的主要關注對象，甚至更小，小到家庭內部的
個人居住的一個房間。在相當程度上，我們似乎可以將幸
福問題所關涉的空間的縮小看成現代性在這個問題上的
體現。

　　「幸福」當然與個人的生活感受不可分離，但這一生
活感受多少與共同體的社會狀況相關，而不只關乎個人生
活。蘇格拉底就說：「安提豐，你好像認為，幸福就在
於奢華宴樂；而我則以為，能夠一無所求才是像神仙一
樣，所需求的愈少也就會愈接近於神仙；神性就是完善，
愈接近於神性也就是愈接近於完善。」「生活得最好的人
是那些最好地努力研究如何能生活得最好的人；最幸福的
人是那些最意識到自己是在越過越好的人。」[15] 這當然是
在個人生活的層面上，但在色諾芬的敘述中，我們還看到
蘇格拉底對正義的關注，「蘇格拉底說他一輩子除了考慮
什麼是正義，什麼是非正義，並且實行正義和避免非正義
以外，任何別的事都沒有做，他認為這就是他為自己所作
的最好的辯護。」柏拉圖在《理想國》中的表述似乎是一
個印證：「我們建立這個國家的目標並不是為了某一個階

15　《回憶蘇格拉底》，第 36、186 頁，[古希臘] 色諾芬著，
　　吳永泉譯，商務印書館 1984 年第一版。

級的單獨突出的幸福，而是為了全體公民的最大幸福；因為，我們認為在一個這樣的城邦裡最有可能找到正義，而在一個建立得最糟的城邦裡最有可能找到不正義。等到我們把正義的國家和不正義的國家都找到了之後，我們也許可以作出判斷，說出這兩種國家哪一種幸福了。當前為認為我們的首要任務乃是鑄造出一個幸福國家的模型來，但不是支離破碎地鑄造一個為了少數人幸福的國家，而是鑄造一個整體的幸福國家。」[16] 也就是說，在古希臘，作為理想的幸福首先與城邦和國家的正義非正義相關，所謂幸福感乃是基於一個生活在正義的城邦和國家中的人們的感受。而且，蘇格拉底對欲求與幸福之間的關係態度也極其鮮明，顯然與消費主義時代的幸福觀完全相反。

啟蒙運動時期自然以理性為幸福的保證，甚至它就是幸福的重要內容。斯賓諾莎就說，「我們將力圖去履行自己所曾許下的諾言，即去探究我們是否通過自己已有的知識（關於什麼是善，什麼是惡，什麼是真理，什麼是謬誤以及一般來說什麼是所有這些東西的效用），我說，我們是否能夠憑藉這種知識達到我們的幸福，即對神的愛（我們已經說過，這是我們的最高的福祉），同時，我們還要探究，用什麼方式可以使我們從自己判定為壞的激情中解

16　《理想國》，第 133 頁，［古希臘］柏拉圖著，郭斌和、張竹明譯，商務印書館 1986 年第一版。

脫出來。」[17] 將激情區分為好壞兩種，通過分類的方式，或者說是知識化的方式確立理性的合法性，並進而在理性的立場中對激情形成壓抑，似乎所有來自理性的知識都是正確的。萊布尼茨的話就更直接了：「理性和意志引導我們走向幸福，而感覺和欲望只是把我們引向快樂。」康德則更進一步從哲學的意義上確立其本質屬性：「幸福是理性存在物在這個世界上存在的條件。」[18] 但有意思的是，斯賓諾莎所強調的「所有這些東西的效用」恰恰將隱含在其中的目的理性的面目透露了出來。這一點無須贅言，在法蘭克福學派的思想脈絡中，我們可以很清楚地把握到對啟蒙主義的批判。值得注意的是，畢竟到啟蒙運動時期，關於幸福的討論也仍然是在一個比較大的空間中進行的。

　　古代中國人沒有「幸福」這個詞語，但是有「樂」和「福」與現代漢語「幸福」的詞義大致相通。比如：「五福：一曰壽，二曰富，三曰康寧，四曰攸好德，五曰考終命。」（《尚書・洪範》）；「子曰：『飯疏食飲水，曲肱而枕之，樂亦在其中矣。不義而富且貴，於我如浮雲。』」（《論語・述而》）孟子曰：「君子有三樂，而王天下不與存焉。父母俱存，兄弟無故，一樂也；仰不愧

17　《神、人及其幸福簡論》，第 228 頁，[荷蘭]斯賓諾莎著，洪漢鼎、孫祖培譯，商務印書館 1987 年第一版。

18　萊布尼茨著《人類理智新論》（上冊）及 Victoria S. Wike: Kant on Happiness in Ethics，轉引自孫英《幸福論》，第 17、18 頁，人民出版社 2004 年第一版。

於天，俯不怍於人，二樂也；得天下英才而教育之，三樂也。」（《孟子・盡心上》）。「樂」當然包含有快樂的意思，但似乎比較多地指向「幸福」，所謂「安貧樂道」就是。有論者對「幸福」做過比較細緻的分類 [19]，如果按照這樣的分類，一定程度上說，以儒家文化為核心價值和主流意識形態的中國古代所強調的似乎多為「德性幸福」。

五、現代中國歷史脈絡中的幸福觀

我無意也無力在這裡對東西方有關幸福的觀念進行觀念史的考察，但從上述簡略的梳理，還是可以看到西方的幸福觀的變遷無疑與現代性的展開存在密切的關聯。也正是在這個意義上說，幸福觀是一個歷史的概念。如果從這一角度看，對當下中國人幸福觀的考察，也就理應置於近現代，尤其是當代中國自身的歷史脈絡和政治文化背景，及其與社會現實之間的互動關係史上進行考察。

正如有論者已經指出的那樣，「我們至今還感嘆《紅岩》英雄許雲峰的經典語言：『為人民的利益而犧牲，能

---

19 孫英在其《幸福論》中，將幸福分為「物質幸福、人際幸福與精神幸福」、「創造性幸福與消費性幸福」、「德性幸福與非德性幸福」和「過程幸福與結果幸福」等五組。見孫英著《幸福論》第 29-52 頁。人民出版社 2004 年第一版。

看到勝利的曙光，我感到無比自豪，無限幸福。』」[20] 確實，就近現代中國而言，在革命年代裡，為人民的利益而奮鬥，甚至犧牲，那就是革命者的幸福，也就是所謂利他的幸福觀。當然，這其中也包含了為民族國家的解放而奮鬥乃至犧牲的信念。這兩者一直延續到社會主義建設時期。

利他幸福觀是對「人為財死，鳥為食亡」的利己主義的克服，但問題是利己主義在相當程度上具有極高的普遍性。然而，中國革命將民族國家的解放目標與共產主義信念相結合所產生的強大感召力最終戰勝了普遍的、自私自利的利己主義。雖然就整個人類歷史而言，歷朝歷代都有利他幸福觀的實踐者，然而，如此大規模且有組織的利他幸福觀的實踐無疑是二十世紀特有的現象，當然也不僅僅發生在中國。而隨後的社會主義建設時期，毫無疑問，占主導地位的幸福觀仍然是利他主義。自然，我們可以在德性幸福的意義上來理解，但在我看來，這樣一種利他幸福觀絕不僅僅是德性的境界，而是一種世界觀的深刻變化，其核心是政治認同。也就是說，在這個意義上，利他幸福觀所體現的是一種政治文化，或文化政治。雷鋒及其所體現的精神就是這一政治文化的典型。

但這一政治認同並不是無條件的，它需要外部環境，更需要內心的力量。要培養「毫不利己，專門利人」的

---

20 龔益鳴〈幸福何來指數〉，《學習月刊》2011 年第 6 期上半月，第 56 頁。

人，從根本上說，實際上關乎對人性和人心的改造。無疑，這樣的改造工程絕不可能在一朝一夕之間完成，也不可能在十年二十年中完成，毋寧說這是一個「漫長的革命」。既因為人性的改造是艱難的，更因為外部環境，尤其是整個有文字記載以來的歷史和文化，利己主義始終占據主流。也就是說，對人性的社會主義改造要對抗的是整個歷史所養成的、有著極其深厚而頑固的積澱。也因此，在 1960 年代初中期，才會有對「青年應該有什麼樣的幸福觀」的大討論，也就是說，這一大規模的討論，在相當程度上說是針對改造過程中出現的問題。[21] 蔡翔先生將這一大討論視為重建烏托邦的努力，並進而指出其與「第三世界」概念的內在關聯。[22] 而我們也確實從其中看到了被目的理性無限壓縮了空間的幸福觀在革命的語境中得到了

21　譬如筆者手頭就有一冊《南方日報》編輯部編的《幸福觀討論集》，搜集的就是 1963 年 8 月至 1964 年 2 月在《南方日報》發表的幸福觀討論的部分文章，分五個專輯：1、什麼樣的生活才是幸福的生活？2、為革命事業艱苦奮鬥是否幸福？3、「美好的感受」就是幸福嗎？4、怎樣看待精神生活？5、怎樣看待社會主義的幸福生活？有意思的是所搜集的文章均不是高頭講章式的，基本上是普通人，而且對立的觀點並置，並不只有一種聲音。參看《幸福觀討論集》，廣東人民出版社 1964 年初版。
22　參見蔡翔著《革命／敘述——中國社會主義文學—文化想像（1949-1966）》，第 354-362 頁，北京大學出版社 2011 年第一版。

重新拓展。但這一重建烏托邦的實踐最終伴隨著文革的結束而結束。1980 年上半年從潘曉來信所引發的關於人生的意義的大討論，及其後 80 年代的全面展開可以說就是其終結。賀照田將其歸結為虛無主義在 80 年代以來中國人精神史上的重要表徵，並通過深入細緻的文本細讀，深刻揭示了潘曉討論與 90 年代乃至當下中國社會普遍的個人主義話語迅速擴張之間的關聯，他也同樣敏銳地發現了潘曉來信中被那個時代和社會所忽視，乃至被其故事所誤讀的方面。[23]

　　與 80 年代所開啟的新啟蒙思潮及其所孕育的個人主義話語密切相關的一個重要方面，就是「家庭」在社會組織結構和社會生產方式中的意義發生了根本的改變。賀照田在其關於潘曉討論的長文中就已經指出，在原來的社會生活中，組織、親情、友誼的順序似乎是個人遭遇困難（包括困惑）時所求助對象的順序，愛情並沒有多少重要性，但潘曉來信則顯示了愛情在文革結束後日益重要的訊息。「當親情在潘曉作為一個選項已被排除的情況下，『文革』後期潘曉尋找人生支撐的選項依次是組織、友誼和愛情並不是偶然的，而是和此時的革命構造和此構造所由來演進的歷史所塑造的心理感覺秩序密切相關的。// 而這也為我們理解 80 年代上半葉特別強調愛情對人生的核

23　參看賀照田〈從「潘曉討論」看當代中國大陸虛無主義的歷史與觀念成因〉，《開放時代》2010 年第 7 期。

心支持意義提供著重要線索。」[24]

　　既然愛情已經成為「人生的核心支持意義」，「家庭」也就呼之欲出了。但此時的家庭，特別是 90 年代後的家庭實際上既與傳統的大家庭不一樣，也與此前社會主義建設初期的家庭不同，而日益成為資本主義社會所謂「核心家庭」的形式。這裡涉及到的一個頗為關鍵的問題是：是否存在社會主義和資本主義兩種不同政治、經濟制度下的不同家庭模式和家庭觀念。恩格斯在其《家庭、私有制和國家的起源》中專門討論了家庭與私有制、與國家的關係，而且，恩格斯還根據這一關係進一步推演出公有制下的家庭形式，他說，「隨著生產資料轉歸社會所有，個體家庭就不再是社會的經濟單位了。私人的家庭經濟變為社會的勞動部門。孩子的撫養和教育成為公共的事業；社會同等地關懷一切兒童，無論是婚生的還是非婚生的。」[25] 雖然這不能作為馬克思主義理論對社會主義 / 共產主義家庭的系統論述，但從其中還是可以看到所有制與家庭之間的內在關係。在這個意義上，社會主義家庭與資本主義家庭顯然存在著本質的區別。

　　有學者根據我國的社會主義歷史經驗，將其歸納為這樣三個方面：「首先，是家庭的基礎發生了根本的變

24　同上，第 19-20 頁。

25　恩格斯《家庭、私有制和國家的起源》，《馬克思恩格斯選集》卷四，第 72 頁，人民出版社 1972 年第一版。

化。……社會主義社會的家庭，是建立在生產資料公有
制的基礎之上的，從絕大多數家庭來看，其成員都是社
會主義全民所有制經濟單位或集體所有制經濟單位的勞
動者，社會主義公有制經濟是這些家庭產生和存在的基
礎。……其次，家庭內部男女之間的地位也發生了根本的
變化。……在社會主義社會的家庭內部，男子不再是支配
和奴役婦女的統治者，婦女取得了平等的地位……這樣的
家庭關係，反映了社會主義社會的根本性質，反映了公有
制經濟的性質，也反映了社會主義條件下人與人之間的相
互關係的性質。……再次……社會主義社會的家庭，是完
全的、真正的一夫一妻制家庭。」論者進而歸納了社會主
義家庭的四個職能：「第一，社會主義家庭仍然是人類自
身生產的單位……第二，社會主義家庭是社會主義社會的
基本消費單位……第三，撫養、教育子女和贍養老人，這
也是社會主義家庭的一個職能……第四，社會主義家庭在
培養其成員精神面貌、思想意識和道德情操方面，也起著
重要的作用。」[26]

---

26 艾福成〈社會主義社會家庭的性質和職能〉，《吉林大
學社會科學學報》1983 年第 2 期，第 45、47-48 頁。
對撫養子女贍養老人，存在著不同的理解，費孝通將
其視為中國文化傳統的影響，他用公式表現為「西
方的公式是 F1 → F2 → F3 → F4。而中國的公式是
F1 ⟷ F2 ⟷ F3 ⟷ F4。（F 代表世代，→代表撫育，
←代表贍養）。」西方的簡稱「接力模式」，中國的簡稱

這樣的闡述當然都是正確的，也是有效的，也因此，對社會主義家庭及其與革命中國關係的梳理和論述也都集中在對社會主義婚姻制度、愛情觀念及婦女地位等方面。也有論者將社會主義家庭問題納入現代化及相關的城市化進程中進行考察，指出「現代化歷程對傳統家庭制度的衝擊，就一般意義而言，是工業化（勞動力解放）、城市化（核心家庭化）、現代民族國家興起（家庭成員國民化）的普遍結果。而 1949 年後實踐國家社會主義制度的中國，國家對傳統家庭的改造，可以說首先是國家為其政治、經濟、文化的目標需求所作出的制度選擇。但是，在國家目標與它實現目標的實際的政府能力之間，存在著種種無可避免的尷尬情形，這些情形迫使國家不得不將家庭設置為國家—個人關係之間的一個重要結構要素。另一方面，在日常生活中，家庭也實際顯示了它具有自我功能再生產的能力。由此，家庭中某些功能被削弱的同時，另一些功能卻被不斷強化。」作者更進一步分析到，「在社

「回饋模式」。（費孝通〈家庭結構變動中的老年贍養問題——再論中國家庭結構的變動〉，《北京大學學報》[哲學社會科學版]第 7 頁）也許，對這兩種不同的家庭關係模式不能簡單地看成源自政治意識形態或文化傳統的差異，以溝口雄三重新審視中國傳統與現代中國社會主義觀念之關係的方法來看，中國的傳統中蘊含著社會主義的因子，而社會主義的理念也包含了契合中國傳統的因素，兩相發明，彼此激發，生成為中國特色的社會主義。

會主義實踐時期，由國家認定的婚姻／家庭，成為國家生
活資源配置制度與居民個人生活需求之間最為重要的中
介。……在城市，由於缺乏『市場』和『社會』的渠道，
『單位』與『街道／居委會』這兩個國家系統，成為城市
居民獲得福利保障、生活資源的僅有的兩個渠道。而國家
配置給『職工』與『居民』的福利資源，幾乎都是以『家
庭』為基本的消費單位的。」[27] 但是，我總感覺到，這其
中還是缺少了點東西。無論是從「生產主義」[28] 實踐的角
度觀照社會主義家庭觀，還是以婦女解放為立場考察社會
主義家庭倫理實踐，都沒有觸及社會主義公有制下對家庭
意義的改造和賦予，尤其是在日常生活層面上所展開的家
庭生活與政治化的社會生活之間的關係而言，社會主義的
家庭無疑有其深刻的獨特性，相當程度上說，社會主義公
有制實際上重新規定了「家庭」的意義和邊界。遺憾的
是，即使在家庭研究成為社會學重要對象的 80 年代初也
未見有多少說服力的解釋和闡發，包括在晚近的社會學著
作中，仍然存在這樣的問題。[29] 以致有年輕學者感嘆，當

---

27 陳映芳《城市中國的邏輯》，第 353-354、338 頁，三聯書
　 店 2012 年初版。

28 參看〈社會主義國家的家庭政策〉，[英] 莫利紐克斯
　 （Maxine Molyneux），《國外社會科學文摘》，1983 年第
　 11 期，第 37 頁。

29 參看鄭杭生〈重視和諧社會建設中的家庭研究〉（《社會學
　 研究》2007 年第 5 期）及陳映芳《城市中國的邏輯》（三

她通過對康有為《大同書》以降的思想、文學文本的梳理、閱讀，發現，「雖然破除舊家庭（關係）已成為時代主題，但至少在象徵意義上，和睦公正的大家庭理想並沒有真正終結，這兩條線索一顯一隱，在很長一段時間裡一直存在於現代中國的家庭想像之中。」她「彷彿獲得了一種與歷史相通相生的感覺」[30]。毫無疑問，80 年代以來這一「大家庭理想」在遭遇了新啟蒙的衝擊後，更兼啟動於 80 年代初的住房制度改革及此後逐漸深化的住房商品化進

聯書店 2012 年第一版）第十章「國家與家庭、個人」中的相關論述，並張煉紅《「生活世界」、「女性解放」與「細膩革命」》，《熱風學術》第六輯，上海人民出版社 2012 年。譬如陳映芳就指出，「將國家對社會、對家庭的干預，視為社會現代化的一個具有普遍性的機制的思路，可以被用以分析不同意識形態和政治制度下的社會中的家庭變遷。以此為路徑，我們可以看到，區別於工業化、城市化對傳統家庭制度的衝擊，現代國家遵循一定的意識形態或國家目標、社會建設目標，通過制定相關的家庭政策、發達相關的社會運動，對家庭實施改造，這是許多不同意識形態和社會體制的國家都經歷過的『家庭現代化』、『個人成長』的過程。」（陳映芳《城市中國的邏輯》第 327 頁）但張煉紅的論述提供了頗有啟發性的思路，從「生活世界」和「主體性」的角度，為考察社會主義家庭打開了一個新的思想空間，雖然她的思考是從當下被邊緣化的性別問題出發。

30 冷嘉《家庭、革命與倫理重建——以解放區文學為考察中心》，第 16 頁並「後記」，2009 年華東師範大學博士學位論文，導師陳子善。

程，並伴隨著住房這一最大的生活資料的私有化過程的展開和深入，私有財產觀念與配套的「物權法」等法律制度的建立，家庭觀念也逐漸回歸私有制下的內容，並與資本主義的家庭觀念相結合而成為社會的主流，人們對家庭生活的想像也隨之迅速地被市場及其意識形態所控制和生產。

英國歷史學家霍布斯邦如此描述「家」與資本主義及資產階級之間的關係：「家是資產階級最美滿的世界，因為在家，也只有在家，資產階級社會裡的一切難題、矛盾方可置於腦後，似乎業已化為烏有，一切全都解決。在家裡，也只有在家裡，資產階級，尤其是小資產階級，方可悠然自得，沉浸在和諧、溫馨、只屬於統治階級才有的幸福和幻覺之中。家中擺滿的家具陳設展示了這種幸福，也使他們享受到這種幸福。」[31]

雖然我們還很難說，當今中國大陸自 90 年代以來，經歷了二十多年快速工業化的過程，已經形成了一個可以被稱為「階級」的資產者，但毫無疑問的，我們的家庭形式以及人們對家庭及其功能的理解、對家庭生活的想像已經越來越資本主義化。「居家生活」正是在這樣的時代語境中逐漸成為普通城市居民，甚至鄉村人口的主導性生活觀念。尤其是 90 年代初中期住房改革措施大規模的實

---

31 ［英］艾瑞克・霍布斯邦著，張曉華等譯《資本的年代（1848-1875）》，第 294 頁，國際文化出版公司 2006 年第一版。

施，隨著住房改革的深入，也隨著整個文化生產機制改革的推行，在作為文化工業主體之一的媒體迅速而廣泛地推廣下，「居家生活」的概念逐漸深入人心，而由其所想像並生產出來的「幸福」也就很自然地成為人們普遍關注的問題了。

當「家庭」成為社會的基本組成單位，當「居家生活」成為社會的基本生活形式和樣態，其結果必然是，「單位」和「集體」也將不再是社會組織的重要形式，更重要的是，由此結構起來的價值觀及其所關涉到的個人與集體、與國家，個人與個人，個人與社會、與共同體，個人與自然，以及個人與自我之間的關係定位也因此發生改變。當然，其間的關係也許並不像我們所描述的因果關聯那麼簡單，而是一種更為複雜的雙向互動的關係，即「家庭」的重新發現和意義賦予，與「單位」「集體」的解體、崩潰及其意義瓦解是彼此影響，甚至差不多同時發生。但是，毫無疑問，這樣的改變給 90 年代以來的中國社會帶來的影響是巨大而深刻的。這一切也都與整個中國社會自上而下所確立並大力推進的以經濟建設為中心的現代化進程息息相關。而其最直接的後果就是價值真空。正是因為出現了價值真空，更因為價值真空造成了社會失衡，重建核心價值才成為近年政黨、政府乃至知識界、思想界普遍關心的問題。[32] 這個看似價值多元的時代，不過

32 從媒體、學術期刊發表的言論，可以清楚地看到近年主流

是唯物質主義、虛無主義的一個幻象，其實質恰恰是價值和價值理性的缺失。也正是在這樣的背景下，「幸福」和「幸福感」才成為我們時代普遍關注的問題。

學界和意識形態主管部門所關心的價值重建問題占據了多麼重要的位置。僅舉兩例，或可管中窺豹。2007 年 8 月下旬，北京大學中國與世界研究中心舉辦第二屆年會，主題是「三十年來我國社會價值觀的變遷」，與會專家學者討論的核心問題雖說是三十年來的價值觀變遷，但實際上所指乃是目前我國價值觀的混亂現狀，「混亂」正是莫衷一是，缺少核心價值，甚至根本就並無價值可言。眼前的則是，2012 年 8 月 23 日上海社會科學院主辦的《社會科學報》頭版的通欄標題就是「如何填補時代的價值缺失」。北京大學會議請參看潘維、瑪雅主編《聚焦當代中國價值觀》，三聯書店出版社 2008 年第一版。

家居成為幸福的源泉

一、60 年代幸福觀討論

　　什麼樣的生活才是幸福的生活呢？幾乎所有的人都有自己對這個問題的理解，因為所有的人都曾經有富於想像和憧憬的年齡，而在想像和憧憬中，幸福生活多半被具體化為可以描繪的圖景。尤其在進入現代以後，這幅圖景就更加具體，更加實了。譬如，1963 年下半年，一位廣東佛山的普通人就這樣寫道：「我以為，今天我們來談幸福的生活，就應該以現代化的物質生活條件為標準。如果我們能生活在有現代化物質享受的城市，有一個設備美好的溫暖的家庭，有一個情投意合的理想的愛人，有待遇較高的職業和能夠讀書研究學問的環境，那不是比賈寶玉要幸福得多嗎？」因為，「在賈寶玉的時代，不但還沒有電燈、電話、汽車、洋樓這樣一些現代化設備，更談不上收音機、電冰箱、沙發、彈簧床這樣一些物質生活的條件。」當然，賈寶玉也不曾「想到我們今天能看電影、跳交誼舞、聽交響樂這樣一些現代生活上的高度享受」。[1]

1　《幸福觀討論集》，第 9 頁，〈現代化的生活享受最幸

這裡，我們可以很清楚地看到，一方面，60 年代初期的人
們對現代化生活的理解和追求，現代化的生活圖景非常清
晰地體現為現代科技條件下的物質生活，也就是說，現代
生活是擁有並享受現代化的物質設備，「物」成為衡量，
甚至是界定是否是現代生活的標誌，但是需要注意的是，
這些「物」既體現其現代性品質，同時也內在地包含了西
方世界的特性；另一方面，只有現代化的生活才是幸福的
生活，即便富貴如賈寶玉，在現代也不能被稱為幸福；第
三方面，我們更應該看到，在上述的描述中，家庭成為幸
福的現代生活的重要方面，一定程度上可以說，家庭既是
幸福生活的保證，同時也是現代幸福生活的根基，一個必
不可少的生活空間，而且，這一空間既作為物質實體的空
間，也作為隱喻的意義而存在，並對家庭生活和日常生活
進行再生產；第四，在其描述中，還有一點也是我們需要

福〉，劉際，《南方日報》編輯部編，廣東人民出版社 1964
年初版。之所以會將現代生活與賈寶玉的生活相比較，是最
初的討論就是由關於賈寶玉的生活是否是幸福的所引發，在
署名江門市吳勉的文章中，作者談到他與一位朋友的討論，
這位朋友認為，「賈寶玉生長在富貴豪華之家，吃的是山珍
海錯，穿的是綾羅綢緞，住的是富麗堂皇、風景如畫的大觀
園，有一群如花似玉的女孩子陪伴，還有林黛玉那樣十分理
想的愛人，終日耳鬢廝磨，不是吟詩猜謎，就是觀花鬥草。
可以說，賈寶玉在吃、穿、住、用、玩、樂以至愛情等各個
方面，都達到了幸福、美滿的極峰。」（第 2 頁）

注意的，他在強調物質設備的同時，也表達了對理想的精神生活和文化生活的理解和追求，並將其視為「現代生活上的高度享受」，但我們同樣發現，這些文化精神生活的形式也仍然源自西方世界；最後，我要特別強調，所有這些，在作者看來，都必然有一個前提條件：「生活在有現代化物質享受的城市」，關鍵詞乃是「城市」。也就是說，在他的理解中，只有城市才可能實現現代化，引申一下，照這個邏輯，在傳統的中國鄉村，這一切都是不可能有的，因而在傳統占據相對主導性位置的鄉村社會也就不可能擁有幸福。

應該說，有這樣想法的人無疑不會太少，哪怕是在 1960 年代初期的社會主義中國。當然，這樣的觀念在其時也一定會遭到批評，但我們從收在討論集中的文字看，也並沒有口誅筆伐，更沒有用政治意識形態的棍子和行政手段置其於死地。討論的目的是為了讓更多的人接受社會主義的幸福觀，擺正國家、集體利益與個人、家庭利益之間的關係，樹立正確的價值觀和人生觀，為新生的社會主義中國生產力的發展做出應有的貢獻。用現在流行的學術概念說，就是通過意識形態的宣傳，將個人和家庭有效地組織進生產這樣的國家行為中去。而這也正是被 80 年代詬病最嚴厲的所在。但實際上 80 年代初中期仍然保有一種個人化的理想主義衝動，而這一個人化的理想主義很快在物質欲望合法化的侵蝕下逐漸形成價值真空，並迅速蛻化為追名逐利和享樂主義。只是初期因社會現實尚處於相對

貧困階段，理想雖然日漸模糊，卻依稀猶在，於是產生了困頓和苦悶。

二、80 年代現代幸福生活圖景

王安憶寫於 80 年代初的短篇小説〈本次列車終點〉，大體就可以看做這一狀態頗為典型的文本。小説主旨在反映返城知青重返城市的困苦，當然，需要強調的是這個城市是上海，既因為這是王安憶從小就生活居住的城市，更因為「上海，似乎是代表著中國文化生活的時代新潮流」[2]。小説一開始就設計了一個外地人與上海人對上海的不同態度。在火車上的那幾位外地人看來，「人，要善於從各種各樣的生活裡吸取樂趣。到哈爾濱，就溜冰；到廣州，就游泳；去新疆，吃抓羊肉；去上海，吃西餐……」。這些外地人的觀念看起來似乎是享樂主義，但就文字所表達的意味而言，或許我們還可以説，他們看重的是地方性的獨特性，而他們對上海的理解則是包含了作者、外地人對上海的想像，所謂西化的特徵。作為地域文化形式和載體的西餐飄洋過海，在殖民地半殖民地或非殖民地成為異域特徵鮮明的對象而存在，甚至更進一步成為該地最具特色的文化形式，因而成為被移植地的地方性特

---

2 王安憶著，《王安憶短篇小説編年》卷一（1978-1981），第 209-230 頁，以下不注，人民文學出版社 2009 年第一版。

徵，這本身就是值得追問的現象。而在接下來的敘述中，
主人公陳信卻迅速將這個「西化」轉換成帶有普遍性意味
的對象：「上海是好，是先進，是優越。百貨公司裡有最
充裕最豐富的商品；人們穿的是最時髦最摩登的服飾；飯
店的飲食是最清潔最講究的；電影院裡上映的是最新的片
子。」從外地人將上海最具地方性特色的東西理解、想像
並確定為西餐，到一個插隊十年的上海人對這個城市的理
解，顯然存在著很大的裂隙，其中最重要的方面就是由西
方化到普遍性的轉換，或替代[3]。其中既包含著第三世界
國家民眾對現代生活的理解和想像，也包含了在 80 年代
初期的中國經歷了此前高度政治化的、相對貧困的生活之
後對現代生活的渴望[4]。這正是 80 年代各項經濟改革最重
要的原始動力，也是最強大的動力。也正是在這個意義

3　陳映芳就說過：「在一般民眾那兒，以咖啡蛋糕、西裝旗袍
　　等等為象徵的、充滿著『民國範兒』的大上海，則是中國與
　　西方、傳統與現代、此岸與彼岸間的一座想像中的橋梁。」
　　陳映芳《城市中國的邏輯》，第 18 頁，三聯書店 2012 年
　　第一版。

4　需要特別強調的是高度政治化與相對貧困之間並不存在因果
　　關係。造成貧困的原因有很多，對新中國這樣一個積貧積弱
　　的大國來說，迅速實現工業化，迅速脫貧根本就是不可能
　　的，更兼新中國處在二戰結束後冷戰格局中，西方的經濟封
　　鎖，社會主義政體無法占有殖民地，也就無法在短期內實現
　　資本的原始積累，等等等等，都造成了新中國在相當長一段
　　時間內的國家和人民的雙重貧困。

上，離開上海的陳信以及那些留戀上海的上海人對上海的
情感，確實不能簡單地視為對故土故鄉的眷念，而應該是
鄉情和對現代生活的嚮往之情的混合物。

　　但在這裡，我們要分析的是王安憶對造成困苦的原因
的敘述次序。依照小說的敘述順序，我們可以發現，在陳
信，最初帶給他困擾的實際上是因久離上海而與她產生
的「疏遠」，他甚至覺得「他是個外地人，陌生人」，
也就是說，這是一種情感上的困擾，一種身分認同上的尷
尬。但這一點很快被濃釀的親情所沖淡，母親和哥哥嫂子
因對他主動將孱弱的哥哥留在上海，自己下鄉插隊一直心
懷愧疚和感激，因而顯示出一種特別的熱情。所以，「當
他酒足飯飽，洗了個熱水澡，躺在『違章建築』那張同弟
弟合睡的大床上，他感到舒適得像醉了。」但很快，在這
個違章建築[5]裡，他就不再能有這樣的感覺了。最先讓他
感覺到羞辱的是他已經不會乘上海的公交車，在擁擠的車
廂裡，他完全像一個初來乍到的外地人一樣，橫杵在上海
人自覺形成的沙丁魚般排列著的人群中，引來了一陣嘲笑

5　「違章建築」也是個值得深入的概念。它涉及建築物在空間
　　占有上的合法性，而這一合法性直接與空間秩序的原則相
　　關，空間秩序由誰來建立，建立的原則是什麼，而空間秩序
　　又與空間分配關聯，誰來主持分配，分配的基本原則是什
　　麼，如何保證分配正義和分配平等。因此，「違章建築」中
　　顯然包含了權力主體作為規劃主體的權力與違章建築的建造
　　者的權利之間的緊張關係。

和批評。外地人擠車根本不懂「科學」，「人們擠汽車都是拚著命橫擠，一無科學的考慮。搞得擁擠不堪、緊張不堪，而實際上，汽車裡的人卻並不多。」但上海人就不一樣了，上海真的是人多，可是，他們「十分善於在狹小的空間內生活」。以科學的名義對外地人和上海人進行「合法」的區隔自然可以不論，在一定程度上這是 80 年代新啟蒙的痕跡。而「擁擠的車廂」既表明人口的快速增長——實際上並不只是上海的人多，據全國人口普查資料，1953 年全國人口為 5.8 億，1964 年為 6.9 億，而 1982 年就上升為 10 億——只不過作為大城市的上海，人口比一般中小城市更多，它同時還包含有對上海城市公共交通狀況的批評。但這裡要說的是，在相對貧乏的空間條件下如何「合理」利用的問題，而由此反映出來的，正是 80 年代初期所延續的、70 年代以來在中國大陸城市逐漸突出的住房緊張的狀況。

一天，下班回家的陳信因公交車脫班，決定走回家。一路上，「他轉頭左右看看，兩邊的屋子像是鴿子籠，又像是口琴的格子。又小又矮，從窗口望進去，裡面盡是床。床，大的，小的，雙層的，折疊的。因此一切娛樂，一切工作，一切活動，不得不移到室外進行。……原來在五彩繽紛的櫥窗、令人目眩的廣告，光彩奪目的時裝和最新電影預告的後面，卻還有這麼窄的街，這麼擠的屋，這麼可憐的生活。看來，上海也並非想像中的那麼完美。」五彩繽紛的櫥窗可以理解成物的豐富（多樣），令人目眩

的廣告既可以視為物的宣傳手段之漂亮，更可以視為商業化氣息的濃郁，還可以作為日常生活審美化的表徵，時裝自然屬於衣食住行之首，但顯然不是禦寒之物，而包含了消費的訴求，至於最新電影預告，顯然並非在列寧所指稱的「對於我們是最重要的」[6]藝術形式之一的電影，而是作為精神文化生活內容的隱喻性的表達，但說實話，那樣的年代，對究竟需要什麼樣的精神文化生活，其實並無多少明確的方向，可是，其中又有一點是明確的，那就是不能再回復到只有樣板戲的、單一化的、甚至是唯一的文藝形式的那個路了上去。也就是說，貧困、匱乏是 80 年代初期舉國上下最迫切希望改變的現實，而這一改變的願望當然並不是因為文革的結束，在相當程度上說，文革中後期時，這一願望就已經很強烈。客觀而歷史地說，這一改變貧窮、落後狀況的願望是整個中國近現代，甚至還應該包括全世界絕大多數處於貧窮狀況中的民族─國家的願望。說到底，這其實就是國強民富，國泰民安。而在近現代的歷史語境中，國強民富和國泰民安都直接地與現代化相關聯。現代化，在其與實際生活對應的層面上，就是現代生活。但毫無疑問的，對現代生活的想像，就其內在的邏輯和精神而言，其實存在著很大的差異，甚至對立。我說的正是社會主義和資本主義這兩種制度所想像並建構的

─────────────

6　參看《黨論電影》，第 49 頁，［蘇］H‧列別傑夫編，徐谷明等譯，時代出版社 1951 年初版。

現代生活圖景。而其一致的地方就是擺脫貧困和匱乏。
所以，當 70 年代末之前激進政治實踐未能兌現其全民富
裕、全民幸福的諾言，恰逢文化大革命的終結之時，或者
說這兩者彼此推動，激進政治實踐的終結本身也就與其不
克解決實際物質生活的困窘有關，於是自然形成了 70 年
代末 80 年代初整個中國社會對此前政治實踐的否定，甚
至全盤的、徹底的對政治的否定，而對激進政治為什麼未
能兌現承諾並無認真而深入的反思，並在一個極其簡單的
邏輯上將貧困視為激進政治的後果。由此而進入對現代生
活的單一面向的全面追逐。個人和能力成為那個時代最重
要的概念。於是，全民富裕迅速被依靠個人能力致富的意
識形態所取代。也於是，家庭成為「集體」、「社會」、
「國家」等詞彙中最大的一個概念。

　　於是，在陳信滿懷對返城後美好生活的憧憬回到上海
的時候，當他自己親眼見到並深切體會到貧窮的困窘之
時，他發現了上海的不完美。實際上，那個時候並不只有
上海不那麼完美，幾乎所有的回城知青都有同樣的感慨。
小說很明確地告訴我們，當陳信終於靠頂替母親進了工
廠，成為工人，而未能考上大學的弟弟不得不待業在家；
當母親要給他介紹對象，哥哥告訴他，「你現在應該著手
建立生活了」的時候，他不由得心裡「一震」，「新生活
突然之間這麼具體起來，他有點措手不及，難以接受，可
他再想想，確也想不出來究竟還有什麼更遠大、更重要的
新生活。也許，結婚、成家、抱兒子……這就是了。」似

乎是生活突然之間顯露出了一副崢嶸面目，可實際上生活
從來就是如此，只不過如何面對卻有很大的差異。可以
說，在 70 年代末 80 年代初期，人們面對生活所採取的姿
態和態度普遍地發生了變化，人們不再願意在一種高昂的
政治激情下投身政治化的社會生活，而是選取了更為具體
化的日常生活方式。也可以說，這個時代的人們對生活的
理解和追求歷史性地改變了，於是，對物質的熱情戰勝了
理想的激情。

　　這也正是〈本次列車終點〉隱含在敘事順序中的思維
邏輯。但王安憶還是寫出了那個時代裡知青作為一個當代
中國歷史的獨特群體所特有的情感複雜性。陳信終於沒有
為了房子（其實也並不大，只是「一間雙亭子間」）而選
擇那個相貌讓他並不滿意的女孩，這倒並不是說陳信只注
重外表，相反，在這裡，好看的相貌實在是美好生活的隱
喻。然而，也正是在這樣的地方，「結婚和房子的關係」
凸顯了出來，即使這難堪的現實並沒有令陳信屈從，可問
題卻牢牢地立在了那裡。那個時候的王安憶當然不願意就
此讓渡出她的烏托邦情懷，而在相當的意義上說，這一烏
托邦情懷正是從上一個時代走來的她，作為與陳信有著同
樣經歷的知青們所共享的精神資源。在這其中也就包含了
關於幸福的理解。當陳信回到上海後遭遇了所有的一切，
在歷史與現實的比照中，他又怎麼可能不迷惘：

　　他很茫然，十年裡那點兒滲透他心靈的、苦苦的而又

甜甜的思念，消失了。十年裡那種充實感也隨即消失了。他的目的地達到了，下一步，他該往哪兒走？人活著，總要有個目的地。完成西裝革履、喇叭褲、錄音機的裝備，跟上時代新潮流？找對象、結婚、建立小家庭？……這些都可以開始了，是的，可以開始了，只是還需要很多努力，很多辛苦。並且，如果時裝裡包裹著一顆沉重而不愉快的心靈，究竟又有什麼幸福？為了建立家庭而結婚，終身伴侶卻不是個貼心人，豈不是給自己加了負荷。……人生的目的地，總歸應該是幸福，而不是苦惱。他忽然感到，自己追求的目的地，應該再擴大一點兒，是的，再擴大一點兒。（著重號為引者所加）

難道十年的知青生活，唯一給了陳信的充實感就只是思鄉？但無論如何，現在，遭遇了挫折的他，不曾言語一聲就出門了，家人擔心他會想不開，一路找上街去。當哥哥嫂子終於發現了他，激動的他想到的是：「家畢竟是家，就因為太貧困了，才會有這些不和。親人，苦了你們了。他忽然感到羞愧，為自己把十年的艱辛當作王牌隨時甩出去而感到羞愧。媽媽、哥哥、弟弟、嫂嫂，都有十年的艱辛。」可是，在不久前他還曾經這樣回憶：「爹爹很早就死了，媽媽帶著他們三個，相依為命，相濡以沫，什麼苦都吃過了。可就因為大家擠在一起，再怎麼苦都是暖融融的。」

在上引文字中，王安憶的敘述中還是隱隱透露出一種

明確的情感訴求。從字面上看起來，陳信渴望的是「幸
福」的新生活，可是認真辨析一下，我們還是可以發現，
這裡的「幸福」更多地指向了「愉快」和「輕鬆」，「一
顆沉重而不愉快的心靈」不是「幸福」，也不可能有「幸
福」。如何才能擁有輕鬆而愉快的心靈？陳信們以為，
只有拋開歷史，投身實現個人目標的努力，方可抵達。這
差不多就是 80 年代初期普遍的思路。在這個意義上，所
謂「再擴大一點兒」的「目的地」即使不是清晰地指向個
人，也是含糊而曖昧的。

三、幸福感與家庭生活空間

也就是說，80 年代初期，物質與幸福之間的關係再
次凸顯出來。人們這樣描述當時的情形：「四個現代化的
燦爛前景，正在激勵著我國的青年一代。在為這項宏圖大
業貢獻青春的時候，青年們對個人的物質利益也提出了一
些要求。在公共場所，在上下班的路上，人們可以聽到，
三三兩兩的青年興致盎然地談論著電視機的選購、衣服
的樣式、食物的構成、自行車的型號……也常常聽到他們
焦慮不安地說到住房緊張、家具買不到手，等等。」[7]實
際上並不只是青年才對物質利益有要求，只不過在經典社

7　賈春峰〈怎樣看待青年對物質利益的追求〉，《中國青年》
　　1980 年第三期，第 15 頁。

會主義的理論框架中，青年既代表著未來，也是革命事業
的接班人，而對物質利益的追求在經典社會主義的理論脈
絡中，一直強調的是：「革命是為了使全體勞動者過最美
好最幸福的生活」[8]。也正如前文已經指出的，當共同富
裕、全體幸福的理想願景在經歷了近三十年的努力而未曾
實現的時候，越來越多的人選擇了個人幸福和個人利益。
在這個意義上，潘曉的困惑也正是源於這一時代背景中諸
多因素彼此矛盾、衝突而形成的價值認同的困境。我們可
以在潘曉的來信中很清楚地看到這種衝突，而潘曉所選擇
的就正是當今社會上普遍認同並踐行的社會達爾文主義：

　　社會達爾文主義給了我深刻的啟示：人畢竟都是人
哪！誰也逃不脫它本身的規律。在利害攸關的時刻，誰都
是按照人的本能進行選擇，沒有一個真正虔誠地服從那平
日掛在嘴頭上的崇高的道德和信念。人都是自私的，不可
能有什麼忘我高尚的人。過去那些宣傳，要麼就是虛構，
要麼就是大大誇大了事實本身。……過去，我曾那麼狂
熱地相信過「人活著是為了使別人生活得更美好」，「為
了人民貢獻出生命也在所不惜」。現在想起來又是多麼可
笑！[9]

8　同上。著重號為引者加。

9　潘曉〈人生的路啊，怎麼越走越窄……〉，《中國青年》
　　1980 年第五期，第 4-5 頁。對潘曉來信及此後的討論的重新

　　然而，現實是殘酷的。當陳信們打定主意要追求這樣的幸福的時候，當成家成為個人生活中非常重要的一個關節的時候，偏偏遇到了現實無情的打擊──無處安家（身）。

　　無處安家並不只在上海，實際上，全中國的城市住房都很緊張。甚至這也並非中國的城市才有住房短缺現象，人口的增長，工業化的進程都必然帶來城市住房的緊缺，也可以說，住房緊張是「城市病」，是工業化的必然後果。1982 年的聯合國的聯大會議就宣布 1987 年為「安置無家可歸者年」（International Year of Shelter for the Homeless），簡稱國際住房年，並在 1985 年的第 40 屆大會，確定以每年 10 月的第一個星期一為「世界住房日」（World Habitat Day），簡稱「世界人居日」。而就中國據相關資料及研究表明，「中國城市人口從 1949 年的約為 5765 萬人激增到 1984 年的 1.63 億人。人口的激增引起巨大的住房需求和嚴重的住房短缺，全國城鎮人均居住面積甚至從 1949 年的 4.5 平方米降低到 1978 年的 3.6 平方米。到 1978 年，中國主要城市的住房短缺面積達到 10 億多平方米。」[10] 另一個資料也許更直觀些：「1949 年到 1978 年，城鎮居民人口增加兩倍多，而住房建設只增加了

検討，請參看賀照田前揭文。

10　朱亞鵬著《住房制度改革──政策創新與住房公平》，第 4 頁，中山大學出版社 2007 年初版。

80%。」[11] 而之所以造成如此巨大的住房短缺現象，實際上有很複雜的政治、經濟、社會歷史的原因。

有論者指出，「住房問題是現代城市社會問題之一」；「住房問題是城市化與工業化的產物」；「住房問題是各國經濟起飛時期面臨的共同問題」。據說，「美國總統胡佛曾在 30 年代指出，沒有什麼東西比住房更能為謀求人們幸福和社會安定作出貢獻」。[12] 而在新中國的社會主義改造和社會主義建設時期，住房問題雖然也受到關注，相比於解放前，也有很大的改觀，甚至曾經有很成功的實踐，但因為諸多因素，尤其是城市人口的增加，以及政府對工業化必然造成的城市人口增加從而導致住房緊缺沒有足夠的重視，最終造成了 70 年代末 80 年代初中期高度緊張的住房格局，而在整個社會開始普遍關注生活質量，並對「現代生活」展開想像的背景下，這一問題就變得更加緊張而突出。一個很有意思的現象是，原先作為批判對象的資本主義世界的現代生活圖景在此時此際卻成為我們想像未來的範本，甚至藍圖。[13]

11　《租房‧買房誰划算——中國老百姓居住話題》，趙豐主編，馮永利等編著，第 32 頁，天津人民出版社 1994 年第一版。

12　侯淅珉、應紅等著《為有廣廈千萬間——中國城鎮住房制度的重大突破》，第 1-3 頁，廣西師範大學出版社 1999 年初版。

13　譬如這樣的說法在當時就非常有力：「1949 年，我國城市人均居住面積為 4.5 平方米。……1979 年，我國城市人均居住面積為 4.4 平方米。30 年的嚮往啟動，30 年的勤奮建

　　還是讓我們回到〈本次列車終點〉來看看吧。陳信一家，父親去世得早，母親一個人把他們兄弟三人撫養成人，一家四口，居住在 28 平米的兩間房子裡（一大間 22 平米，三兄弟合住，小間 6 平米，父母住。應該説這樣的居住面積在 50 ～ 60 年代的上海並不能算小。據調查，「1979 年，我國城市人均居住面積為 4.4 平方米」，另據「1986 年全國城鎮房屋普查時，上海的人均居住面積在全國各省、市中倒數第三，為 5.24 平方米，而缺房戶在全國正數第一，高達 53.3%。」[14]）。文革期間，陳信因哥哥孱弱，主動替哥哥上山下鄉，十年後重新回到上海。這時，哥哥已經成家，並育有一子，哥哥一家三口就住在大間。陳信的弟弟則沒有考上大學，待業在家。他返城後，

　　設，換來的卻是 0.1 平方米的倒退！與此同時，被我們多年視為『頭號帝國主義敵人』的美國，人均居住面積為 18 平方米；在第二次世界大戰中向我們舉手投降、擠在一個狹小島國上的日本，人均居住面積為 14 平方米；初為我們最親密的『老大哥』、後卻勢不兩立的蘇聯，人均居住面積為 12 平方米。」（朱劍紅、王國諍著《住房》第 2 頁）這其中所蘊含的意味令人深思，但從今天的立場去看，其中的邏輯轉換同樣值得我們深入研究。也許只有從這裡出發，我們才能真正釐清當代中國 60 年充滿艱辛曲折的歷程其成敗得失，也才能真正確立我們在何種立場和意義上反思社會主義，批判資本主義。

14　朱劍紅、王國諍著《住房》第 2、11 頁，遼寧人民出版社 1988 年第一版。

就與弟弟住在狹小的「違章建築」中。剛剛回來的陳信受到了一家人的熱情歡迎，包括他的嫂子。但不久之後，隨著陳信不因房子而放棄自己對美好愛情的追求，嫂子隱隱地感受到了壓力，遂唆使丈夫向母親提出分戶。按照他弟弟的說法，「一分戶口，這間二十二平方米的客堂就歸他們了。這一定是嫂嫂的主意。」陳信雖然嘴上說著「歸他就歸他唄」，但工作的時候他還是忍不住地「有點心不在焉」了。而事態的發展還沒有到更糟糕的地步，待到嫂嫂遷怒於孩子，並當著一家人的面，說出更難聽的話：「我不為房子生氣，有沒有房子我無所謂。不過，我兒子長大了，沒有房子是不會讓他娶人家女兒回家的。」家庭關係一下子變得緊張起來。而陳信更以「我不要這房子，我不結婚」的回應令母親愈加傷心。第二天，陳信正值廠禮拜，「他想出去走走，找個開闊一點兒的地方」。但他並沒有告訴家人，於是，全家竟都以為他為此想不開而自殺。

小說的結尾自然是充滿溫情的，哥哥嫂子找到了他，一家人又回到那個貧困、逼仄的家中。雖然王安憶努力要給小說一個比較光明的尾巴：「也許永遠得不到安定感。然而，他相信，只要到達，就不會惶惑，不會苦惱，不會悵然若失，而是真正找到了歸宿。」可是「相信」是一回事，即使上述的房子風波在他的心底一絲一毫的陰影都沒有留下，但母親呢，弟弟呢，嫂子呢，還能像他剛回上海的時候那樣對他麼？這毫無疑問成為一個問題，並且在此後的生活中影響到一家人原先和睦、愉快的家庭關係。當

然，王安憶有權表達她的良好願望，她可以用親情彌合這一縫隙，然而，在我看來，除了親情，起碼就陳信而言，並非完全出自家庭倫理的考慮而如此行動。發揮了更大作用的無疑是「相信」，即使陳信（這大概也是作者取名「陳信」的基本考慮，所以，在這個意義上，「信」並非誠信的意思，而是信念的信），也包括王安憶在內，對究竟相信什麼是模糊的，但無論如何，陳信的主動反思和兄嫂的讓步，還是可以視為比較好的結果。

也可以說，80 年代初期，人們並沒有因為居住空間的狹窄而放棄家庭倫理，包括與家庭緊密關聯的鄰里情感倫理。但是，這一狀況在 90 年代房產市場完全商品化後，在人們的居住空間普遍得到擴展之後，卻出現了相反的情形。看一看《新老娘舅》[15] 就知道，如今相當一部分家庭糾紛都與房子或其他財產有關。在這個節目中，我們看見無數為房產而對簿公堂的夫妻、父母與子女，還有無數因瑣屑小事而打罵得不可開交、難以調和的鄰里。這是發人深省、耐人尋味的現象，也使我們不得不回頭重新檢視一下我們曾經走過的路。

---

15 2008 年 1 月上海 SMG 娛樂頻道推出的一檔全新欄目，用因該節目而成為「明星」的柏萬青的話說，是「採用綜藝包裝，關注民生話題的調解類談話節目」。參看《「新老娘舅」調解手記》第 17 頁，《新老娘舅》節目組編著，上海人民出版社 2009 年第一版。該書的副題足以揭示其內容：「化解一場叫親情的戰爭」。

四、作為歷史遺產的工人新村的啟示

　　回望上海人的居住變遷，我們起碼不應該忘記像工人新村這樣一個全新的城市生活空間形式。對上海工人新村較為系統的研究尚嫌不足的現狀中，丁桂節的博士學位論文《工人新村：「永遠的幸福生活」——解讀上海 20 世紀 50、60 年代的工人新村》無疑是比較突出的。作者將工人新村的建設視為社會主義空間生產的實踐，論文在頗為豐富的資料梳理的基礎上，通過對工人新村居住模式和生活形態較為細緻的考察，並將這一空間實踐納入現代社會烏托邦空間想像和實踐的脈絡中，通過較為深入的比照分析，在政治和社會的層面，而非純粹建築規劃的層面，把握上海 20 世紀 50、60 年代工人新村的價值取向，及其社會學價值。論文為我們揭示了，工人新村的建設，其間雖然有曲折，但就總體而言，它無疑成功地凸顯了社會主義在城市規劃和建設領域的政治理念。有論者甚至説，「以 1952 年第一個工人新村（曹楊新村）的建立為起點，到 1978 年間，工人住宅始終是上海城市住房建設的主體。」[16] 實際上，工人新村與社會主義城市之間的關係

16　楊辰〈社會主義城市的空間實踐——上海工人新村（1949-1978）〉，《人文地理》2011 年第 3 期，第 37 頁。但 1952 年的説法有誤，據汪定曾文《上海曹楊新村住宅區的規劃設計》稱，曹楊新村是「1951 年開始興建，1953 年大部工程完成」，汪寫作此文時的身分是上海市規劃建築管理局曹楊新村

問題中，最重要的一個原則乃是對城市屬性的理解。城市
是消費性的，還是生產性的，在相當程度上說，是中國這
樣的社會主義國家在其建設的很長一段時間裡區別於資本
主義國家的標誌。而毛澤東在西柏坡召開的中共七屆二中
全會上，就已經非常明確地指出：「只有將城市的生產恢
復起來和發展起來了，將消費的城市變成生產的城市了，
人民政權才能鞏固起來。」[17] 因此，解放後工人新村的規
劃和建設既可以看成為鞏固政權而發展生產的政治實踐，
但同時，正如列斐伏爾所說，「一場革命，如果沒有產生
新的空間，那麼它就沒有釋放其全部的潛能；如果只是改
變意識形態結構和政治體制，而沒有改變生活的話，它也
是失敗的。真正的社會變革，必定會在日常生活、語言和
空間中體現出它具有創造力的影響。」[18] 工人新村就正是
中國革命所生產的全新空間形式，而這一居住空間生產的
基本原則就是以生產為根本目的，或者說，「生產」與

總規劃師。無論從興建還是以完工為標識，曹楊新村的「建
立」都不是 1952 年。汪文載《建築學報》1956 年第 2 期。

17 毛澤東《在中國共產黨第七屆中央委員會第二次全體會議上
的報告》，《毛澤東選集》第四卷，第 1429 頁，人民出版
社 1966 年根據 1960 年初版重印。

18 ［法］亨利‧列斐伏爾著《空間的生產》，轉引自楊辰〈日
常生活空間的制度化——20 世紀 50 年代上海工人新村的空
間分析框架〉，《同濟大學學報（社科版）》2009 年第 6
期，第 39-40 頁。

「生活」一體化。[19]

列斐伏爾更進一步指出，「一個正在將自己轉向社會主義的社會（即使是在轉換期中），不能接受資本主義所生產的空間。若這樣做，便形同接受既有的政治與社會結構；這只會引向死路。」[20] 看起來這似乎是危言聳聽，可社會主義實踐在全球範圍內的挫敗，在一定程度上說，恐怕也正與此相關。我們當然不能說，空間是這一過程中唯一的因素，或決定性的力量，但就其對資本主義空間的繼承、改造及社會主義自身的創造性空間生產而言，後者無疑較弱。換言之，有限的社會主義空間生產和創造只能與舊的資本主義或封建主義的空間並存，就如同 1949 年後的上海城市空間的格局一樣，在意識形態對抗白熱化的時候，兩種或多種空間實際上在進行著一場無聲的戰爭。其結果已經不言而喻。但要緊的是我們必須通過重新審視曾經有的社會主義空間遺產，以及凝固在其中的政治、思想、文化的遺產，從而打開面對當代中國完全世界化的空間生產進行批判的新空間。而在這有限的空間遺產中，工人新村就正是具有典範意義的存在。因為，工人新村雖然在舊的城市空間中只占據很小的面積，但因為它不僅僅讓

---

19 參看羅崗〈空間的生產與空間的轉移——上海工人新村與社會主義城市經驗〉，《華東師範大學學報（哲社版）》2007年 11 月號，第 92 頁。

20 亨利·列斐伏爾《社會產物與使用價值》，夏鑄九等編，台灣台北明文書局，轉引自羅崗前揭文，第 92 頁。

獲得解放不久的工人階級真正體會到前所未有的翻身感，也使其所宣導並貫徹的以生產型城市取代消費性城市的理念得到廣泛的認同，更重要的是它以此所組織、生產出來的日常生活的模式迄今仍具有發人深省的意義。在這一日常生活的模式中，既包含了生產和生活的關係，也包括空間內部的社會關係及其與外部的社會關係，譬如家庭成員之間、鄰里之間關係，乃至家庭與單位、與社會以及國家之間的關係，在相當程度上，均因這一空間而獲得了新的規定性。而這一新的生產關係才是真正的有尊嚴的生活的根本保證。

有尊嚴的生活是幸福的，有尊嚴的人對這樣的生活一定會有幸福感。實際上，據羅崗的研究，工人新村的住房面積並不大，一般，「大戶居住面積為 20.4 平方米，小戶居住面積為 15.3 平方米。」家庭內部和鄰里之間雖然也有勃谿之事，但多的還是和睦共處，互相幫助的整體和諧。

解放後參與新中國城市規劃和建設的華攬洪在其著作中有這樣的描述：「20 世紀 50 年代，中國社會的各個階層，既不是普遍持平，也沒有非常懸殊的差異。工資幅度約為 1 到 15，而且這個差距趨向縮小而不是拉大。高收入的人主要是資深的大學教授、醫生和從舊社會走過來的學者，因為政府考慮進來維持他們先前的生活水準。隨著這些人的離去，這種高薪階層將自行消失。新一代專家的工資更接近底層收入，在黨政部門和其他機關裡工資的差距也不是很大，這樣可以避免出現一個經由仕途形成的特權

階層，就像東歐國家發生的情況那樣。// 住房情況也像工資一樣。雖然不能說所有人的居住條件都一樣，但除了一些特例，差別也不大。比如，一個一兩千人的大單位的領導可以和他手下最普通的編輯或繪圖員住同一棟樓，無非他的居住面積更大一點，房間數更多一點，衛生設施更齊備一點。」[21] 正是普遍的平等帶來了普遍的社會公正，也使社會絕大多數人感受到一種真正的幸福。

而這一切在 80 年代開始鬆動，至 90 年代，隨著市場經濟的全面啟動，尤其是房改的逐步深化，完全市場化的

21　《重建中國——城市規劃三十年（1949-1979）》，華攬洪著，李穎譯，第 139-140 頁，三聯書店 2006 年初版。同時，請參看李強《當代中國社會分層：測量與分析》：「應該說，直到 20 世紀 90 年代中期以前，絕大多數城市居民的住房地位還是比較相似的。之所以地位相似，一方面是因為房屋都是公家的，不管是領導還是普通職工都只是承租人。另一方面，單位建房、單位分房，雖然內部也有差異，但是，單位職工畢竟住在一起，即使照顧某些領導，一般也不敢與普通職工搞得差距太大。雖然也存在某些特殊的住房，比如，少數高級幹部往往居住在一些特殊的大院裡，但是，這種現象不具備普遍的意義。」第 214 頁，北京師範大學出版社 2010 年初版。雖然華攬洪和李強對這一現象的描述在字詞的選擇上還是存在細微的差別，並因此可以見出兩代人對此一現象態度上的細微差異，但無論如何，那個時代在住房上的相對平等卻是事實。當然，那個時代住房上的關鍵問題是不足，甚至普遍的貧乏。

住房制度所生產的新的居住空間模式，重新塑造、規定了
當代中國城市人的日常生活概念和形式，人們對幸福的理
解也因此而發生了很大的變化，換言之，居家生活從此成
為幸福的主要源泉。

住房改革與家居生活

一、家庭和住房制度改革

　　家庭既是社會關係的基本單位，也是家庭成員共同擁有的居住生活空間，當這一空間表現為物質形式，它也就是我們最常使用的一個概念：家。也可以説，「家」在一定程度上依賴於住房而存在。就如同前文所分析的〈本次列車終點〉中的陳信，他要開始新的生活，可是這新的生活的建立必須考慮的重要問題就是房子，也就是這個「家」所安頓的地方。實際上，家庭關係，甚至家庭結構，家庭成員間的感情方式，家中的日常生活等等都在不同程度上受到住房這一物理空間的影響，後者甚至可能強大到對前者進行形塑的作用，就如同陳信與他的兄嫂弟弟之間的關係，最後的和解一定程度上也與他們一大家子不得不繼續住在一起這一狀態有關。但這還只是與住房所關聯的一個方面。另一方面，住房的所有權同樣對家庭中的每個人，以及上述諸如此類的方面產生影響，無論住房屬於國家公有，還是屬於集體所有，或者個人所有，而個人所有者又有兩種可能，其一是居住者享有所有權，另一種居住者只是租賃人，對所居住的房子並不擁有財產權，都

會對居住於其中的人產生不同程度的影響，有時甚至從根本上規定了其生活方式、生活觀念，及其日常生活的形態。而這些也就直接關涉到幸福感的問題。正是在這個意義上，我們對當代城市人幸福感的考察必須引入住房這一決定性的參照因素。

住房在眾多的生活資料中無疑是最大的，而其所有權的問題也直接與所有制及其他相關的一系列制度，以及這一制度設計背後的理念相關。就讓我們先來看看新中國建立後直至目前為止的相關制度吧。

自新中國建立後，「直到 1955 年，在城鎮公房經過了一定程度發展的情況下，私房仍然占有很高的比重。」據有關資料，至 1955 年 12 月全國 10 個主要城市，私房占有率基本上均超過 50%。因此，「對城市私有房產的社會主義改造是我國住房公有制形成的起點。」1956 年進行第一批改造，改造的對象主要是大房產主；1958 年，開始「第二批對出租私房的社會主義改造，除保留部分自住房產外，其餘出租用房產全部收歸國有，確立了城市房產公有制的主體地位。……1958 年底，私房改造基本結束。1964 年 7 月，國家正式宣布對作為資本主義因素存在的私房改造結束。至此，70% 左右的私有出租房產基本上消滅了私人租賃經營方式。……到 1978 年，我國城鎮中 74.8% 的住房為公有住房。」其間的住房政策經歷了開始的「以租養房」到 50 年代中期的低租金制，進而到後來的「住房單位所有制」這一「不同於其他社會主義國家

的」住房體制，其分配形式基本上採取實物分配和貨幣化兩種，且以前者為主。[1] 這一分配形式所依據的正是社會主義「按勞分配」的分配原則。

無論是作為原則的「按勞分配」還是具體實施過程中的「按勞分配」，都會產生新的不平等，尤其是在住房這樣大型的生活資料上就更是如此，因為公有制住房及包含在其中的單位所有制，既關涉個人和家庭的勞動收入高低，也與單位或企業的利潤和資金總量（這些決定了單位或企業在住房建設上的投入量）有關，而且，租金的高低既直接地影響到租用者整個日常生活的收支比例和結構，也直接對國家和企業的再生產與經營相關聯；更兼權力濫用所造成的貪汙腐敗。有論者將其歸納為：「在傳統住房分配體制下，得到住房實物分配較多的人不必也不願支付新的住房消費費用，而享受住房實物分配較少的居民或無房居民所得到的貨幣收入又不足以支付購、租住房的費用。簡單地說，有房人的住房貨幣收入沉澱為儲蓄或轉移為其他消費；無房人的住房收入又經過國家的扣除而無法從市場取得住房。」[2] 但完全市場化後的政策在相當程度上並不是對這一不平等現象的緩解或解決，相反，倒是更

<hr>

1 以上材料均引自侯淅珉等著《為有廣廈千萬間——中國城鎮住房制度的重大突破》，第 9-29 頁。廣西師範大學出版社 1999 年初版。
2 同上，第 32 頁。

加劇了這一不平等。

　　1957 年召開的中共中央八屆三中全會上，周恩來在《關於勞動工資和勞保福利問題的報告》中就談到住房緊張問題，他說，「為了緩和職工住宅的緊張，除了整頓各種福利待遇和採取其他措施以加強控制城市人口的增長，並且根據可能適當地增建職工住宅……，同時還必須適當地提高職工住公房的收費標準。」之所以說「適當增建」，了解新中國初期歷史狀況的都明白，自 1953 年啟動的第一個五年計劃開始明確地全面規劃新中國國民經濟發展的方向，國民經濟的全面發展必須以工業建設等基礎建設為基礎，國家乃至整個社會提倡的是先生產後消費，勤儉節約為主導的理念，為了國家利益，而在社會主義的原則中，國家利益也就是全體人民的利益，必須暫時地壓縮物質生活需求。在住房這一最大的生活資料問題上，在城市基本實行公有制的同時，必須由個人承擔一定比例的負擔，具體地說就是提高公房的月租金，以及房租所占職工工資收入的比例問題，後者應從原來「占家庭收入的 2.4%」，提升到「一般占職工工資收入的 6 ～ 10%，平均 8% 左右」。正如周恩來在報告所說，「住房不夠的問題，需要經過相當長時期的努力，才能逐步解決，必須制定嚴格的房屋分配制度和管理制度，並且運用群眾路線的辦法，依靠群眾力量來監督這些制度的貫徹執行。」[3]

3　〈周恩來同志談住宅問題和住房制度改革〉，《住房改革與

提高租金的根本目的是為了保證住房建設的再生產，甚至擴大再生產，並在一定程度上減輕國家的負擔。[4]毫無疑問，住房問題一直是新政權考慮的對象，但基於客觀因素，也只能在堅持社會主義公有制和社會主義分配原則的基礎上適當改善。

在文革結束前近三十年的時間裡，實際上由國家承擔了城鎮居民住房的主要負擔。有論者對這一制度的弊端作了很好的歸納：「弊端之一，住宅投資沒有穩定的、合理的來源」；「弊端之二，房租太低，房屋價格與價值嚴重背離，不僅給國家財政造成沉重負擔，而且使國家建造住宅的投資有去無回，不能回收調轉」；「弊端之三，租不養房，國家財政負擔沉重，大批住宅失修」；「弊端之四，造成了不合理的消費結構」；「弊端之五，不利於產業結構趨向合理」；「弊端之六，助長住房分配中的不正之風」。[5]這樣的概括當然是有道理的，但問題是我們如何看待這些「弊端」，特別是我們必須面對：為什麼會產生這些弊端，這些弊端長時期沒有得到很好的應對和解決，其根本的原因是什麼，今天，當我們面對就住房而言，在

建設檔資料選編》，潘其源主編，第76頁，中國建築工業出版社1992年初版。

4　參看蘇星《我國城市住宅問題》相關論述，中國社會科學出版社1987年初版。

5　朱劍紅、王國諍《住房》，第54-63頁，遼寧人民出版社1988年第一版。

另一個方向上所出現的嚴重局面時，這些弊端的背後是否存在值得我們更加深入反思的問題？我們在批評舊體制的同時，是否應該歷史地、公正地去對待，尤其是從其中發現韋伯所謂的價值理性的東西，而不是只追求單一面向上的解決。這絕不是一個簡單地要為曾經造成了災難的制度及其原則辯護的問題，而是基於現實和未來，我們都應有最基本的理性態度，同時，不扔棄曾經激發了無數人投身社會主義祖國建設的無與倫比的熱情，也埋藏著無數人美好記憶的價值和理念。

　　一直到 1988 年 2 月，國務院頒布《關於在全國城鎮分期分批推行住房制度改革的實施方案》，也並沒有完全放棄這一社會主義分配原則。一方面，「按照社會主義有計劃的商品經濟的要求，實現住房商品化」是大目標，可在具體的實施細則中，則赫然就有「以上出售新、舊住房的標準價和各項優惠措施，不適用於年收入一萬元以上的住戶。」[6] 此後的政策、法規文件中則再也沒有出現這樣的限制性條款。在相當程度上說，這是對社會主義按勞分配制度所形成的不平等進行的制度性限制，即使是有限的限制，也在一定程度上體現了平等的價值規範和追求。因為，作為大宗生活資料的住房一旦不加限制地投入自由市場，必然在市場的孵化和催動下形成更大程度、以及更大

6　《住房制度改革法規文件選編》，第 2、8 頁，中國建築工業出版社 1998 年第一版。

範圍的財富不平等。90 年代之後日益加劇的貧富差距足以
證明這一點。

二、住房商品化與作為新的經濟增長點的
　　建築業

　　實際上，完全市場化的住房體制的建立也還是經歷了
一番曲折才實現的，雖然鄧小平早在 1980 年 4 月的一次
講話中就提出，「城鎮居民個人可以購買房屋，也可以自
己蓋。」[7] 在這個不算太長的過程中，諸種力量和利益經
過了數輪衝突和博弈，最終選擇了商品化、市場化。而
這個結果也意味著這一既曾經受到廣泛歡迎，同時也受到
很多質疑的住房公有制的結束。客觀地說，在很長一段時
間裡，歡迎者無疑占絕對多數，即使他們也只居住在並不
很寬裕的房子裡，但他們從住房公有制中真切地感受到了
社會主義的優越性，特別是解放後工人新村的住戶們，從
中充分地體驗到了工人階級當家作主的翻身感。自然，在
歡迎者中，一定有那些既得利益者，他們利用權力等不正
當手段，占有了明顯多於自身應該享有的住房。質疑者無
疑是那些住房困難、甚至根本就是無房的人們，他們的困
難程度超出了很多人的想像，也難怪 1991 年春節後當時
任上海市市長的朱鎔基到棚戶區考察時要流下動人的淚

7　轉引自朱鎔基《朱鎔基講話實錄》卷二，第 1 頁注釋 [1]。

水[8]。而隨著城市人口增加，愈益加劇的住房緊張程度也在不斷加重，質疑的聲浪也便愈加強大。

　　大體上說，住房商品化始於 1978 年和 1980 年鄧小平的兩次講話。據稱，「住房制度改革是城市諸項改革中最早提出的改革內容，是在城市經濟體制改革的總體思路尚未形成、『讓權放利』為主的改革設想還在醞釀過程中提出的。因此還不能說當時房改的體制目標已經十分明晰。」但有兩點卻也是十分明確的，其一，「住房困難是房改提出的最初動因」；其二，「住房商品化」的大方向。[9]特別是鄧小平 1980 年 4 月 2 日的講話，講話明確指出，「從多數資本主義國家看，建築業是國民經濟的三大支柱之一，這不是沒有道理的。過去我們很不重視建築業，只把它看成是消費領域的問題。建設起來的住宅，當然是為人民生活服務的。但是這種生產消費資料的部門，也是發展生產、增加收入的重要產業部門。要改變一個觀念，就是認為建築業是賠錢的。應該看到，建築業是可以

8　參看趙豐主編，馮永利等編著《租房‧買房誰划算──中國老百姓居住話題》之「朱鎔基，雨中走訪棚戶區」一節，第 102-105 頁，天津人民出版社 1994 年初版。朱鎔基的一番話意味深長，他說：「解放 40 多年了，上海市還有這麼多居民住在這麼差的房子裡！群眾不抱怨，不罵娘，理解政府的難處，多麼好的人民啊！可我這個共產黨的市長心裡並不好過。我們社會主義應該把群眾的問題解決好。」

9　侯淅珉前揭書，第 38 頁。

賺錢的，是可以為國家增加收入、增加積累的一個重要產業部門。要不然，就不能說明為什麼資本主義國家把它當作經濟的三大支柱之一。所以在長期規劃中，必須把建築業放在重要地位。與此相聯繫，建築業發展起來，就可以解決大量人口的就業問題，就可以多蓋房，更好地滿足城鄉人民的需要。隨著建築業的發展，也就帶動了建材工業的發展。」[10] 也就是說，在人民群眾的實際需要和經濟發展的要求下，在政府高層決策者的推動下，房改成為文革結束後從中央政府到地方政府重要的工作。「1980 年 6 月中共中央、國務院在批轉《全國基本建設工作會議彙報提綱》中正式提出實行住房商品化政策，『准許私人建房、私人買房、准許私人擁有自己的住宅』，公有住房出售試點擴大到全國各主要城市。」[11]

　　將建築業作為新的經濟增長點顯然與 80 年代初期整

---

10 轉引自楊慎《春到人間——〈鄧小平同志關於建築業和住宅問題的談話〉發表紀實》，見 http://www.chinajsb.cn/gb/content/2010-03/31/content_306192.htm。鄧小平此番談話的時間也有說是 4 月 5 日的，本文從楊慎文。大多數著作和文章對談話內容的引述集中在後半部分，即所謂商品化的表述，一定程度上這也體現了當時政府高層及此後社會主流，尤其是經濟領域，甚至包括經濟學學界對這一話題的理解方向。參看羅應光、向春玲等編著《住有所居——中國保障性住房建設的理論與實踐》第 119-120 頁，中共中央黨校出版社 2011 年初版。

11 侯淅珉前揭書，第 38 頁。

個國民經濟高速發展的訴求相一致。在 1982 年召開的中
共十二大上，就明確提出，「在不斷提高經濟效益的前提
下，從一九八一年到本世紀末的二十年內力爭實現我國
工農業年總產值翻兩番」，趙紫陽在其後的關於第六個五
年計劃的報告中，進一步明確指出，「從一九八三年到
一九八七年的五年間爭取實現國家財政經濟狀況的根本好
轉，也就是說要求全國各行業、各企業普遍顯著提高經濟
效益，在保證經濟文化建設費用逐步增加和人民生活逐步
改善的條件下，實現財政收支平衡。」具體地落實到人民
生活水準，「到一九八五年，城鄉居民按人口平均的消費
水準，將比一九八〇年增長百分之二十二，平均每年遞增
百分之四點一，高於一九五三年至一九八〇年二十八年平
均每年遞增百分之二點六的水準。其中，城鎮居民的消費
水準平均每年遞增百分之三點二，農村居民的消費水準平
均每年遞增百分之四點二。社會商品零售額一九八五年將
達到二千九百億元，比一九八〇年增長百分之四十，平均
每年遞增百分之七。城鄉居民的居住條件將繼續得到改
善。五年內預計農民新建住宅二十五億平方米，在農村新
建公共福利設施三億平方米。全國城鎮全民所有制單位五
年合計建成住宅三億一千萬平方米，平均每年六千二百萬
平方米，等於一九五三年到一九八〇年二十八年中平均每
年建成住宅面積的二點六倍。與此同時，還將加強城市公
用設施的建設，堅決制止環境汙染的加劇，並使重點地區

的環境有所改善。」[12]

　　有論者根據此後一系列房改政策的不同側重點及實施過程中的具體調整方法，將始於 1978 年的房改劃分為「成本價售房（1978-1981 年）」、「補貼售房（1982-1986 年）」、「提租補貼（1987-1990 年）」和「多種形式並存（1990-1991 年）」等四個階段，到 1991 年 6 月，國務院《關於繼續積極穩妥地推進城鎮住房制度改革的通知》（國發 [1991]30 號）的頒布，住房商品化全面鋪開。[13] 正式提出住宅商品化則是 1984 年 5 月召開的六屆全國人大二次會議上，由時任總理的趙紫陽在報告中提出，並將「這一改革內容提到國家進行改革的議事日程上來」。[14] 而 1994 年 7 月頒布的《國務院關於深化城鎮住房制度改革的決定》無疑是制度層面的確定和強化。《決定》確立改革的「根本目的是：建立與社會主義市場經濟體制相適應的新的城鎮住房制度，實現住房商品化、社會化；加快住房建設，改善居住條件，滿足城鎮居民不斷增長的住房需求」，其基本內容的核心則是「把住房建設投資由國家、單位統包的體制改變為國家、單位、個人三者

---

12 趙紫陽《關於第六個五年計劃的報告》，http://cpc.people.com.cn/GB/64184/64186/66678/4493887.html。

13 參看羅應光、向春玲等編著《住有所居——中國保障性住房建設的理論與實踐》，第 120-121 頁，中共中央黨校出版社 2011 年初版。

14 朱劍紅、王國諍著《住房》，第 73 頁。

合理負擔的體制」。[15]1998 年，國務院頒發《國務院關於進一步深化城鎮住房制度改革加快住房建設的通知》，明確提出，「深化城鎮住房制度改革的目標是：停止住房實物分配，逐步實行住房分配貨幣化『建立和完善以經濟適用住房為主的多層次城鎮住房供應體系；發展住房金融，培育和規範住房交易市場。」[16]這一次的「加快住房建設」還有一個非常重要的原因，就是 1997 年爆發的亞洲金融危機。「為應對亞洲金融危機影響，保持經濟平穩增長，中央決定把加快住宅建設作為擴大內需、促進經濟快速發展的重要舉措。」[17]這也充分說明，住宅商品化及其後的全面市場化並不僅僅是中國內部的經濟事件，而事關整個世界的經濟、金融形勢，乃至政治利益格局。

耐人尋味的是，1997 年 1 月在成都召開的全國住房制度改革工作會議上，時任國務院副總理的朱鎔基這樣說：「如果要提出新的經濟增長點，首先就是實行住房商品化，加快住房建設。隨著住房公積金制度的普遍建立，用於住房建設的資金將會大幅度增加。加快住房建設，其他相關產業就發展起來了，大大有利於調整國民經濟結構。」而且，朱鎔基特別強調指出，「我講的是住房，特

15 轉引自侯淅珉前揭書，第 225 頁。
16 轉引自朱亞鵬《住房制度改革——政策創新與住房公平》，第 292 頁。
17 〈回顧中國住房制度改革——紀念小平同志關於住宅問題談話 30 週年〉，《城市住宅》2010 年第 4 期，第 17 頁。

別是和公積金結合的有一定資金渠道建設的經濟適用住房，不是高級住宅，也不是寫字樓。住房建設是振興中國經濟的一個主要的方向，符合市場需求變化的方向，可以帶動幾十個甚至上百個行業的發展。……但是要提醒一句，千萬別借這個名義來復活房地產熱。1993 年經濟過熱，熱在什麼地方？首先就是熱在房地產。那次房地產熱的主要建設內容是高級寫字樓和豪華別墅。」[18] 應對金融危機，尋找新的經濟增長點，以住宅建設等建築業帶動相關產業的發展，進而刺激住房消費，拉動內需自然無可厚非，但發展建築業並不是完全的利潤追逐，尤其不是完全按照資本的邏輯運轉，而是為真正解決廣大人民的住房緊張問題。但是 2003 年直至目前為止，仍然居高不下的房價已經充分說明，現在的商品房市場在相當的程度上說已經不再以此為基本訴求，而是以逐利為根本目的，從而形成依據住房利益而產生的極度分化。社會學家如是說：「住房利益的分化也成為居民經濟利益分化的最主要標誌。由於房價的暴漲，城市居民在住房利益上的分化，出現了兩種極端的情況：一種是從房地產中獲得了巨大利益的群體，比如房地產商；另一種是完全沒有獲得房地產利益的群體。而近來房地產價格的暴漲，使得沒有獲得住房的城市中低收入者，處在了十分不利的位置上……」，

18 朱鎔基《關於住房制度改革問題》，《朱鎔基講話實錄》第二卷，第 406-407 頁，人民出版社 2011 年初版。

即便政府在 2005 年、2006 年及 2010 年相繼出台「國八條」、「國六條」和「國十一條」，也沒有能遏止節節攀升的房價。[19] 也正是在這一背景下，後來產生了巨大反響的《蝸居》出版面世。小說面世後不久便改編成電視劇，在電視台和網絡熱播後，更是引發了全民的追捧和討論。而實際上，也並沒有多少討論，基本上是強烈的共鳴和認同。

從制度層面看，國務院於 1985 年 1 月成立全國住房租金改革領導小組，1986 年 1 月，時任國務院總理的趙紫陽召集有關部門研究住房制度改革問題，會議決定成立國務院住房制度改革領導小組，領導小組下設全國住房制度改革辦公室，簡稱「房改辦」，2 月，確立以唐山、蚌埠、煙臺和常州為試點城市，推行「提高租金，增加工資」的改革方案。同年 3 月，趙紫陽在《關於第七個五年計劃的報告》中提出：「要結合工資調整，研究、確定合理的房租和住房銷售價格，以利於逐步推行住宅商品化。」8 月，全國住房制度改革辦公室出台《關於改革城鎮現行住房制度的試點方案（修改稿）》。9 月，趙紫陽聽取時任煙臺市長的俞正聲關於該市住房制度改革工作的彙報，11 月，國務院辦公廳以國發辦 [1986] 91 號文發出《轉發關於煙臺、唐山、蚌埠、常州、江門 5 城市住房制度改革工作會議紀要的通知》。翌年 1 月，國家計委批

---

19 李強《當代中國社會分層：測量與分析》，第 106-109 頁，北京師範大學出版社 2010 年初版。

准，我國商品房建設正式納入國家計劃。這無疑是計劃管理體制的重大改革，標誌著住房作為大宗商品在社會主義制度中的合法性存在，也意味著住房將作為商品進入流通，進入市場。當然，此時的住房市場還不能完全等同於徹底取締貨幣分房、完全實行商品化的 1994 年之後的市場。一般意義上而言，此時住房價格基本上還是遵循中央對價格採取的雙軌制政策。同年 7 月，國務院以國函 [1987] 122 號文正式批准煙臺市城鎮住房改革試行方案於 8 月 1 日起試行。這是中國住房改革進程中一個非常重要的關節點。它標誌著住房商品化改革的正式啟動。《人民日報》8 月 1 日煙臺電中這樣說：「經過一年零四個月的準備，煙臺市以『提租發券、空轉起步』為特徵的城鎮住房制度改革試行方案，經國務院止式批准，於今日起試行。這一改革，向住房商品化目標邁出了關鍵的第一步。」此後不久，記者們更以這樣的文字為之定性：「這是突破性的轉折！無疑，新中國的住房制度從此開始了艱難的向新體制走去的路。」[20]

---

20 朱劍紅、王國諍著《住房·引言》第三頁，值得一提的是，該書為「熱門話題叢書」之一種，據叢書編委會稱，叢書作者「大都是從事報告文學和紀實專訪的新聞記者」。一個更值得關注的文學史問題是，1980 年代，自徐遲《哥德巴赫猜想》等報告文學引起社會的廣泛關注後，報告文學這一文類在其時的社會生活乃至政治生活中發揮了前所未有的影響作用。無疑，這與這個時代正處於新舊體制交替時期的特點

於是，1988 年 1 月，「全國住房制度改革工作會議在
北京召開。李鵬總理要求住房制度改革在今年要邁出重要
的一步……，並明確提出今年的主要任務是：摸索經驗，
理順路子。國務院祕書長、國務院政府制度改革力度小組
組長陳俊生……宣布，從今年起，要把這項改革正式納入
中央和地方的改革計劃，分期分批加以推行，要求在三年
或多一點的時間內在全國基本推開。」同年 3 月，「《人
民日報》全文發表了國務院住房制度改革領導小組制定
的《關於在全國城鎮分期分批推行住房制度改革的實施方
案》。」[21] 該實施方案標誌著住房改革向全國推廣進程的

分不開，新舊體制交替引發社會的深層震蕩，整個社會處於
價值觀念的轉變、重塑過程中。正如《「熱門話題叢書」出
版前言》所說：「物價、工資、住房、黨風、教育、知識分
子待遇……這一系列在改革中產生而又關係到改革的成敗，
維繫著每個人切身利益的社會問題，當今已無可回避地擺
在人們面前，自然為人們所關注。因而這些問題成為社會的
『熱點』問題，成為人們在公眾場合、在私下議論的『熱門
話題』，就不足為怪了。」從文化生產的機制來說，這些報
告文學和出版物充當了那個時代傳播信息，建構新的意識形
態，想像一種新的生活的公共空間，甚至在國家 / 政府與社
會 / 民間起到了一種溝通與緩衝並置的作用，既作為新啟蒙
有效的形式，也作為日後成為主流意識形態的重要生產者的
雙重身分值得重新審視。這其中自然包括 90 年代後成為主
導性意識形態的居家文化 / 生活。

21 朱劍紅、王國諍著《住房》，第 181-182 頁。

真正開始。

　　1988 年 10 月舉行黨的十三大，時任中共中央總書記的趙紫陽在報告中明確提出：「以積極推行住宅商品化為契機，大力發展建築業，使它逐步成為國民經濟的一大支柱。」[22] 煙臺的成功試行及日益加劇的住房緊張，和改革為主導的主流意識形態等，在在都有力地推動著房改的進一步推廣。1987-1988 年，國民經濟正陷入全國性通貨膨脹的困境，如何解決無疑非常關鍵。在 1988 年 9 月召開的十三屆三中全會上，趙紫陽的報告就明確指出，「造成這種情況的根本原因是經濟過熱，社會總需求超過總供給。總需求超過總供給，是多年積累下來的，在新舊體制轉換時期還不可能從機制上解決這個問題……」，而解決的辦法就是「治理經濟環境，主要是壓縮社會總需求，抑制通貨膨脹。」但這只是一方面，「另一方面要用很大力量來改善和增加有效供給。否則，市場供應就會出大問題。」當然，也包括「有計劃的商品經濟」下的「價格雙軌制」。[23] 在十三大的報告中，也更為系統地闡釋了社會主義市場經濟的理論支持，以及在這一語境中的房地產的位置：「十二屆三中全會通過的《中共中央關於經濟體制

22　趙紫陽《在中國共產黨第十三次全國代表大會上的報告》，見 http://cpc.people.com.cn/GB/64162/64168/64566/65447/4526368.html。

23　趙紫陽《在中國共產黨十三屆三中全會上的報告》，《求實》，1988 年第 S2 期，第 1-4 頁，江西南昌。

改革的決定》明確指出，社會主義經濟是公有制基礎上的有計劃的商品經濟。這是我們黨對社會主義經濟作出的科學概括，是對馬克思主義的重大發展，是我國經濟體制改革的基本理論依據。……新的經濟運行機制，總體上來說應當是『國家調節市場，市場引導企業』的機制。……社會主義的市場體系，不僅包括消費品和生產資料等商品市場，而且應當包括資金、勞務、技術、信息和房地產等生產要素市場；單一的商品市場不可能很好發揮市場機制的作用。」[24]

　　同時，在造成通貨膨脹的主要原因中還應該考慮到消費結構的問題。工資改革無疑是提高人民生活水準的一個重要方面，但隨著城鎮職工工資水準的普遍提高，日常生活的消費水準必然水漲船高，整個社會的總需求在不斷攀升，但總供給卻未能滿足這一不斷增長的需要，而剛剛起步的尚不夠健全的市場機制無法進行有效的調控，物價的上漲於是不可避免。這其中很重要的一個方面是在日常生活的消費結構中，在很長一段時間裡，作為大宗生活資料的住房始終作為社會主義公有制而納入國家計劃，並對此進行分配，只收取極其低廉的房租。也就是說，人們不必為住房承擔多少負擔，於是，「大量城鎮居民

---

24 趙紫陽《在中國共產黨第十三次全國代表大會上的報告》，見 http://cpc.people.com.cn/GB/64162/64168/64566/65447/4526368.html。

持幣待購，衝擊著其他消費品市場。」[25] 據專家對自 1978 年至 2004 年城鎮家庭消費結構的研究，1978 ～ 1984 年均在 4% ～ 5% 之間，1985 ～ 1994 年均在 5% ～ 6.9% 之間，而 1995 年至 2004 年，則在 7% 至 10.9% 之間，呈持續增長的趨勢，最明顯的是，1995 年為 7.1%，1996 年為 7.7%，1997 年則迅速增長到 8.6%，1998 年為 9.4%，1999 年為 9.8%，此後仍然在繼續攀升，2003 年達到最高值 10.9%。[26] 一定程度上說，為了緩解通貨膨脹，需要通過改變住房這一大宗生活資料的所有權性質，將其商品化，投入市場，並通過行政手段，扭轉在其他生活消費品上過度旺盛的消費欲望，轉向住房，從而走出通貨膨脹的困境。

在這一過程中，必須解決的一個理論問題就是住宅商品化。在相當程度上說，這個問題不解決，房改根本不可能進行，更不可能市場化。而實際上，對這一問題的討論早在 50 年代中後期就已經開始。但在 50 ～ 60 年代激進政治占絕對主導地位的時期，住宅商品化基本上僅限於理論層面的討論，沒有得到社會普遍接受，在實踐領域，對住房這一最大的生活資料，仍然堅持社會主義公有制。進入新時期後，雖然也有反對的聲音，但極度緊張的城市住房問題嚴重影響了社會穩定，也在另一個層面上對整個國

25　朱劍紅、王國諍著《住房》，第 38 頁。
26　田學斌著《家庭消費結構演變的制度分析》，第 95、110 頁，中國社會科學出版社 2007 年第一版。

民經濟的發展構成了限制，於是，關於住宅商品化的討論
迅速形成一邊倒的局面。但實施過程的緩慢也正說明了人
們對這一問題的理解並沒有徹底放棄對其社會主義屬性的
想像和期盼。[27] 然而，無論如何，強勢的政策導向和人們
普遍強烈的對現代生活的嚮往，終於使住宅商品化推向全
國，更在 90 年代以來全球日益高漲的新自由主義聲浪中
推向難以逆料的未來。

在如此強勁的政策推動、現實壓力和社會動員下，建
築業，尤其是住宅建設進入一個幾乎是有史以來最發達的
時期，誇張一點說，幾乎整個中國城鎮，都像一個人工地。
城鎮居民的整體居住條件也因此得到了非常迅速的改善。

據有關研究成果，「我國城鎮居民人均住房面積從
1978 年的城市人均住宅面積 6.7 平方米逐年增加，1985
年，城鎮人均住房建築面積為 10.05 平方米，到 1997 年
增加到 17.8 平方米。1998 年以來，城鎮人均住房建築面
積增速明顯加快，即從 1998 年的人均 18.66 平方米增加
到 2004 年的 24.97 平方米，2005 年增加到 26.10 平方米，
超過了 1990 年代初期中等收入國家平均 20.1 平方米的水
準，2006 年上升為 27.10 平方米。2008 年，中國城鎮居
民住房面積人均已達到 28.3 平方米，比 1978 年增長了 4

---

27 參看蘇星《我國城市住宅問題》，中國社會科學出版社 1987
年初版，另可參看蘇星《蘇星選集》中的相關文字，山西人
民出版社 1987 年初版。

倍多。中國農村人均住房面積從 1978 年的 8.1 平方米增加到 2008 年的 32.4 平方米，也增長了 4 倍多。據來自全國住房城鄉建設工作會議的消息，截至 2009 年底，中國城市人均住宅建築面積約 30 平方米，農村人均居住房面積 33.6 平方米，逐漸拉近了與發達國家的差距。」[28] 雖然「人均」之類的資料在一定程度上來說只具有統計學的意義，因為它根本無法顯示差異，尤其不能顯示差距，但它畢竟反映了整個城鎮居民居住狀況的改善。然而，我們要問的是，這是不是就意味著人民普遍地感覺到了幸福？

三、「蝸居」：房改想要的後果？

《蝸居》小說、電視劇及所引發的社會的普遍共鳴和認同已經充分說明，幸福感正在離我們遠去。看看小說的開頭，海萍夫妻大學畢業後留在上海，租住在月租 650 元的十平方米的房子裡。「海萍原本想，等一攢夠首期我就買房子，然後我就有自己的窩啦！路漫漫其修遠兮。五年的血淚路下來，她發現，攢錢的速度遠遠趕不上漲價的速度，而且距離越來越遠，再等下去，也許到入土的那一天，海萍還是住在這 10 平方米的房子裡。」[29] 房子就是小說的敘事動力，而蝸居則是在新千年之後進入大城市的大

---

28 羅應光前揭書，第 141 頁。
29 《蝸居》，六六著，第 1 頁，長江文藝出版社 2007 年初版。

多數人普遍的居住狀況，他們無緣享受房產市場完全市場化前的待遇。蝸居者還包括在此前的歷次住房分配和市場化初期均未獲得應有住房的那些原居民。2009 年，同名電視劇《蝸居》在一些地方電視台及網絡熱播，引起巨大的社會反響，甚至迄今不衰。百度有「蝸居吧」，到寫作本文的時刻為止，共有近六萬七千個主題，貼子數竟然高達八十七萬餘則，雖然並不都涉及城市住房問題，但這無疑是該貼吧中最重要的主題之一。

　　《蝸居》之後則有《蟻族》。「蟻族」是廉思及其課題組對一群特殊的大學畢業生的命名。他們「有的畢業於名牌高校，更多的來自地方院校和民辦高校；有的完全處於失業狀態，更多的從事保險推銷、餐飲服務、廣告營銷、電子器材銷售等低收入工作」，他們居住在大城市「人均月租金 377 元，人均居住面積不足 10 平方米的城鄉結合部或近郊農村」這樣的「聚居村」。[30] 據該課題組的調查，僅北京地區就有 10 萬之多，就全國而言，比較集中在北京（京蟻）、上海（滬蟻）、廣州（穗蟻）、武漢（江蟻）、西安（秦蟻）等地。如何理解這一特殊群體產生的社會原因，自然見仁見智，相當一部分將其視為高等教育產業化的後果，這是毫無疑問的，但同時，我們應該看到，提高高等教育的普及率是一個國家在走向現代化

30　《蟻族——大學畢業生聚居村實錄》，廉思主編，第 21、31 頁，廣西師範大學出版社 2009 年初版。

的過程中必然採取的策略，可問題是即便產業化的高等教育也未必一定產生如此巨大的「蟻族」，實際上，這是 90 年代之後整個中國社會全面市場化，特別是勞動力市場化以及城市化進程加速後必然產生的後果，這其中自然也包括住房改革及作為全面市場化之後果的房價高漲、租金高漲等因素。

有意思的是，在「『蟻族』誕生記」的結尾，撰寫者將對「蟻族」們的生存狀況與 1980 年代初期的潘曉討論勾連在一起。「如今的『蟻族』使我不由得想起上世紀 80 年代初的潘曉大討論，巧合的是，和我接觸的許多『蟻族』，雖表述有所不同，但都不約而同地發出『人生的路為何越走越窄』的呼號。上個世紀潘曉事件引發人生觀、價值觀大討論時，『蟻族』的大部分還未出生。兩個世紀，同一種聲音，個中的含義值得我們每一個人去品味、去思考……」[31]

在網易女人頻道正在進行的一個針對男人的問卷調查中，第一個問題就是「你現在主要的壓力來源是什麼」，幾個可供選擇的問題是：1、身體壓力大，健康狀態不如從前；2、生存壓力大，房價高工資少；3、職場壓力大，懷才不遇、工作不如意；4、家庭壓力大，各種關係矛盾多；5、其他。截至本文寫作時，第一項 927 票，占 12.0%；第二項 2916 票，占 37.7%；第三項 1400 票，

31 同上，第 29 頁。

占 18.1%；第四項 675 票，占 8.7%；其他 1813 票，占
23.5%。[32]

　　也就是説，實際上並不只是蝸居者、蟻族們體會到了
住房的壓力，而是整個社會的相當一部分人感覺到了來自
住房的沉重壓力。據浙江大學不動產投資研究中心、清華
大學媒介調查實驗室與《小康》雜誌 2012 年 6 月 3 日聯
合發布的《中國居住小康指數》調查報告稱，六成受訪者
認為房價會影響幸福感。[33] 難以想像，一個不斷感覺到壓
力的人，一個被稱為「房奴」的人會有真正的幸福感。

　　而所有這一切也都是 90 年代開啟並迅速增強的全面
市場化的結果，也就是我們常説的 90 年代中國社會的巨
大變化的表徵。70 年代末至 80 年代初，全民高漲的現代
化的訴求逼使我們選擇了改革，也可以説，改革成為歷史
必然的選擇。在國家層面，經濟體制的改革無疑是整個國
家和社會的核心，在主流的敘述中，經濟體制改革是作為
可以脱離政治體制而獨立進行的政府、企業行為，政治體
制從表面上看，似乎仍然延續了中央集權的形式和架構，
但「政企分離、簡政放權」的策略畢竟改變了很多，同時
由農村的聯產承包責任制和城市的國企改制及住房改革無

32　參看 http://vote.lady.163.com/vote2/showGroup.do?vgId=1884#
　　result。該調查始於 2012 年 7 月 31 日，至 2013 年 8 月 30 日
　　為止。

33　參看〈六成人認為房價影響幸福感〉，見 http://finance.
　　people.com.cn/GB/18068636.html?prolongation=1。

形中將個人從集體、單位中釋放出來，更兼新啟蒙的個人
主義思潮的推波助瀾，一時間「集體」似乎成為束縛在個
人身上的枷鎖，去集體化也就成為必然的結果，最終，單
位制伴隨著國企改制的大面積推廣而紛紛解體，集體隨之
分崩離析，在集體和單位制瓦解的廢墟上，站立起來的個
人和家庭成為社會最基本的要素。90 年代以來，與國際新
自由主義相呼應的住房私有化以及更大範圍的私有化聲浪
更加劇了這一態勢。主流意識形態更是在大眾文化和經濟
生活中占據絕對主導地位的房地產業的推動、參與下，型
塑了一個無比逼真的現代居家生活的美好圖景，而且迅速
被整個社會所接受。

被建構的「家」和幸福感

一、被重新分配的居住空間

　　既然我們已經被政策和市場規定了，我們只能從市場買/租到我們居住的住房，我們也就只能服從市場的規則和邏輯，依照市場所提供給我們的地段、環境、社區規模，以及房間面積、房型、質量來選擇適合自己的居住空間。前面三個方面又因此規定了我們在這個城市裡的位置，中心或邊緣，資源優裕而集中或相對比較貧乏甚至非常糟糕，交通很便利或簡直就沒有正規的城市交通線路……諸如此類，更要緊的是，它還規定了我們和什麼樣的人成為鄰居，和哪一類或幾類人群成為一個基於居住空間的利益或其他相關屬性的共同體。而後面的三個方面也在實質上規定了我們的家庭結構和家庭關係，乃至我們的情感方式以及與此緊密關聯的生活方式和生活觀念。

　　看起來，這一切似乎都由自己的經濟能力，或曰購買力所決定，我們似乎正處在一個市場中人人平等的美好圖景中，每個人都可以根據自己的經濟實力獲得適合的住房。但事實果真這樣嗎？且先不論事實是否如此，當一個社會對上述諸方面起決定作用的力量只有經濟能力的時

候，當一切似乎給我們的都只是機會平等的時候，我們其
實已經把自己都變成了勢利之徒，我們認可的只是獲得金
錢的能力，和所占有的金錢的數量，實際上，我們已經距
離真正的平等和社會公正非常遙遠，只是這個時代裡的金
錢有一個更動聽的名字——財富，於是，財富，也僅只有
財富成為衡量一切價值的依據。這樣的時候，我相信，絕
大多數人都會深刻地意識到，我們的時代和社會出了很大
的問題。然而，市場，更準確地說，資本邏輯操縱的市場
是有魔力的，它有足夠的能力讓我們相信，一方面，市場
中每一個人的機會都是平等的，其次，市場中資源配置的
唯一原則就是能力，我們之所以不能享有優質資源，是因
為我們自身的能力不足，第三，這也是最充分地體現資本
和資本市場魔力的地方，它不僅讓我們覺得那一切不平等
都是理所當然，還讓我們心悅誠服，它甚至令我們根本感
覺不到不平等的存在，我們所擁有的一切與特權者、與成
功者不相上下，起碼在符號的意義上，我們並不比他們差
到哪裡，我們和他們擁有同樣的幸福，或者換一個邏輯，
它讓我們以為只要我們努力，那一切我們也可以擁有。[1]
於是，一套似乎充滿了合法性的秩序就這樣「自然地」建

1　參看王曉明《半張臉的神話》，南方日報出版社 2000 年第
　　一版。另請參看王曉明主編《在新的意識形態的籠罩下——
　　90 年代的文化和文學分析》，江蘇人民出版社 2000 年第一
　　版，以及戴錦華《隱形書寫——90 年代中國文化研究》，
　　江蘇人民出版社 1999 年第一版。

立起來。

不僅如此，正如我們前面已經指出的那樣，70 年代末 80 年代初開啟的現代化進程在其未來圖景的設計和規劃中，為了迅速改變國家和人民貧困的現實，所選取的擱置問題的策略，伴隨著開放大門的大開，相當程度上說，使發展主義成為整個社會的核心價值觀，全社會都在尋找新的、更多的經濟增長點，在這一背景下，建築業之被選中也正是情理之中的事。一幅似乎日益具體而清晰的現代生活美景正在向我們招手，但同時，全國所有城市亟待改變的住房緊張局面卻日益成為社會的焦點和熱點，由此推動了全面住房制度改革。而 90 年代初全面展開的市場經濟催生並迅速「培育」了一個畸形的房地產市場。簡單地說，這一畸形體現在，房地產市場與城市建設資金之間在不規範的市場經濟條件下所產生的資本與權力的勾結，其直接後果就是造成了地租的普遍暴漲，並進一步直接造成商品房價格的暴漲。我們可以進一步簡單勾勒其間的邏輯。原本歸國家所有的土地在「放權讓利」政策下成為地方政府可以支配的主要資源，在房地產開發的大力推動下，土地尋租成為地方財政的重要形式，地租成為地方財政的主要來源，並以此按比例投入城市建設。於是，幾乎所有的城市在基礎設施建設方面均投入了大量的財力、物力和人力。也正是在這樣的作用下，近二十多年來，幾乎所有的城市面貌均有了相當大的改變／改觀。而在這一過程中湧現的問題也越來越明顯，甚至越來越嚴重。

　　也正是在這一意義上，有學者如此描述當代中國的城市建設概況：「作為城市建設最基本要素的土地和資本，在市場經濟條件下，釋放出強勁的活力。土地從無償劃撥到有償使用，再到如今的招拍掛，為城市資源高效率配置提供了途徑；城市建設資金的多主體投入與參與，成了城市快速擴張的加速器。這些以多元化和易變性為主要特徵的投資和需求，是如此地不同以往，衝擊著舊有體制與慣例。基於計劃經濟體制的城市規劃體系和觀念，逐漸失去了原有的基礎，不覺四顧茫然。市場經濟改變了我們的社會生活、經濟增長模式，也產生了城市問題。與急功近利相聯繫的過度開發、超前開發、簡單模仿等，在地方政府的『政績』心態驅使下，像細菌一樣侵蝕著城市的軀體。」[2] 但是，這顯然只抓住了近二十多年來城市建設中出現的問題的一個方面，而原著作者所揭示的規劃設計中的政治性卻根本沒有進入譯者的思想視野。

　　尼格爾・泰勒（Nigel Taylor）在該書第一章就明確寫道：「（說）規劃不涉及或不承擔某個政治責任，那將值得商榷。土地利用規劃真實情況是在物業市場必須接受一些形式的政府干預，換句話說它需要特定的政治意識形態的參與（如社會民主制度）。毫無疑問，城鎮規劃負有一

2　李白玉《1945 年後西方城市規劃理論的流變・譯後記》，〔英〕尼格爾・泰勒著，李白玉、陳貞譯，第 171 頁，中國建築工業出版社 2006 年第一版。

定的社會責任，即使它沒有真正直接『規劃』某種政治體制，但由此可知，城鎮規劃是政治規劃的一種表現形式。對土地如何利用與發展的決策，牽涉在不同方面對不同團體利益的影響上作出選擇，並且，從這個意義上看，這些選擇帶有『政治色彩』。」而二戰後的「主流城鄉規劃概念」則強調，「規劃基本上是一種『技術』行為，這種行為本身不是政治性的，或者至少它不帶任何特定的政治價值觀或承諾。」[3] 無疑，譯者對建築規劃的理解正是泰勒批評的二戰後主流的規劃觀念，即一種去政治化的建築規劃理念。也正因此，他對當代中國近年城市建設和房地產市場的把握就只能看到「急功近利」和「政績心態」。而實際上，在當代中國，無論鄉村還是城鎮，抑或都市，在土地資源的利用、房地產的開發規劃乃至設計、房地產金融市場等方面都已經暴露出相當嚴重的新自由主義立場，在貧富差距日益嚴重的情勢下仍然依循資本的邏輯，不顧及或迫於政府壓力很不情願地、甚至帶有欺騙性地敷衍顧及弱勢群體，將曾經的社會主義的「政治價值觀或承諾」棄置一旁。[4]

---

3 ［英］尼格爾・泰勒《1945 年後西方城市規劃理論的流變》，第 11 頁。

4 1994 年 6 月 4 日，時任國務院副總理的朱鎔基在建設部上報的文件中批示到：「城市拆遷應該有計劃、有步驟，量力而行。現在有些城市不顧後果，大量賣地，大量拆遷，置拆遷居民於不顧，這樣搞下去要影響社會穩定。」（朱鎔基

《朱鎔基講話實錄》卷一，第 509 頁，人民出版社 2011 年
第一版）1997 年 1 月在國務院住房制度改革領導小組召開
的全國住房制度改革工作會議上，朱鎔基不止一次地強調，
「安居工程」要注意不同收入人群的租金也應有所差別，同
時，住房商品化要大力發展的是「和公積金結合的有一定
資金渠道建設的經濟適用住房，不是高級住宅，也不是寫字
樓」，並一再強調避免出現 1993 年因大量投資「高級寫字
樓和豪華別墅」造成的「經濟過熱」現象。（《朱鎔基講話
實錄》卷二，第 401-408 頁）然而，實際上政府並未能真正
阻止房地產市場的惡化，甚至變本加厲地尋求土地收益的
最大化。直至 2003 年 1 月，朱鎔基在即將卸任總理前的國
務院全體會議的講話中，再一次提醒，「外國的報刊，都在
講中國的泡沫經濟已經形成，房地產過熱，風險太大」。同
時，他還將此後成為中國社會主要發展方向的「城鎮化」與
過熱的、不規範的房地產市場聯繫在一起。（《朱鎔基講話
實錄》卷四，第 486 頁）另據媒體披露，2011 年 5 月，在
《朱鎔基講話實錄》出版後，朱鎔基在清華大學的師生座
談中，很直接地指出，「我們制定了一個錯誤的政策，就
是房地產的錢，都收給地方政府，而且不納入預算，這不
得了。這個錢就是搜刮民膏，所以把地價抬得那麼高。這
個絕對不是分稅制的錯誤。地方沒少收錢。」（參看 http://
www.caijing.com.cn/2011-05-27/110730544.html）另據郎咸平
稱，2007 年，香港的賣地收入占 GDP 的 0.8%，而「內地的
賣地收入占 GDP 的 4%，……到了 2009 年，香港賣地收入
占 GDP 的 1.53%，而我們內地賣地收入占 GDP 的比重高達
4.5%」。（參見郎咸平《郎咸平說：我們的日子為什麼這麼
難》，第 98 頁，東方出版社 2010 年第一版。）

　　這一方面所反映的是著名經濟學家郎咸平一直公開反對的將房地產作為支柱產業的經濟政策[5]，但更重要的是由此造成的諸如住房公平等一系列問題[6]，其中空間的重新分配就是很重要的一個方面。在工業資本、金融資本、商業資本、民間資本以及國際資本等各種資本的強大合力作用下，在政府官員政績心態的支持下，在相當一部分不明就裡的普通市民大力發展城市建設、改善自身居住條件的心理預期作用下，中國絕大多數城市進入到一個史無前例的現代化的城市規劃和建設進程之中，也就是在這一進程中，整個城市空間的分配及資源配置發生了很大的變化，更準確地說，是重組和再分配。就房地產市場而言，絕大多數城市基本上按照資本的邏輯和意志，房價從城市中心依次向次中心、外圈、邊緣遞減，由此形成一個以購房能力為標準的新的空間格局，其分配原則，其實，說白了，就是錢。

　　社會學家如此描述到：「經濟適用房、限價房往往都在距離市中心比較遠的區域，地價便宜一些。所以，如果從未來的房地產市場機制看，它會篩選出多種住房地位群體：例如豪宅地位群體，高級商品房群體，中檔商品房群

5　參看郎咸平《郎咸平說：熱點的背後》，東方出版社 2008
　　年第一版，以及《郎咸平說：我們的日子為什麼這麼難》，
　　東方出版社 2010 年第一版。

6　參看朱亞鵬《住房制度改革——政策創新與住房公平》，中
　　山大學出版社 2007 年第一版。

體和低檔商品房群體，等等。」[7] 所謂「住房地位群體」，「指因受到他們占有或居住的住房的影響而處於相似社會位置上的一群人，所謂影響他們的住房因素包括：住房的所有權、價格、地理位置、級差地租、社區環境、社區文化特徵等多方面的因素。」[8] 也就是說，「住房地位群體」是一個社會分層的概念，以占有／租住的住房為考察、劃分的核心和依據，將社會人群分成若干不同等級。社會學家同時還指出，「作為一種具有普遍意義的地位群體的產生，是到了 90 年代後期，是城市住房制度改革和房地產市場化的結果。」[9] 也就是說，住房所具有的社會分層功能，乃是得自「市場」的賦予。於是，「市場」在資本這只「無形的手」和政策這只「有形的手」的操縱下，將中國社會分割成基於住房及其他個人／家庭財富所形成的不同階層。並在此基礎上更進一步地形成當代中國的社會結構模式──社會學家稱之為「倒丁字形」結構：「從全國就業人口看，……一個巨大的處在很低的社會經濟地位上的群體，該群體內部的分值是一致的，在形狀上類似於倒過來的漢字『丁』字形的一橫，而丁字形的一豎代表了一個很長的直柱形群體，該直柱形群體是由一系列的處在不

7　李強《當代中國社會分層：測量與分析》，第 234 頁，北京師範大學出版社 2010 年初版。

8　同上，第 211 頁。

9　同上，第 214 頁。

同社會經濟地位上的階層構成」[10]。

也正是因為巨大的貧富差距及諸多社會不公平現象的增多，使越來越多的人意識到，市場不是萬能的。社會學家因此分析到：「回過頭來看市場轉型與社會不平等的關係，可以說，市場改革的平等化效應持續的時間是相當短的。它只是存在於改革中的社會主義經濟的早期。當改革深入的時候，市場機制將會被擁有特權的人們所操縱，使市場經濟的遊戲規則發生扭曲，從而使本來在改革初期具有平等化效應的市場機製成為造就社會不平等的因素。」[11] 正是基於以上事實，他們更進而告誡說，「一個國家的財富分配絕對不是通過市場一次完成的，而是要通過多次分配環節才能完成，市場只是分配的第一個環節，在其後還有多次分配。……我們一定要意識到，市場確實很厲害，但市場完成的絕對不是最終的公平分配的結果，

10 同上，第 171 頁。李強認為「丁字形結構、兩極型社會的核心是城鄉關係問題」，而「最為直接的原因顯然是戶籍分隔。」（第 177 頁）雖然我並不完全贊同這一說法，因為在占人口絕對多數的農村也存在著高階位的人群，而在城市，同樣也有相當一部分居民實質上不僅處於這個城市中的低階位，甚至連發達地區的農民都不如。但我認為用倒丁字形描述當代中國的社會結構還是比較妥貼的，它確實形象地反映了中國社會絕大多數人所處的社會地位，也在相當程度上揭示了當代中國巨大的貧富差距，以及財富絕對集中的社會狀況。

11 孫立平《失衡——斷裂社會的運作邏輯》，第 79 頁，社會科學文獻出版社 2004 年第一版。

僅僅通過市場的一次分配肯定是不合理的，還需要多次分配調節。」[12]

　　「社會分層」當然是替代階級的社會學概念，其中自然包含有去階級化或去政治化的意味，這其中涉及的問題過於複雜，且不去管它，但這一概念仍然揭示了我們社會日益加劇的貧富差距，而「住房地位群體」則是對住房在社會分層中的重要性的體現。也因此，由房地產市場對住房地位群體的再分配過程及其結果，顯然就不只是對具體的城市物質空間的再分配，而是一種新的社會關係結構的再生產，這一結構具象地表徵為一種「空間性」。正如理論家們指出的那樣，「真正『在空間上擴展』的東西是經濟所有權關係和占有權關係」[13]，而「具體的空間性是社會生產和再生產的競爭場所，是旨在維持和增強現存的空間性或對其進行重大調整和可能轉變的社會實踐的競爭場所。」[14] 也就是說，在住房商品化、市場化的進程中，真正實現的是住房／空間的私有化，而伴隨著住房／空間私有化進程的深化、推進，真正擴展了的是思想意識領域中的私有觀念，而這一觀念又更進一步地成為社會生產和再

---

12 李強《當代中國社會分層：測量與分析》，第 121 頁。

13 多琳・梅西〈空間的諸種新方向〉，《社會空間與空間結構》，德雷克・格利高里、約翰・厄里編，謝禮聖、呂增奎等譯，第 13 頁，北京師範大學出版社 2011 年第一版。

14 愛德華・W・索雅〈社會生活的空間性：邁向轉型性的理論重構〉，《社會空間與空間結構》，第 100 頁。

生產的動力，由此在觀念領域及社會生產和社會生活，乃至家庭／個人的日常生活世界構成空間性的競爭和對抗。發端於 80 年代中期，至 90 年代喧囂一時的「私人寫作」，以及與此相關的隱私權等等均與此有直接的關聯。

所以，房地產市場所生產的社會空間除了對城市空間，尤其是居民的生活空間進行重新分配外，還對原有的社會空間形成了擠壓、排斥乃至驅逐，並在此基礎上形成基於市場原則的新的社會空間。王曉明在對近二十年上海城市空間變化的體驗式考察中，就為我們很清晰地描述了其大致的面貌。工業空間、公共政治的空間、非組織的社區公共交往空間等均遭到大面積擠迫，甚至徹底清除，取而代之的是快速膨脹的各式交通道路、商業空間和以住宅為中心的組合空間。[15] 實際上，在我看來，無論是商業空間的急速擴張，還是住宅為中心的組合空間的快速蔓延，是從根本上對整個城市屬性的改變，在這樣的空間中展開的城市，必然是消費型的，而絕不可能是生產型的，也就是說，90 年代以來的二十來年的時間裡，上海已經徹底改變了自 1949 年後逐步形成的生產型城市的特性，而成為一個融入全球性消費主義洪流中的消費型城市，一個正急切地走向標準的國際化大都市的准國際化都市。其實，這樣的情形正在當下中國很多城市發生著。

---

15 王曉明〈從建築到廣告——最近十五年上海城市空間的變化〉，《熱風學術》第一輯，廣西師範大學出版社第一版。

　　方方在小説《聲音低回》中非常真實地再現了武漢的情形。幾戶屬於城市邊緣人的家庭居住在東湖邊的一個安靜角落裡，生活雖然艱難，但他們互幫互助，安貧樂道，倒也自在知足，即使小説的主人公，一個弱智青年，在經歷了疼愛他而他又十分依賴的母親去世的巨大痛苦後，也在父兄、鄰里的關懷下，能夠繼續著他們平淡的日子，可以自由而方便地去東湖邊鍛煉身體、傾聽哀樂。然而，某一天的早晨，「那條繁花似錦的寬闊大道果然不見。大道的中間，立著粗糲的水泥墩。它粗暴地從頭延伸到尾，彷彿一個個板著面孔的小矮人，生硬而冷漠地拒絕一切行人橫過馬路。……所有的路口被封死。主道和輔道全跑汽車。連自行車和三輪車也都沒有了自己可行的路徑。行人過馬路，只能走地下通道。健康人走此路尚且可以，老弱病殘卻委實難行。至於用輪椅的殘障人士，根本就無路可走。」而富人説的是「現在的路太好了。他開奔馳，以前跑不起來，現在開起來像飛一樣。」更多的老百姓們不知道「為何硬要把以前舒適通暢的大道修成這樣……為何在人口如此密集的城市中心修建如此一條快速道路，讓四周老百姓出行不便……」這就是現代城市規劃帶給窮人富人完全不一樣的體驗，更重要的是這樣的規劃帶給他們的不同後果。雖然小説的結局算不得善終，但我還是覺得，在作者良苦用心中寄託的只是一個虛幻的、不可能無條件實現的幻象，富人的話透露了其中的消息：「這個世上的問

題，都是富人解決的，窮人則享受這種解決。」[16] 這樣的
邏輯看起來似乎充滿了人道主義的溫暖，內裡分明是強者
為王、弱肉強食和頤指氣使、予人嗟來之食的霸道蠻橫。
而這也正是我們的時代和社會通行無阻的主流意識形態。
於是，窮人們、老百姓們不得不接受這樣無情的現實，不
得不改變對這個世界的看法，不得不以另一種心態和情感
來面對這個他們久以習慣卻不得不為之改變的周遭環境。

也就是說，市場不僅重新分配了我們的城市空間，還
在塑造著城市的屬性，更進而塑造著我們的家庭生活，以
及我們的情感結構。

二、被建構的「家」

在最理想的狀態下，「家」，無論其物質性意涵，還
是社會學意涵，都理所當然應該是自己的，也就理所當然
可以按照自己的意願，遵循家庭成員對「家」的情感功能
和實用功能，乃至美學功能的想像，來設計布局、安排空
間。但是，「家」是社會關係和社會結構的組成部分和組
成單位，也就必然受到來自歷史、經濟、政治和文化的諸
多社會影響，尤其是對「家」的諸種想像，其影響和規定
常常被忽視，而在當下的現實中，這樣的理想狀態，對於

---

16 方方《聲音低回》，第 109-118 頁，海豚出版社 2012 年第
一版。

絕大多數中國人來說，就變得更加地不可能達到。

80 年代初期的陳信們，他/她們出生於 50 或 60 年代，他/她們對「家」的情感功能有很高的期待，他/她們還不願意為了難以獲得的住房而放棄浪漫的理想，即使那理想是模糊而曖昧的個人主義，但是，那個時代已經開始發生很大的變化，那個模糊而曖昧的理想正伴隨著日益清晰的、由一系列現代之物構成的現代化圖景而逐漸變形、變性，追求個人價值的實現與愛情至上聯手召喚出當代家居生活的渴望，這個渴望在 80 年代以來成為整個社會普遍的訴求，並因此具體化為「現代家庭」圖景。

我們可以通過對 80 中期誕生的一份期刊清晰地看到這一點。1981 年，上海市婦女聯合會成立現代家庭雜誌社，1985 年 1 月，《現代家庭》雜誌正式出版發行。其辦刊宗旨是「弘揚健康、文明、積極向上的生活方式，探討現代家庭的特點和問題，促進社會主義兩個文明建設，樹立『家家和睦、人人相愛』的社會風尚」，關注家庭建設，「反映現代家庭的歷史、現狀和未來以及婚姻文化中生命和生活方式相融狀況中的社會問題，為豐富和美化家庭生活提供具體幫助」。雜誌的主要讀者群為女性讀者，主要設有「萬家燈火」、「家庭與事業」、「海外傳真」、「現代生活」、「健與美」、「家庭律師」、「文藝走廊」、「家庭關係新探」、「社會觀察」「三代人」等欄目，1986 年第七期增設「性的教育」，該欄目此後雖換了不同的名目，但一直保留至今，有意味的是「文藝

走廊」卻在十多年後跟隨文學的邊緣化而被撤除。另一個值得一提的是「海外傳真」欄目，雖然該欄目此後也撤除了，但實際上一直有對國外家庭生活的介紹，而特別有意思的是，該欄目的內容基本上以歐美發達國家為主，尤以美國為最。雖然，時任上海市人大常委會副主任的趙祖康在「代發刊詞」中指出，「《現代家庭》雜誌的出版，是符合當前形勢和千家萬戶的需要的……要建設『四化』，家庭一定要現代化。這個『現代化』，不光是時髦的家具、擺設，主要還應該是民主和睦，提倡五講、四美、三熱愛，講究文明禮貌、敬老愛幼等等。《現代家庭》一定會多宣傳為四化作貢獻的家庭，更多地發揮這本雜誌的作用。」[17] 也就是說，雜誌創辦之初的定位與其時的整個體制和主導意識形態是高度一致的，乃是要為現代化服務，致力於家庭的現代化建設。在一般意義上說，雜誌的內容也確實體現了這一辦刊方針和宗旨。但如果將其置於 80 年代的整體氛圍，尤其是特定歷史時期的體制與社會主流的思想觀念之間的關係來看，這其中的脫節和錯位也是再明顯不過的。

我無意在此檢討該雜誌以及 80 年代的家庭與社會、與國家等等之間的關係，對它在 80 年代以來所呈現的現代生活圖景也無法展開全面的分析和闡述。這裡只能借助

---

17 參看《現代家庭》1985 年第 1 期，《現代家庭・為了孩子》雜誌社，上海。

幾個細小的例子，分析其對家居生活的想像和理解，以此
考察其如何參與了對當代中國現代生活和現代家庭的建構。

　　1986 年第六期，在《國際流行家具的最新信息》中，
有兩則特別有意思，其一云，「沙發傾向於寬大舒適，
靠背多偏低」；另一則則是對家居／家具整體性特點的概
括，「現代化家具側重臥房，其次為客廳和餐廳。」[18] 要
知道，在 1986 年的中國，無論是上海，還是其他城市，
能夠放得下如今在很多人家裡都可以擺下的「寬大舒適」
的沙發的住房並不是很多，雖然雜誌在很長一段時間裡，
甚至直到現在，也一直斷斷續續地有對小房間的設計介
紹 [19]，但既因為雜誌所在地得天獨厚的信息便利渠道，更

18　《現代家庭》，1986 年第 6 期，第 46 頁。
19　譬如 1986 年第 3 期的《擴展空間的室內設計》、1986 年第
　　7 期的《十三平方米臥室的設計》、1989 年第 6 期的《國外
　　小房間的多功能組合家具》、2006 年第 24 期的《小客廳大
　　夢想》等均可視為對小房間如何充分有效利用空間的介紹，
　　但其中的差別已經很明顯，新世紀之前，房間小是相對普遍
　　的情形，城市的擴張尚未進入加速度的節奏，因此，充分擴
　　展空間大致可以看作比較普遍的訴求，對地段等等在新一輪
　　城市規劃中形成的由中心向邊緣逐漸遞減的房價尚未成為普
　　遍關注的問題，但 2006 年的這一篇講的就是一個大致可算
　　中產之家的消費者在市中心區域，只能買面積小一些的房子
　　後，如何通過設計克服小空間造成的視覺及心理的落差。這
　　當然可以視為一個現代人的「理性行為」，但同時恐怕也包
　　含了相當程度的阿 Q 心態，也就是說，現代設計實際上是一

因為其表述中所使用的語詞似乎給了它一個天經地義的
「合法性」：「國際」·「流行」·「現代化」。在相
當程度上說，這三個詞幾乎可以囊括整個 80 年代以來中
國人的社會生活和日常生活的全部指向，而在 2000 年以
來，「舒適」更成為絕對主導性的居家生活的重要標準。
認真檢討起來，看一看如今家具市場相當普遍的沙發樣
式，基本上都是低靠背的「寬大舒適」型，就知道，一方
面，這是國際流行，另一方面，這個「國際流行」原來在
80 年代中期就已經來到中國。

　　僅有「寬大舒適」的沙發顯然還不能保證真正的舒
適，也不能為家庭和美提供足夠的保障，還必須有一系列
現代化的家用電器。1989 年第 7 期，《現代家庭》雜誌
第一次出現衛浴廣告，位置在封二，而封三則是中國人民
保險公司上海市分公司的廣告[20]，封底是紅燈牌系列電子
產品，廣告詞為：「選購任何一種紅燈電子產品，使你的
生活增添更多情趣」，這也是廣告詞的一次大的變化，將
家庭生活品質與所推銷的產品結合在一起，而此前的情形
則是，整本雜誌較少廣告，即使有，廣告詞也多是對產品
品質的介紹，並不直接在使用者的生活品質和產品性能之

　　種致幻術，以技術、手段，借助於一系列的象徵符號，從而
　　滿足情境中人的心理需求。

20　保險業作為金融業的另一種形式在當代中國的起步和發展同
　　樣值得深入梳理，它在 80 年代後的中國社會和中國民眾的
　　生活所產生的影響遠未得到應有的重視。

間做任何勾連。在相當程度上說，80年代末期商業化程度
的強力推進的一個重要表徵就是廣告詞的演變，換言之，
廣告內容以及形式的根本變化就是為商品添加/賦予了另
外的符號價值，更進一步說，商品搖身一變，成為美化生
活的主體。於是，真正的主體——人逐漸地從社會生活中
退場，物，更準確地說，以現代技術為基礎的，披上了華
美包裝的現代之物取代了人的主體位置，在日益堂皇華麗
的百貨公司、在精心設計的櫥窗裡、在越來越豐富的排成
一排又一排的開放式貨架上緊緊地抓住了人們的眼球，攫
住了渴望現代生活的人們的心靈，也就在短暫地相互凝視
後，兩者的位置輕而易舉、悄然無息地發生了移位。在該
雜誌的一篇徵文中，作者提到當時電視中的一洗衣機廣告
頗能體現這一點：「『想你分分秒秒，念你刻刻時時，浪
跡天涯幾多愛——白菊洗衣機』。這廣告做得真帶藝術魅
力，那悠宛多情的詞曲，那玉臂輕舒衣衫飄落的迷離的
美，使人如醉如痴。」[21] 廣告詞以省略的第一人稱幼稚的
抒情方式表達了對愛人的愛戀，在作者聽來卻是「悠宛多
情」的，看作者抒情筆致描述的畫面，我們大概也能想像
電視畫面中的情景，更可以想像作者看著這則廣告時的情
景，但真正有意味的並不是想像，而是審視。一個男性敘
述者，或曰抒情主人公——在上述文字中是兩個抒情主人

---

21 丁放〈洗衣機之歌〉，《現代家庭》1989年第8期，第
　　12頁。

公，其一是電視廣告中未曾露面的男人，另一個則是作者，有意思的是正因為電視中那個不在場的男人是一個空洞的存在，於是所有看到這則廣告的男性都可以讓自己，或更準確地説，被廣告召喚為那個男人，於是，這兩者奇妙地合二而一了，成為一個人，一個使用者，或一個消費者——面對「玉臂輕舒衣衫飄落」的美人，感覺到「如醉如痴」，可美人實際上卻是一台洗衣機，或者説，洗衣機承擔了美人的某一項功能——洗衣服，也就是説，美人其實就是一個物。但成為物的並不只有畫面中的美人，還包括缺席的男人和在場的作者，即使他是使用者，但當物成為占有的對象，物與占有者的關係也便發生了顛倒。更有意思的是，80年代初被新啟蒙召喚出來的愛情至上在這裡也形成為　個值得玩味的三角關係 [22]。當然，僅有洗衣機顯然還不能成為現代生活，現代家庭「應有」的物幾乎是無窮的，80年代中後期不過是剛剛起步。[23]

---

22 值得一提的是，該文徵文名目是「三口之家」，也就是我們現在所説的「核心家庭」，雖然三口之家可以理解成計劃生育國策的結果，但顯然不能如此簡單地看，在一定程度上也是80年代開啟的現代化在家庭結構上的體現，此後，三口之家日益成為社會的基本單位而普遍化。而且，在相當程度上説這也是城市住房制度改革的結果。

23 譬如1989年第4期就有〈家庭中來了一位受歡迎的新客人——談談吸塵器〉；1986年第8期「海外傳真」欄目有〈電視錄影機進入美國普通人家〉等等。

　　物的豐富程度和人們日益高漲的對物的需求，與住房
制度改革幾乎齊頭並進，一方面，住房本身就是物，另一
方面，除此以外的物需要擺放的空間，於是兩相激勵，彼
此促進，更兼政策和市場之功，一個愈加清晰的現代化圖
景無比鮮明地呈現在 90 年代的歷史時空中。當然，技術
是其中非常重要的因素，但從來沒有無主的技術，此其
一；其二，上述圖景尤其得益於音像和影像等傳播技術和
傳播工具的進步，即便是文字，似乎也迅速地圖像／影像
化了，並積極參與到對現代家庭的建構過程中來。而在住
房制度改革不斷深化的進程中，在住房商品化的迅速推進
中，在市場化逐漸成為一種人們獲得住房的唯一途徑的時
候，人們對「家」的理解和想像也就越來越依賴於市場的
提供。也就是說，市場成為現代家庭生活圖景的重要生產
者。也可以說，以房地產市場為主導的整個市場生產了
「家」的定義，生產了我們對家的需求，更因此生產了一
種生活方式和生活觀念，總之，市場生產並建構了我們對
生活的全部理解。也正是在這個意義上，幸福感才成為人
們普遍關注的對象，因為人們從市場生產的「幸福生活」
圖景中發現自己距離真正的幸福越來越遙遠，但更要緊的
是，市場的手段在不斷「進步」、更新，它有足夠的能力
使人們始終不知饜足，因為只有永遠的不饜足才能保證市
場的繁榮，但這還不是根本所在，它的魔力在於，它生產
了不平等，它還給不平等穿上合法的外衣，它更讓不得不
處於弱勢地位的人們心甘情願被剝奪，卻又使被剝奪的人

們對之全無感覺，它將剝奪掩蓋在機會平等的美麗說辭下，還為它披上華麗的符號裝飾。

當豪宅成為「故事」的主角時，上述邏輯就頗為清晰地展示了其中的一面。實際上他們並不是在講「故事」，而是在散播「傳奇」。[24] 而另一方面，當「傳奇」假借普

---

24 2010 年《租售情報》雜誌社出版的《豪宅年鑑》的刊首文章標題就是「聽我們講一個豪宅故事」。該雜誌的版權頁上方「含蓄而低調」地以一行小字寫著它的廣告語「華東地區優秀期刊／中國房地產最具市場影響期刊／上海期刊協會副會長單位」。雜誌的裝幀之豪華，紙質之精良（全彩頁、全銅版紙）正與它要講給我們聽的「豪宅故事」一樣。但這不是「故事」，起碼不是本雅明意義上的故事，本雅明說，「講故事，很長時期內在勞工的環境中繁榮，如農事、海運和鎮邑的工作中。可以說，它本身是一種工藝的交流形式。」（參看本雅明著《啟迪——本雅明文選》，漢娜·阿倫特編，張旭東、王斑譯，三聯書店 2008 年第一版）2012 年 8 月 27 日的《三聯生活週刊》第 1 頁是別墅廣告，第 6-7 頁是「北京龍湖」地產的廣告，廣告詞說，「業內人士表示，從龍湖產品在區域板塊中的行業位置，對區域的價值激發，以及對生活方式的重新再創造，都體現了龍湖對產品研發與生活需求的相互結合。」另有對該地產商入市五年「斐然」成績簡單而有力的呈現，其中就有「2009 年，頤和原著，以億級別墅成為北京別墅銷冠，唐寧 one 開啟並引領了四環豪宅時代」。在國土資源部於 2006 年就發布停止審批別墅類房地產開發項目的通知後，該地產商仍有如此「大手筆」，不能不令人浮想聯翩，而因其房價和地價的高比例被

通人的故事，在媒體人和廣告商、廣告人或是為了利益，
或是真心實意以為如此，因而不惜調用使用華麗的辭藻和
高貴的字眼向世人炫示著新富人其實一點也不平易的面目
時，他們又用另一種手段將一個個普通人的故事敘述成一
個個虛假的傳奇。[25] 可是，實際上，我們都知道，在很多
普通人的買房故事裡包含著辛酸和血汗。然而，90 m² 也
可以被稱為豪宅的廣告語，還有那些生造的「尊享」、

網友稱為「北京最暴利的樓盤」也就很正常了，可是即便如
此，據說，只有 91 套的該樓盤，「即使需要身分核對、預
約等待、排號認購，億級富豪仍絡繹不絕，爭相預定。」
（參看 http://www.funlon.com/appraise/apphouse_kbEply.aspx?
ApID=7431）這樣的「傳奇」所傳遞的信息實在太豐富了，
值得深入研究。

25 香港杭州中海地產一個「齊家 90」的項目，其廣告詞是
「齊家 90，錢塘江畔的千呎豪宅」，可是，所謂的「千
呎」，實際上是 1000 平方英尺的建築面積，換算一下就是
將近 91 平方米。而其具體的房型廣告語更是竭盡誇張虛飾
之能事，一個 2 房 2 廳 2 衛 90 m² 的房型，在廣告中是如此
呈現的：「全明闊朗格局，南北雙重陽台，動、靜完美分
區；入戶獨立玄關，歸家之路尊享大宅禮序；客廳與餐廳一
氣呵成，大堂氣派敞亮，居家、待客上乘之選；主臥朝南約
3.5 米面寬，私享陽光衛浴間，演繹上流品味生活。」（參
看 http://news.house365.com/gbk/hzestate/system/2012/02/29/
020327297.html）看著這樣文理不通、造詞生硬而做作的廣
告語言，我只有無言。

「私享」等等的字眼足以讓我們忘記那些辛酸和血汗。[26]

「尊享」和「私享」正是房地產在這個時代給我們絕大多數人的幻象，但同時，他們在賜給我們「尊享」、「私享」的幻象時，他們還以這樣的空間規定了我們的生活方式。社會學家已經指出，「戶均建築面積超過 100 平方米的住房，在北京是隨著房地產市場化的步伐而發展起來的。這不僅僅是面積的擴大，而且顯示了一種新式的住房模式和格局。其突出的特點有兩點，一個是有比較大的『廳』，另一個是不止一個衛生間。……所以，購買商品房，顯示了一種新的生活方式的出現。」而且，「從商品房的發展看，也有面積越來越擴大的趨勢。」[27] 後者在如今的房地產市場已經不再是趨勢，而是現實。對面積更大的需求顯然是市場機制，更準確地說是資本生產出來的「成果」，這一點起碼在學術界，除了為資本幫閒的經濟學界和只知畫圖紙按面積計算自己收入的建築設計界外，差不多已經成了共識。關鍵在前者，房地產市場對我們的生活方式的生產，更進而至於對新的社會關係的再生產等尚未引起應有的重視。

越來越大的客廳，雖然從功能上，並在命名上進行了區隔，即所謂客廳、餐廳和玄關，但是，這些區隔首先必

---

26 關於房地產廣告，請參看王曉明〈從建築到廣告──最近十五年上海城市空間的變化〉。

27 李強《當代中國社會分層：測量與分析》，第 221 頁。

須建立在足夠大的物理空間之上，而一旦這些新的概念成為流行語，成為人們選購房產的關鍵詞，也就意味著它已經成為一個社會普遍的訴求，並以此希望自己也能達到這樣的目標。一個相對寬敞的空間中，擺放著一張起碼可以圍坐四人的餐桌，座椅也不能貼緊餐桌，否則自然過於局促，也就很難實現一家人吃飯其樂融融的氛圍。在一般的意義上，這自然沒有問題，也是絕大多數人渴望的家庭生活之重要組成部分，或者就是幸福家庭之一景。但如果將其置於今天的整個城市生活中來看，一方面，這樣的情形在相當一部分家庭中其實並不多；另一方面，當家庭幸福，特別是家庭成員間的交流、溝通必須放在吃飯時間的時候，我們就發現，我們的生活世界，尤其是生活時間被剝削、被壓縮的情形已經很嚴重了。我們將更多的時間交給了一般被稱之為「謀生」的工作（沒有多少人敢於稱自己所從事的是自己心嚮往的事業），而所謀的生其實也並不是我們自己渴望的那樣，而是依照被設計好的圖景和方式，於是，我們不得不將家庭看做最後的港灣和棲息地，我們只能在這裡通過互相撫慰的方式彼此取暖，獲得情感的慰藉，更因此獲得繼續謀生的動力，於是，餐廳一下子變得無比重要，它既是社會勞動力再生產的必要條件，也是社會生產力再生產的一部分，而這一切也都與核心家庭作為新的社會關係緊密相關。而實際無法保證闔家一起進餐的現實也多少使這一空間的功能實現大打折扣，更可能常常處於閒置狀態。然而，即便是閒置狀態，它的存在本

身既兌現了其令人舒暢的心理感受，也讓居於其中的人們多少感到一絲寬慰。

於是，廚房也因此顯得重要起來。廚房的設施就具體的風格而言，自然與居住者的生活習慣和生活方式相關，但就其實質的功能而言，是餐廳功能實現的前提。

而寬敞的客廳，就其一般意義而言，也是作為整個家庭成員文化生活和情感生活的空間而存在，通常，所謂文化生活是以看電視或電影等為基本內容和形式，也包括卡拉 OK，甚至更高級一些的家庭影院或音樂廳之類，且兩者常常合二為一，即共同的文化生活作為情感生活的基本內容。但實際上，客廳還有核心家庭必須有的社交功能。如同餐廳也只能部分實現其功能一樣，客廳在社交上的利用率肯定更低，但顯然不能沒有。就其比餐廳更低的利用率而言，其閒置率也就更高。然而，一方面，在現在的房地產市場，完全不可能再有 90 年代及以前非常普遍的小客廳房型，市場根本不會提供這樣的選擇，另一方面，即便有，我想大多數消費者也不會選擇這樣的房型，即使一年中並沒有幾次待客機會的家庭，也寧願讓寬大的客廳空著。而且，如果社交包含在家請客吃飯，則對餐廳和廚房的面積、設施要求無疑要進一步提升。也因此，我們可以說，由家庭成員與外界的聯繫和交流成為核心家庭與社會交往的主要形式之一，換言之，家庭成為人們參與日益狹隘的社會活動的基本單位。更有意味的是，公共的社會生活日益匱乏的同時，也必然使家庭成為重要的生活空

間，而以經濟能力（購買力）重新組織的居住社區根本難以形成良好的鄰里關係，更難以組織成為一個社會學意義上的共同體，而「社區」也就只是徒具共同體形式的空間存在，這也更使家庭作為基本生活空間的重要性凸顯了出來。而這也總會讓我們想起 50-60 年代的工人新村這一完全社會主義制度下的空間實踐形式：「曹楊新村的模式在當時是前所未有的，它既不是歐洲的街坊，也不是上海的里弄，它改變了傳統的在城區集居的心態，郊區型花園式的居住區得到了居住者的認同。」[28] 一個是老死不相往來，一個是鄰里和睦、其樂融融，其間的差異耐人尋味，也更使人扼腕低回。

自 80 年代以來逐漸增強的個人意識，在住房商品化／私有化的進程中更進一步地體現為對所謂隱私權和個人生活私密空間的要求，相對較小的臥室和相對舒適、精緻的衛生間大體可以視為這些意識形態觀念在空間上的具體表徵。在衛生間的數量和質量上，從 80 年代末出現衛浴用品的廣告，到現在，產品的更新換代之迅速是我們有目共睹的，而其中所再現的生活方式和生活觀念的變遷也很明顯，其中既可以體現 80 年代以來伴隨著改革開放進程對西方發達國家生活方式的介紹及影視作品中的呈現和傳播

---

28 同濟大學博士學位論文《工人新村：「永遠的幸福生活」──解讀上海 20 世紀 50、60 年代的工人新村》，第 45 頁，丁桂節撰。

日益普及程度，更可以體現在舒適性和私密性得以保證的
情況下，主客之間的關係、父母與子女之間的關係所發生
的變化，一方面，是一種倫理的秩序或等級化，另一方面
是一種距離感，或疏離感。

　　於是，我們的「家」就在一系列看似並無政治意圖，
也沒有任何意識形態訴求的現代生活圖景中展開，然而，
正如倪偉對齊澤克的回應文章中說到的那樣，「以往那種
訴諸遠大政治目標的意識形態的確已如明日黃花，然而卻
有一種新的意識形態乘虛而入，迅速地奪取了霸權的地
位，這種新的意識形態就是享樂主義和犬儒主義，它號召
人們去盡情地享受生活，實現自我。……他們會心甘情願
地接受一些『政治正確』的律令，這些形成為『超我』的
律令對自我的控制，比之於傳統的道德律令，可謂有過之
而無不及。……而更為自覺的壓抑來自於享樂主義者的一
系列自我管理，比如保持良好的體型，飲食健康，心態放
鬆，等等。我們只需要想一想現在做一個合格的白領有多
麼麻煩，就能體會到這種自我壓抑是何等的普遍而深入！
正是在這個意義上，齊澤克認為，在今天沒有什麼人比一
個單純的享樂主義者過得更壓抑、更自律了。」[29]

29 倪偉〈「文化革命」：「亂」中取栗？〉，《熱風學術》第
　　五輯，第 235 頁，王曉明、蔡翔主編，上海人民出版社 2011
　　年第一版。

三、難以作結的結語：幸福在哪裡？

當 1998 年政府頒布取締實物住房分配形式，所有人的住房都只能從市場獲得時，為了與此一政策配套，政府吸收了此前住房制度改革中不少城市的經驗，開始在全國範圍內推廣上海市實行的住房公積金制度。[30]

在住房公積金制度最初施行的初始階段，在房價與家庭收入比還沒有超出一般工薪階層的承受能力時，尤其是如今已經高到離譜程度的時候 [31]，在住房公積金貸款與相配套的商業銀行貸款成為普通購房者的主要貸款來源時，絕大多數消費者也就只能將家庭收入的幾乎全部收入作為

30 1998 年 7 月 3 日，發布《國務院關於進一步深化城鎮住房制度改革加快住房建設的通知》，明確指出：「深化城鎮住房制度改革的目標是：停止住房實物分配，逐步實行住房分配貨幣化；建立和完善以經濟適用住房為主的多層次城鎮住房供應體系；發展住房金融，培育和規範住房交易市場。」關於住房公積金制度，請參看朱鎔基《朱鎔基講話實錄》卷二〈加強對住房公積金的使用和管理〉。

31 據百度百科：「按照國際慣例，目前比較通行的說法認為，房價收入比在 3-6 倍之間為合理區間……我國各個城市的房價收入比是不平衡的，中小城市的房價收入比多在六倍以上，屬於房價過高的範疇，據調查，全國大部分大中城市房價收入比超過 6 倍，其中北京、瀋陽、貴陽、南京、廣州、大連和西安的比率都超過了 20 甚至更高。」參看 http://baike.baidu.com/view/865384.htm。

首付款，並通過至少十年以上，有些甚至長達三四十年的還貸年限的組合貸款方式，購買沒有人能夠預測其價格走向的住房，以此獲得在這個城市裡的立足之地。也正是在這一背景下，《蝸居》才有了它廣泛的社會影響，於是，一個新名詞出現了，它就是「房奴」。能夠成為房奴的人差不多已經算是幸福的人了，海萍們折騰了那麼久，不就是為了能當上房奴麼，可最終也還是沒當上。

說到底，房奴的幸福就是對幸福的預支，甚至透支，即使我們不去更進一步地界定幸福的內涵，我們也不去考察這其中的每一個人是否都具備償還能力。城市人正在被住房劃分為有豪宅的人和沒有豪宅的人，而沒有豪宅的人則又可以粗分為有房無貸人群和有房有貸及無房者。而當我們的城市規劃原則更多地依據消費能力進行的時候，城市還是那些偉大的城市學家所想像的那樣嗎？他們說：「城市在其完整的意義上便是一個地理網狀物，一個經濟組織體，一個制度的過程物，一個社會戰鬥的舞台，以及一個集合統一體的美學象徵物。一方面，它是一個為日常民用和經濟活動服務的物質結構。另一方面，它是一個有意為了有著更重大意義的行動以及人類文化更崇高目的而服務的戲劇性場景。城市促進藝術，並且本身就是藝術；城市創造劇場，並且本身就是劇場。在城市，作為劇場的城市中，經由人性、事件、團體的衝突與合作，人有目的

性的活動被設計和構想成為更重要的高潮部分。」[32] 更遑
論對建築的更高期待了。

那些有夢想的理論家們告訴我們：「建築有一種倫理
功能，它把我們從日常的平凡中召喚出來，使我們回想起
那張支配我們作為社會成員的生活價值觀；它召喚我們嚮
往一個更好的、有點接近於理想的生活（幸福生活）。建
築的任務之一是保留一點烏托邦，這點（烏托邦）必然會
留下、並應該留下一根刺來，喚醒人們對烏托邦的渴望，
使我們充滿有關另一個更好世界的夢想。」[33] 難道我們的
烏托邦衝動和烏托邦渴望真的已經死去？

可如今還有一種聲音正在混淆我們的視聽，正在麻痺
我們的神經。他們說，「當我們稱讚一把椅子或是一幢房
子『美』時，我們其實是在說我們喜歡這把椅子或這幢房
子向我們暗示出來的那種生活方式。它具有一種吸引我們
的『性情』：假如它搖身一變成為一個人的話，正是個我
們喜歡的人。」[34] 而「一種稱得上有所傳承的中國建築或

---

32 ［美］劉易斯・芒福德著《城市文化》，宋俊嶺等譯，鄭時
齡校，第 507 頁，中國建築工業出版社 2009 年第一版。

33 ［美］卡斯騰・哈里斯著《建築的倫理功能》，申嘉等譯，
華夏出版社 2001 年初版，第 284 頁，轉引自同濟大學丁桂
節博士學位論文《工人新村：「永遠的幸福生活」——解讀
上海 20 世紀 50、60 年代的工人新村》第 15 頁。

34 ［英］阿蘭・德波頓著《幸福的建築》，中文版序言第一
頁，馮濤譯，上海譯文出版社 2009 年初版。

許應該是一種能夠體現其所處時代與地域的某些最珍貴的價值觀以及最高的雄心壯志的建築——一幢可視作一種可行之理想體現的建築。」[35] 可是，當人群被區分為有房階級和無房階級的時候，這樣一種美學的和文化的觀照從實質上來說根本就是鴉片，除了為有房階級獲得更大的心理滿足提供素材外，它沒有任何意義。

也正是在這個意義上，我們還得回到馬克思主義的脈絡中來。百多年前，恩格斯就在其〈論住宅問題〉中為住宅問題的解決指明了方向：「住宅問題，只有當社會已經得到充分改造，以致可能著手消滅城鄉對立，消滅這個在現代資本主義社會裡已弄到極端地步的對立時，才能獲得解決。資本主義社會不僅不能消滅這種對立，反而不得不使它日益尖銳化。……而只是由於社會問題的解決，即由於資本主義生產方式的廢除，才同時使得解決住宅問題成為可能。想解決住宅問題又想把現代的大城市保留下來，那是很荒謬的。但是，現代的大城市只有通過消滅資本主義生產方式才能消除，而只要消滅資本主義生產方式這件事一開始，那問題就不是給每個工人一所歸他所有的小屋子，而完全是另一回事了。」[36] 雖然，大城市是否是宜居

---

35 ［英］阿蘭・德波頓著《幸福的建築》，中文版序言第四頁，馮濤譯，上海譯文出版社 2009 年初版。

36 恩格斯〈論住宅問題〉，《馬克思恩格斯選集》卷二，第502-503 頁，人民出版社 1972 年第一版。

空間目前尚無定論，雖然恩格斯將住宅問題的解決與大城市的留存聯繫在一起，但毫無疑問，恩格斯所講的「大城市」是作為資本主義生產邏輯的必然結果，而住宅問題既作為資本主義直接的產物，也作為這一產物的結果之大城市的次級產物，在這個意義上，住宅問題的徹底解決就只有在社會問題解決後才可能實現。而也只有在不再有房奴的時候，真正的幸福才可能到來。

第四輯

歷史與未來

識字之後 [1]
——關於武訓及《武訓傳》的討論

引言

　　自從可以公開討論歷史人物武訓以來，關於電影《武訓傳》及其主人公武訓的討論和其他相關文字，雖不至汗牛充棟，卻也稱得上連篇累牘。究其根本原因，大約有二：其一，《武訓傳》是「新中國首部禁片」，而且，極有意味的是，它是從開始公映時的好評如潮，突然跌入被定義為「大毒草」的深淵，如此判若雲泥的巨大反差給不明就裡的人們留下了極大的想像空間，也使好奇的人更加渴望知道更多的內幕，或從邏輯上探究其根本的原因，亦即將作品與整個事件當作新的國家意識形態和政黨政治在文藝領域的徵候性對象，對其解讀，從而探明新生的社會主義共和國的文化政治內涵及邏輯；其二，對《武訓傳》的大規模批判是毛澤東親自發動，作為二十世紀中國的一

1　本文是參加賀照田兄在北京組織的「中國當代史讀書會」召
　　集的一次會議提交的論文，後發表於賀照田、高士明主編的
　　《人間思想》，謹致謝意。

個巨大存在，毛澤東個人的思想觀念及其行動似乎無不關
係到中國的歷史方向乃至進程，而毛澤東對《武訓傳》的
尖銳批評，特別是對眾多讚美者的嚴厲批評，在多大程度
上既符合當時歷史條件下的現實環境，又切中了社會主義
文藝的根本問題，抑或只是如當下的普遍認識那樣，整個
事件就是一場在文藝領域、由政治領袖個人發動的錯誤政
治運動？

　　實際上這些問題直到今天也並沒有得到根本的解決。
謬誤仍然在流傳，即使嚴峻的現實已經很明確地為正確理
解歷史事件提供了強有力的證據，但歷史記憶的情感因素
和歷史理解的複雜性使得人們更願意從反歷史、非歷史的
立場對待歷史。而更令人深思的是，為什麼會發生這樣的
錯位？武訓及電影《武訓傳》究竟包含了哪些力量，使人
們難以客觀地、歷史地、公允地看待他們曾經經歷的遭
遇？又如何思考當代教育中嚴重的不平等現象，和知識生
產中嚴重的唯利是圖現象？人們似乎更願意相信「禮失求
諸野」的說法，在教育嚴重不平等的現實中，將希望寄託
在一個又一個的「當代武訓」[2] 身上，可為什麼就是無法

2　「當代武訓」的提法究竟始於何時，一時無從查考，據百度
　　搜索，最著名的無疑是天津老人白芳禮，此外有山東冠縣
　　（即武訓故里堂邑縣）的麼富江、江蘇鎮江的邵仲義、陝西
　　藍田的李小棚、河北邢台王彥西、山東招遠的劉盛蘭等。實
　　際上被各級／各類媒體或行政機構命名為「當代武訓」的人
　　很多。

面對武訓曾經面對的難題：讀書究竟為了誰，又為了什麼
而讀書？

　　2012 年 3 月，廣東民營傳媒企業「俏佳人傳媒」旗下
的全資子公司大聖文化傳播有限公司發行了限量版的《武
訓傳》DVD，引發了又一輪熱議。熱議之一是作為全國政
協委員的知名電視人崔永元和著名演員陳道明於 2011 年
全國政協會議上，提交了一項提案，希望為影片平反，
但遭到有關部門「旗幟鮮明」的拒絕，而且，據説有關部
門並未公開拒絕的理由。[3] 主流媒體就這兩件事情做了大
量的報導，矛頭直指掌管意識形態的權力機構。實際上，
2005 年，上海舉辦趙丹誕生 90 週年電影回顧展，《武訓
傳》就曾經公開展映，媒體稱這是影片「被雪藏 55 年後
的重見天日」。但未公開發行、放映也是實情。大概在
2012 年 3 月之後，央視電影頻道播放了該片，但央視網網
頁顯示首播時間竟然是 1925 年 2 月。

　　當然，即使主流媒體和當下的主流意識形態以「當代
武訓」的命名方式已經為作為歷史人物的武訓恢復了名
譽，並在一定程度上將其神聖化，而這也在無形中為電影
《武訓傳》取得「合法」地位，在當代中國電影史上擠占
正史中的一席之地起到了推動作用。這裡自然應該區分真
實的武訓與藝術作品中作為藝術形象的武訓，以及作為藝

3　參看 http://cul.sohu.com/20120322/n338516186.shtml 及 http://
www.chinanews.com/cul/2012/03-04/3716111.shtml。

術作品的《武訓傳》，但實際上，對武訓其人的批評聲音
始終存在，包括網絡上一般網民的認識也並不都完全認同
主流的觀念，對武訓「行乞興學」尤多批評。[4] 誠然，這
些批評多針對其「奴顏卑膝」的行乞之舉，譬如有文章就
將武訓與魯迅對照，發出「魯迅先生真不愧為骨頭最硬、
最沒有奴顏媚骨的中華民族之脊梁啊！由此想到，如今，
武訓與《武訓傳》重新吃香，莫非軟骨症泛濫的時代真的
要來臨了？」這樣的感慨。[5] 這樣的議論當然與時代和對
時代的體認相關。武訓行乞自然是事實，但行乞為他人，
而且是辦教育，則又是另一回事。以「行乞」否定「興

4　網名「在家睡覺多舒服」的網民就說，「以前覺得毛澤東對
　　武訓傳的批判過於嚴厲，上綱上線，現在發現毛澤東真的是
　　眼光銳利，一下子認識到問題的本質了。在階級鬥爭的年
　　代，它就是一個毒草，一點沒錯。更別說，毛澤東本來就
　　是一個痛恨逆來順受的奴隸作風的人了。」參看 http://www.
　　cctvdream.com.cn/bbs/forum.php?mod=viewthread&tid=2757
　　3&extra=&page=2。更有網民將武訓精神與中國歷史和在歷
　　史中形成的中華民族精神對照起來理解，說，「作為一個封
　　建社會底層的人，以一種自虐到極點的方式興辦義學，一邊
　　對壓在頭上的土匪惡霸官府無絲毫反抗意識，這是教人做順
　　民。太祖所做的，正是使中華民族重新挺起脊梁，重走漢
　　唐之路。」參看「江南鳴鏑」的帖子 http://www.sbanzu.com/
　　topicdisplay.asp?BoardID=9&Page=1&TopicID=3794014，帖中
　　的「太祖」無疑就是新中國的締造者毛澤東。
5　唐德亮〈重新吃香為哪般〉，《文學自由談》2012 年第 5 期。

學」，過於機械、簡單，但以「興學」高於一切，否定武訓的歷史局限則是典型的非歷史唯物主義態度和方法。

毫無疑問，上述聲音與主流基本不構成力量上的對比，但也讓我們看到，眼下的社會中，思想現實的混亂程度並不亞於 1951 年，只是正反雙方的位置發生了顛倒，這一現象已不只令人唏噓，更是發人深省，它逼迫我們不得不重新面對這一歷史公案。但重新討論必須先解決問題意識。就本文而言，一方面試圖在教育產業化的今天重新思考教育的根本問題，教育的主體究竟應該是誰？教育應該為什麼（人）服務？又如何為其服務？另一方面，在知識經濟時代，通過武訓的故事，以及電影《武訓傳》的遭遇，重新思考知識和知識生產的政治性。在一定程度上說，也是試圖以對武訓及關於《武訓傳》電影的再討論，回應普遍主義的問題，所謂普遍的知識是否存在和如何可能。同時，也試圖藉此討論知識和教育的關係。

一、回到歷史現場

首先應該回到歷史現場。關於武訓的歷史現場很多，但毫無疑問，發生在 1951 年的轉折是一個關節點。試想，如果沒有對電影《武訓傳》的大規模批判，也就不可能有「禁片」以及關於「禁片」的一切想像和所有爭議，包括崔永元、陳道明的提案。

轉折出現在 1951 年 5 月 20 日刊發在《人民日報》

上，題為「應當重視電影《武訓傳》的討論」的「社論」，社論的基本內容實際出自毛澤東的手筆。[6]

　　《武訓傳》所提出的問題帶有根本的性質。像武訓那樣的人，處在滿清末年中國人民反對外國侵略者和反對國內的封建反動統治者的偉大鬥爭的時代，根本不去觸動封建經濟基礎及其上層建築的一根毫毛，反而狂熱的宣傳封建文化，並為了取得自己所沒有的宣傳封建文化的地位，就對反動的封建統治者竭盡奴顏卑膝的能事，這種醜惡的行為，難道是我們所應當歌頌的嗎？向著人民群眾歌頌這種醜惡的行為，甚至打出「為人民服務」的革命旗號來歌頌，甚至用革命的農民鬥爭的失敗作為反襯來歌頌，這難道是我們所能夠容忍的嗎？承認或者容忍這種歌頌，就是承認或者容忍汙蔑農民革命鬥爭，汙蔑中國歷史，汙蔑中

6　文字原稿出自胡喬木，原題為「為什麼重視《武訓傳》的討論」，毛將其改為「應當重視電影《武訓傳》的討論」，並對原稿做了「大量修改」。參看《毛澤東年譜（1949-1976）》第一卷，第 343 頁，中共中央文獻研究室編，逄先知、馮蕙主編，中共中央文獻出版社 2013 年第一版。有意思的是 1985 年 9 月 6 日的《人民日報》頭版刊登了一則消息，標題是「胡喬木說：對電影《武訓傳》的批判非常片面、極端和粗暴」，文中說，「我們現在不對武訓本人和這個電影進行全面評價，但我可以負責任地說明，當時這種批判，是非常片面、極端和粗暴的。因此，這個批判不但不能認為完全正確，甚至也不能說它基本正確。」

國民族的反動宣傳，就是把反動宣傳認為正當的宣傳。[7]

　　就字面意思看，上述引文包含這樣幾層：其一，武訓
應不應該歌頌？其次，如何歌頌？第三，回答前面兩個問
題。但就文本而言，無論是第一層，還是第二層，其實都
不需要回答，意義的表達以強烈的感情色彩及與之呼應的
反詰修辭明白地再現了出來，而第三層無疑是更進一步地
強調如此歌頌的惡劣影響和政治錯誤，而且，這一層意思
更多地指向接受者，是對「承認或者容忍這種歌頌」的人
的當頭棒喝。無疑，這可以看做毛澤東對因電影的熱播和
對武訓的熱烈歌頌在人民群眾中造成思想混亂，並因此對
社會主義事業可能造成惡劣影響的高度警惕之心的體現。
但毛澤東首先將批評的矛頭指向「思想混亂達到了何等的
程度」的文化界。因為文化的混亂將帶來社會價值觀乃至
世界觀的混亂，而文化的混亂無疑是由混亂的歷史觀造
成。所以，毛澤東在文章的後半部分，將批判的鋒芒指向
武訓歌頌者們的歷史知識和歷史觀念。這段文字同樣值得
抄錄：

　　在許多作者看來，歷史的發展不是以新事物代替舊事

7　轉引自《武訓研究資料大全》（下文簡稱「資料大全」），
　　張明主編，第 630 頁，山東大學出版社 1991 年 10 月第一
　　版。下文凡引該書，只注簡稱及頁碼。

物，而是以種種努力去保持舊事物使它得免於死亡；不是
以階級鬥爭去推翻應當推翻的反動的封建統治者，而是
像武訓那樣否定被壓迫人民的階級鬥爭，向反動的封建
統治者投降。我們的作者們不去研究過去歷史中壓迫中國
人民的敵人是些什麼人，向這些敵人投降並為他們服務的
人是否有值得稱讚的地方。我們的作者們也不去研究自從
一八四〇年鴉片戰爭以來的一百多年中，中國發生了一些
什麼向著舊社會經濟形態及其上層建築（政治、文化等
等）作鬥爭的新的社會形態，新的階級力量，新的人物和
新的思想，而去決定什麼東西是應當稱讚或歌頌的，什麼
東西是不應當稱讚和歌頌的，什麼東西是應當反對的。

　　毛澤東在否定性的批評中所確立的歷史觀常常被視為
激進政治或政黨化的歷史觀，或所謂官方史學理論，也因
此常常遭到質疑，甚至否定，似乎凡出自權力機構或權力
擁有者的東西都應該反對，都內在地包含著權力壓迫，但
這實際上不過是福柯思想方法不加辨析地濫用。就其表述
而言，其中包含的思想，如果可以用一個概念來概括，那
就是「人民史觀」，也就是說，毛澤東的論述顯然是在被
壓迫者的立場上展開的；如果更進一步明確，那就是關
於近現代中國的歷史事實，是中國人民反抗封建統治者和
帝國主義侵略者的壓迫的歷史。[8] 如果一定要用現代性理

論來分析，我們可以說，毛澤東的這一通表述中包含著積極的樂觀主義，所謂歷史的發展就是「以新事物代替舊事物」的過程。這似乎有簡單化和線性歷史觀的嫌疑，在歷史的複雜性已成婦孺皆知的時代，顯得有些不合時宜。可是，從根本上說，馬克思主義歷史哲學最重要的貢獻就是建立在對人民作為歷史主體的充分確證的基礎上，建立在歷史發展的進步的方向上，而不是歷史循環論，更不是歷史倒退論，總之，歷史是螺旋式上升的過程。

霍布斯邦在《資本的年代 1848-1875》中將清帝國納入全球性資本主義發展的重要階段，他指出，太平天國運動這場「最大規模的運動……無疑是西方對中國衝擊的直接結果」，而「中國素有群眾革命的傳統，包括思想革命和刀光劍影的革命，在世界傳統大帝國中，這也許是獨一無二的。」正是在這樣一個傳統裡面，因著鴉片戰爭之後的歷史現實，洪秀全及其所領導的太平天國運動爆發了。雖然運動最終失敗了，但太平天國所宣揚的平等觀念（廢除私有財產、實行男女平等等）在其短時間內強大的軍事占領中已經深入人心，而其強大的軍事力量恰恰就來自於千千萬萬被壓迫的人民大眾。而且，「即使有些地方不屬

利益化的角度來理解共產黨（即不僅僅是中國共產黨），因此將毛的這些表達視為政治修辭。但我想說，即使這樣的看法在當代中國的現實語境中已經被證實，也不能因此就將與中國近現代革命史緊緊關聯在一起的共產黨的歷史合法性一概否定。

於太平天國管轄，也因這次大暴動的震撼而引起連鎖反應」。[9]無疑，這是人民史觀最好的體現。而霍布斯邦所描述的歷史時期正是武訓走上「行乞興學」之路的開始階段。

正如網民正確指出的那樣：「整體不行、甚至畸形的社會，才會產生需要武訓那樣過度的個人付出，反過來說，把社會寄予武訓這種超人、聖賢，而其他人可以庸碌的社會，也就是個畸形社會，就像武訓所處的儒教社會。所以，武訓不可批，只可客觀認識，可批的是《武訓傳》。」[10]將武訓的「行乞興學」放在太平天國運動及其後續的農民鬥爭的人背景中，並不能以此去苛求他，而是要對其所作所為及其與時代的關係進行分析，並將對武訓及其精神的歌頌置於近代以來不同的歷史發展階段進行審視。

電影《武訓傳》公映的 1951 年初，新中國正進行著的三件大事是抗美援朝、土地改革和鎮壓反革命。查閱《毛澤東年譜》這一段時間的記載，關於文化藝術方面的記錄實際上很少，1951 年 1 月 27 日，「修改中共中央關於糾正電報、報告、指示、決定中的文字缺點的指示稿，二月八日改定」，雖然這主要針對公文文字，而且也是立足於「使我們同志的頭腦趨於精密，工作效能有所提

9　［英］艾瑞克・霍布斯邦著《資本的年代 1848-1875》，第168-171 頁，張曉華等譯，國際文化出版公司 2006 年第一版。

10　網民「鐵海棠」跟帖 http://www.sbanzu.com/topicdisplay.asp?BoardID=9&Page=1&TopicID=3794014。

高」，但從中也可以見出毛澤東對語言文字的重要性的理
解和重視；同年 3 月下旬，「為中國戲曲研究院成立題
詞：『百花齊放，推陳出新』。」此後則是 6 月 6 日為
《人民日報》的社論稿〈正確地使用祖國的語言，為語言
的純潔和健康而鬥爭〉加寫了一段話，從激勵廣大人民群
眾的角度，希望更多的人能為「語言的純潔和健康」貢
獻力量。[11] 即使在 5 月 19 日為胡喬木改定那篇日後爭訟
不已的人民日報社論稿之後，也僅在 6 月中旬前，「審
閱修改楊耳〈關於武訓和《武訓傳》的幾個問題〉」，
7 月 7 日，「對中共中央華北局宣傳部關於如何處理紀念
武訓的學校、碑文和建築等向中央宣傳部的請示報告，批
示：『可予同意。但應著重教育解釋，其餘可以從容處
理。』」同月，則是「對《武訓歷史調查記》進行多次修
改，加寫和改寫的文字二千七百多字。」[12] 此外是 8 月下
旬，「閱改袁水拍起草的《武訓調查記》的後記稿，將其
改為《關於本書出版的幾句話》。」[13]

　　有學者說，「批判《武訓傳》，批判《紅樓夢》研究

11　《毛澤東年譜（1949-1976）》第一卷，第 292-293、322、
　　358 頁。
12　這個信息對研究毛澤東如何看待江青等人做的這個調查以及
　　毛對武訓的完整看法很重要，遺憾的是無法見到毛親自修改
　　的原始文本，對其進行比勘。
13　《毛澤東年譜（1949-1976）》第一卷，第 360、372、381-
　　382、390 頁。

的資產階級唯心主義傾向（兼帶批判胡適），批判『胡風反黨集團』，批判『丁陳反黨集團』……短短幾年，毛澤東親自而頻繁地過問，發起和領導了一系列重要的文藝整肅。是時，國家百廢待興，還與最強國美國打了一場戰爭，即如此，毛澤東仍把相當的注意力投於與意識形態相攸關的文藝問題之中，足見重視異常。」[14] 毛澤東對文藝問題的重視是顯而易見的，也並不始於新中國成立之初。而看似「短短幾年」，可遭遇的大事完全不是時間和事件的數量能夠概括，一面是殘匪未清、百廢待興的急迫，一面是虎狼環伺、唇亡齒寒的威脅。實際上，從年譜資料，可以非常清楚地看到，這段時間裡，毛澤東關注最多的是那三件大事，而他之對文藝界的關注正是因為清醒地意識到了文藝的問題絕不單單是文藝的事情，尤其是在那樣一個非常的時期。新的政權尚不穩固，國際、國內的反革命勢力依然猖獗，國力更因抗美援朝而越加脆弱，面對這樣的情勢，很大程度上說，整個新生的共和國其實是靠強大的政治意識形態（其中包括第三世界基於民族解放運動、反抗帝國主義的民族主義）這一口氣支撐著，更準確地說，是這一先進的政治意識形態所獲得的舉國上下的民心強有力的支持。

這樣說，並不是要為批判電影《武訓傳》尋找並確立

---

14 李潔非《典型文壇》，第 17 頁，湖北人民出版社 2008 年第一版。

歷史合法性，也不是要為其政治策略確立正當性。從根本上說，是否應該對《武訓傳》進行批判的問題在時隔六十多年仍然沒有得到真正的解決。反對批判的邏輯與影片的主題正相一致，可問題恰恰出在這裡。影片將武訓精神抽象化為對平民教育的重視，以及武訓不計個人利益，不顧個人形象，不惜犧牲身體，乃至尊嚴，一心一意，只為興學活著的道德境界，問題是，這一概括忽視了這樣一些實質很關鍵的問題：(1) 最終究竟誰將從武訓式的義學中受益；(2) 誰來承擔教育者並以什麼樣的方式進行教育；(3) 所傳授的知識是什麼；(4) 武訓義學式的教育究竟可能教育出什麼樣的受教育者；(5) 武訓式及武訓義學式的教育能否最終改變現實，創造一個美好的社會。

也正是在這個意義上說，一方面，將文藝與政治處理為二元對立的思維模式實在是個頑固的歷史痼疾，而且，這一二元論的方法與去政治化的觀念在當代中國形成了一種相互生產的關係，於新啟蒙濫觴的 80 年代達到頂峰，就此而言，新啟蒙與去政治化（包括與之相關的去革命化和去意識形態化）也是一對孿生子，其結果就是著名的「告別革命」說；另一方面，也是更重要的方面，對社會主義意識形態最終將通過什麼途徑實現這一問題，並無明確的意識和方案，亦即存在著歷史的局限。如果說前者的思想立場代表的是來自社會主義陣營外部的一種傾向，即對社會主義，特別是社會主義歷史缺乏足夠的認同，甚至更多批判或否定的，當然，也包括對社會主義有一定理

解，但對其政治性顯然認識不足，甚至存在牴觸情緒者；那麼後一個問題則是針對認同社會主義，或以社會主義為追求的這一部分人。就後者而言，核心的問題就是，意識形態與知識是否存在關聯？其關聯程度如何？換言之，知識是否具有政治性？如果有，社會主義如何繼承從漫長的歷史中傳承下來的那些帶著各種階級屬性的知識遺產，又如何克服這些遺產對社會主義的侵蝕，從而建立社會主義的知識系統和知識生產方式，更進而培養出真正的社會主義嶄新的主體？

所以，與其說毛澤東當年擔心的問題是影片對武訓式的改良主義的讚美和歌頌可能造成的負面影響，以及在對比中造成的對周大式的農民鬥爭的無望而產生對中國革命歷史的否定，倒不如說毛澤東敏銳地捕捉到了影片中對武訓所面臨的問題的簡單化、理想化處理，甚至是無視。當武訓跪在地上跟義學的孩子們說，「你們都是莊稼人的孩子，咱們都是窮人，有件事情，千萬要記牢呀：你們念好了書，可千萬不能忘掉了咱們窮人哪！」時，實際上提出了一個極其嚴峻的問題，當所念的書中只有「學而優則仕」、「勞心者治人，勞力者治於人」、「民可使由之，不可使知之」的時候，這些念了書的「莊稼人的孩子」還能把窮人放在心底裡嗎？但電影並沒有在這些地方以有效的方式解決這個根本的問題，更重要的是，因為電影是以歌頌武訓為基本出發點，即使孫瑜將基調調整為悲劇，但對悲劇之所以是悲劇仍然缺少深刻的認識，最終更是簡單

地將武訓拔高為「全心全意為人民服務」的聖人，導致接
受者對作品的片面讚美（就讚美而言，正是創作者希望達
到的目標），而遺忘了克服武訓的歷史局限性的根本大
計。也就是說，毛澤東在這裡看到了教育的嚴重性和重要
性（社論所指出的武訓「狂熱的宣傳封建文化」之「宣
傳」，實際上就是一種教育）。而從另一個層面說，電影
作為一種教育手段，在共和國誕生之初理應發揮積極的作
用，但《武訓傳》這樣的教育內容實在是有害無益。對電
影《武訓傳》的批評，不過是提前進行的一場社會主義教
育運動。而也只有在這樣的意義上回到歷史現場，才能夠避
免對歷史的簡單還原，才能夠發現歷史與現實的內在勾連。

　　李潔非在其丁玲研究中已經發現了一個很重要的問
題。在《人民日報》發表毛澤東主筆的這篇社論之前，丁
玲任主編之一的半月刊《文藝報》已經在 1951 年 4 月 25
日出版的雜誌上發表了署名賈霽的批判文章〈不足為訓的
武訓〉[15]，在「新語絲」欄目發表了江華的短文〈建議教

---

15 賈霽當時應是北京電影學院編劇編輯班大一的學生。現任教
　　於北京電影學院的郝建在其〈《武訓傳》往事：暴力迷戀的
　　思維秩序令人心悸〉中說，他在北電讀研究生時，賈霽對他
　　的研究生說那是「奉旨批判」。（參看 http://club.kdnet.net/
　　dispbbs.asp?boardid=1&id=8252605）顯然，這裡的「奉旨」
　　並非奉毛澤東之旨，也不太可能是奉《文藝報》編輯部之
　　旨。在我看來，更像是虛構，它既掩飾自己當年的「幼稚」
　　和「激進」，也為自己洗刷了「罪名」。而這樣的做法除了

育界討論《武訓傳》〉，特別有意味的是，同期還重刊了
魯迅先生題為〈難答的問題〉的舊作。[16]《文藝報》加了
「編者按」，按語云：「這一論爭，不僅反映了很多同
志，還缺乏堅強的階級觀點，與正確的歷史觀點，而且對
於中國革命傳統的認識，尤其反映了很多糊塗觀念。」[17]
這段話與毛澤東的文字很相似，但據李潔非的研究，毛澤
東在修改社論前，並未看過這一期《文藝報》。在《人民
日報》社論發起批判之前，除《文藝報》外，比較重要的
尚有發表在 1951 年 2 月 28 日《光明日報》上的董渭川
的〈由教育觀點評《武訓傳》〉，楊雨明、端木蕻良合
作的〈論《武訓傳》〉（發表在《北京文藝》第二卷第 1
期），及晴簑的〈武訓不是我們的好傳統〉（發表在 1951
年 3 月 25 日的《進步日報》）等。而夏衍則在更早的電
影拍攝前的申報拍攝計劃時就已經說過「武訓不足為訓」
的話。[18] 這一不謀而合起碼可以說明，並非只有毛澤東一

讓我們看到他以今日之「是」否定昨日之「非」的非歷史態
度外，更應該讓我們進一步思考這個具體歷史語境中包含著
具體內涵的「是」「非」究竟是如何形成的。

16 李潔非〈以鬥爭求繁榮──自 50 年代到 80 年代〉，《上
海文化》2009 年第 4 期。據李潔非文，江華是其時《文藝
報》主編之一陳企霞的筆名。

17 《文藝報》第四卷第 1 期，中華全國文學藝術界聯合會文藝
報編輯委員會編輯，人民文學出版社 1951 年 4 月 25 日出版。

18 參看夏衍〈《武訓傳》事件始末〉，文收夏衍《懶尋舊夢

個人看到了電影《武訓傳》的問題，換言之，無論是作為歷史人物的武訓，還是作為藝術作品的電影《武訓傳》確實存在著不合時宜的大問題。

二、窮人如何可能都有書讀？

就教育的問題而言，是先有想讀書的人，還是先有讓人來讀書的學校呢？抑或是先有想教人讀書的人？這似乎是一個雞與蛋之間的關係問題。不過正規的學校恐怕要晚於前後兩者，而這兩者的關係雖然在一般的意義上難以釐清，但就電影《武訓傳》而言，則是先有想讀書的人，這個人就是武訓。可這麼說的時候，我們其實說的只是出場順序，要緊的是我們馬上又碰到另一個問題，在影片中，小武訓是先撿到了書才想讀書的，這在情理上也說得通，沒有書，也就沒有讀的對象，所以，書恐怕是最早出場的。這樣也就要求我們將討論的範圍限定在有了「書」這樣一種物質性存在的歷史中，而不能追溯到未有文字和固定的書寫載體之時，換言之，是要將討論放置在階級社會的框架下。

錄·增訂本》，三聯書店 2000 年第一版。有意味的是夏衍在其回憶文字中並未說明為什麼他認為「武訓不足為訓」，而只說，「我認為在目前的情況下，不必用這麼多的人力物力去拍這樣一部電影。」第 444 頁。

　　從理想的角度說，所有的人都應該讀書。所謂「應該」，也可以，而且也應該從不同的層面界定。就個人而言，讀書可以明理，可以察情，可以知世；就社會來説，讀書能使人際交流更順暢，也能保證社會秩序的穩定；而從國家的層面説，讀書無疑是製造國民的有效途徑，也是民族文化傳統賡續的必要條件；當然，還可以從人類的角度出發，讀書是知識生產和傳承的必要過程；也可以從福柯意義上的權力生產來看，教育則是規訓的形式，是權力的生產和再生產的手段及過程；而從社會學的角度看，教育在一定程度上是保證社會階層良性流動的必然過程。但毫無疑問，上述仍然是一個抽象的、普遍性的表述，這一類表述遮蔽了很多問題。在階級社會，讀書實際上是社會關係再生產的重要手段。因此，問題也就在於，階級社會的階級差異性與那些普遍性的屬性之間如何關聯的問題。而《武訓傳》的根本問題也就在它看起來似乎一直在強調階級性，即對窮人和窮人的孩子不能讀書的處境的再現，但實際上它強調的只是作為主語的階級性，而對賓詞的「書」卻以一種抽象化、普遍化的方式來處理，進而使整個命題的階級性顯得極其脆弱，不堪一擊，從一定程度上說，也就根本取消了命題完整的階級性內涵。

　　但即使是對教育對象的階級性的表現，影片也不無曖昧性。這既體現在影片的情節和細節上，也體現在編劇對歷史事實的藝術處理方法上。

　　電影的片頭鮮明地表達了孫瑜等對武訓讚美的基本態

度。在一片凝重的音樂聲中，煙霧瀰漫的北方大地上，踽踽獨行的武訓走過銀幕，鏡頭轉向疾風吹拂的莊稼地，合唱聲起，「莊嚴神聖的贊詩高唱入雲」，[19] 繼而，鏡頭搖向藍天白雲，在一片白雲繚繞中，老年武訓滿臉悲戚地負著褡褳、顫顫巍巍地出現在畫面中央，表情則由悲戚轉為慈祥的微笑，左右環視後向下注視片刻，整一整褡褳，拿著他標誌性的乞討用的銅瓢，轉身而去，背影漸漸隱沒在白雲深處。鏡頭由上而下，由遠而近，彷彿從天上看見人間，從歷史走進現實，於是，我們看到 1949 年 12 月 5 日，「柳林各界紀念武訓先生———誕辰」的場景。一位穿便軍裝的女教師在武訓紀念館正門中央，向一群孩子們說著話，一群群紀念者絡繹而至，門框上一副楹聯：「結線頭纏線蛋一生勞動 / 這邊剎那邊留滿腔革命情」。楹聯無疑是孫瑜後來根據思想觀念的變化和形勢需要自撰的。其中最突出的是「勞動」和「革命」兩個概念，與合唱歌詞對照，可以明顯地看到兩者之間的差異和裂隙：武訓的一生能否稱得上「勞動的一生」，「結線頭纏線蛋」是勞動，但乞討是不是勞動？希望窮人的孩子有書讀，是樸素的革命情懷，但行乞辦義學是不是革命之舉？毫無疑問，這些問題在電影的主創人員那裡並沒有得到認真的思考，甚至可以說，對孫瑜和趙丹等人來說，它根本就不是問題。

合唱的歌詞值得抄錄如下：「大哉武訓，至勇至仁。

19 孫瑜《武訓傳》，第 1 頁，新亞書店 1951 年第一版。

行乞興學，苦操奇行。一囊一缽，僕僕風塵；一磚一瓦，
累積成金。街頭賣藝，市上售歌；為牛為馬，捨命捨身。
世風何薄？大陸日沉。誰啟我愚？誰濟我貧？大哉武訓，
至勇至仁。行乞興學，千古一人！」[20]

　　在 1951 年出版的根據電影劇本改寫的小說單行本
中，題詞和作者前言都更直接地表達了這一讚美之情。
題詞云：「獻給：勞動人民的兒子們。他們的勤勞、勇敢
和智慧、輝耀著偉大中華民族的崇高品質。」這樣的表述
自然可以讀解成作者對中國的歷史上和現實中的勞動人民
的讚美，武訓就是這些勞動人民中的一員，而其落腳點則
是「中華民族」。「前言」中的信息就更豐富一些。他
說，「武訓是一個平凡的、受損害的農民。他堅韌地、百
折不撓地和封建統治者作了一生一世的鬥爭。雖然行乞興
學不能解救窮人，奇行苦操不足為法，他的那一種赤誠、
樸素、全心全意為人民服務的精神是值得歌頌的。」這篇
前言寫於電影公映前後的日子，篇末署「1951 年 1 月於
上海」。也就是說，在電影被批判前，孫瑜實際上已經認
識到，武訓的行乞興學並不能真正「解救窮人」，而這樣
的「苦操奇行」也「不足為法」。孫瑜在稍後發表於《光

20　《大全》之孫瑜《武訓傳》，第 323 頁。但有意思的是《大
　　全》中的《武訓傳》文字與新亞書店 1951 年版的文字並不
　　完全一樣，且新亞版沒有歌詞。而《大全》則將新亞版的題
　　詞和作者「前言」均刪去。

明日報》的創作談中，又再次提到，「他（引按：指武
訓）的學生在當時不可能解放窮人，他的那一種個人的、
苦行僧式的，到處下跪的（這是武訓限於歷史條件下他能
力範圍內所採用的鬥爭方式）鬥爭方式不足為訓」[21]。但
這並不意味著武訓的精神也不值得歌頌，否則，電影不可
能投入拍攝。孫瑜將武訓精神概括為「全心全意為人民服
務」，在這一點上更進一步地將其提升為「典型地表現了
我們中華民族勤勞、勇敢和智慧的崇高品質」，順理成章
地也就與愛國主義勾連了起來：「解放了的中國從戰鬥中
日益提高著愛國主義，恢復著我們民族的自信、自尊和自
豪。我虔誠地貢獻這一本小書，作為澎湃高漲的愛國主義
熱潮中的一個小小的泡沫。」[22] 從這一表述中，我們當然
能看到新中國誕生之初在社會動員中所動用的愛國主義資
源，以及樸素的階級觀念教育所起到的作用，然而，在後
來的批判中，我們又可以看到，實際上，正是這兩者之間
的張力使孫瑜們遭遇了政治上的被批判。

　　也就是說，孫瑜們雖然從新中國不同於舊中國的政治
意識形態中感覺到了差異，並且，他們也是真誠地認同這
一政治意識形態中「站在窮人」這一邊的那種樸素的階級
意識和階級立場的，然而，當深入到歷史和現實的複雜社
會關係中的時候，當必須以階級框架重新組織新的社會結

21　《大全》之孫瑜《編導〈武訓傳〉記》，第 598 頁。
22　孫瑜《武訓傳》，第二頁，新亞書店 1951 年第一版。

構，並在此基礎上，建立一個真正社會主義的社會關係的時候，孫瑜們就未必能接受了。因為，這樣的時候顯然已經不能停留在樸素的程度上，在一定的意義上說，必須將其絕對化，因為「樸素」必然導致界限的模糊和立場的曖昧，進而可能消解階級政治，更因此使「站在窮人一邊」變成一個軟弱無力的、空洞的政治口號，根本無從徹底解決階級社會所存在的壓迫、剝削等根本問題。但另一方面，絕對化的思考方式又使很多中間地帶的對象變得無從選擇、無所適從。這與革命年代完全不同，它是革命成功之後必須面對並解決的問題。

另一方面，中國革命的歷史從來就是在第三世界反帝反封建的民族解放運動中展開的，民族主義、愛國主義也就必然是中國革命的思想和情感資源，新生的共和國也不能例外，但在共和國建立之初，如何將愛國主義納入中國共產黨的政治意識形態框架中，或者說，如何有效地處理在民族解放戰爭取得勝利後的日益非政治化的愛國主義與高度政治化的社會主義思想觀念之間的內在張力，並沒有引起足夠的重視，甚至至今仍無良策，沒有從根本上予以解決，造成了對民族文化傳統兩極化的簡單立場，或皆是糟粕，必須徹底拋棄，或都為菁華，應該堅決繼承。在這個意義上說，這其實是社會主義國家的內在矛盾；同時，也是在這個意義上，對電影《武訓傳》的批判，與其說是因為它通過貶抑農民戰爭來抬高武訓行乞興學的義舉，倒不如說是因無法處理階級政治與愛國主義、社會主義文化

與傳統文化（其中內在地包涵社會主義與國家在文化層面的緊張關係）之間的關係而採取的政治化批判形式。

因此，當孫瑜們帶著滿腔熱忱，將武訓視為一個有樸素階級感情的中華民族傳統美德的典型形象進行塑造的時候，當舉國上下都被銀幕上的武訓高尚而屈辱的一生所感動的時候，土地革命的高潮正在興起，國內國際的反革命仍然在猖狂地在進行著破壞，而朝鮮半島的戰火也仍在繼續，兩者間的緊張關係也就必然預示著政治的風暴一定會到來。可實際上，這一次的政治批判並沒有從根本上徹底解決問題。一方說，既然武訓並不能真正解救窮人，更不能使普天下的窮孩子都讀上書，我們為什麼還要歌頌他？另一方則說，雖然武訓不得不依靠封建統治者和封建文化，但辦義學，而且以那樣的苦操奇行，歷盡千辛萬苦，畢竟使一部分家境不好的孩子讀上了書，更何況義學在一定程度上也是對封建教育體制的反抗，我們為什麼不能歌頌他？他的精神為什麼不值得學習？這樣的各執一詞，其實都還是停留在外在的層面，並不能真正令人徹底信服。而這也為三十年後的「平反」，以及「平反」後仍然爭論不休埋下了伏筆。

1951 年 5 月 23 日，孫瑜寫下了一個簡短的檢討文字，他說，「我被他表面的局部的一些感動人的行為所迷惑，因而忽略了他的非革命的本質。我描寫了武訓行乞興學的失敗和他發現了他自己失敗後的痛苦，以為那就算是批評了他；可是基本上我是在同情他和歌頌他。這一個

錯誤是極嚴重的。」[23] 而在大約寫於 1980 年代的回憶文字中，我們仍然可以清楚地看到孫瑜對那一場批判的不滿和不理解。雖然作者沒有明確表達，字裡行間的意思還是清楚的。1949 年 12 月，崑崙影業公司的編導委員會陳白塵、鄭君里、蔡楚生等和演員趙丹、藍馬等就《武訓傳》的本子專門開了幾次討論會，對劇本進行了修改，包括將原先的「正劇」改為「悲劇」。孫瑜說，「我認為，封建統治者不准窮人念書，但武訓說『咱窮人偏要念書！』那一種『悲劇性的反抗』，能揭露封建統治者愚民政策的陰險刻毒，也是對《武訓傳》劇本的修改和提高。同時，雖然劇本的主題思想和情節上作了重大修改──改『正劇』為『悲劇』──但寫了武訓為窮孩子們終身艱苦興學勞而無功，可是他的那一種捨己為人、艱苦奮鬥的精神，仍然應在電影的主題思想裡予以肯定和衷心歌頌的。」[24] 當年「迷惑」了他的東西其實仍然在迷惑著他，而且，被迷惑的也決不僅僅是孫瑜一個人，而是絕大多數人。從情感上說，我們似乎沒有理由不被武訓的精神所感動，即使並不覺得他有多麼偉大，也算不上神聖，但理應是一個得到尊重，並被後人記住且時時紀念的人。這只要從 80 年代開

---

23 孫瑜〈我對《武訓傳》所犯錯誤的初步認識〉，文收《武訓與〈武訓傳〉的批判》，文匯報資料研究組編，上海文匯報館 1951 年初版，第 141 頁。

24 孫瑜〈我編導電影《武訓傳》的經過〉，《武漢文史資料》2011 年第 4 期，第 17 頁。

始就不斷的有人為武訓及電影《武訓傳》的遭遇鳴冤就能看到。然而，感動，被武訓的艱辛，為其高尚的目標及其所付出的艱辛所感動，也為陶行知這樣始終執著於平民教育的人以及他們的遭遇而感動，還為許多因電影被批判而遭遇挫折的人的遭際所感動，同樣也為為其鳴冤的人們而感動，但感動並不解決問題。

然而，我們顯然不能就這麼輕易地用政治將情感從生活世界驅逐出去作為解決之道。從傳播的角度說，雖然已經有史家對武訓生平詳加考釋辯誣，譬如慈禧太后賞賜武訓黃馬褂，實屬子虛烏有，電影則更虛構了武訓拒絕黃馬褂的橋段；再如武訓的名字，所謂排行老七遂得乳名武七之說，以及武訓之「訓」乃「『有司』或士紳追擬」也多是以訛傳訛；武訓也非影片中的七歲喪母為孤，而是三十五歲；而武訓故事中最最重要的是行乞興學，言者多稱武訓一生靠討飯行乞，兼做短工、賣藝，辦了三處義學，但實際上僅靠這些，根本不可能做成此事，哪怕是一個義學也辦不起來，更多的則是來自放貸和租田，且三處義學之一的楊二莊義塾，武訓只是貢獻了自己不多的一分力量，主要經費則是來自館陶縣的義僧了證，然而，人們並不太願意細究這些歷史的真假，而更願意將美名好事一股腦兒地都攔在他身上，讓他變得更加高大。[25] 也就是

25　以上諸項，均請參看《武訓評傳》的有關章節，黃清源、姜林祥著，山東大學出版社 1991 年第一版。

說，武訓的傳奇一生仍然以傳奇的方式繼續在社會上流傳
（所謂「千古奇丐」），包括與之相關的一些人事也成為
這個傳奇的一部分，包括 1951 年開始批判武訓及《武訓
傳》，孫瑜及趙丹等主創、參與人員多半並沒有因此受到
多少政治迫害，而文革期間的衝擊，與之相關的也只是一
個方面，但人們也不願意去深究，而只想當然地將髒水潑
向所謂「極左政治」及與之緊密關聯的那一段歷史。[26] 這
其中非常重要的因素就正是情感的作用。

　　武訓的故事得以流傳，當然不能忽視不同歷史時期的
歷史特點，以及具體參與發起、傳播的人的出發點，如武
訓去世後楊樹坊等鄉紳和地方政府就具文請獎；此後是民
國初年的又一次高潮；繼而是 1940 年代以陶行知為主要
代表的那一時間段，一定程度上說，電影的拍攝及公映後
的好評如潮當置於這一階段看；之後則是 1980 年代，再
就是近年[27]。史家對此也有頗為仔細的分析。[28] 茲不贅述。

---

26 譬如崔永元或媒體報導文字中的崔永元就這麼說過：「看
　　看批判這部影片的名單，全都大名鼎鼎，可這些人後來
　　也都特別慘，他們批判《武訓傳》的時候沒有想到，有一
　　天也會有人這麼批判他們自己的作品 —— 全都倒了楣，
　　從郭沫若開始。」參見 http://ent.sina.com.cn/m/c/2012-03-
　　22/10363587230.shtml。
27 我之所以將 80 年代和最近幾年對武訓及《武訓傳》的熱議
　　當作兩個不同時期對待，是因為 1980 年代的主流是新啟蒙
　　思潮，議論多集中在對所謂極左政治的批判和將電影藝術置

　　人們之所以這樣做，根本原因還是在於人們更願意從情感上認同他，從心底裡覺得武訓的崇高，起碼是不容易。因此，一個必須正視的問題是政治話語與日常生活和日常經驗的結合，而不是割裂，不是非此即彼，不是極端化，更不是簡單化。這在一定程度上仍然事關教育。

　　因此，當一個社會制度從根本上就不是從平民出發，就不是為他們考慮，當平民始終處於一個社會結構中被壓迫的地位，教育，無論多少人都以武訓為榜樣，都像武訓那樣，傾其所有，也盡其所能地將一生全部奉獻給窮人的教育事業，也不可能徹底改變窮人被壓迫、被剝奪的命運，因為窮人之所以窮，根本的原因是被壓迫、被剝削。而這也就是毛澤東所批評的，「根本不去觸動封建經濟基礎及其上層建築的一根毫毛」。因此，問題的關鍵也就是，不是武訓是否值得歌頌的問題，而是武訓的方式和手段只能解決局部的問題，這一局部的解決方式恰恰在更大的意義上鞏固了那個造成窮人不能讀書之境況的體制，其實質乃是一種同謀的關係。這也就是武訓一定會被官府利用，樹碑立傳的原因所在，而這恰恰是武訓最大的悲劇。

　　於政治奴婢地位的政治至上的批判上；而近年則是多因白芳禮這樣的「當代武訓」向歷史的延伸，雖仍有對政治的批判，但立足點似主要在對教育體制的批評和對捨己為人的個人行為的讚美上。

28　參看《武訓評傳》的有關章節，黃清源、姜林祥著，山東大學出版社 1991 年第一版。

這從今天各地湧現出無數的「當代武訓」可以清楚看到，一面是眾多的「當代武訓」，一面是眾多無法上學的孩子，或上不了好學校的貧寒子弟 29。

這樣的現象理應讓人們重新思考，什麼樣的制度、如何才能有這樣一個制度來保證窮人的孩子也有春天。我們在讚美武訓的同時，應該思考的問題不是如何讓人人都成為武訓，而恰恰是怎樣才能創造一個不需要武訓的社會。在我看來，這才是「武訓不足為訓」的深切內涵。

三、誰來辦學？

如何讓更多乃至所有的窮人（被壓迫被剝削被損害的階級）都能讀書的問題，從表面上看是一個教育制度的問題，也是個現代性的問題。正如有論者早就指出，武訓生活的時代正是一個由貴族、政治精英等為主要教育對象的時代逐漸向平民化轉型的時代，其中的關鍵則是考試制度的改革。1896 年 6 月 4 日，武訓在他一生中創辦的最後一個義學臨清御史巷義塾的小屋中辭世。兩年後的 1898 年 6 月爆發了戊戌變法，變革之一就是廢八股改策論，以及將

---

29 這些年此類報導頗多，譬如 2011 年就有〈窮孩子沒有春天？——寒門子弟為何離一線高校越來越遠〉的報導，參看 http://www.infzm.com/content/61888。

書院改為學校。[30] 實際上，教育的改革從洋務運動時期就已經開始，只不過其時多以技藝的教育為主。[31] 戊戌變法雖然失敗，但晚清朝野對教育重要性的認識顯然已經大為不同。1902 年，清廷就頒布了《欽定蒙學堂章程》和《欽定小學堂章程》等，要求「兒童自六歲起受蒙學四年，十歲入尋常小學堂修業三年，俟各處學堂一律辦齊後，無論何色人等皆應受此七年教育，然後聽其任為各項事業」。[32] 在「壬寅學制」之後則有「癸卯學制」的新制度的建立。甚至在 1906 年的時候，還頒布了一個《強迫教育章程》，規定「幼童至七歲須令入學……幼童及歲不令入學者，罪其父兄」。[33] 可見，晚清政府也已經注意到普及教育的重要性。然而，自 1902 年至 1919 年，雖然歷年的小學生人數均在增加，但從最初的數百人，經過近二十年的歷程，也不過將近 500 萬。這樣的增長速度或許不可謂慢，但相對於 5 億的人口基數，無疑也還只是很小的一部分。[34]

30　參看《中國近代教育史資料彙編‧戊戌時期》，湯志鈞、陳祖恩編，上海教育出版社 1993 年第一版。

31　參看《中國近代教育史資料彙編‧洋務運動時期教育》，高時良編，上海教育出版社 1992 年第一版。

32　《中國近代教育史資料》中卷，第 400 頁，舒新城編，人民教育出版社 1981 年第一版。

33　轉引自前揭《武訓評傳》第 160 頁。

34　《中國近代教育史資料》中卷，第 379 頁，舒新城編，人民

　　就普及教育而言，晚清政府採取的辦學方式是公私並存。或許私的形式多與私塾有關。某種程度上說，晚清朝野對教育形式的考慮也多是從私塾的角度出發。而對武訓的宣揚也正因此。1908 年，山東提學使羅正鈞就「正式奏請將武訓宣付史館立傳」，文云：「方今東省各郡邑官學粗具規模，私塾未能推廣，玄誦寥寂，義聲弗聞，亟宜顯殊異之操，藉以啟慕善之念。如將武訓平生行誼昭於人，人心目之中必能激勵頹風，振發公德。」而時任山東巡撫的袁樹勳也在報告中強調不能只是對武訓進行「尋常旌表」，而應從一個乞丐艱辛辦義學的「苦操奇行」著眼，他說：「自聖詔屢頒，學校踵起，教育主義普及，官立公立之不足，必藉私立以輔助之。……若一乞人竭數十年之汗血，……孜孜興學以償其必人人讀書之素願，其志量品格卓立乎萬物之表，非所謂人能宏道者歟？……臣愚以為如武訓之行，則可謂大義，武訓之心，則可謂至仁。」[35]話已經說得很明確，希望藉宣揚武訓義行，感召社會，多辦私塾，以廣教育。

　　而我們也可以很清楚地看到，官府對武訓的宣揚實質正與武訓的追求背道而馳、南轅北轍。電影開始的一個細節就很充分地證明了這一點。當小武訓隨著母親在大街上乞討的時候，他撿到了一本破損的書──《三字經》，也

教育出版社 1981 年第一版。

35　轉引自前揭《武訓評傳》第 161 頁。

許這是他懂事以來見到的第一本書。當然，武訓和他母親都不知道那是《三字經》。但他們知道那是書。小武訓問他母親，「俺爹念過書嗎？」武訓母親回答，「傻孩子，你爹是莊稼人，怎麼念得起書啊！」回家的路上，武訓又見到了他生命中最重要的兩個場面，其一是賣藝，其二是私塾。回到家後，小武訓又向他娘問了幾個同樣也很重要的問題：1、為什麼要念書？2、念書是不是很好？3、念書為什麼要錢？前兩個問題且先不論，我們先說第三個問題。念書為什麼要錢呢？武訓母親的回答是「要給錢給老師的」，而他之所以不能念書，正因為家裡已經窮得沒有飯吃了，怎麼可能念得起書。也是從他母親的口中，武訓第一次聽說了日後他大半輩子將為之奮鬥的「義學」。當然，小武訓只是重複了一遍「給錢給老師」的話，沉吟了片刻，並沒有在這個問題上多想。也就是說，只要私塾要收錢，只要念書要交錢，貧寒之家的子弟仍然念不起書，私塾再多也於事無補。

上述武訓母子的對話，已經清楚地呈現了影片的敘事動力，念不起書的莊稼人也要念書，不念書就要被人欺負，不念書就不可能過上好日子；而要讓窮苦的莊稼人也能念書，只能靠興辦義學。只是在影片的開始，幼小的武訓還不能馬上從賣藝人的行為中獲得辦義學的啟發，他只能想到可以靠賣藝掙錢，掙了錢去交給老師。然而，私塾裡的那一場被驅逐的經歷無疑對小武訓及其後的一生產生了巨大的影響。當小武訓拎著街頭賣藝得來的一串銅板，

畏縮著來到那間掛著「讀書最樂」橫匾、兩邊一幅「入讀古人書，出教天下士」門聯的私塾的時候，兩個衣著華麗的子弟經過時的驅趕還不算什麼，當他壯著膽子走到私塾教師面前，說出「我也要念書」的時候，首先是私塾教師的反問，你說什麼，繼而是一個鄉紳模樣的人驚呼「要飯的」，接著是一群富家子弟的哄鬧和嘲笑，重要的是，鄉紳模樣的人詰問教師，你怎麼還收了個要飯的來念書。接著自然是塾師的吼叫，滾出去，豈有此理。但武訓渴望念書的力量使他還是舉起了那一串銅錢和那一冊殘破的《三字經》，而塾師聲色俱厲的回答是：你也配念書。一疊聲的「滾出去」，「臭要飯的還想念書」響起，而且，塾師和一群鄉紳子弟竟然一直追逼著他，將他趕出私塾的大門，最後，還要加上一句：書是你們要飯的念的嗎？這顯然已經不是一般的羞辱，而是實實在在的壓迫和剝奪。

從敘事上來講，這一切都是為日後武訓立志辦義學、讓窮人的孩子有書念所做的邏輯準備。但是，我們從對話中可以發現，塾師、鄉紳及其子弟的說法和武訓母親的說法存在著錯位，前者的邏輯是「窮人不配」，而後者的邏輯則是「窮人念不起」。這個巨大的錯位實際上就是一個鴻溝，是一個政治上無法跨越的峽谷，說到底，是兩個階級的矛盾，而不是簡單的隔閡。「不配」就意味著從根本上被剝奪了受教育的權利，而「念不起」看起來是一個純粹經濟的問題，可實質上仍然是一個政治問題。因為一個普遍性的貧困問題，在那一時期的歷史語境中來說，顯

然不是能力的問題，而是同樣在根本上被剝奪了富裕的可能。也正因為如此，即使晚清政府及地方鄉紳將私塾的規模擴大到當時的數倍，也仍然解決不了窮苦孩子受教育的問題。

民國時期的情形其實與晚清並無根本性的不同。1945年，為紀念武訓誕辰一百零七週年，各地舉辦了多種紀念活動，媒體也積極參與其中。不少民主黨派或無黨派進步人士紛紛發表言論。如著名的李公樸先生就在《新華日報》發表了〈現代的聖人〉，嚴厲批評國民黨政府口是心非、口惠而實不至的教育政策，他說，「大人先生們，在口頭上，文告上，都說教育要普及，文盲要掃除；而實際上他們的工作，都往往阻礙了大眾的學習，客觀上根本不要老百姓識字看報，以致知道的事情太多，而造成對於統治的不便。」因此，李公樸先生認為，「我們從事大眾教育的人，應該把武訓當作現代的聖人看，即是你不能做到，也應該儘量的刻苦的學習他。」[36] 而陶行知先生在他著名的〈把武訓先生解放出來〉中，一方面批評了包括李公樸先生言論在內的這種做法，將武訓「畫進小圈子」，諸如「異行人」、「苦行人」、「聖人」等等均是，認為武訓就是「一個平常的老百姓」，「他不屬於一黨一派，他是屬於各黨各派，無黨無派。他是屬於整個中華民族。他是屬於四萬萬五千萬人中之每一個人」，另一方面，希

36　轉移自《大全》，第 565 頁。

望大家都來做武訓,而這正與他前面將武訓從「聖人」的神壇上拉下來相一致,只有承認了武訓不是聖人,才能人人都做武訓。他説,「假使四萬萬五千萬人,人人都有成為武訓先生之可能,那麼不但是普及教育幹得成功,而且在二三十年內創造出一個獨立自由平等幸福進步的新中國也並不太難。」而他之所以這麼説,乃是基於這樣一個現實:「在一個教育不發達的國家,文盲竟占了人口百分之八十」,因此,「興學這件事是每一個平常人的責任。」[37] 可見民國也並沒有能解決普及教育的問題。

　　這裡的思路很清楚,就是教育救國。但與晚清的教育救國論存在相當的差異,這就是「平民教育」的理念,且形式也存在差異,以民辦為平民教育的主要形式,而非晚清政府所宣導的私塾等私有形式。近代以來,主張並踐行平民教育的人不能算少,著名的就有陶行知、晏陽初、梁漱溟等。其結果如何,其實也是有目共睹的,陶行知先生的文章中也就説了,到 1945 年底,文盲仍然占全部人口的百分之八十。不可否認,平民教育的實踐在一定程度上改變了其時的文化觀念,而其艱難程度實不亞於武訓;但同樣不能不正視的是,由進步知識分子主導的,以武訓精神為榜樣的宣傳和平民教育實踐,無論是官辦、民辦還是完全私立,或教會創辦的平民教育,都並沒有根本改變中國的教育狀況,更遑論其他。

---

37 轉移自《大全》,第 558-560 頁。

　　武訓以及晏陽初、陶行知等的出發點無疑是值得也必須肯定的，尤其是武訓，畢竟在那樣的年代，以個人的乞討、扛活，且終身不娶等行為，經歷了極其艱難的過程，終於辦成義學，使一部分貧困孩子得以進入學堂，接受教育，並希望以此改變窮人的命運。但關鍵的問題是，他們並沒有意識到單單靠教育，是不可能將舊中國改造成陶行知等千千萬萬人渴望的新中國的。因為，在那樣的社會制度下，在整體性貧困與掌握著國家政權和經濟、軍事、文化等領域的絕對權力，並因此掌握著絕大部分社會財富的精英階級之間存在著不可調和的矛盾，無論是財富的占有和分配，還是公共事業的權利分配和公共資源的占有，都極度不平等。而且，雖然名義上是公共事業，但實際上卻大多數仍然操縱在精英階級手中。陶行知們的艱難，相當一部分原因正因為此。而其不成功也就必然在預料之中了。

　　陶行知的「在二三十年內創造出一個獨立自由平等幸福進步的新中國」的理想沒有等到二三十年後就實現了，但並不是因為普及教育的發展，而是中國共產黨所領導的中國革命成功了。

　　新中國建立後，百廢待興，教育是其中之一。就普及教育而言，差不多可以分為三個層次，其一是全國範圍內的掃盲運動；其二是工農教育；第三是學校教育。略舉掃盲運動為例，1950 年 9 月，第一次全國工農教育會議上就明確提出「開展識字教育，逐步減少文盲」；1952 年 5 月，教育部發出《關於各地開展「速成識字法」的教學實

驗工作的通知》，「在全國範圍內，在廣大的工人、農民中間普遍地推行『速成識字法』，有計劃地掃除文盲」；1956 年，中共中央、國務院發布《關於掃除文盲的決定》，指出，「掃除文盲是我國文化上的一個大革命，也是社會主義建設中的一項極為重要的政治任務」，要求在未來 5-7 年內基本上掃除文盲；1959 年 5 月，中共中央、國務院發出《關於在農村中繼續掃除文盲和鞏固發展業餘教育的通知》，同年 12 月在教育部召開全國農村掃除文盲和業餘教育工作電話會議；翌年 1 月，在福建省召開農村掃盲和業餘教育工作經驗交流會。除了發布一系列的法令、辦法外，還專門設置了掃盲的政府機構，並積極推廣行之有效的「速成識字法」，包括經多次研究討論，確定 1500 個字的常用字 [38]，其中，1958 年無疑是一個高潮。而實際上，識字運動早在 1934 年中國共產黨於江西建立的中華蘇維埃共和國時期就已經開始。根據統計資料，截止 1981 年，32 年來，「全國大約掃除了 1.4 億多萬青壯年的文盲」。[39]

---

38 這當然不是新中國掃盲運動的首創，1929 年，晏陽初就總結了中華平民教育促進會的具體辦法，其中之一就是「從總字數超過 160 萬的 200 多種不同文章和出版物中，篩選出 1300 個『基本字』，在此基礎上用白話文形式寫出四本讀物」。參見〈有文化的中國新農民〉，《晏陽初全集》卷一，第 141 頁，湖南教育出版社 1989 年第一版。

39 以上材料均來 / 引自《中國教育年鑑（1949-1981）》，第

　　從這個意義上說，毫無疑問，是新中國拯救了中國的教育事業，而不是教育創造了新中國。

　　然而，也正是在新中國大力開展掃盲運動的時候，電影《武訓傳》公映了，而且，一時之間，反響強烈，好評如潮。可是，試想一下，如果舉國上下都覺得武訓是一個偉大的人，大家都向他學習，又如何來推動全面展開的掃盲運動，又如何理解作為「政治任務」的掃盲運動？但這樣說並不是要指責武訓，武訓原本就是個目不識丁的窮苦人，無論是其個人，還是那個時代，無疑都存在著歷史局限性。問題的關鍵是這一錯位的邏輯在建國初期的文藝界仍然存在，且並無意識，甚至至今仍然強大。於是，順著這樣的邏輯，似乎教育的問題就只是教育的問題，只要大家都繼承武訓的精神，多辦學校，就能改造舊國民，創造新國民了。更何況新中國對新國民的想像和建構是建立在

576-582 頁、第 86 頁，《中國教育年鑒》編輯部編，中國大百科全書出版社，1984 年第一版。而之所以說是「青壯年文盲」，實際上存在一個年齡段的問題，必須對不同年齡段採取不同的措施，這一規定始於 1958 年教育部下發的《關於基本上完成掃盲任務和掃盲年齡計算年限兩問題的解釋》（《教育文獻法令彙編（1958 年）》），解釋稱，「凡廠礦職工年齡在 14-40 的青壯年中，經過掃盲工作非文盲達到其總人數的 85%（即 100 個青壯年中有 85 人是非文盲）；在農民城市居民和手工業合作社社員青壯年中非文盲達到其總人數的 80% 時，就是基本上掃除文盲。」

一整套的政治理念之上的，並不是只要識字，只要讀書，就完成了國民教育的大業。也就是說，即使不是在誰來辦學校、誰來振興教育，以及如何興學等問題上來檢討《武訓傳》，也不在對武訓的人道主義同情和普世的道德主義境界的角度反思讚美武訓的正當性，在更重要的讀什麼書，讀書為了什麼的問題上，影片《武訓傳》也值得深刻反省。

四、讀什麼書？讀書為了什麼？

上文提到電影中小武訓向他娘提的三個問題，第一是為什麼念書？第二是念書好不好？他娘的回答是：「念了書，才明白世上的事，才不給別人欺負；念了書，才會有好日子過。」這一回答無疑是體現編導意圖的，這一意圖也在影片開始時由新中國的女教師對同學們說的話中體現了出來。我們知道，《武訓傳》的拍攝經歷了解放前和解放初兩個不同歷史時期，並且在解放後經過多次討論，為了適應社會和政治的需要，導演孫瑜在解放前草擬的劇本經過了多次調整，而且女教師這一角色就是後來添加的人物，而添加這一人物的根本考慮就是為了對武訓「行乞興學」有所批評，甚至因為這一人物功能的原因，有人竟建議電影乾脆就叫「武訓評傳」的[40]，可見，這個外在於

---

40 參看孫瑜〈我編導電影《武訓傳》的經過〉，《武漢文史資

整個敘事的人物所代表的立場是編導們所想像的新中國的
政治立場。但在整個影片中，我們也看到一個有意思的現
象，一方面，女教師構成了對武訓的批判視角；另一方
面，女教師又常常作為旁白出現在影片的敘事中，承擔著
替武訓說話的任務，以及作為旁觀者和編導們對武訓的讚
美任務。如何將兩者有效地統一起來，實際上是對編導們
縫合傳統文化與新的政治意識形態能力的考驗。顯然，就
其結果而言，這一嘗試沒有成功。而在很大程度上說，這
也是新中國至今未能解決的難題。基於這一角色的存在，
和影片的整體敘事，我們可以斷言，武訓母親的回答既是
敘事動力的需要，也是為了彰顯「不被欺負」和「過好日
子」這兩個中國革命最基本的合法性命題。也就是說，編
導們試圖在這兩個基本點上將武訓的事蹟納入中國革命的
敘事邏輯之中。可是，認真地想一想，念了書就一定能明
白世事嗎？明白了世事，就一定能不被欺負嗎？念了書，
明白了世事，就一定有好日子過嗎？更重要的是，念書究
竟是為了自己過好日子，還是更多的人都過上好日子？

　　問題究竟出在什麼地方？一般地說，這裡的邏輯似乎
並沒有太大的問題。我想，關鍵恐怕還是在將「不被欺
負」和「過好日子」視為毛澤東所領導的中國革命合法性
的最基本內涵來理解的思路上。可以說，這兩點在中國
革命的進程中是非常有效的政治動員和社會動員的口號，

料》2011 年第 4 期。

不僅僅是毛澤東所領導的中國共產黨實踐的中國革命，包
括孫中山所領導的資產階級革命，也都是如此。而前者更
可以與現代民族國家的政治目標更為緊密地聯繫在一起。
而且，在很大程度上說，相當一部分民主黨派、無黨派的
進步人士、有良知的知識分子最後選擇了中國共產黨，選
擇了新中國，除了出於對祖國的熱愛之外，也是因為這兩
點。然而，當中國革命最終取得勝利，我們仍然以這兩點
樸素的理想涵蓋中國革命的全部理想，甚至將其作為最高
理想，顯然就不那麼合適了。更重要的是，這一樸素的理
想在革命時期所面對的是阻礙這兩點實現的反革命力量，
其動員性因素要遠大於其實際實施的範圍；而當革命取得
成功，在一定程度上開始具體落實這兩條的時候，在動員
之外必須借助於一整套的、區別於革命時期的社會組織形
式和社會生產方式，這一切都有賴於高度組織化和政治化
的方式才能展開，而這一政治化的手段在日常生活中失去
了看得見的敵人，換言之，其動員性力量有所降低，並與
實際展開的難度和進展逐漸形成了緊張關係，或者說，愛
國主義和政治認同逐漸產生了齟齬，甚至衝突。愛國主義
曾經是政治認同的基礎，但當政治性大於一般意義上的愛
國主義時，矛盾也就產生了。而這也正是在建國後不少知
識分子和民主黨派、無黨派進步人士越來越無法適應共產
黨的執政形式的原因所在。這其中的一個關鍵就是與愛國
主義情懷難分彼此的對傳統文化的認同。當「傳統」被視
為一個普遍性對象的時候，如何對其進行政治化的處理，

如何定義「精華」和「糟粕」，如何將「精華」和「糟粕」從整體性的傳統中析離出來無疑是社會主義所面臨的巨大難題。「我們這個民族有數千年的歷史，有它的特點，有它的許多珍貴品。對於這些，我們還是小學生。今天的中國是歷史的中國的一個發展……，從孔夫子到孫中山，我們應當給以總結，承繼這一分珍貴的遺產。」[41] 但究竟如何總結，如何承繼？這個問題並沒有得到認真的對待，更談不上解決。在很大程度上說，80 年代以來的國學熱也正是問題的表徵之一。

而在眾多看不見的敵人中，也就包括了普遍主義框架中的知識觀和教育觀。具體而言，也就是念什麼書，以及為什麼人、又為了什麼而念書的問題。武訓母親的回答實際上是迄今為止仍然非常普遍的觀念，只要讀了書就能不被人欺負，就能明白道理，就可以過上好日子。這在一定程度上是中國傳統中的「萬般皆下品，惟有讀書高」、「書中自有黃金屋，書中自有顏如玉」等觀念的反映，是像武訓這樣目不識丁的底層人民對文字和書籍之類無知崇拜的體現（據說武訓在他乞討中但凡看見字紙，總是要十分虔敬地撿起，拿回住的地方焚燒），也是底層民眾對讀書人生活世界的想像，但我們同樣也可以說，在自古以來

---

41 毛澤東〈中國共產黨在民族戰爭中的地位〉，1938 年 10月，《毛澤東選集》卷二，第 533 頁，人民出版社 1991 年第二版。

的歷史上，這大體也是個樸素的事理和較為普遍的現象，讀了書的人日子一般會比斗大的字不識一籮的人要強一點。於是，逐漸地形成「書總是有用的」這樣一種普遍主義的觀念。但問題是，這其中隱含著「勞心」與「勞力」的對立，並且，這種對立在歷史的發展過程中逐漸地演化為「勞力者」對「勞心者」的渴慕嚮往，以及對自身價值的自貶，而這其中也就包含著對勞動價值的否定性態度，或一種潛意識。一般地說，對「勞心者」生活的嚮往無可厚非，既是人之常情，也是人類歷史發展的方向，但「勞心者」之所以有那樣的生活，究竟是源於什麼的問題卻往往被非政治化地理解成「宿命」、「讀書」等原因。我們應該如何檢討這種非政治化的思路究竟是如何產生的，無疑是個大問題。在我看來，只能將這些觀念放在制度的結構性框架中才能有比較清晰的認識。而另一個方面則是如何重新恢復「勞力者」的尊嚴，重建勞動的價值，在「勞心者」和「勞力者」之間建立一種從未有過的普遍的平等的社會關係。這一切在武訓的時代，顯然很少有人去想，更少實踐的可能。一定程度上說，洪秀全的太平天國運動是一次一定範圍內的短期實驗，晏陽初、陶行知、梁漱溟等人的平民教育也只是在一個相對小的範圍內的實驗。只有在一個新的社會制度下，才可能在全國普遍開展。

然而，此類實踐仍然面臨一個根本性的問題，什麼樣的書，什麼樣的知識才能夠使讀書的人明白勞動的價值，並且能使他們始終站在窮人的立場上，站在更大多數人的

立場上，而不是站在少數人，更不是站在統治者的立場上？在對既有的知識體系進行「糟粕」和「菁華」的析離的同時，是否有可能建立一套新的知識系統？

實際上，在影片中，孫瑜已經提出了這個問題。武訓的柳林崇賢義塾終於建成了。在武訓曾經做過長工的張舉人家的酒桌上，某鄉紳說起如今「很得人心」的武豆沫，張舉人隨口說道：「那有什麼了不起，他們所教的書，還不是『三綱五常，君臣父子』。我敢保不出三年，咱們把那個義學給拿過來，你們兩位不是義學的主事人嗎？」張舉人的話，意味深長。這裡有兩層意思，其一，義塾的窮苦孩子們所學的書與鄉紳子弟是一樣；其二，主事人也還是鄉紳，要拿過來輕而易舉。但實際上，我們可以想像，即使沒有主事的鄉紳與張舉人這樣的封建統治者狼狽為奸，義學也早晚成為鄉紳們的，因為「三綱五常，君臣父子」之類的知識只可能教育出封建制度及其統治者需要的「人才」，即使有影片中崔准那樣的教師，看他在開學儀式上說的話就可以明白，「你們都是莊稼人的孩子，莊稼人因為不識字，從小苦到老，所以你們一定要好好地念書、識字，也免得被別人欺負，也可以懂得聖賢的道理。」「聖賢的道理」仍然是其知識傳授中非常重要的部分。但孫瑜在這裡將這兩者混為一談，而且，快速地滑到第二個層面，並試圖以此更進一步地突出其作品的批判性。然而，問題卻已經如此顯赫地擺在那裡。

張舉人的話，武訓當然不可能聽到。但武訓在義學

裡，從孩子們的嘴裡，從孩子們的行為中，就遭遇到了沉重的一擊。

　　當他看見幾個孩子在玩紙牌，武訓以他一貫的「跪」的方式使那幾個孩子羞慚離去。可當他看見一位襤褸的婦人要將「念了書，活也不幹了。架子也大了」的孩子拉回去的時候，「武訓睜大了眼，好像頭上挨了一棒。」但這也許還不是致命的一擊。畢竟他還看到了趙光遠這樣的「好孩子」，難怪他要說，「咱們窮人往後就全靠著你們啦。」可接下來的一幕顯然已經不是他能承受了。這個拿了第一名的趙光遠在義學的院了裡給在一旁纏線蛋的武訓講書，講的是「學而優則仕」，當武訓明白其意思就是「書念好了，就可以做官」的時候，「武訓怔住了：『做官？……窮人念好了書給窮人想辦法。做官？做了官那怎麼辦？』」[42] 但有意思的是，電影並沒有在這裡多作停留，緊接著就是知縣的召見。再然後就是請立牌坊，賞黃馬褂。黃馬褂一段雖然是子虛烏有，或許孫瑜也並不是不知道，但他仍然拍了這一段，我想其意圖大概希望藉此呈現武訓對皇權這一最高封建權力的反抗，於是他讓武訓被穿上黃馬褂後變得瘋瘋癲癲起來，大叫什麼「我可做了大官了」。可是，與其說這裡表現的是武訓對皇權的反抗，不如說是「學而優則仕」帶給他的強烈刺激。更進一步說，當武訓諄諄告誡趙光遠，「你們都是莊稼人的孩子，

42　孫瑜《武訓傳》，《大全》，第 314 頁。

咱們都是窮人，有件事情，千萬要記牢呀：你們念好了
書，可千萬不能忘掉咱們窮人哪！」[43] 我們其實可以更加
清楚地看到，武訓實在是無力反抗的。因此，武訓的諄諄
教誨其實是對「學而優則仕」的認可，在這個前提之下，
武訓希望這些窮孩子們在發達之後，不要將窮人拋諸腦
後。然而，我們可以追問，這樣的教導有幾個人會記得
住？換言之，什麼力量能夠抵擋成為「人上人」的誘惑，
什麼力量能夠讓他們在「人上人」組成的體制中可以克服
束縛，甚至打破體制，擊穿這個堅固的壓迫性結構？而
「學而優則仕」這樣的知識只可能培養為生產並擁有了這
一知識體系的階級服務的「人才」。而所謂的「通過知識
獲得解放」根本就是一個虛妄的幻想，從最理想的角度
說，被解放的就只是掌握了這一知識的個體。

　　電影之所以在這裡沒有多停留，而是將敘事迅速地滑
到武訓對封建權力的反抗上，一方面自然是希望以此適應
新意識形態的需要，這裡也並不存在所謂違心之說，因為
這也是事實；另一方面，恐怕就是孫瑜直覺到了這裡的問
題，卻無力處理，甚至也根本沒有往這個方向想，在思想
的層面，在孫瑜、趙丹這樣一些進步文藝人士心目中，這
還不是問題。然而這是一個極其真切的問題，即如何處理
知識的意識形態屬性，或曰政治性。在這個意義上說，這
其實正是普遍主義遭遇到的具體問題。無疑，普遍主義無

43　孫瑜《武訓傳》，《大全》，第 321 頁。

法解決這一問題。

　　1942 年，毛澤東在〈整頓黨的作風〉中說，「什麼是知識？自從有階級的社會存在以來，世界上的知識只有兩門，一門叫做生產鬥爭的知識，一門叫做階級鬥爭知識。」[44] 這話看起來是政治家的語言，但認真想一想，其實是真理。因為，只有這樣的知識才是具體的知識，它原本就從實踐中來，最終也必須回到實踐中去，否則，即使它有知識的一切形式，也還只是有閒階級的玩物。而這也正是毛澤東要強調「教育必須為無產階級政治服務，必須同生產勞動相結合。勞動人民要知識化，知識分子要勞動化」的根本原因。所謂知識分子勞動化，並不是針對知識分子，針對的是其所掌握的知識，以及在這些知識支撐，並被改造而逐漸轉化為世界觀、情感取向、價值立場的那種傾向；而勞動無疑是改造並重建新的世界觀、價值觀的有效路徑，因為勞動既是與勞動者的親密接觸，也是實踐的題中之義。也因此，我們可以說，教育與生產勞動相結合其實是知識改造的手段，亦即識字之後的問題。在一定程度上說，這是社會主義建設初期，在尚未建立新的知識系統的時候所採取的策略。然而，很遺憾的是，這方面始終未能引起知識界的重視。在我看來，社會主義的失敗與此有著極大的關係。

---

44 毛澤東〈整頓黨的作風〉，《毛澤東選集》卷三，第 815 頁，版次同上。

也正是在這個意義上，對電影《武訓傳》的批判就是不得不展開的運動，只不過這一運動在文藝領域的展開相較於知識領域聲勢更大，而其根本原因仍然是知識界並未意識到這一問題的重要性，同時，社會主義生產力的發展也需要既有知識，但同樣重要的一個問題在其時也並未引起足夠的重視，甚至根本就沒有引起注意，這就是 1971 年底，加拿大學者達拉斯·斯邁思來中國考察，回國後所寫的名為「自行車之後是什麼」的論文所要討論的問題。而他在考察結束後曾經向當時中國政府的有關部門提交了一份報告，據說，「他在報告中寫道，儘管自然科學家和廣播官員們認識到科技及其產品有政治本性，但他在中國的學術和政策部門遇到的政治經濟學家、哲學家和政治學家卻不同意他所說的科技具有的社會建構性。」他因此說，「尚不清楚中國人是否已正確認識到科技的政治屬性，而這在今後一二十年裡將對有別於『資本主義道路』的『社會主義道路』的發展至關重要」。[45] 而這一切其實都與知識直接相關，可以說，有什麼樣的知識，就有什麼樣的科技；同時，有什麼樣的科技，就會有什麼樣的產

---

45 轉引自趙月枝《傳播與社會：政治經濟與文化分析》，第 243 頁，中國傳媒大學出版社 2011 年第一版。在本文完成後的 8 月，《開放時代》雜誌終於將達拉斯·斯邁思的這篇名文翻譯成中文發表了。其直接的推動者就是趙月枝教授。斯邁思的有關論述請參閱〈自行車之後是什麼——技術的政治與意識形態屬性〉，王洪喆譯，《開放時代》2014 年第 4 期。

品；更進一步說，有什麼樣的產品，也就有什麼樣的產品使用者，因為產品最終構成了對人的潛移默化的改造。

面對當下中國已經不只是混亂，而是被撕裂的思想界和文化界，面對自由主義和新自由主義論調甚囂塵上的狀況，重新審視電影《武訓傳》以及武訓其人在現當代中國所掀起的波瀾，其根本目的就是希望我們能認真思考社會主義的知識來源、社會主義知識的一般性特徵、社會主義知識的生產和再生產以及社會主義知識的教育和傳播等被長期擱置的問題。

2014 年 4 月 19 日初稿
2014 年 5 月 26 日凌晨改定於滬上美蘭湖

何為抵抗？抵抗何為？

——答《蟬歌》編者 [1]

關於「抵抗」，確實是個複雜的問題。究竟什麼是真正的抵抗？這個問題不只是關係到抵抗的行動，恐怕首先要考慮抵抗什麼，否則很難說清楚什麼是抵抗，還有我們為什麼要抵抗。當然，我們也需要追問，誰是抵抗的主體，這個抵抗主體如何獲得其主體意識。

一、庸俗化的抵抗：被消費文化塑造的 「抵抗」青年

如今在人文的學術研究領域，包括文化批評，存在著一種不那麼好的現象。在不少關於當代文化的文章中常常可以見到「抵抗」這類字眼，可是實際上這些文章並沒有認真思考我們在開始時提到的這些問題。在我看來，這恐怕就是一種庸俗化的傾向。很多人將「非主流」的東西都看作是抵抗。其實很多「非主流」就存在於消費主義的邏

---

1 《蟬歌》是吳暢暢兄及其幾位年輕朋友幾年前一起創辦的一個微信公眾號，以批判傳播學為主要學術資源，以對當下傳播現象的批判為主要內容。曾經在青年學子中產生過一定的影響，很遺憾，已停辦多年。

輯之中，但很多年輕人覺得那就是抵抗。比如，不用蘋果手機，用中低端的手機，或者，不去追蘋果的最新款，可又覺得蘋果也有好的地方，還是要用。實際上，這麼做的人心裡也很清楚，這些其實都是黑工廠做出來的，但是他會覺得使用起來很安心，因為他自己感覺這與消費主義不一樣，因為他抵抗了蘋果手機這個主流的一線的品牌，這個符號意義遠大於實際使用價值的、代表了資本主義信息產業最高端的產品。他從心理上究竟是怎麼轉換的我也覺得挺奇怪的——怎麼轉換成一個可以自我說服的抵抗行為。「我用它的時候，我可以使它為我所用。」因此，他可以用非主流的品牌，心安理得地不斷追逐新的產品。在這個層面上，他其實還是在消費主義的邏輯中，但他將其命名為「抵抗」了。也就是說，消費主義的邏輯很強大，要徹底擺脫，其實根本不可能，更不必說真正的抵抗了。

當然，這裡有一個很重要的問題。如果我們不能不消費，我們怎麼將自己普通的消費行為與消費主義區別開。就一般的日常生活而言，這實際上涉及到我們對物的態度和使用方法。我說的是，一般意義上說，我們的生活，無論是衣食住行，還是工作、愛情、家庭，都不能缺少物，衣服、房子、家具、交通工具、電腦、通訊和信息工具，乃至必須的禮物等等等等，在現代商品社會，物的豐富程度很高，我們根據什麼選擇自己需要的物呢？我相信多數人還是會按照經濟水準和實際使用購買，可同時，我們也看到，很多人並不是根據經濟能力和需要，而是占有和炫

耀，甚至為了與時俱進，不落後於時尚和主流。後者在我看來就是消費主義。但是，消費主義並不是獨行俠，也絕不是從來就有，而是資本主義生產出來的。資本主義強大的生產力，及其服從利潤的生產目的的實現必須有一個始終處於飢渴狀態的市場為保證，物盡其用和價廉物美都不是現代資本主義的消費觀念，如果所有的消費者都按照這一想法買東西、使用東西，就一定會形成滯銷和物的大量過剩，所以，它除了在物的使用年限上設置一個不那麼長的週期外，它必須不斷地生產時尚，讓你跟著它走，而且以滿足人們的需要為幌子。只有這樣才能最大限度地獲取利潤。這就是消費主義和資本主義的關係。

這裡還有一個所謂「好生活」，或者說「生活質量」的問題。這個問題更複雜，不能在這裡展開。但有一點還是可以說，好生活並不僅僅依靠我們所占有的物的數量和質量來確定。看不到這些問題，也就很難說是對消費主義的抵抗。

比如，有人寫「優衣庫」之類的東西，他們很清楚這些是黑工廠，他們也覺得階級概念很重要，但他們首先把自己放在一個我是被壓迫者的立場。這裡面糾纏著不少東西，一個是我寫它、研究它就是一種抵抗。他不從根本上，不從政治經濟的角度來講，不從世界工廠、勞資關係的角度來講，也不從資本的流動的角度，如，日本把工廠轉移到第三世界，這個角度來講優衣庫。這些東西他都不管，他研究的是優衣庫的設計理念，為什麼要設計一個沒有風

格的東西，然後大家竟然都喜歡，老少咸宜，塑造了消費者的審美趣味，然後覺得，這件事情值得研究。這個優衣庫現象背後的東西是什麼？完全不觸及。然後把自己的研究定位為反抗──我要揭露它抹殺人的個性。他甚至都可能不會去講廣告是怎麼介入、怎麼投放的，廣告的客戶對象是什麼樣的群體。他這些都不去想，只講設計理念和風格，然後覺得這個東西就夠了。這是非常糟糕且荒唐的。

　　還有個例子，對漫畫做二次創作的「二次元」現象，應該如何分析？應該用什麼語詞來描述其性質呢？反抗？逆反？不合作？我想可能用「改動」更合適。動漫粉絲根據原作，挑選出劇情人物或細節，進行再創作，並基於社交網絡、新媒體，建立起粉絲群體。雖然他們試圖用創作來做一些表達，但是他們自己也說有被文化工業收編的現象。廠商就拿這個東西投放到市場。但他們堅持說，這個再創作的做法「攪動了青年人的現實感」。我就問學生，攪動在哪裡呢？坐在家裡面，對原著做了點改動，傳播到網上，就是攪動現實感麼？歷史在哪裡，現實在哪裡？主體在哪裡？又是什麼樣的主體？難道再改造一番就意味著攪動麼？這是一些 90 後非常奇怪的思路。

　　當然，我並不是要完全否定這些，這其實也是一個社會現象。他們生活在這個幾乎已經被消費主義完全控制的時代和環境中，他們很無力，一定程度上說，他們從知識上獲得了一點抵抗的力量，或者說是觀念的資源，可那根本不足以與強大的現實相抗衡，換句話說，他們對歷史了

解得太少，理解得就更少，尤其是一種基於情感和經驗的歷史記憶的缺失，形成了一種他們雖然也說社會主義，可社會主義並沒有真正成為他們身體感所認同的對象，相反，他們的身體更容易接受消費主義，這一資本主義後工業時代的意識形態。用當代中國文化研究網上一個欄目的標題說，就是「不配合的身體」。同時，社會主義究竟是什麼，對他們來說，大概也是模糊的，沒有細緻、深入的理解，常常停留在觀念的層面和抽象的概念上，譬如社會主義對消費和物的定義、社會主義對技術的抽象界定等等。

有人援引法國社會學家德賽都的理論來理解這些現象，但是德賽都的理論自有它的歷史語境，「將就著幹」恐怕就是 1968 年革命結束後的社會心理的反映。這裡的問題可以不論。我想，當代中國的學術青年，包括那些受到此類批判理論影響的人，以庸俗化的方式來做抵抗的年輕人可能是從 90 年代以來，完全被消費主義和後現代主義塑造了。他們對消費主義、資本主義的批判，能從理論上接受，從事實上也能理解，但，從行動和思考上來說，他們會說，我只能這樣了。而後現代主義一切文本化的策略一定程度上也是他們認同的，因此他們才可能把這些非主流的都看作是抵抗。在亞文化研究中非主流也因此成為一個非常熱門的對象。這實際上也深刻地反映出，無力感是多麼普遍地瀰漫在我們的身邊。

二、抵抗的主體 or 主體「們」？

　　從文化研究的角度講，有的人對文化的理解和對文化研究理論的理解，都出現了偏差。追溯到伯明罕學派，湯普森、威廉斯以及霍爾，他們的文化研究裡都包涵政治的維度，而現在他們這個維度常常被抹殺。很多人抹殺掉政治維度之後來談文化，而且基本上是限定在時尚文化和消費文化裡面，他們偏偏不談資本主義，或者籠統而抽象地談資本主義。還有一個很糟糕的是，實踐這一維度從知識人的視野裡面消失掉了。再一個是，抵抗成為了個人化的事情，這個和 80 年代以來的個人化走向有直接的關係，把所有東西都視為個人的，取消了組織化。

　　當然，抵抗是有不同主體的。可以是個人的抵抗，但也有集體的、社會的抵抗，乃至第三世界國家的抵抗。

　　話再說回來，中國革命時期的工農聯盟的可能性在什麼地方？恐怕還是要找到一個對象，也即共同的敵人、共同抵抗的對象。當代社會的發展，也可以講是資本主義的發展，到了今天，它最成功的地方是，不同的階層之間的壁壘，造成溝通越來越困難。它有套方法把很多東西遮蔽起來，讓你看不到共同之處，讓你以為你們互相是不同的。不同主體的聯合，是需要建立在我們共同的敵人之上的，這個時候，不同階層的隔閡實際就可以打破了。

　　也是在這個意義上說，如果樂觀一點，從某種程度上來看，城鎮化（不是城市化）可能會起到推動作用。農民

進城越來越多，新工人的數量在不斷增加，新市民化的過程隨著城鎮化的過程不斷深入，這些人同時成為市民，又保有原來那個階層的傳統，歷史和歷史感，都會帶進來。保留什麼確實是一個問題。起碼他的鄉村經驗還是會有所保留。這裡頭當然有一個城市對人的改造問題，這個改造是非常成功的，很厲害。我們生活中也會經常碰到這樣的人吧，比如送快遞的工人、餐飲業的工人之類。這部分人裡有相當一部分已經城市化了。起碼，在觀念上、身體感受上以及他的行事邏輯上。但是我想，鄉村的經驗不會完全消失。比如，他們的人際網絡。

也可以說，這些鄉村的文化經驗，因為他們本身就與革命中國的傳統緊密關聯在一起，在重新建立起新時代的工農聯盟之後，或許在未來的發展中可能成為抵抗資本主義及其所生產的城市化、消費主義等意識形態和文化的生力軍。

三、什麼是真正的抵抗？

前一陣有一個北大研究生的演講，在網絡和微信上傳，題目叫〈寒門貴子〉，她雖然也講改變社會和改變世界，但講的更多的是出生寒門的人不要自暴自棄，尤其不要抱怨自己的出生，而是要努力「做命運的手掌裡面的漏網之魚」，講「逆襲」，講「單槍匹馬殺出一條路來」，講「苦心人天不負，臥薪嚐膽，三千越甲可吞吳」。看起來

這是個非常勵志的演講，但實際上仍然是成功學的思路，呼喚的是個人奮鬥。這一套成功學現在非常有市場。成功學就是放棄抵抗，依靠個人奮鬥，最終自己獲得成功。

我覺得抵抗有兩種，一種是有未來的抵抗，一種是沒有未來的抵抗。後者就是，我不知道什麼是好的，但我知道你這個東西肯定是不好的，對於不好的，我就要抵抗。但是在你反對不好的東西的時候，你未必知道什麼是好的。我們很多時候都有這樣的無力感：我們知道什麼是不好的，但什麼是好的呢？比如，那個北大研究生講述自己成功的故事，其中就說，有 10 個崗位，其中 7 個已經被依靠不正當的關係的人得到了，還剩下 3 個，我怎麼辦？我只能靠奮鬥。這似乎是理所當然的。但實際上應該追問的是，為什麼 10 個職位有 7 個是靠不正當的手段獲得的，我要批判、反對的是這個不正當的機制，而不是說，我自己通過奮鬥去「正常」地獲得。是整個體制本身出了問題，我們抵抗當中應該追求的，當然應是能有一個好的體制去替代那個不好的體制。而我通過我的個人奮鬥什麼都有了，這個對不對呢？我覺得我們現在亟需解決的問題是，你怎麼說服他，讓他明白，就算你通過所謂正規途徑獲得了你所想要的，但卻對整個體制置若罔聞，這絕對不是最終的、徹底的解決方案，你不過是這個壞體制的同謀，而不是一個抵抗者。

面對這些事情的時候，總有無力感，我們沒有辦法做深層的揭示。三十年前是批判人家，批判資本主義；三十

年之後，當我們自己也身陷其中的時候，我們怎麼來看，怎麼來批判我們的知識、我們的理論，還有很多現實的東西，成為了問題。我覺得很重要的一點是我們要對我們所使用的概念，要做梳理和反思，同時回到我們自己的歷史中去，我說的是中國革命和社會主義實踐的歷史。

現在蠻普遍的看法是，把國家、政府放在個人、集體、社會的對立面，而在個人與集體和社會的關係中又將個人放在集體和社會之上。這種論調和思路經常可以看到。社會學與社會主義對於社會的想像是否是同一個目標呢？我有點懷疑。比如，我們很少會說，馬克思是社會學家。這裡面恐怕有一個社會主義的社會是一個什麼樣的社會，而社會學對未來理想社會的想像又是怎樣的。實際上，社會學作為一門知識類型，或者一個學科，它本來就是從資產階級的知識體系和資本主義的社會關係中被生產出來的。當然，這裡面的問題很多，值得重新思考。但它確實與我們關注的最終問題有關：我們為什麼要去抵抗資本主義。

釐清歷史，用知識和文化爭奪未來 [1]
——陳明忠先生《無悔》的啟示

　　2016 年台灣地區領導人選舉以沒有懸念的結果，宣告了國民黨這一輪政治博弈的失敗。雖然，蔡英文上台百多天後就遭遇了台灣政黨選舉制度實施以來最早陷入社會抗議最多的尷尬和困頓，但這並不表明民進黨會放棄其台獨主張，也並不意味著台獨意識形態在島內影響力就會因此下降。在地緣政治日益複雜化的今天，在發展主義仍然作為主導性的治理理念的語境下，毋寧說，蔡英文遭遇的主要仍然是經濟和社會保障政策實施中的阻力。如果民進黨的與去中國化—台獨意識形態密切相關的經濟政策獲得成功，統一進程受阻似乎也是必然，而其經濟政策未始就沒有成功的可能；對大陸來說，如果幻想著僅僅依靠經濟手段就能夠實現統一大業，恐怕也只是一廂情願。統一大業既不是發展主義的經濟手段能夠實現，也不僅僅是一個單純的國家目標，而是事關歷史和政治、知識和文化的整體性事業。

1　本文是在陳明忠先生《無悔》簡字體版於上海召開新聞發布會後的小型研討會上的發言稿整理、修訂，感謝陳明忠先生，感謝羅崗兄的邀請。

　　據説，蔡英文成功當選與國民黨馬英九執政時期沒有及時修改中小學歷史課綱有關。馬英九當局基本繼承了之前突出台灣本土主體性的中小學歷史教科書，而本輪競選，接受了這一「去中國化」的歷史教育的年輕人成為「首投族」。雖然不能説這是決定性的因素，但這一定是其中一個重要因素。正如論者已經正確指出的：「歷史教育是形塑民族認同與國家認同的重要手段，任何一個國家在形塑其民族認同與國家認同之時，歷史教育與歷史教科書所扮演的角色，都是無可取代的。」[2] 而 1990 年代以來，台灣以歷史教科書為主所進行的、以「培育」本土主體性為目的的歷史教育正與台獨意識形態互為表裡。在這個意義上説，釐清歷史，還原歷史真相的歷史教育就非常重要，而歷史研究和歷史書寫及其傳播是與之相關的事項。

　　我以為陳明忠先生的回憶錄《無悔》就是承擔著這樣使命的著作，雖然它尚未進入歷史教科書（就目前的形勢而言，顯然還有一段時期），而只是作為社會教育的一部分而存在；雖然它不是整體性的歷史著作，只是個人歷史經驗的回憶和記錄，然而，由於陳先生的特殊經歷是嵌入在近現代台灣、乃至中國和世界歷史的脈絡中的，是屬於這個複雜的歷史進程的一部分，因而，它也就絕不只是他個人的經驗記錄，而具有了更為廣大和深邃的歷史意義和

2　李理〈「去中國化」的台灣中學歷史教科書編纂〉，《台灣研究集刊》，2008 年第 2 期，第 26 頁。

現實使命，更不必說，在十九世紀以來世界歷史展開的過程中，即使是一介草民，多半也難以擺脫時代的影響。[3]

　　陳明忠先生的特殊經歷，簡單說，就是該書封套上的話：「一個日據時期的『台灣日本人』怎樣變成一個中國人；一個大地主的兒子如何成為社會主義者；一個土生土長的『台灣人』為何是堅定的兩岸統一派」。當「日據」在 1997 年以來島內的歷史教科書上被刻意地改為「日治」，當一部充滿壓迫、掠奪的殖民史被「改造」為無差別，甚至是為殖民地做出了巨大「貢獻」的現代化史，當反抗階級壓迫和剝削的歷史被敘述成外省人對本省人的壓迫時，歷史這個可憐的小姑娘已經被他們任意刪改、肆意糟蹋、惡意肢解為鮮血淋漓的碎片，他們就用這些碎片遮掩著卑劣而醜惡的嘴臉。然而，歷史絕不會永遠沉默，被掩蓋的真相就如同頑強的野草，總有一天會破土而出，苗

3　《無悔——陳明忠回憶錄》最初由台灣人間出版社出版於 2014 年，而其最初的動議則始於 1990 年代台灣統派的年輕人「希望五十年代的老政治犯（我們習稱『老同學』）寫回憶錄」，但據呂正惠先生說，真正的動力則是在 2008 年，呂正惠先生受時任《思想》主編錢永祥委託，與陳宜中一起訪問了陳明忠先生，訪談稿〈一個台灣人的左統之路〉發表後「被大陸很多網站轉載，大陸讀者反映說，他們對台灣歷史增加了另一種理解」，陳明忠先生才答應做口述回憶錄。（參看《無悔》「序」）大陸簡體字版由北京三聯書店出版於 2016 年 4 月，李娜整理編輯，呂正惠校訂。

壯成長。已故林書揚先生在 1980 年代末組織集體力量，用一年半的時間，完成了百萬餘字的日文版《警察沿革志》翻譯工作，他在回答訪談時就明確說到：「這是一部站在殖民者的立場所整理出來的殖民地反抗史，我們要如何正確認識殖民地反抗運動？這一定要有基本的史觀、社會觀、也就是說一定要有價值觀，這樣的反抗到底對不對？是不是盲動？日本人是否替台灣社會奠定現代化？所謂『帝國主義有功論』的價值觀又何在？」[4] 陳明忠先生的回憶錄正是從殖民地反抗史的角度有力地回答了林書揚先生提出的問題。

陳明忠先生迄今八十多年的人生路，被高度濃縮為上述那三句話，但人生是一分鐘、一小時、一天、一月，一年年過來的。當我們知道陳先生有二十一年有餘的鐵窗生涯時[5]，當我們看到他雖然並沒有過多地描述其遭遇的刑求，而我們也能在字裡行間想像其被殘酷迫害的情形時，當我們讀到將近 60 歲的他在保外就醫期間冒著三進監獄的危險，仍然堅持政治鬥爭，聯絡同志，參加遊行，組織抗議，籌建組織⋯⋯的時候，我們除了敬佩，就是不得不面對這個在「告別革命」的時代裡已經令人難以理解的

4　林書揚《林書揚文集》，卷一之〈台灣人民反抗運動的價值與特性〉，第 150-151 頁，台灣人間出版社 2010 年初版。

5　陳明忠先生第一次入獄是 1950 年夏，出獄是 1960 年 7 月；第二次入獄是 1976 年 7 月，1987 年 3 月以保外就醫離開國民黨監獄。

問題：是什麼力量驅使陳先生經受住酷刑的折磨，仍然不改信仰？是什麼力量讓陳先生在嚴酷的現實磨難面前不屈服，不背叛，不捨棄最初的信念？陳先生告訴我們，就是那一種強大的精神力使他頑強地戰勝了一切：「……精神力的支持是最重要的，只要精神沒有崩潰，肉體上的痛苦是可以忍受得住的。而且，只要認為『我不過是生錯了時代，才會遭遇到這樣的痛苦，但我並沒有走錯路』，精神就不會崩潰了。」[6]

　　無論是信仰，還是信念，對陳明忠先生來說，也像無數的革命者一樣，最初都來自被壓迫的遭遇，而陳先生最初所遭遇的壓迫就是他作為一個殖民地的「台灣日本人」被侮辱的切膚之痛：「台灣人民在日本的統治下，沒有任何尊嚴可言，這才是真正的『台灣人的悲情』。我因此知道自己是『清國奴』，是中國人，才開始起來反抗，我的一生從此就改變了。」[7]確實，從在高雄中學被侮辱，並意識到自己是中國人，而也正因為是中國人才會被侮辱，到他「突然體會到，我家佃農對我的態度，和『三腳仔』對日本人的態度沒什麼不同！換個立場看，在佃農的眼裡，父親和我不就等同於日本人嗎！……原來我從小就扮演了壓迫者和歧視者的角色。」[8]後者的體會在陳先生思

6　《無悔》，第176頁。
7　《無悔》，第234頁。
8　《無悔》，第46頁。

想觀念的形成過程中無疑是非常重要的一個環節，它是一個昇華，它意味著這不僅僅是道德境界的極大提高，完成了從被壓迫者的感受到對自己作為壓迫者的反省和自我批判，也是認識上的巨大進步，甚至是一個飛躍，從對民族壓迫的切身感受出發的反抗，到對階級壓迫的體認，最重要的是，這兩者是同一結構在國家／民族與國家／民族之間、階級與階級之間的體現，並且，兩者之間存在著邏輯的關聯，殖民地與宗主國的關係必然內在地表現為一個階級對另一個階級的壓迫，同樣，反過來，一個國家內部存在著階級壓迫，則對外也必然地表現為殖民與被殖民、統治與被統治的關係。

可以說，這是台灣共產黨人普遍的情感和思想歷程。林書揚先生有一個更為簡練的概念化表達，他說，「民族主義和社會主義」是他「在三十四年七個月的長期獄囚生活中唯一的內部支持力量。」[9] 陳映真也是如此。也正是因為這一思想脈絡，後來的年輕人才能從他們身上和文字中感受到力量，把握到精神，並以此滋養自己的思想和精神。趙剛先生在〈「不合時宜」的陳映真文學〉一文中就坦言自己的思想變化，因為陳映真，他才開始了「從一個完全信服普世主義的方法與價值的美式社會科學的青年學徒，到一個重新企圖從自身與區域的歷史找尋思想出路的『初老』學習者，企圖重新認識中國，重新認識東亞，

9　林書揚《林書揚文集・自序》，台灣人間。

乃至重新認識世界」[10] 的轉型，即使這一轉型是充滿挑戰性，甚至是危險的。

在我看來，這是解決今天在港台地區不斷出現的籲求獨立的社會運動的一條有效路徑。民族主義當然是一個複雜的歷史現象，在西方現代性展開的過程中，它也確實製造了很多民族災難，而在現實中，民族主義也常常被擠壓，並可能反彈為更狹隘的國家主義；然而，這決不意味著就應該將它視為一個本質主義的概念而捨棄掉，在廣大的第三世界的民族解放運動中，民族主義是最有效的動員力量，在第三世界的社會主義建設中，民族主義也是對抗西方封鎖、發揚自力更生精神的有力武器，即使在現實中，在國家尚未消滅的今天，在對抗美帝國主義及西方世界全球化的過程中，第三世界國家也仍然是一支強大的反抗力量。有意味的是，今天，無論是大陸，還是香港和台灣，都有不少人一聽到民族主義就無比緊張，他們不是將矛頭主要指向帝國主義的侵略和殖民主義的掠奪、壓迫，而是急急忙忙地撻伐民族主義，將國家視為本質之惡，甚至是一個原罪，惡之淵藪。

或許，也正是因為這一因素，無論是根本不願意寫回

---

10 參看趙剛〈「不合時宜」的陳映真文學〉http://mp.weixin.qq.com/s?__biz=MzAwNjU5NjYwNQ==&mid=2650718650&idx=1&sn=7cdf71d5abb27641fa4d9795b519ab44&scene=1&srcid=0908z1XA89mqwIjJLv48osSa#wechat_redirect

憶錄的林書揚，還是只做了口述回憶錄的陳明忠先生，他
們都沒有過多地描述自己曾經的苦難，而是更多地從歷史
經驗出發來分析現實，回應現實的問題。台灣有學者已經
指出，僅僅有苦難敘述是不夠的，我們還必須去追問：
1、他們經受了怎樣的苦難；2、他們為什麼經受苦難？
3、他們為什麼能經受苦難？4、他們所遭受的苦難與現實
構成了怎樣的關係？「對於希望透過口述資料認識歷史的
當前社會與讀者而言，逮捕、審訊、刑求、入獄等等苦難
的描述與記錄，確實有其不可或缺的重要性。很多時候，
正是透過逼視此般真實苦難所產生的不愉悅感，才有機會
讓觀者更深刻地認識到白色恐怖苦難的真實性與暴力本
質。然而，若僅僅只有『個人苦難』的描述，缺乏對『生
產苦難』的體制與歷史的問題意識提醒著，那麼風險將很
有可能是：本來期望還原歷史真相的口述史工作，卻因抽
空了歷史經緯而彷彿剩下個人的苦難史，如此一來反而讓
我們陷入一種國家暴力『沒來由的惡』的陷阱之中。」[11]
陳明忠先生回憶錄的錄音整理者李娜博士就正確地指出，
「他（引按：指陳明忠）的回憶，不是八十歲老人的悠然
抒懷，而依然是面對現實的鬥爭。」[12] 在我看來，這個鬥

11 陳柏謙〈挖掘、拼湊歷史過程中遺忘「歷史」的陷阱──一
　　個「白色恐怖」口述史入門工作者的自我意義探求〉，《台
　　灣社會研究》，第 103 期，第 193 頁，2016.06。
12 《無悔》，第 290 頁。

爭不僅僅是在歷史知識的場域內，也是，並且也必須是在
現實政治和文化的領域中展開。

就我個人的閱讀感受而言，必須承認，無論是台灣的
古代史，還是現代史，我的知識準備都是嚴重不足的。然
而，雖然閱讀並無知識上的阻礙，但如果沒有一定的積
累，對回憶錄中的一些看似細節，實質關係重大的知識
點就可能視而不見。譬如，如果不是呂新雨和羅崗兩位述
及，我就未曾注意到陳先生提及的「白團」[13]，繼而查百
度百科，始知 1950 年代國民黨治下的台灣島內的白色恐
怖恐怖到怎樣的程度，又荒唐到怎樣的程度。而整個 50
年代，國民黨「總共抓了十四到十五萬人，槍斃了一萬多
人，冤枉的人實在太多了」[14]。其恐怖程度足以當得「駭

13　《無悔》，第 96 頁。參看百度百科：「白團於 1954 年
　　向蔣介石提出密件《反攻大陸初期作戰大綱之方案》，
　　在 1958 年的八二三炮戰中，白團將領也親赴前線；白團
　　後於 1968 年撤出台灣，1969 年 2 月 1 日於東京解散，不
　　少成員復入日本自衛隊，將對中共作戰經驗帶回日本。」
　　http://baike.baidu.com/link?url=bb13f3sELzVaZUP9KSR-
　　nBeTO_5JgEN8GE5TQQbTwRBm_wgcj5q-oA1xC7MwMjhpo
　　NduXHDv-jb0sIpKCJQc5a#2。2016 年 9 月 13 日。據羅崗和
　　呂新雨介紹，台灣已經出版相關的研究著作。

14　《無悔》，第 113 頁。而據呂正惠先生，「國民黨在五十年
　　代初雷厲風行地肅清島內傾向或同情共產黨革命的人。根據
　　今人的統計，因此而被整肅的人高達十四餘萬，包括至少
　　三四萬人被處死（當時台灣人口約六百餘萬）。」參看呂正

人聽聞」這四個字。

　　而這些史料大多數是在 1980 年代以後才逐漸成為有識之士和有志之士關注的對象，在林書揚、陳映真、陳明忠等老一輩親歷者的回憶和研究，藍博洲、趙剛等年輕一代的搜羅、查訪和深入的解讀、研究，以及近年來更年輕一輩的努力參與下，至今已有二十餘年的積累。可是台灣當局，無論是國民黨當局，還是馬英九當局，都沒有，也不可能將這些已有的歷史研究成果納入學校的歷史教育框架，包括在史料基礎上進行的深入分析，這些分析既有某一學科內部的，也有不少跨學科的分析，同樣沒有融入學校教育的知識系統中。相反，一面是民進黨大肆宣揚台灣本土的主體性，以顛倒黑白、移花接木的方式別有用心地將「二二八事件」敘述成台灣的悲情；而國民黨對此多採取半推半就的姿態，為遮掩其曾經的殘暴，將「二二八事件」解釋為台獨的發源，故意忽視，甚至完全無視在美國強迫下，站在國民黨官僚資產階級利益上進行的不徹底、不公平的土地改革在台獨力量形成中的決定性作用，更有甚者，竟然也加入到美化日本殖民者的隊伍中去，與台獨分子同流合汙 [15]。究其根本性的問題，正是上引陳明忠先

　　惠《戰後台灣文學經驗》，第 1 頁，北京三聯書店出版社 2010 年。

15 2009 年，馬英九就以「國民黨黨主席」和「中華民國總統」的身分，和曾經的保釣分子，竟然步陳水扁後塵，參加「追思」日本殖民者的活動。參看鄭鴻生著《尋找大範男

生說到的「史觀」、「價值觀」的問題。汪暉在為藍博洲
《台共黨人的悲歌》所寫的序言中說：「將台灣建構為
『中國的他者』的客觀力量與其說是台灣島內的政治運
動，毋寧說是兩個形態不同的統治秩序，即『二戰』結束
前的日本殖民主義統治和『二戰』結束後，尤其是朝鮮戰
爭爆發後形成的美國主導下的內戰冷戰體制。」[16] 陳映真
稱這一體制為「雙戰體制」。雙戰體制是理解台灣現代史
唯一正確的切入點和基本框架，也是馬克思主義的歷史觀
的具體表現。

馬克思主義的歷史觀很重要的一個方面是，歷史是人
民創造的，人民是歷史的主體。陳明忠先生的回憶錄也頗
為充分地體現了這一點。李娜說，陳明忠先生的回憶錄，
以其「親歷帶出了『人民』的視角：從日據時代的抵抗，
到『二二八』事件，到『白色恐怖』，是台灣人民反抗奴
役、專制與腐敗的連續歷史。」[17] 在主流的歷史敘述中，
人民被邊緣化，人民對帝國主義的抵抗、對壓迫階級統治
階級的反抗被遮蓋、被顛倒、被置換，在現實的生活世界
裡，人民被愚弄、被魚肉，然而，人民就是人民，即使被
愚弄、被魚肉，再怎麼卑賤，他們仍然是歷史的創造者；

孩》「鄭鴻生作品」前言，第 14 頁，北京三聯書店 2013 年
　　第一版。

16　汪暉〈兩岸歷史中的失蹤者〉，藍博洲《台共黨人的悲
　　歌》「序言」，第 12 頁，中信出版社 2014 年第一版。

17　《無悔》，第 297 頁。

精英就是精英，即使他們再高尚，也仍然是統治者、壓迫者，甚至剝削者。

人民需要接受好的、正確的教育，尤其是被操弄、被宰制的人民。歷史教育就是知識教育的重要方面。問題是誰是正當而又正確的教育者？葛蘭西說國家就是一個教育者，但毫無疑問，不是所有的國家都是好的教育者，這與國家的主權者是誰直接相關，只有人民成為主權者的國家才是真正正當的，也才能真正行使好的、正確的教育。如果不是，人民有權罷免之，由人民自己擔當教育者。在這個意義上，陳明忠就是以人民的身分行使著人民教育者的使命。

今天，在高度發達的文化工業強大的生產線上，在資本化的傳播媒介中，大量滲透著自由主義和台獨意識形態的文化商品占領了主流文化的陣地，在先進的傳播技術的助力下，深刻地形塑著當代台灣青年人的思想觀念，並更加迅猛地再生產著更年輕一代的文化和政治的身分認同，這一現象被台灣學者命名為「天然獨」，發生在 2014 年春天的太陽花運動在一定程度上正是這一政治力量想要登上歷史舞台的表徵。難怪呂正惠先生要說：「……要在台灣站穩中國立場是非常艱困的。」實際上，對台灣的左統派來說，不惟他們自身的處境艱困，他們作為教育者的身分也遭遇了巨大的挑戰。陣地戰的戰幕已經拉開，看看最近島內的各種紛爭就可以明瞭。鹿死誰手，雖不能預言，但必須相信人民的力量。

　　也就是說，在今天，統一的問題已經不只是國家和政黨為兩岸的統一設計一個兩全其美的方案就可以完成的事情，而是全體中國人民的事業。這其中的關鍵問題是必須使全體人民感覺到這個事業就是我們自己的事業，衷心認同統一並不僅僅是領土完整，主權獨立，而是事關社會主義大業的政治問題。

　　就台灣的政治生態而言，國民黨與民進黨兩大政黨，雖然在統獨的意識形態上是根本對立的，但在與美國的關係上則是完全一致的，而這也就意味著，並非只要袪除了美國化，只要擺脫了美國的控制，甚至更激烈地表達為反美，就有了統一的可能。地緣政治在統獨問題上只是其中的一個結扣，更為關鍵的仍然是美台關係中的冷戰意識形態，即使在後冷戰時代，反共仍然是決定性的因素。中美關係在今天似冷實熱的情勢，一方面取決於大陸的現代化道路的抉擇，也取決於社會主義觀念能否成為統一的社會動員的政治理念。

　　既然統一是全體人民的事業，就意味著它不只是台灣人民的事業，也是大陸人民的事業，是香港和澳門人民的事業。但就我自己作為一個大陸人的感受而言，當我看到呂正惠先生在《戰後台灣文學經驗》一書的序言中一再不安地述及他的文字「所具有的明顯的時間、空間因素（二十世紀最後二十年的台灣）是否能引發大陸讀者的興

趣」[18] 時，我感受到一種更為強烈地不安。也許呂先生的不安是他自謙的表達方式，但在我看來，這恰恰也正是大陸人普遍的狀況，它既是一種知識狀況，也是一種心理狀態。認真地檢討一下，在當代大陸的知識教育，因而在當代大陸人的知識系統中，有多少是關於台灣的呢？譬如大陸的中國現當代文學史，台灣文學占比多少？我們有港台文學研究的機構和研究生教育的專業方向，可是在整體性的中國現當代文學史中，台灣、香港以及澳門，或者只有極小的篇幅，更多的是付之闕如，而那極小的篇幅還可能是錯誤的歷史敘述。我相信在其他的領域情形恐怕也好不到哪裡去。嚴厲一點說，在大陸的知識教育和研究機構中，以獨立的形式，看似賦予了台灣更重要的位置，實質卻是使關於台灣的知識成為一個更為專門性的部分而存在，從而形成為一個無比弔詭的現象：台灣不在中國之內。如果這樣的知識狀況不加改變，人民在統一事業中的作用將受到極大的影響，最終影響統一大業。

與這一知識狀況緊密相關的是心理狀態。在我不多的與台灣同胞開會和吃飯的場合，我就不止一次地聽到他們含笑的批評，你們在說中國的時候，其實並沒有包括台灣。這絕對不是一般意義上政治正確的批評，在我看來它表徵了一個不能被表述出來的無意識。而要克服這一無意識，就需要擁有陳明忠先生在看到自家佃農對他的恭順後

---

18 呂正惠《戰後台灣文學經驗》「序言」，第 1 頁。

能夠聯想到日本殖民者對他的壓迫，想到民族壓迫和階級壓迫其實是同構的、重疊的這樣一種能力。我想説的是，我們如果不能理解台灣人民感受到的「亞細亞的孤兒」的痛苦，不能深刻地體會台灣同胞在説出「百年離亂」[19]四個字時內心的悲愴，我們也就無法真正理解陳明忠先生不改、不悔初衷的境界。而在我看來，這與道德無關，而是價值觀的問題，是意義的問題，因而也是文化的問題。對陳明忠先生來説，他的價值觀，用電視劇《人間正道是滄桑》中的台詞説，是「理想通過我得以實現」，而不是「我實現了我的理想」。用陳先生自己的話説：「人類追求理想的過程當然是很漫長的，不可能在你活著的時候就看到你追求的目標已經達到。每一個人在自己活著的時候，盡自己的心力去做，就可以了。……不可以寄望於革命馬上成功，或者革命過程永遠不會出差錯，如果這樣想，就會否定歷史上所有革命的價值。」[20]我以為，陳先生的理想就是林書揚先生説的「民族主義和社會主義」。但是，必須強調，這兩者不可剝離的關係，特別是民族主義，一旦從社會主義中剝離出來，情形就會大不一樣。

在我看來，真正的社會主義對源自資本主義民族一國

---

19 「百年離亂」是鄭鴻生先生著作的題名，參看《百年離亂——兩岸斷裂歷史中的一些摸索》，台灣社會研究季刊社，2006年初版。

20 《無悔》，第282頁。

家之現代性的民族主義有一種反抗、改造並重構的力量，
並在十九世紀以來，特別是二十世紀第三世界的民族解放
運動中頗為充分地體現了出來。

2016 年 9 月 14 日於滬上羅店鎮

「倒退著走進未來」[1]

——1980 年前英國文化研究歷程的啟示

　　「文化研究」是個舶來品。凡舶來品，總會有出於各種目的的正宗與非正宗之爭。鑒於文化研究在當代中國大陸亂象叢生、眾說紛紜的狀況，確實到了該爭一爭的時候。在我看來，大陸文化研究的現狀並不是繁榮，而是錯亂的概念形成的繁雜和紛亂。

　　虛假的繁榮主要表現在幾乎所有不能納入現有學科體制和範疇的對象都成了文化研究的題目，特別是日常生活最基本的衣食住行等方面，優衣庫、牛仔褲，肯德基、麥當勞、星巴克，宜家家具、房地產廣告，地鐵、高鐵、私家車；具體到文化消費領域則既有傳統的電影電視和其他大眾文化的研究，這其中最多的或許就是所謂的粉絲文化研究；傳統的文學研究的邊界也在不斷被突破，除一般的閱讀研究外，近年繁榮的網絡文學產業也成為關注的對象；也有面向新媒體技術生產的博客、微博、微信，乃至基於電腦及網絡技術興起的遊戲，諸如網（絡）遊（戲）、手（機）遊（戲）、（網）頁遊（戲）等研究；

1　本文初刊於《文藝理論與批評》雜誌，感謝祝東力老師和崔柯兄細緻、謹嚴的編輯勞動。刊文略有刪減，現仍其舊。

而在社會領域的性／性別研究中，同性戀無疑是最熱的話題，此外什麼老少戀、姐弟戀、虐戀、網戀等等研究；基於特殊群體的廣場舞及廣場舞大媽、城市青年的亞文化研究；也有一些對新工人及其文化的研究，乃至鄉村文化研究……看上去，真的是繁花似錦，欣欣向榮。於是，出現了一個特別奇怪的現象，不是學科的文化研究卻可以在學術對象的範疇上超過了所有的學科，文化研究所向披靡，無往不勝，開疆闢土，儼然已經開創了一個無邊無際的學術領地。

不是說上述種種都不是文化研究，也不是說這些都不能成為文化研究的課題。關鍵的是文化研究絕不意味著研究對象的無邊無際。在我看來，文化研究在大陸的指向性越來越模糊，甚至已經遠遠偏離了當年文化研究產生的初衷，以及隨後形成的文化研究的基本精神和基本方法。說得嚴重點，似乎中國的文化研究與英國當初的文化研究並沒有多少關係，除了共享一個名稱之外。因為，在上述自詡或被指認為文化研究的文本中，基本上看不到關於當代中國的階級分析，因而也談不上真正的政治，有的只是被籠統處理，因而也是抽象化的各類群體；也看不到多少真正對資本主義及其文化批判，更看不到對於社會主義及其文化的深入剖析，遑論對社會主義文化的整體性思考和創造性規劃，只有一個被抽空了歷史和現實關係的權力。在這裡，文化研究似乎只是一個與消費主義的狂歡並無多少區別的體制化的學術生產方式，甚至是一種自以為是的

智力遊戲。十多年前，我們的文化研究就被批評為「小資化」，甚至被更刻毒地指為當年的流行女裝「吊帶衫」，並被指斥為墮落。[2] 然而，時隔十多年，這樣的狀況非但沒有根本的改變，甚至愈演愈烈。這究竟是「文化研究的陷阱」，還是又一個異地而生的逾淮之橘的故事？難道文化研究就是個無所不包的籃子，撿進來的都是菜？不錯，文化研究確實反對唯名論，但顯然並不意味著名實之間可以如此脫節，造成十足的名存而實亡的結果。在我看來，或許其中的一個關鍵點是對於英國的文化研究的歷程不了解，以及誤讀和曲解。換言之，是對文化研究的歷史必然性，無論是在英國，還是在中國都缺乏深入的思考，對文化研究之於當代中國的必要或不必要，延續的基本上是 80年代引入西方學術思潮的思路：武器不問出處，武器不問用途，一言以蔽之，去歷史化、去語境化乃至去政治化的知識化。

1985 年，雷蒙·威廉斯針對其時很多人對新千年的憧憬，寫了篇題為「倒退著走進未來」的短文。威廉斯看到了社會主義面臨著危機，他不認同盲目相信新千年的美好然而簡單的願望，也不贊成將希望寄託在社會主義是歷史的必然這一盲目的信念之上，對絕大多數人心中產生

2　參看曠新年〈文化研究這件「吊帶衫」〉、薛毅〈文化研究的陷阱〉等文章，《天涯》，2003 年第一期「文化研究反思小輯」。

的「絕望與悲觀」更是難以接受。面對甚囂塵上的「消費
的歡樂聲」，威廉斯在現實中捕捉到了令人欣慰的信息：
「雖然現代社會主義面臨著這些作祟的灰色思想，那些對
社會主義矢志不渝的人們卻表現出令人驚嘆的靈活性、精
力和信心。」這種靈活性就是「從各種不同的來源中吸收
了真正的力量」，然而，威廉斯意識到，在吸收各種力量
的同時，也存在著對「社會主義」理解的偏差，他因此
說，「我們必須從知識上區別社會主義思想和那些雖然相
關但仍不同的進步思想。」[3] 這裡無法討論具體的問題，
雖然今天社會主義遭遇的危機更甚於威廉斯寫作該文的時
代，但我仍然要冒避重就輕的危險來說說他的思路和方
法，因為對文化研究而言，方法也是其意涵的組成。簡單
地說，我們必須從知識上區別文化研究的思想和方法與那些
雖然相關但並不相同的學術，換言之，「靈活」需要謹慎。

　　方法總是與內容相關。「倒退著走進未來」就是威廉
斯討論社會主義和社會主義文化的基本方法。倒退，當然
是退進歷史之中，但退進歷史絕不是龜縮在故紙堆裡，因
為倒退者面向的是前方，而不是來路。退進歷史，乃是要
從歷史中尋找力量和資源，發現，甚至發明能夠創造美好
未來的傳統；更直接而簡單的表述是眼望來處，面向歷

3　〈倒退著走進未來〉，《希望的源泉》第 308 頁，[英] 雷
　　蒙・威廉斯著，祁阿紅、吳曉妹譯，譯林出版社 2014 年第
　　一版。

史，倒退著走向身後的未來。在這個意義上，我們也需要倒退著進到文化研究的歷史中去，為了文化研究更充分地展開。

而且，在我看來，這也是克服一般知識論的局限的有效方法。一般的知識論總是從對該知識對象的界定，即定義開始，然而當這一傳統知識論的生產模式遭遇「文化研究」這一特定對象的時候，首先面對的就是，作為專有名詞的「文化研究」是一個有邊界的知識對象嗎？在很大程度上說，無論是作為文化研究經典的《文化與社會》、《英國工人階級的形成》等等，還是此後作為文化研究者必讀的阿爾都塞和葛蘭西，都無法納入一個可以被稱為「文化研究」的獨立的知識體系中，包括被特里‧伊格爾頓稱為「無法歸類」[4]的威廉斯的《鄉村與城市》，無法

4　特里‧伊格爾頓《縱論雷蒙德‧威廉斯》，王爾勃譯，周莉、麥永雄校，《馬克思主義美學研究》1999 年第二輯，第 401 頁，廣西師範大學出版社。該文收入馬海良譯的伊格爾頓《歷史中的政治、哲學、愛欲》（中國社會科學出版社 1999 年第一版）中，題目為「希望之旅的資源：雷蒙德‧威廉斯」，兩者頗多不同，我以為王譯遠勝於馬譯。「歸類」或許可以被視為人類的一種思維衝動，在一般知識學的意義上說，分類是知識生產的重要手段，一般而言，知識生產的動力主要有三種類型（這也是一種分類）：社會實踐的需要、利益訴求（在現代社會則是鮮明的商業目的）和知識內部自身發展的邏輯，第一種類型最重要，可能也更普遍。而現代知識分工的細密化與社會分工的細化是一致的，細密

歸類並不就意味著它一定屬於文化研究。

　　然而，已有的研究雖不至於汗牛充棟，卻也在從其誕生之日到今天近一甲子的過程中積累了相當數量的成就，甚至被一定程度地經典化，其中還包括英國文化研究者的自我敘述。同時，就大陸而言，當代中國在最近的二十多年裡，經歷了 90 年代以來中國和世界相互深入的史無前例的過程，從而有了前所未有的巨變，這一巨變的過程逐漸結出了一個充滿闡釋空間的果實。知識界和思想界對這一進程本就存在分歧，如今，在果實落地，並且又開始了新一輪的再生後，分歧大有更進一步地演變為分裂的跡象。也就是在這一進程中，文化研究進入了大陸知識界和思想界的視野，甚至可以說，文化研究就正是因為既有的知識無法闡釋這一進程中湧現的諸多社會、文化現象而成為思想界的選擇的，然而，既是因為 90 年代的現實在很多地方尚處於曖昧不明之中，也由於對作為「批判的武器」的文化研究的譯介還不夠充分，對它的理解還處在接受、消化的階段，隨著文化研究理論旅行的逐漸深入，也伴隨著現實的逐漸明朗，或者說很多社會現象和文化現象的惡化，對文化研究的理解和運用，同樣顯現出分裂的徵

　　化必然形成更為精細而狹窄的專業化，在很大程度上說，也就是知識的碎片化。但更重要的是，知識生產和知識傳播與高等教育的體制化力量的強大與知識即權力的重疊使分類不再只是簡單而純粹的知識內部的工作，而事關權力分配和利益分配。

兆。面對這樣的狀況，重新回到源頭，正本清源，不失為
一個有效的路徑，雖然源與流之間並非必然甚至必須有一
個對應的關係。

我並非要炮製一個文化研究的原教旨主義，因為
「文化研究是一種福柯意義上的話語型構（discursive
formation）……它始終是一套不穩定的構型。」[5] 也就是
說，文化研究原本就應該是一個開放的空間，甚至是一個
永遠處於未完成狀態的知識形式和實踐方式，而即使是這
一特點，或者說理念，也來自英國文化研究，因此，重新
梳理英國文化研究的歷史並非多此一舉。

而我之所以確定以 1980 年前的英國文化研究為考察
對象，乃是基於以下幾點考慮：

(1) 1979 年底，霍爾撰寫了〈文化研究的兩種範
式〉，1980 年發表。在我看來，這是霍爾對文化研究的歷
史總結，而這一總結是在霍爾看到了英國文化研究內部的
差異後進行的，但霍爾並非要借助於這個總結表明自己的
立場，甚至與不同於他自己的結構主義文化研究相決裂，
相反，他試圖通過對差異的分析，在求同存異中尋找更大
的可能性空間，也就是說，霍爾希望以此開啟文化研究新
的未來，所謂繼往開來也。在這個意義上說，1980 年標誌
著英國文化研究一個階段的結束。從更大的歷史語境說，

---

5 霍爾〈文化研究及其理論遺產〉，孟登迎譯，《上海文化》
2015 年第 2 期，第 49-50 頁。

70 年代是歐洲經歷了戰後高速增長的階段後再次陷入經濟危機的時刻，是新自由主義萌發並逐步強大的時刻，也是革命的二十世紀即將終結，走進後革命時代的時刻。在這個意義上説，霍爾在這一歷史時刻對文化研究的歷史和範式進行總結，意味深長，霍爾關切的或許正是文化研究向何處去的大問題。當然，也必須看到霍爾與威廉斯和湯普森的差異。

(2) 理查·霍加特創立於 1964 年的伯明罕大學當代文化研究中心，在 1979 年迎來了它的第三任主任理查·約翰生。霍爾於 1969 年繼霍加特之後執掌中心十餘年間 [6]，幾乎可以説，自 1960 年至 1980 年，是英國文化研究的黃金時代，無論是在知識生產領域，還是文化實踐空間，乃至社會、政治領域，中心和非中心成員的威廉斯、湯普森等都基本上團結在「文化研究」的旗幟下，既表現出了驚人的創造力，也顯示出了相當的熱情，並且產生了巨大的影響。特別值得一提的是中心在知識生產領域所進行的組織化、集體化生產方式的探索，毫無疑問，這一探索是成功的，而這一成功首先要歸功於霍爾卓有成效的領導和組織，霍加特因此稱頌説「斯圖亞特可謂為集體生活而工作

6　據維琪百科霍加特和霍爾的詞條，霍加特擔任中心主任至 1969 年，而霍爾自 1968 年起擔任中心的執行主任，1972 年才出任主任一職。

的偉人」[7]，這是英國文化研究貢獻給世界的寶貴財富。而在 1980 年後，一方面，雖然威廉斯、霍爾等等都仍然在各自的領域繼續努力，也間有合作，但獨立性已經遠大於合作；另一方面，中心的集體知識生產似乎也如明日黃花，隨著霍爾的卸任，也隨著各種後學理論的興起，以及新自由主義在國際政治、經濟和文化領域，乃至普通人日常生活中的深刻影響，分化在所難免，凝聚似不再可能，輝煌也就難再延續。

　　(3) 葛蘭西和阿爾都塞也都於 1980 年之前相繼進入英國文化研究的視野，並成為其有效的理論武器和思想資源。[8]之所以特別強調這兩位理論家之於文化研究的重要性，是因為在英國文化研究的發展史中，被命名為「結構主義轉型」和「葛蘭西轉型」的這兩次重要的「轉型」，或者我更願意使用的「拓展」與之緊密相關。而霍爾發表於 1980 年的《編碼，解碼》則是將這兩者融匯並富有創造性的代表性成果。約翰·斯道雷說，《編碼，解碼》的

7　〈文化研究四十年──理查·霍加特訪談錄〉，[英]馬克·吉普森、約翰·哈特雷，胡譜中譯，《現代傳播》2002年第 5 期，第 84 頁。

8　1971 年，Lawrence & Wishart 出版社就出版了《葛蘭西獄中札記選編》，而據英國學者考察，「新左派在 1967 年以前討論中就引入了葛蘭西的霸權概念」（詳見邁克爾·肯尼著《第一代英國新左派》，李永新、陳劍譯，第 186 頁，江蘇人民出版社 2010 年第一版）。

發表標誌著「英國文化研究最終擺脫了左派利維斯主義、『悲觀論調』的馬克思主義、美國大眾傳播模式，文化主義和結構主義，開始展現出自身獨特的風貌」[9]。但這並不意味著此前的文化研究就沒有自身的獨特性，某種意義上說倒更鮮明。

(4) 1980 年代，文化研究作為一種理論和方法開始了它在世界的旅行。李陀說，「文化研究（cultural studies）於 1980 年代開始被世界許多國家理論界所重視，並且成為學術和理論活動中一個非常活躍的領域……」[10]。理論旅行的開始首先是被普遍接受，而普遍接受的前提是基本成型或蔚為大觀。

(5) 文化研究的體制化在 1980 年之後逐步完成，並迅速擴張。「1970 年代，以文化主義、結構主義為主要範式的伯明罕學派與以政治經濟學分析見長的萊斯特學派可謂勢均力敵；進入 1980 年代以後，伯明罕學派迎來了它在英國的快速膨脹與學術殖民，令其他學派與文化研究的相鄰學科十分不安。」[11] 雖然我覺得這一令人不安是好事，可以促其調整，破除學科壁壘，但若是對其他與其所致力

9　約翰・斯道雷 Cultural Consumption and Everyday Life（1999），轉引自徐德林《重返伯明罕——英國文化研究的譜系學考察》，第 287 頁，北京大學出版社 2014 年第一版。

10　李陀〈我們為什麼要搞文化研究？〉，《電影藝術》2000 年第 1 期，第 49 頁。

11　徐德林《重返伯明罕》，第 266 頁。

的目標相一致的學派形成了壓抑甚至壓迫性的影響，恐怕也是伯明罕學派需要深入反省之處。無論如何，文化研究在 1980 年代的擴張之勢無疑得益於其體制化的方式。這也是文化研究發展過程中的一個悖論。更重要的是，1980年代之後的文化研究，即使在英國，除了湯普森、威廉斯等人之外，文化研究知識化的傾向也已經逐步顯現，並在美國化的過程中進一步加強，美國文化研究的代表人物勞倫斯·格羅斯伯格就不止一次地強調：「我相信文化研究是一種嚴格的智力實踐。它的目的是生產可能的最好知識，這種知識利用最精妙的工具回答與我們社會生活中權力組織有關的專門問題。」[12] 知識／理論實踐成為文化研究者最主要的實踐活動，換言之，文化研究的政治性和實踐性常常被局限在知識領域內部，與實際的政治事件和社會運動的關係越來越疏離。這無疑是其學院化、體制化的結果。

有一點必須指出，文化研究是差不多同一時期興起的英國新左派運動必不可少的、重要的組成部分，但文化研究是其中最獨特的一支；文化研究有其自身的歷史脈絡，不宜與新左派的代際更迭相提並論。有學者從英國新左派史的角度指出，1956 至 1962 年是新左派運動的第一波，「新左派的三位重要理論家——斯圖亞特·霍爾、愛

12 勞倫斯·格羅斯伯格〈文化研究之罪〉，陶東風主編《文化研究讀本》，第 158-159 頁，南京大學出版社 2013 年第一版。

德華·湯普森和雷蒙·威廉斯——在這一時期都寫出了他們一生中最重要的學術著作，儘管這一時期在他們的整個學術生涯中普遍沒有得到足夠重視。」[13] 但在文化研究的脈絡中，這三位理論家，以及霍加特等人，在這一時期的重要性是顯而易見的，他們所做的工作，對於文化研究而言，完全是奠基性的，沒有他們在這一時期的創造，也就沒有文化研究之後的發展壯大。

那麼，究竟是什麼樣的現實和哪些力量催生了文化研究？換一種表達方式，如果說，有著反學科、跨學科屬性的文化研究是依靠問題意識凝聚為一個思潮，一個現象，一個知識和思想的共同體，那麼，在我看來，這個問題意識必須從歷史的脈絡中和思想的脈絡中去尋找、發現。

雖然霍爾說「文化研究」「並沒有單純的源頭」[14]，但是，「文化研究」在其作為歷史現象的意義上，它是英國新左派運動的一部分這一點是毋庸置疑的，然而，僅僅將其置於英國的歷史脈絡中還很不夠，更進一步說，它是歐洲戰後歷史和政治、經濟、文化共同作用的結果，也是其發展過程的一部分，倘使從思想／理論／知識的角度來說，它又參與了戰後秩序的重建。雖然歷史學家說，在 1945-1953 年間，「英國知識分子在歐洲大陸的爭論中

13　《第一代英國新左派》，第 3 頁。
14　霍爾〈文化研究及其理論遺產〉，同前，第 49 頁。

並沒有起到影響作用，他們只是在一邊袖手旁觀。」[15] 但
1956 年發生的一系列事件卻使英國知識分子想外在於它也
已經不可能了，因為 1956 年是「整個歷史／政治事業出
現解體」[16] 的時刻。

那麼，1956 年究竟是什麼樣的時刻？這一年所發生的
事件在戰後的歷史階段中究竟處於什麼關係之中，對當時
的現實和未來又產生了怎樣的影響？眾所周知，二戰結束
後的開始幾年，歐洲各國，無論是戰勝國，還是戰敗國，
都處在混亂、貧困、百廢待興的狀態中，重建家園是最強
烈、最迫切的任務，然而，無論是大國，還是小國，都已
不再可能獨自完成重建，家園的重建實際上已經是一個歐
洲，乃至世界的政治、經濟秩序重建中的組成部分，對
歐洲而言，就是「舊歐洲的終結」[17]。血與火的戰爭結束
了，另一種形式的戰爭——冷戰在二戰結束後隨之開啟，
而且冷戰除了在政治、經濟和軍事領域外，還在文化領
域公開或隱蔽地有計劃地展開。[18] 於是，新的地區乃至全

15 《戰後歐洲史》，[美]托尼·朱特著，林驤華、唐敏譯，
　　第 182 頁，新星出版社 2010 年第一版。
16 霍爾〈文化研究及其理論遺產〉，同前，第 51 頁。
17 《戰後歐洲史》，第 200 頁。
18 參看《文化冷戰與中央情報局》，[英]弗朗西絲·斯托
　　納·桑德斯著，曹大鵬譯，國際文化出版公司 2002 年第
　　一版；以及《文化自由同盟與戰後人心的爭奪》，[澳]彼
　　得·科爾曼著，黃家寧、季宏、許天舒譯，東方出版社

球的政治經濟秩序在民眾對未來的悲觀和重建的急迫需要中，在新的地緣政治、區域經濟和美蘇主導的冷戰架構之間的對抗、妥協、爭奪中逐漸趨於成型、穩定。冷戰架構的形成也經歷了從初始的雛形到發展成型、內外部的變化等階段，但這並不意味著冷戰的觀念是戰後才產生的[19]，同時，這一看似純粹意識形態的政治對壘（軍事化只是其表現形式），卻始終與經濟利益纏繞並存，甚至對於普通民眾而言，去政治化已經成為普遍的選擇：「……在第二次世界大戰後的那些暗淡歲月裡，歐洲公眾遠離了政治……經濟發展已經不再把政治作為集體行動的目標和語言；國內娛樂和國內消費的出現，取代了人們對公眾事務的參與。」[20]但政治性的時刻也從未徹底從社會生活中消逝，而且，經濟生活本身就包涵著政治性，如戰後英國工黨之戰勝保守黨人邱吉爾而贏得大選就是證明。政治性需

1993 年第一版。

19　作為一名英國軍官參加了戰爭的威廉斯回憶說，黨衛軍軍官跟他說：「為什麼我們彼此會捲入到這場荒謬的戰爭中呢？誰是共同的敵人是非常清楚的。」當威廉斯將這些話報告給他的上級時，上級說：「他們可能是對的，夥計。」威廉斯因此說，「未來的冷戰觀點早在 1945 年 3 月就已經開始了其同化過程。」《政治與文學》，[英]雷蒙德・威廉斯著，樊柯、王衛芬譯，第 41 頁，河南大學出版社 2010 年第一版。

20　《戰後歐洲史》，第 210 頁。

要被發現，並被揭示出來。

　　1947 年，美國實施馬歇爾計劃，推動歐洲非共產國家的戰後復興。1948-1952 年是歐洲經濟發展史上最快的歷史階段，但主要的原因並非馬歇爾計劃。在 1950 年代末至 1970 年代初這一被歷史學家們稱為歐洲現代史上的「黃金時代」[21]，其高速增長「主要得歸功於持續增長的海外貿易」，「因為從那些非西方世界進口的原材料和食物價格一直在下跌，而製成品的價格卻一直在上漲」，[22] 這實際上是資本主義生產方式中城市／現代化對鄉村／傳統的剝奪在世界範圍內的體現，它的成功取決於西歐國家原本就已經完成了工業化，以及歐洲其他地區在戰後的快速工業化進程。特別值得一提的是，這段時間無論是工農業還是軍事工業的生產力都有超出歷史水準的發展速度，很大程度上說，工農業生產力在戰後的發展得益於二戰時期的軍事工業，包括如今已經具有較高普及率的計算機／電腦和手機，也是美國在 70-80 年代開始在軍事工業基礎上轉產／轉型的結果。[23] 而北大西洋公約組織（1949

21　參看［英］艾瑞克・霍布斯鮑姆著《極端的年代》第二部分「黃金時代」，馬凡、趙勇、李霞譯，舒小昀校，江蘇人民出版社 2010 年第一版。

22　《戰後歐洲史》，第 289 頁。托尼・朱特甚至說，「在和『第三世界』長達 30 年的不公平貿易特權中，這些西方國家簡直就是獲得了印製鈔票的許可證。」

23　參看《傳播理論史——回歸勞動》，［美］丹・席勒著，馮

年）、華沙條約組織（1955 年）和歐洲經濟共同體及歐洲原子能機構（1957 年）等國際組織相繼成立，對這一時期整個歐洲的經濟發展也發揮了很大的作用，雖然每一個組織都有各自的政治經濟訴求，且內部也從未停止過爭鬥。

　　1956 年就是爭鬥最激烈的一年。1956 年 2 月，蘇共二十大召開，自 1953 年史達林逝世後出任蘇共中央第一書記的赫魯雪夫發表《關於個人崇拜及其後果》的祕密報告，報告很快傳播到世界各地，造成極大震動，特別是對歐美左翼陣營。6 月，波蘭爆發波茲南事件，工人抗議波蘭政府的史達林主義及其工業化模式，包括其分配制度，之後更要求蘇聯撤走全部軍隊，10 月，哥莫爾卡當選波蘭中央第一書記。匈牙利大學生和知識分子從波蘭的勝利中看到了希望，於是在匈牙利爆發反蘇遊行示威，主張「走符合我們民族特點的建設社會主義的匈牙利道路」的納吉成立新政府，並宣布退出華沙條約組織，蘇軍坦克開進布達佩斯，在蘇聯的強大干預下，納吉被捕，匈牙利再次成為蘇聯的衛星國。

　　而在冷戰的另一方資本主義／帝國主義這一邊，在國內，大力發展經濟，而在國際上，面對戰後第三世界國家的民族解放運動，殖民地的相繼獨立，掠奪的本性，和因原材料供應、銷售市場的迅速縮小造成的經濟壓力，使他

　　建三、羅世宏譯，王維佳校譯，北京大學出版社 2012 年第一版。

們不可能徹底放棄占有的衝動。就在波蘭爆發波茲南事件的同時，英國撤走了最後一批駐守蘇伊士運河的軍隊，7月，埃及總統納賽爾與印度總理尼赫魯在南斯拉夫總統鐵托主持下，簽訂「不結盟」聲明，不久，埃及宣布蘇伊士運河歸國家所有。但英法帝國都不甘心失去，就在哥莫爾卡和納吉與蘇聯爭鬥正酣之時，英法和以色列密謀入侵納賽爾領導的埃及。雖然最終被美國和蘇聯因自身利益受損而強迫停止，英國也因此失去了通過蘇伊士運河獲取廉價石油的海上運輸通道，但也向世界展示了帝國主義的本性，和重建世界新秩序的真面目。

而發生在更早時候、其他地區的一些事件同樣是戰後世界新秩序的重要方面，也是革命的「短二十世紀」的重要組成部分[24]。1947年，印度、巴基斯坦、緬甸英屬殖民地相繼獨立，翌年，錫蘭獨立；1949年10月，中華人民共和國成立；1950年6月朝鮮戰爭爆發；1955年4月，萬隆會議召開，既作為理論，也作為政治實踐的第三世界逐漸形成為新的力量登上國際政治經濟舞台。第三世界的理論直接地與毛澤東思想相關，也直接地與中國革命相關，威廉斯就說：「我把中國革命看做一個決定性的歷史

---

24 參看《漫長的20世紀》（〔意〕傑奧瓦尼・阿瑞基著，姚乃強、嚴維明、韓振榮譯，江蘇人民出版社2011年第一版）、汪暉《去政治化的政治——短20世紀的終結與90年代》（北京三聯書店2008年第一版）相關章節。

事件，它改變了整個世界政治的形態。它是第二次世界大
戰之後發生的唯一一件好事。」[25] 而在中國國內，則是社
會主義三大改造的完成後的過渡時期的結束，及社會主義
的全面展開。

　　1956 年當然不是一個新的時間起點。戰後世界新秩序
的展開過程當然更為複雜，但在上述簡略的梳理中，我們
可以看到，蘇聯主導的歐洲共產主義陣營內部的矛盾和衝
突，特別是對史達林主義的憤怒，必然在歐洲左翼思想界
造成巨大的影響，動搖，幻滅，放棄，甚至背叛已經在所
難免，而堅定的左翼知識分子則從嚴峻的現實中開始反思
被體制化的馬克思主義，也包括對經典馬克思主義的重讀
和思考，以及對非馬克思主義傳統的關注；另一方面，他
們對建立在高速增長基礎上的福利國家的社會民主制同樣
不抱希望，對已經到來的黃金時代泛濫的物質主義和毫無
鬥爭性，甚至是銷蝕鬥爭性的消費主義的大眾文化疑慮、
懷疑，甚至根本看不到。在這樣的背景下，歐洲，包括英
國的新左派誕生了，他們試圖尋找「第三條道路」，以此
克服現實困難，走出困境，重新探索社會主義新的可能。

　　這一背景，或者說這一語境至關重要，雖然始於英國
的文化研究在整個新左派的脈絡中有其獨特性，但它與其
他新左派思潮共享了一個共同的戰後歐洲的氛圍，換言
之，新左派處在戰後歐洲，乃至整個世界的政治經濟結

---

25 《政治與文學》，第 71 頁。

構中，處在冷戰的體制下，處在史達林主義即將破產和已
經破產的歷史過程中，同樣重要的是，也處在戰後資本主
義新的發展方式以及這一發展方式所帶來的社會劇變的歷
史進程中。在這個巨變中，「大眾」和「大眾文化」成為
其中特別引人注目的對象，因而也是左右爭奪闡釋權的對
象，甚至還不僅僅是對闡釋權的爭奪，而就是對「大眾」
的爭奪，雖然作為行動的「爭奪」，多少已經包涵了對對
象的理解，使「賦權」變得曖昧不清，但毫無疑問，關鍵
的問題是主體和主體性的問題。

　　當然，上述梳理並不是要簡單地給出一個歷史決定論
的結論，文化研究誕生在這個時代是歷史的必然。決定論
和還原論是文化研究的敵人，問題在於當現實成為歷史，
還原論不足為法的時候，如何找到兩者的勾連，也成為文
化研究自身的使命。

　　讓我們回到「文化研究」自身的歷史上來。

　　「《文化與社會》於 1958 年出版後，人們都說這是
英國新左翼的開創性之作。現在還常常有人把本書與後
來的《漫長的革命》、理查·霍格特的《識字的用處》
（Richard Hoggart，The Uses of Literacy）、湯普森的《莫
里斯》（E.P.Thompson，William Morris）與《英國工人階
級的形成》（The Making of the English Working Class）放
在一起，統稱為開創了全新知識和政治傳統的作品。」[26]

26　《文化與社會》，[英]雷蒙·威廉斯著，高曉玲譯，吉林出

威廉斯不該將湯普森的《威廉‧莫里斯》放在一起，該書出版於 1953 年，早於《文化與社會》，更重要的是，《威廉‧莫里斯》尚未充分體現湯普森新左派的思想特點，也沒有體現出文化研究的理論性和方法論意義（但這麼說絕不是否認湯普森的莫里斯研究在文化研究脈絡中的重要性），在這個意義上，威廉斯的《文化與社會》和出版於同年的霍加特的《識字的用途》，與出版於 1961 年的《英國工人階級的形成》標誌著文化研究的誕生，而《文化與社會》是理所當然的「開創性之作」。

威廉斯寫於 1958 年的〈文化是平常的〉一文的前半部分或許可以視為《文化與社會》的一個長篇注釋，或者是其問題意識的交代和闡述。雖然威廉斯所有的著作都關乎文化，雖然《文化與社會》的思考和寫作開始於英國經濟剛剛復蘇之際，那時也是作者「在 1945 年後的信仰危機和歸屬危機」[27] 的時刻，但《文化與社會》以將「文化」重新問題化的方式，通過對英國工業化的近代歷史脈絡中有關「文化」概念表達的梳理，重啟「文化」的理論之旅，無疑是文化研究的發軔，雖然它也是英國文化主義傳統的延伸，但威廉斯反轉了傳統文化主義的精英主義和保守主義立場，將「文化」的定義權從他們的手中奪了過來。其根本目的是回應現實，並由此反思馬克思主義的經

版集團有限公司 2011 年第一版。「1987 年前言」第 2-3 頁。
27 《文化與社會》，「1987 年前言」第 4 頁。

典理論。而這個現實就是高速經濟增長過程中，伴隨著「可惡的新商業文化」[28]而產生的對於「文化」的精英壟斷和占有，以及對工人階級及其文化，包括對大眾和大眾文化的鄙視、汙蔑和曲解。在〈文化是平常的〉中，威廉斯重複了《文化與社會》「結論」部分的這句重要的話：「其實並沒有什麼大眾，只有把人看成大眾的方法。」這裡的「方法」，既是一種視角，也是一個立場，更與新的技術和運作手段有關，「由於大眾傳媒的改善，尤其是新聞和娛樂多種傳播模式的出現，造成了傳播者與受眾之間無法彌合的鴻溝，這再次導致受眾被說成是無知的大眾。……我堅持認為普通人身上的這種低下素質並不是與生俱來的……」[29]而英國工人階級的文化，以及存在在每個普通人經驗中的文化是整個國家的共同文化。站在這個立場上，威廉斯說，「在未來半個世紀中，我們這個社會的中心問題是運用我們的新資源去創造一種良好的共同文化。」[30]可以說，對於良好的共同文化的追求是威廉斯此後全部學術生命的目標，一定程度上也是其時英國文化研究者的共同追求，雖然那時的「共同」更多只是指英國，但因其自然和社會雙重範疇的指向，必然擺脫了純粹利益關係的虛假性和暫時性，它指向的乃是一個整體，以及整

---

28 《希望的源泉——文化、民主、社會主義》，第 14 頁。
29 《希望的源泉》，第 13 頁。
30 《希望的源泉》，第 12 頁。

體中的個人，而整體中的個人指向的也就必然是《共產黨宣言》的目標：「每個人的自由發展是一切人的自由發展的條件。」[31] 也正是在這個意義上，關於「文化」的思考和書寫才是威廉斯克服信仰危機和歸屬危機的自我救贖之路：「我提出的關於我們文化的問題既與我們的總體及共同目的有關，同時也與深層次的個人意義有關。無論是在一個社會裡，還是在一個人的思想中，文化都是平常的。」[32]

對文化如此這般的重視，無疑內在地包涵了與經典馬克思主義的對話，對話最核心的議題就是經濟基礎和上層建築這一對隱喻的關係。如果我們將阿爾都塞和葛蘭西輸入英國左翼知識界之前視為文化研究的第一階段，可以肯定的是，無論是威廉斯，還是霍加特，或湯普森，甚至霍爾，對文化的認識和理解，其思想資源主要就是威廉斯所述及的兩個傳統：其一為馬克思主義，其一為利維斯主義。[33] 威廉斯所述雖然是他的個人經驗，但實際上，對早期的文化研究者來說，這就是一個共同經驗。在這個意義上，雖然他們各自有不同的知識系統，不同的出身，不同的個人生活經驗，不同的思想方法，但面對戰後英國的政

31 《共產黨宣言》，馬克思、恩格斯著，中共中央馬克思、恩格斯、列寧、史達林著作編譯局譯，第 50 頁，人民出版社1997 年第三版。

32 《希望的源泉》，第 5 頁。

33 《希望的源泉》，第 8 頁。

治、經濟劇變，及其思想文化的普遍狀況，面對史達林主
義的東歐擴張和以美國為代表的資本主義、帝國主義的全
球擴張，社會主義如何可能必然是左翼知識分子揮之不去
的問題。

　　然而，必須立即聲明，就「馬克思主義作為文化研究
的思想資源」而言，指的是，馬克思主義在文化研究者的
思想框架中，並非一個僵化的、教條的、絕對真理的封閉
思想體系，更不是作為唯一的思想方法的方法論，而是一
個足以提供基本知識脈絡的思想寶庫，這一脈絡既揭示了
資本主義的祕密，但不是全部的祕密，又展現了社會主義
的理想圖景，但同樣也不是全部的圖景；是一個向我們提
供了基本的批判武器的武庫，以及向我們宣告了正確的
思想方向的對話者。也只有在這個意義上，威廉斯才說：
「如果不是從馬克思主義者和利維斯那裡學到一些東西，
我是不可能開始這本書的寫作的；如果不對他們以及其他
人留給我們的思想進行大的修改，我也不可能完成這本書
的寫作。」[34]（引按：指的是其時他正在寫作的《漫長的
革命》）而這也是威廉斯等人不願意把自己簡單地貼上馬
克思主義者的標籤的根本原因。[35] 僵化的、教條的、「公

34　《希望的源泉》，第 16 頁。

35　參看〈你是馬克思主義者，對吧？〉，《希望的源泉》，第
　　72-84 頁。

式化表達的」[36] 馬克思主義絕不是真正的馬克思主義。

即使如此，就對馬克思主義與文化研究的關係而言，文化研究內部仍然存在著一定的、甚至還不小的差異。被譽為英國馬克思主義在當代的「雙核心」[37] 的威廉斯和湯普森之間存在著差異，而他們與霍爾又自不同。對霍爾來說，因其個人經驗的不同，包括後來對阿爾都塞的理解所出現的爭論，霍爾比威廉斯要更激進，在他看來，「馬克思還沒有討論過或者好像還不明白一些事情，而這些事情是我們優先思考的對象，比如文化、意識形態、語言和符號象徵的問題。」[38] 這些馬克思尚未充分展開的地方正是新左派的興奮點，東歐社會主義陣營脫蘇（聯）聲浪的興起至後來的逐步瓦解和史達林主義在本國和其他社會主義國家的破產，使新左派對僅僅從生產關係與生產力、經濟基礎與上層建築的關係理解社會主義的制度實踐抱有越來越強烈的懷疑，也就是說，新左派和文化研究面對的是已經被「禁錮為一種思想方式和一種帶有批判性實踐的活動，使它具有了正統和教條的色彩，具有了決定論、還原論、永恆歷史規律和元敘述（metanarrative）地位等特徵。……（文化研究）的最初發展，源於對某種還原論和

36　《政治與文學》，第 318 頁。

37　張亮《階級、文化與民族傳統》，「作者的話」，第 2 頁。江蘇人民出版社 2008 年第一版。

38　霍爾〈文化研究及其理論遺產〉，同前，第 51 頁。

經濟主義……的批判；源於對經濟基礎／上層建築模式的爭論，而篡改過的、庸俗的馬克思主義試圖運用這一模式去思考社會、經濟和文化的關係。」[39] 霍爾質疑的是馬克思主義因馬克思及馬克思主義的誕生地而有的「歐洲中心論」，以及在此後的發展過程中所「接合起來」的諸種理論。[40]

在我看來，即使霍爾表達了他與馬克思主義的距離，也並不能說明霍爾就是反馬克思主義者。歷史學者的歸納或許可以消弭這一緊張：「經典思想家們主要關注社會的歷史、政治和經濟維度，而西方馬克思主義後繼者們則關注哲學、文化和美學維度——這不僅僅是從基礎到上層建築的轉變，也是重新定義了上層建築本身。」[41] 關注對象的不同既是因為社會現實的不同，尤其是歷史條件的不同，也是由於思想者的經驗、認識的差異，但是，馬克思關注的歷史、政治和經濟維度與後來者們關注的哲學、文化和美學維度，都處在資本主義的社會關係和結構中，當現實中體制化的馬克思主義實踐遭遇困境，馬克思主義內部的反思就是馬克思主義再出發的保證。更重要的是馬克思主義必須重新出發，因為歷史已經走到二十世紀五六十

39　霍爾〈文化研究及其理論遺產〉，同前，第 51 頁。

40　霍爾〈文化研究及其理論遺產〉，同前，第 52 頁。

41　《文化馬克思主義在戰後英國——歷史學、新左派和文化研究的起源》，[美] 鄧尼斯・德沃金著，李鳳丹譯，第 188 頁，人民出版社 2008 年第一版。

年代，資本主義自馬克思及其後來者們也已經經歷了極大
的發展和變化，再也不是原來尚處於原始積累和早中期發
展階段時期的那個樣子，特別是階級壓迫和階級剝削的方
式都有了根本的改變，而這也正是葛蘭西「文化霸權／領
導權」理論和阿爾都塞「意識形態國家機器」理論之所以
得到廣泛關注的根本原因。因此，霍爾通過「全面研讀了
歐洲思想的整體狀態，旨在讓自己不要成為簡單屈從於時
代思潮的馬克思主義者。」他甚至將自己的反思比喻為
「與天使進行較量」，但與天使較量的是另一個天使，還
是魔鬼，抑或是介於兩者之間的呢？[42] 這樣的追問使霍爾
掉進了他自己製造的比喻的陷阱，可是，也許我們不得不
說，「中間」正是霍爾的一種狀態。

　　格羅斯伯格說，霍爾是「介於文化主義和（後）結構
主義的中間地帶」，「霍爾的辯證法致力於追尋中間地
帶，這個地帶既非欲念的綜合體也非矛盾的調和處，而是
在每一層面上都承認存在著鬥爭和呈現了鬥爭。」[43] 說老
實話，我沒有明白格羅斯伯格後面一句話究竟在說什麼，
只知道它是對霍爾所追求的「中間地帶」的歸納。而伊格
爾頓則使用了「中間狀態」這一詞語來描述霍爾的這一特

---

42 霍爾〈文化研究及其理論遺產〉，同前，第 52 頁。
43 ［美］勞倫斯・格羅斯伯格〈歷史、政治和後現代主義：斯
　　圖亞特・霍爾與文化研究〉，《文化研究》第 20 輯，第
　　163 頁。陶東風、周憲主編，社會科學文獻出版社 2014 年
　　第一版。

點，但很明顯的，批評更嚴厲了，甚至有些尖刻：「他
（引按：指霍爾）的中間狀態意味著他將極其關注文化問
題，這就使他不同於馬克思主義簡化論者……他既過高地
評估了文化，又懷疑地逡巡於特定文化的局限性之中，經
過一段時間以後，這種矛盾的態度把他引向了後現代主義
的臂彎。」[44] 雖然霍爾的弟子仍然堅持說他「拒絕放棄馬
克思主義」[45]，但在理論和方法上卻又與後現代主義保持
著一種曖昧關係的霍爾，使他的馬克思主義面目變得頗為
模糊，而成為「沒有擔保的馬克思主義」，有意味的是，
這恰恰是他的追求。同樣有意味的是，他在〈文化研究的
兩種範式〉中將霍加特、威廉斯和湯普森等人劃入「文化
主義」名下，卻不料自己也被批評為「過高地評估了文
化」。伊格爾頓的評價也許有其未曾言明的立場，但這也
在一個層面上揭示了霍爾文化研究的局限，在我看來，其
局限的一個方面就是他過分地高估了馬克思主義傳統中化
約論的影響，而忽視了馬克思及馬克思主義思想傳統中辯
證唯物主義的力量，他常常批評化約論的馬克思主義是簡
單的還原論、決定論，有時候在有意無意中省略了「化約
論」這一限定詞。同時，他只強調意識形態、權力、文化

---

44 《異端人物》，第 235 頁，[英] 特里・伊格爾頓著，劉
   超、陳葉譯，江蘇人民出版社 2014 年第一版。

45 格羅斯伯格〈歷史、政治和後現代主義：斯圖亞特・霍爾與
   文化研究〉，同前，第 171 頁。

等等始終處於動態的關係和過程中，而忽視了即使在動態的過程中，也存在「相對穩定的性質」[46]。就馬克思及馬克思主義思想傳統的主體而言，無論是決定論，還是還原論，乃至化約論，都只是其中的一支，而真正的馬克思及馬克思主義自身也是反對決定論和還原論的，更重要的是，辯證唯物主義才是馬克思及馬克思主義思想傳統的核心。

一定程度上說，霍爾所執掌的伯明罕當代文化研究中心的文化研究而言，都或多或少地帶有霍爾的印記。在這個意義上，英國 1980 年之前的文化研究，如果說它已經形成了一個傳統，那麼它其實是一個大傳統，而霍爾及伯明罕學派是其中的一個小傳統，這個大傳統還應該包括湯普森、威廉斯和霍加特等小傳統，雖然這三人同樣存在不能忽視的差異，但他們顯然比與霍爾所共享的共同之處要多，其中一個在我看來特別重要的地方就在於他們對工人階級，以及一般意義上的大眾／民眾的不同立場。

霍爾說，「自商業資本主義開始，所有的關係都被拖入市場交易網中，就幾乎沒有或沒有純粹的人民文化了──沒有完全分離真正民眾的民間領域，讓人民生活在他們純粹的狀態中，免受任何腐化墮落的影響，人民只能

---

46 《正義、自然和差異地理學》，第 64 頁，[美] 戴維・哈維著，胡大平譯，哈維在該著作中頗為有力地闡明了馬克思主義的辯證法思想，參見該書第二章「辯證法」。上海人民出版社 2010 年第一版。

從體系允許的事物中創造出某物。」[47]此處除了前面已經指出的霍爾將動態絕對化的非辯證的方法外，更重要的是他對人民及其文化的態度，以及對人民作為歷史主體的懷疑，甚至否定傾向。而無論是霍加特，還是湯普森，抑或是威廉斯，都絕對不會有這樣的判斷。威廉斯早在 70 年代，就通過對電視的分析，反轉了沿襲自利維斯主義及法蘭克福學派這一左一右卻都對大眾文化持否定立場的精英主義論述，顛覆了將電視觀眾簡單地視為「沙發上的土豆」的論調[48]，而這一點在湯普森的《英國工人階級的形成》中有更為詳細而有力的體現。在我看來，這也正是同為新左派重要思想家的拉爾夫・米利班德所區分的「為了」（for）和「屬於」（of）的差別。米利班德認為湯普森、霍加特和威廉斯原本就出生於工人階級家庭，他們對工人階級及其文化的研究是「屬於」工人階級的，而霍爾以及後來深受歐陸哲學思想影響的第二代新左派，比如佩里・安德森對工人階級的研究則是「為了」工人階級的。伊格爾頓則更是尖刻地說：「霍爾的主要成就之一就是，他在過去的四十四年裡遊走於不列顛的中產階級之中，但卻沒有失去他的熱情和友好。」[49]在反還原論和決定論的

---

47 轉引自格羅斯伯格〈歷史、政治和後現代主義：斯圖亞特・霍爾與文化研究〉，同前，第 170-171 頁。

48 參看［英］雷蒙・威廉斯《傳播》，企鵝出版社 1962 年第一版，及《電視》，倫敦 Fontana 出版社 1974 年第一版。

49 《異端人物》，第 241 頁。

立場上，我們當然不能說霍爾的文化研究之所以有那些特點就是因為這一點，他的文化研究就是中產階級的知識實踐，但他對複雜性的過度強調，對理論的過分依賴，特別是對人民才是歷史主體這一馬克思主義歷史哲學的淡化等等，都因其強大的號召力和影響力，無疑對此後展開的文化研究造成了不同程度的影響，因而使原本包涵不同小傳統的文化研究成為「陷阱」（在這個意義上說，文化研究不是陷阱，而是某一類文化研究對某一類人來說是陷阱），以至於很多所謂的文化研究變成了看似複雜性其實卻是不確定性，看似知識實踐，卻並不回應現實，實質不過是學院精英的智力遊戲等等怪現象。

我無法在一篇文章中詳細地呈現英國文化研究在 1980 年之前所走過的道路，即使本文的篇幅也已經顯得頗為冗長。也許這些也已經能夠為我們提供一些啟示了。

就威廉斯所說的「倒退著走進未來」而言，當代中國大陸的文化研究，首先必須回到英國文化研究產生的歷史脈絡中，考察作為面對社會主義和資本主義雙重危機而形成的文化研究究竟是如何處理文化與政治、經濟的關係的；其次是回到中國革命的歷史中去，特別是中國的社會主義革命和社會主義建設的歷史；第三必須回到工人階級和農民階級的立場上來，即使從回到勞動的角度說，雖然已經有很多對知識勞動和知識勞工的討論，但當代中國體力勞動者數量大於腦力勞動者的特殊性如此顯赫地擺在這，如果不能擺脫中產階級的偏見，克服中產階級學院精

英的局限，不能重新激活階級分析，不能有效地接合馬克思主義的政治經濟學，不能從現實中發現已經和正在創造的勞動文化的價值，可以肯定地說，我們的文化研究就仍然不可能前進。

後記

　　去年在母校華東師大參加畢業三十週年聚會，見到了很多闊別多年的老同學，欣喜之情自不待言。這樣的聚會，回憶一定是最重要的主題，對絕大多數都已年過半百的同學來說，最多的展望大概就是四十週年、五十週年，乃至六十週年聚會的時候，還能有這麼多人，大家也都能有這麼好的興致，特別是這麼好的身體。我除了終於深切地體會到「五十知天命」的幾近真理的準確性外，也被這濃得化不開的同學之情所打動。

　　這是人世間很樸素也很令人感動的情感。不僅希望自己活得好，還希望「我們」這一群同學也都活得好，顯然它已經跨越了基於當代中國最為核心的家庭／人倫的情感邊界，擴大到一個曾經是實體、卻早已星散，如今基本靠回憶和微信群，當然還有越來越多的旅遊途中的訪問、串聯而建立起來的「想像的共同體」之上。之所以說它是個「想像的共同體」，是因為回憶其實並不等於歷史，沒有想像就沒有回憶；歷史，特別是我們這一代人所經驗的歷史的複雜程度，遠遠超出了身在其中的我們的認識能力，更兼一個不能忽視的因素——情感的作用，更使我們無法相對比較客觀地對自身相對比較滿足的現實狀況，和形成這一現實狀況的歷史做出一個可能的、克服了歷史和情感

的雙重局限性的判斷;同時,在「共同體」的一般意義上,它是有邊界的,換言之,存在著內外之分。二十多年前,在我最艱難的時候,我就充分地體會了來自這個共同體溫暖而有力的支持。在這個意義上,它又是一個實實在在的集體。從同學們美好的期待來說,從回憶的想像性參與來說,我甚至想說,這個既虛且實的想像的共同體,在我們有限的生命中也是永恆的。

然而,共同體的內外之分,歷史與現實情感的雙重局限性等因素還是阻斷或自然地遮蔽了這個小共同體之外的世界。所以,當當年的輔導員查建渝老師像三十多年前上班課那樣,給我們動情地娓娓講述著他近年在做公益活動時所遭遇的貧困地區失學鄉村兒童的悲慘狀況的時候,有幾次他已經哽咽了,我看見我的這些已經知天命的同學們還是更容易被自己的回憶所打動。畢竟他們沒有親眼看見那些食不果腹衣不蔽體的鄉村兒童,雖然媒體也時有報導,然而,在媒體高度發達,甚至同質化媒體早已極度過剩的今天,這些報導很快被淹沒,更可能的是早已定型的媒體接受取向使更多的同學基本上不可能接觸到,即便看到也可能被視為早已奇觀化的社會新聞之一種而一眼帶過,因為自 1983 年入學後開始、1987 年畢業所建立起來的、相對較為穩定的社會關係與那個世界基本上沒有交集。

是的,在我看來,正是這個三十年來逐漸形成的社會關係決定了我們這批 1980 年代畢業的大學生與輔導員講述故事的距離。當然不能說我們全部的同學都已事業有

成，但可以肯定的是基本上都當得起「成家立業」這四個字。我沒有做全面調查，但知道行政級別最高的是局級幹部，為數並不多；有一部分在各級政府機關、企事業單位擔任處級領導，正職比例頗高；一部分在大學中學任教，也都獲得了正高職稱，有些還有行政職務；很少一部分在90年代下海創業，並積累了相當的財富，或成為職業經理人，收入應該不低；還有很少一部分出國定居的，除了已經離世的一位湖南籍的同學外，我的印象中並沒有至今仍在為生計而奮鬥的，繼續的奮鬥是為了保持已有的成就，並期待可能的更好、更多、更大，雖然這種可能性已經不是很大。說句玩笑話，我們這些同學們，絕大多數都被人管著，絕大多數也都管著人，差別只是被管的級別高低、管著的人有多有少之別。而從家庭財富狀況來說，基本上都有房有車，差別也不過是住房面積的大小、套數的多少及汽車的品牌和價格的等級。用一個學術的語言來描述這一狀態，我想，「中產階級／層」無疑是最貼切的。

然而，當我回想起1983年剛剛入學時所看到的情形，那時候，最大的差別恐怕就是城鄉差別了，絕大多數來自農村的同學，家庭經濟狀況普遍較為貧困，我自然也在貧困生之列，可即使如此，來自城市的同學，甚至包括上海的同學，似乎也並不見得多麼富裕；同時，城市與農村的生源比例差不多是一半對一半。三十年後，我們的同學基本上成為同一個社會階級／層的組成部分。可以說，當年的城鄉結構被階級／層化的社會結構所覆蓋，「覆

蓋」的意思是指城鄉結構並沒有消逝，甚至還有加劇的趨勢，但從社會關係的整體性結構來說，階級／層化則是當代中國社會結構最主要的圖式。

雖然 1980 年代以來的當代史從整體上來說並不是一條始終向上的直線，其間也有曲折和波瀾，但就經濟發展的成就而言，確乎是往上走的。但是，為什麼經濟的發展卻以犧牲社會結構的平衡為代價？而觸目驚心的是這一不平衡的社會結構在今天愈形穩固。正是在這個意義上，1980 年代以來的高等教育體制，特別是其教育內容與這一逐漸形成的不平衡的社會結構之間的關係理應得到應有的重視和研究。在我看來，1980 年代的大學畢業生這一社會關係構成了當代中國社會結構中的一個部分。但是不能簡單地說這一社會關係是當代中國社會的政治、經濟和文化的生產方式所生產，後者決定了前者，而應該看到另一面，1980 年代的大學畢業生也在很大程度上參與了這一社會關係和社會結構的生產、再生產。

當然，必須承認，我的同學們今天之躋身中產階級／層，絕大多數都不是通過巧取豪奪獲得，而是依靠學歷、個人的能力及既有社會關係，但一個特別重要的因素卻往往被忽略，那就是看重學歷、個人能力的社會制度和社會觀念，而更容易被有意無意無視的是，這一制度和觀念正是造成結構嚴重失衡的那個制度和觀念，當然，也是造就了繁榮和發展的那個制度和觀念。我絕非要在資產階級的原罪之外提出中產階級的原罪，以道德化的方式譴責和懺

悔，我只是希望有更多的人直面這個歷史和現實，從學術的角度說，就是呼籲有更多的學科、學者將這一現實和歷史問題化。

如果真的像很多人說的那樣，1980 年代是近四十年來所謂的黃金時代，那麼，1969 年出生的老賈的命運（〈薄奠〉）就從相反的方向質疑了這一表達，甚至從根本性上徹底否定了其準確性。而老賈並不是絕無僅有的個案，根據《2015 年農民工監測調查報告》，該年 50 歲以上的農民工占全部總數 27747 萬的 17.9%，即近 5000 萬。可以肯定的是 2018 年這一群體的數量還在增長。為什麼是 2015 年？因為那一年我也是 50 歲，我們的同學中差不多 70% 的人都與我同齡。我想在這裡再一次引用〈薄奠〉中的資料：2015 年，「農民工人均月收入 3072 元，比上年增加 208 元」。

有 80 後的朋友說，你們 60 後將好日子過完了。言下之意是留給他們的卻是個無比嚴酷的現實。一定程度上說這是對的，但是，我想，老賈們也並沒有從 1980 年代中獲益，有所斬獲的是另外一些群體，比如我們的大學同學，當然還有其他人，還有所得比我們同學更多的人。老賈走了，無數的老賈們仍然在繼續掙扎；胡鳳超（〈一位掙扎在死亡線上的工傷工友在新媒體時代的遭遇〉）走了，無數的胡鳳超們也不得不繼續在掙扎；胡鳳超們正是老賈們的子女。我和我的同學們不可能成為老賈，我們的子女也不可能成為胡鳳超。這是貧困的傳遞，這也是社會

關係的再生產，是社會結構的嚴重固化。順帶說一句，以上話題原是我幾年前擬訂的「去政治化與再階級化」論文的主要內容，但終於沒有動手。雖然我知道我的同學們絕大多數都非常不贊同階級論，但我也相信其中不乏對嚴重的「階層分化」現實有了解的人，那麼，一個顯而易見的問題就是如何理解這一現實。

我至今無法解釋是如何與老賈相遇的。也許每一個個體生命的誕生都是個偶然，但每一個人生的展開卻又是必然。我不知道這裡有多少關聯，也早已厭煩了那些玄奧的表達，只是越來越明白，那個自己看不到的必然其實正是社會進程的結果，走到今天的我，和走不到今天的老賈，都在這個社會進程中。

但是，這個社會進程是必然的嗎？既必然，又並不必然。這不是故弄玄虛，因為事關誰是歷史主體的大問題。作為既成歷史，是那一個歷史主體在那樣的政治、經濟和文化的外部條件下所造就，而另一個歷史主體則可能在那樣的政治、經濟和文化的條件下造就另一種歷史。當然，不能誇大歷史主體的作用，變成徹底的唯意志論，但也不能完全無視歷史主體的意義，否則就是機械唯物主義和經濟決定論。

必須承認，如果沒有進入上大文化研究系，不是膽大包天地在人到中年半路出家做所謂的文化研究，我不可能認識老賈。無論如何，我都必須感謝上大文學院和文化研究系。我無法在這裡對文化研究系和文化研究帶給我的影

響做一個全面的清理，這個不成體統、雜亂組合在一起的集子只是一定程度的呈現，一方面是自己的能力有限，另一方面是還有許多不足為外人道的甘苦，和不宜張揚的齟齬與刺激只能留待不可預期的未來。

有必要簡單地交代「雜亂」的理由。倘使從文類的角度說，簡直亂得有些不堪，有正兒八經的學術論文，有一般意義上的散文，有學術會議的發言整理，還有根本就是非學術性的社會活動的談話；就知識分類而言，大體或可劃歸批判傳播學和文化研究兩大類，但「文化研究」是否具備作為一個知識類別的合法性，恐怕也是問題，某種程度上說，連我自己都不太承認，有時候我更願意說，文化研究是視野，是方法，甚至是立場，但不是一個現代知識學意義上的知識門類。幸好所涉及話題似乎可以作為重組的線索，關於新工人的文字相對比較集中，討論城市與家居生活的，原是命題作文，也是初涉文化研究的學步之作，對媒體再現也是相對比較集中的一個方面，如此等等。可仔細想想，也並不很妥貼。終於接受了李晨的建議，捨棄這些條條框框，將主題、類別等等糅合起來，大致拼湊成現在的樣子。書名也欣然接受了她的建議，捨棄了原定的「識字之後」，盜用了我喜歡的雷蒙·威廉斯一篇文章的標題，再囉嗦一句，所謂「倒退著走進未來」並非背對未來，不看前方，威廉斯強調的是歷史的借鏡，更明確一點，這裡的歷史，指的是社會主義的實踐史。

要感謝的人很多，比如孫恒、呂途和新工人藝術團的

其他幾位朋友，以及北京工友之家的朋友們；比如蘇州的小全和小葉；比如將我關於新工人的幾篇文字無償翻譯成意大利文的山谷；比如借錢給我，讓我做穩了房奴的上海的朋友們（恕不列出你們的名字），要知道在今天能借錢的關係早已超越了血親的兄弟姐妹，他們比兄弟姐妹還親；比如雖然沒有借錢，可絕不比借錢的交誼淺的老同學們；還有一直互相切磋、辯難的老朋友們，和近年因文化研究而認識且志趣相投的新朋友們（也請恕我不一一寫下你們的名字）；比如給予我無數教益的老師們；當然，還有老賈等等我見過面和那些未曾謀面的新工人們，我不希望他們僅僅是我個人文化資本積累的研究對象，雖然只是這麼一點不成樣子的書寫，但他們給予我的遠不是我拙劣的筆所能表達；更何況，新工人並未好轉的狀況足以證明這些文字於他們其實是無用的，除了給我帶來文化資本的積累外，就是對我的世界觀、價值觀和人生觀的改變；也正是在這個意義上，必須聲明，沒有與老賈們的相遇，我與我的同學們並沒有多少區別（只是區別，其間並沒有高下之分，就我自己來說，也從未因此有所謂道德優越感）。

感謝蔡老賜序，對我來說，這是莫大的榮幸。愚鈍的我過了好多年才讀到的蔡老寫於 1990 年代中期的〈底層〉，給予我的不僅僅是令人動容的情感，而且是對主流歷史敘述的糾偏，更是一個來自底層、又已經擺脫了底層生活的知識分子重建與底層的血肉聯繫的真誠而堅決的努力；而他的《革命／敘述——中國社會主義文學—文化想

像（1949-1966）》，則是我未來學術人生努力的方向，我說的不僅僅是一種學術方法，更是其對中國社會主義文學—文化實踐的立場和姿態。[1]感謝重慶大學高研院的資助。感謝人間出版社的呂正惠老師和責編。

我不知道離開上大和上海是否是迫不得已、非如此不可，但是，我清楚地明白，上大五年，在我過去的生命中的重要性不亞於當年考上大學；文化研究帶給我的變化將深刻地存在於我的身體中；還有，不離開上海，就不可能有二小（在石）的出生。總結不是為了告別，而是重新開始。這也是「倒退著走進未來」的題中之義。幸好有妻子李晨和女兒郭亦心、兒子郭在石的陪伴。

2018 年 8 月 10 日凌晨初稿、
8 月 20 日改定於重慶沙坪壩租寓

---

[1] 前面的幾行文字都是在蔡老答應寫序後寫下的，及至幾天前收到蔡老發來的序，迫不及待讀完，除了原本就是俗人多半都有的自得外，更多的是不安和慚愧。我不敢說蔡老知我，更不能把蔡老在「序」這一文體中的表揚都當成事實，毋寧說它是對我的鞭策，但蔡老提出的幾個很有啟發性的問題／課題，我倒真有興趣在未來去碰一碰。再次衷心感謝蔡老。

國家圖書館出版品預行編目資料

倒退著走進未來：文化研究五年集 / 郭春林
作. -- 初版. -- 臺北市：人間, 2019.10
514面; 14.8x21公分
ISBN 978-986-96302-6-9(平裝)

1.文化研究 2.文集

541.207   108014060

倒退著走進未來 —— 文化研究五年集

作者	郭春林
發行人	呂正惠
社長	陳麗娜
總編輯	林一明
封面設計	仲雅筠
出版	人間出版社
	台北市長泰街59巷7號
	（02）2337-0566
郵政劃撥	11746473・人間出版社
電郵	renjianpublic@gmail.com
排版印刷	龍虎電腦排版股份有限公司
總經銷	聯合發行股份有限公司
	新北市新店區寶橋路235巷6弄6號2樓
	（02）2917-8022
初版一刷	2019年10月
ISBN	978-986-96302-6-9
定價	520元